Tobias Schaffrik, Sebastian Wienges (Hg.)

68er Spätlese – Was bleibt von 1968?

Villigst Profile

Schriftenreihe des
Evangelischen Studienwerks e.V. Villigst

herausgegeben von

Klaus Holz und Heiko Ulrich Zude

Band 10

LIT

Tobias Schaffrik, Sebastian Wienges (Hg.)

68er Spätlese – Was bleibt von 1968?

LIT

Bibliografische Information der Deutschen Nationalbibliothek
Die Deutsche Nationalbibliothek verzeichnet diese Publikation in der
Deutschen Nationalbibliografie; detaillierte bibliografische Daten sind
im Internet über http://dnb.d-nb.de abrufbar.

ISBN 978-3-8258-1433-5

© LIT VERLAG Dr. W. Hopf Berlin 2008
Verlagskontakt:
Fresnostr. 2   D-48159 Münster
Tel. +49 (0) 2 51/620 32 - 22   Fax +49 (0) 2 51/922 60 99
e-Mail: lit@lit-verlag.de   http://www.lit-verlag.de

Auslieferung:
Deutschland/Schweiz: LIT Verlag Fresnostr. 2, D-48159 Münster
Tel. +49 (0) 2 51/620 32 - 22, Fax +49 (0) 2 51/922 60 99, e-Mail: vertrieb@lit-verlag.de
Österreich: Medienlogistik Pichler-ÖBZ GmbH & Co KG
IZ-NÖ, Süd, Straße 1, Objekt 34, A-2355 Wiener Neudorf
Tel. +43 (0) 2236/63 535-290, +43 (0) 2236/63 535 - 243, mlo@medien-logistik.at

Inhalt

Vorwort der Reihenherausgeber VII

Tobias Schaffrik, Sebastian Wienges
Vorwort der Herausgeber IX

Geschichte

Sebastian Wienges
Die Stille der Revolution. Einführende Überlegungen zu „1968" 1

Thomas Etzemüller
Virtuelle Feldschlachten.
„1968" und die Macht imaginärer Bilder 10

Gernot Folkers
Die Studentenbewegung und die Gewalt.
Eine kritische Selbstreflexion 19

Tobias Schaffrik
... als man zugleich narzisstisch und solidarisch sein konnte.
Überlegungen zu Narzissmus, Öffentlichkeit und „1968" 29

1968 in der Gesellschaft

Gunter Schmidt
Sexualität 46

Meike Sophia Baader
1968 und die Pädagogik 58

Timothy Brown, Beate Kutschke
Politisierung, Pop und postmoderne E-Musik 78

Petra Kissling-Koch
Bildende Kunst um 1968 – eine „Kulturrevolution" und ihr künstlerisches
Umfeld.
Joseph Beuys und Andy Warhol auf der documenta 4 in Kassel 98

Was bleibt von 1968?

Regine Heß
Die documenta 4 von 1968 und die documenta 11 von 2002.
Spuren der Forderungen von 1968 in der institutionellen, politischen und
ästhetischen Form der d 11 109

Katja Winter, Nathalie Nicolay
Sprachlichkeit um 1968 und ihre Folgeentwicklung.
Beobachtungen zum aktuellen politischen Dialog in den
Unterhaltungsmedien 120

Thomas Petersen
Der Wertewandel nach 1968 und die Freiheit 141

Margret Karsch
Kultureller Wandel und der „neue Feminismus" 1968 und 2008 155

Tobias Schaffrik
Versuch einer Spätlese:
Alfred Lorenzer und die analytische Sozialpsychologie.
Ein Beitrag zur Theoriegeschichte 168

Stephan Malinowski, Alexander Sedlmaier
Keine richtige Revolution in der falschen.
„1968" als Avantgarde der Konsumgesellschaft. 183

Verzeichnis der Autorinnen und Autoren 210

Verzeichnis der Herausgeber 213

Vorwort der Reihenherausgeber

In der Buchreihe „Villigst Profile" werden ertragreiche Projekte, die das Profil des Evangelischen Studienwerks prägen, einer breiteren Öffentlichkeit bekannt gemacht. Zu gesellschaftlich, politisch und kirchlich relevanten Fragen werden die je betroffenen Wissenschaften ins Gespräch gebracht. Dabei reicht das Spektrum von deutsch-russischen Diskursen zu kultureller Identität über Bildungspolitik und Bioethik bis zur Macht- und Religionstheorie. Pro Jahr werden etwa zwei dieser Profile von Villigster Wissenschaftsdiskursen veröffentlicht. Am Ende dieses Buches findet sich eine Übersicht über die bereits erschienenen und die in Vorbereitung befindlichen Projekte.

Das Evangelische Studienwerk e.V. Villigst ist das Begabtenförderungswerk der evangelischen Kirchen in Deutschland und gehört zu den elf vom Bundesministerium für Bildung und Forschung anerkannten Werken. Gegenwärtig fördern wir etwa 950 Studierende und 250 Promovierende in allen Fachgebieten. Über die finanzielle Förderung und individuelle Beratung hinaus ist das Evangelische Studienwerk ein Ort der wissenschaftlichen Diskussion. Formate dafür sind Arbeitsgemeinschaften, die jährliche Sommeruniversität, Vorträge und Tagungen, die teils in Villigst, teils in Kooperation mit Hochschulen, Akademien und Forschungseinrichtungen stattfinden.

Der vorliegende Band fasst den Ertrag eines Villigster Promovierendentreffens zum selben Thema zusammen und führt das dort begonnene Gespräch weiter. Im 68er-Jubiläumsjahr lohnt es sich besonders, die verschiedenen bis kontroversen Stimmen zum Phänomen "1968" einem größeren Publikum vorzustellen. Gerade in der kritischen Aus-einandersetzung mit diesem Phänomen wird ja ein zentrales Anliegen dieser Bewegung selbst erfüllt und so danken wir den AutorInnen wie den Herausgebern für ihren je spezifischen Beitrag zu diesem gelungenen Sammelband.

Villigst, im Juni 2008

Klaus Holz
Heiko Ulrich Zude

Vorwort der Herausgeber

Dieses Buch nahm seinen Anfang im Sommer 2005: Unter dem Titel „68er-Spätlese – Was bleibt von 1968?" fand sich eine Gruppe von Promovierenden des Evangelischen Studienwerkes Villigst e.V., die neugierig auf dieses Thema war und die inhaltliche und organisatorische Vorbereitung des nächsten Promovierendentreffens übernahm. Die interdisziplinäre Tagung der Promovierenden des Evangelischen Studienwerkes e.V. Villigst fand vom 24. bis 27. November 2005 im Haus Villigst, Schwerte, statt und war für TeilnehmerInnen, Beitragende und Ausrichtende eine große Bereicherung.

Der Anlass zur Beschäftigung mit dem Thema „1968" war ein aktueller – die Aufarbeitung der Geschichte und Auseinandersetzung mit deren Protagonisten am Ende der rot-grünen Regierung. Bereits im Verlauf der Tagung zeichnete sich ab, dass es sinnvoll wäre, die Diskussionen und Vorträge, ergänzt um weitere Texte oder Artikel, in einem Sammelband zum Thema „1968" zu bündeln. Dass das Erscheinen dieses Buches sich dann jedoch bis zum 40jährigen Jubiläum des Jahres, das einer Generation den Namen gab, verzögerte, hatte vielerlei Gründe: Die Zusammenstellung der Artikel wurde im Team diskutiert; die nach der Tagung entstandenen Texte wurden gegenseitig gelesen, kritisiert, umgeschrieben, nochmals diskutiert; weitere Autoren mussten gefunden werden, die wiederum weitere Fristen benötigten, um ihre Beiträge zu verfassen ... umso mehr freut es uns, dass heute dieser Band vorliegt.

Die Titelgebende Frage „Was bleibt von 1968?" zielt auf Veränderungen in der Gesellschaft, weniger auf genuin politische Ziele, die von der Protestbewegung erreicht wurden. Die verschiedenen Beiträgen dieses Buches sind daher auch nicht Politikfeldern gewidmet, sondern untersuchen Bereiche des gesellschaftlichen Alltags und Lebens. Im ersten Teil des Buches werden unter dem Stichwort *Geschichte* verschiedene Aspekte der „68er"-Bewegung dargestellt und kritisch diskutiert. Diese Analyse soll sowohl erste geschichtliche Einordnung als auch Hintergrund für die folgenden Beiträge sein und beschreiben, wie und in welcher Gesellschaft die „68er" agierten. Im ersten Beitrag des Bandes übernimmt es in diesem Sinne **Sebastian Wienges**, einführende Überlegungen zum Phänomen „1968" anzustellen und einen Überblick über die Vielgestaltigkeit dieses Themas und über unterschiedliche Deutungsperspektiven aufzuzeigen.

Zum Vergleich mit der deutschen „68er"-Bewegung zieht **Thomas Etzemüller** die schwedische heran und analysiert, wie die einander gegenüberstehenden Seiten die Gewalt der jeweils anderen wahrnam und darauf reagierte. Über diesen Vergleich der Gewalt und ihrer Wahrnehmung in verschiedenen Ländern kommt Etzemüller zu einer grundlegenderen Einordnung, die erklären kann, warum die „68er" in verschiedenen Ländern unterschiedliche Wirkungsmacht entfalten konnten und warum die Bewegung trotz ganz unterschiedlicher politischer und zivilgesellschaftlicher Voraussetzungen überall ähnliche Forderungen stellte und Verläufe nahm.

Das Thema der Gewalt nimmt auch **Gernot Folkers** in seiner kritischen Selbstreflexion der Studentenbewegung auf. In seinem Beitrag wird sowohl eine Innenansicht der „68er"-Bewegung geliefert als auch eine kritische Auseinandersetzung mit deren gewaltvollem Handeln und einer ebensolchen Rhetorik. Er will die eigenen Verfehlungen der „68er" nicht relativieren, aber erklären, und denkt am Ende über die Wirkungen der Militanz der „68er" auf deren Zivilität und die Zivilgesellschaft im ganzen nach.

In zeitgenössischen wie auch aktuellen Analysen zu „1968" findet sich immer wieder der Verweis auf das psychoanalytische Konzept des Narzissmus. **Tobias Schaffrik** sichtet in seinem Beitrag vier solche Versuche (Grunberger, Sennett, Wirth, Schnibben) kritisch und erprobt die Deutung von 1968 als Generationskonflikt. Anknüpfend an Überlegungen von Mario Erdheim arbeitet er szenisch die Angriffe auf externalisierte Über-Ich-Repräsentanten heraus, die aufgrund der NS-Vergangenheit – einer Phase gemeinschaftlicher Über-Ich-Schwäche – nahezu zwangsläufig zu destruktiven und gewalttätigen Verstrickungen mit der Elterngeneration führten.

Im zweiten Teil *1968 in der Gesellschaft* wird dargestellt, was die „68er" in der Gesellschaft, aus der sie selbst stammten, veränderten. In diesem Zusammenhang wird „68" als Platzhalter für einen Ausgangspunkt einer Vielzahl von Entwicklungen in der Gesellschaft eingesetzt. Den Anfang macht hier der Beitrag von **Gunter Schmidt**, der die Liberalisierung bzw. Demokratisierung sexueller Beziehungen darstellt. In empirischen Studien konnte er zeigen, dass die „68er" die Überwindung von Tabus, die Konsumverzicht bedeuteten und der gesellschaftlichen Modernisierung widersprachen, leisteten. An deren Stelle trat ein „anything goes" der Beziehungs- und Familienformen und eben auch des Sex unter dem Vorbehalt, dass es von allen Beteiligten quasi demokratisch ausgehandelt sein muss.

Meike Baader zeigt in ihrem Beitrag, aus welcher Situation heraus die neuen pädagogischen Konzepte der „68er" entstanden und welche Erziehungsideale zugrunde gelegt wurden. Die Kindererziehung zielte auf die Bildung von Persönlichkeiten, die antidemokratische Verhältnisse der Gesellschaft als solche erkennen und überwinden können sollten.

Timothy Brown und **Beate Kutschke** untersuchen unter dem Titel *Politisierung, Pop und postmoderne E-Musik* die mannigfaltigen Entwicklungen im musikalischen Umfeld der Jahre um 1968. Timothy Brown leuchtet den sozio-politischen Hintergrund um die Rezeption der Band *Ton, Steine, Scherben* aus und vermerkt die Spannung zwischen systemimmanenter Konsumenten-Selbstthematisierung und gleichzeitigem revolutionärem Gestus. Doch nicht nur in der Popmusik, sondern auch in der klassischen Musik gab es um 1968 Einschnitte, wie Beate Kutschke an „postmodernen" Kompositionen von Kagel und Stockhausen zeigt. Nicht nur die

Einstellung zum klassischen Kanon, sondern auch zu den mitunter autoritären Arbeits- und Ausbildungssituationen veränderte sich. Die vielleicht nachhaltigste Entwicklung, die durch „1968" entscheidende Impulse erhielt, ist heute aus dem Musikleben kaum noch wegzudenken: Die historische Aufführungspraxis.

Die documenta 4 von 1968 und die in diesen Jahren von Beuys und Warhol angestoßene Entwicklung in der Kunst ist Gegenstand des Beitrags von **Petra Kissling-Koch**. Sie formuliert den revolutionären Anspruch der beiden Künstler als den Versuch, die Kunst zu demokratisieren. Die Analyse zeigt jedoch, dass diese Zielsetzung als illusionäre Utopie scheitern musste.

Im dritten Teil *Was bleibt von 1968?* schließlich werden Antworten entworfen auf die Frage, was von „68" bleibt, und erklärt, welche kulturellen Formen heute in unserer Gesellschaft von den „68ern" maßgeblich geprägt wurden. In diesem Teil ändert sich die Perspektive, es wird das Augenmerk auf das Jetzt gelenkt und „68" in der Rückschau betrachtet und bewertet. **Regine Heß** knüpft mit ihrem Beitrag an die Ausführungen von Petra Kissling-Koch zur d4 an und untersucht die documenta 11 von 2002 auf die seit 1968 zunehmende Politisierung – und Demokratisierung – der Kunst hin.

Katja Winter und **Nathalie Nicolay** setzen unterschiedliche Facetten des Sprachgebrauchs der „68er"-Studenten und die damit verbundenen Vorstellungen von der Wirkungsmacht von Sprache in Bezug zum aktuellen Politikerdialog innerhalb der Unterhaltungsmedien. In einer exemplarischen Untersuchung wird der Frage nachgegangen, inwiefern sich vieles von dem, was als 'Revolution in der Sprache' begann, inzwischen – auch bedingt durch den wachsenden Einfluss der Medien – im Zuge neuer dialogischer Strukturen etabliert hat. Denn die diskursive Rhetorik der „68er" wurde den Anforderungen der Bürgergesellschaft sowie der Mediendemokratie besser gerecht und konnte sich – so die These – als dominant durchsetzen.

In der Zeit um 1968 entstand ein neuer Feminismus, den **Margret Karsch** mit den heutigen Entwicklungen in der Strömung des Feminismus vergleicht. Sie versteht dabei Feminismus als Bewegung, die immer die Demokratisierung der Gesellschaft vorangetrieben hat, und warnt aktuell vor ökonomischen Anreizen, die den Rückfall in tradierte Rollenbilder fördern. Damit einher geht eine Entwicklung des Feminismus, die die ökonomischen Anreize scheinbar auch kulturell verstärkt – und damit das Erbe der „68er" ad absurdum führt.

Eine eher kritische Einschätzung des Wertewandels, den die „68er" in Westdeutschland ausgelöst haben, gibt **Thomas Petersen** ab. Er zeigt den Zusammenhang zwischen (markt-)liberalen Werten in der Gesellschaft und marktwirtschaftlichen und demokratischen Gesellschaftssystemen auf. Seit 1968 hatte sich die Wertschätzung der Westdeutschen zunehmend von Freiheit zu Gleichheit hin verschoben. Erst nach der Wiedervereinigung stoppte dieser Trend. Ein Vergleich mit den Nachwirkungen der „68er" in anderen Ländern hilft schließlich die Situation „nach 68" in Deutschland einzuordnen.

Unter den „68ern" waren Kritische Theorie, historischer Materialismus und Psychoanalyse die wohl mit Abstand am intensivsten rezipierten Theorien. **Tobias Schaffrik** begibt sich auf Spurensuche und fragt, was aus der analytischen Sozialpsychologie, der vielleicht für das „68er-Gedankengut" repräsentativsten Theorie geworden ist. Zentraler Autor ist hier Alfred Lorenzer, dessen Werk kurz vorgestellt wird, und anschließend in den zeitgenössischen Kontext des Positivismusstreites in der Soziologie gestellt wird, bevor auf aktuelle Weiterführungen seines Ansatzes hingewiesen werden.

Der abschließende Beitrag von **Stephan Malinowski** und **Alexander Sedlmaier** ist eine Zweitveröffentlichung, wurde aber in diesen Band aufgenommen, weil er viele der Diskussionen aufnimmt und in einer so interessanten wie schlüssigen Deutung des „68er"-Phänomens zusammenfasst. „68" war ein Katalysator der Konsumgesellschaft, indem die Bewegung Konsumhindernisse überwand, zur Modernisierung beitrug und durch eine kulturelle Liberalisierung sich am Markt die Angebote durchsetzen konnten, die den Bedürfnissen der Massen und weniger denen der kulturelle Normen setzenden Eliten entsprachen. Auf diese Weise gelang eine umfassende Demokratisierung individueller Lebenswelten.

Abschließend möchten wir den Beteiligten danken, die maßgeblich an der Entstehung dieses Bandes beteiligt waren. Zunächst sind dies die Mitglieder des Vorbereitungsteams des damaligen Promovierendentreffens: Regine Heß, Manuela Tillack, Katja Winter, Jörg Nicht, Tobias Schaffrik, Sebastian Wienges und Martin Zerrath. Ohne Eure Unterstützung und Euer Fachwissen aus ganz unterschiedlichen Disziplinen wäre dieses Buch unmöglich gewesen! Besonderer Dank gilt Katja Winter, die das gesamte Manuskript noch einmal Korrektur gelesen und auf die Anwendung der neuen Rechtschreibregeln geachtet hat. Danken möchten wir darüber hinaus auch Dr. Eberhard Müller (Promotionsförderung) sowie Dr. Heiko Ulrich Zude (Reihenherausgeber), sowie dem Evangelischen Studienwerk Villigst als Ganzem, das uns zu einem Stück intellektueller Heimat geworden ist und uns auf vielfältige Weise bei der Herausgabe dieses Buches unterstützt hat.

Tobias Schaffrik, Sebastian Wienges
Hamburg/Berlin, im Juni 2008

Die Stille der Revolution
Einführende Überlegungen zu „1968"

Sebastian Wienges

Die Faszination an den so genannten „68ern" ist auch nach mehr als dreißig Jahren ungebrochen. Diese laute Generation, deren Erfolge wie auch ihr Scheitern sich hinter dieser einen Jahreszahl verbergen, hat unsere Gesellschaft vielleicht still und leise stärker als jede andere geprägt, nichtsdestotrotz ist ihre historische Bedeutung umstritten, trennt politische wie gesellschaftliche Lager und ist Gegenstand geradezu ideologischer Auseinandersetzungen. Pointiert ließen sich die gegensätzlichen Positionen folgendermaßen skizzieren: auf der einen Seite als Anerkennung für die nachträgliche Demokratisierung aller gesellschaftlichen Bereiche und Erfindung der bundesrepublikanischen als einer modernen Gesellschaft gegenüber auf der anderen Seite tiefer Verachtung für eine Generation dummer Randalierer, die sämtliche Werte der Gesellschaft und damit auch tradierte Wettbewerbsvorteile aus mutwilliger Gleichmacherei über Bord warfen. Was denn nun aber wirklich das Phänomen „68er" ausmacht, bleibt so oder so im Dunkeln.

Die interdisziplinäre Tagung der Promovierenden des Evangelischen Studienwerkes e.V. Villigst „68er-Spätlese – Was bleibt von 1968?", vom 24. bis 27. November 2005 im Haus Villigst, Schwerte, hat sich aus verschiedensten Perspektiven mit diesem Phänomen auseinandergesetzt. Das vorliegende Buch versammelt verschiedene Tagungsbeiträge, sowie einige Aufsätze, die nach Meinung der Herausgeber wichtige Aspekte des Phänomens „68" ergänzen. Es wird dargestellt, was die „68er" in verschiedenen gesellschaftlichen Bereichen verändert haben, ebenso wie nach Erklärungen gesucht wird, wie und warum die „68er" diese Veränderungen bewirken konnten. Dieser Aufsatz ist weitgehend von der Tagung inspiriert, erhebt jedoch weder den Anspruch einer vollständigen noch einer repräsentativen Zusammenfassung der Ergebnisse. Vielmehr sollen Studien aus verschiedenen Bereichen der „68er"-Forschung, Diskussionen der Tagung und darauf basierende Überlegungen in einen Zusammenhang gestellt werden. Es wird um das Rätsel der Rolle der „68er" in der Gesellschaft gehen, darum, ob die „68er" Auslöser, Katalysator oder schlicht bedeutungslos für die gesellschaftlichen Entwicklungen waren, zu denen es in der Folge von 1968 zweifellos kam und die die Gesellschaft bis heute in ihrer Konstitution geprägt haben. Denn – so scheint es – in dieser Wirkung bestehen bis heute das Rätsel und der Mythos, und daher rührt die Faszination, die von dem „Jahr, das die Welt veränderte"[1], ausgeht.

1. Die Gesellschaft, in der die „68er" eine Generation prägten

Das Phänomen „1968" gab es weltweit vielfach. Ronald Inglehart konnte in über 40 Gesellschaften aus unterschiedlichen kulturellen Weltregionen einen Wertewandel quantitativ nachweisen, der in der Folge des Jahres 1968 den Wert partizipativer Demokratie deutlich ansteigen ließ.[2] Diese normative Vorstellung korrespondiert mit Vorstellungen der Studentenrevolution über freie Lebensmodelle, was Thomas Etzemüller „Lebensstilrevolution"[3] nennt, und gleichberechtigte Teilhabe aller gesellschaftlichen Gruppen. Es kann also tatsächlich von einem „Phänomen 68" gesprochen werden, das einer Erklärung bedarf. Doch die Auswirkungen dieser „ersten globalen Generation" – so Kurlanskys These – differenzierten sich stark aus in dem, was von 1968 geblieben ist.

Die unterschiedlichen gesellschaftlichen Umfelder, in denen sich die Bewegungen entwickelten, machen solche Unterschiede geradezu notwendig. Während es in Schweden, wie Etzemüller zeigte,[4] die Zivilgesellschaft schon gab, musste sie in Deutschland – und auch anderswo – erst noch entstehen. Das Fehlen einer solchen Zivilgesellschaft begründete bereits in der Weimarer Republik das Fehlen einer streitbaren, wehrhaften Demokratie. Die an ihrer statt oftmals anzutreffende Obrigkeitshörigkeit beschrieben und karikierten etwa Heinrich Mann und Kurt Tucholsky als Zeitgenossen.

Den Zusammenhang zwischen Rollenmodellen in der Gesellschaft für die Entwicklung bestimmter Persönlichkeitsstrukturen und der Tendenz zu oder Offenheit für antidemokratische Herrschaftssysteme in diesen Gesellschaften versuchte Theodor Adorno in seinen „Studien zum autoritären Charakter"[5] zu zeigen. Die Theorie über einen solchen kausalen Zusammenhang war schon früher an Max Horkheimers Frankfurter Institut für Sozialforschung maßgeblich von Erich Fromm in den 1930er Jahren entwickelt worden, gelangte aber erst durch Adornos Studie in seiner Emigrationszeit zu der Popularität, die Erziehungsideale nachhaltig veränderte und

---

[1] Dies ist der Buchtitel von *Marc Kurlansky*, 1968. Das Jahr, das die Welt veränderte, Köln 2005.
[2] Vgl. *Ronald Inglehart*, Kultureller Umbruch. Wertewandel in der westlichen Welt, Frankfurt a. M./New York 1989.
[3] Vgl. Thomas Etzemüllers Beitrag in diesem Buch und *ders.*, Imaginäre Feldschlachten? „1968" in Schweden und Westdeutschland, in: Zeithistorische Forschungen 2, 2005, 203-223.
[4] Thomas Etzemüller verglich die 68er-Bewegungen in Schweden und Deutschland in seinem Vortrag, 26.11.2005, Villigst; vgl. sein Beitrag in diesem Band.
[5] *Theodor Adorno* et al., The Authoritarian Personality, New York 1950.

die Unterbrechung der Wertetraditionen der Gesellschaft zu einem politischen Projekt machte.[6]

Genau an dieser Stelle setzten die „68er" an: Das Private wurde politisch,[7] sie begannen die kritische Auseinandersetzung mit der faschistischen Vergangenheit der eigenen Gesellschaft und der eigenen Eltern, mit den Sozialstrukturen und den Lebensmodellen. Ob die damit einhergehende nachträgliche Demokratisierung gesellschaftlicher Strukturen und nachträgliche Konsolidierung der Demokratie auch ohne die „68er" so in der Bundesrepublik gelungen wäre, ist in der Einordnung der historischen und gesellschaftlichen Rolle der „68er" fraglich.

Der gesellschaftlich ubiquitäre Generationenkonflikt bekam zumindest auf diese Weise eine politische Dimension, produzierte einen tief greifenden Wertewandel,[8] veränderte das Zusammenleben der Menschen und gestaltete Politik partizipativer. Diese politischen Schockwellen der „68er" förderten so in den Folgejahren zwei extreme Exponenten zutage: die Revolution, die sogar gewaltsam weitergeführt werden sollte, auf der einen Seite, und den „langen Marsch durch die Institutionen", der statt eines Umsturzes Reformen im System herbeizuführen plante und sich schließlich sogar als Partei organisierte, auf der anderen Seite. Allerdings muss an dieser Stelle deutlich zwischen Grüner Partei und „68er"-Bewegung unterschieden werden. Diese waren nie kongruent, auch wenn die Partei später von einigen Protagonisten der Bewegung mitbegründet wurde und auch ihre Basis in der Gesellschaft wie auch ihrer Wählerschaft von den „68ern" zumindest zum Teil geprägt waren und sind. Die Gleichsetzung der rot-grünen Regierung mit den „68ern"[9] ist aber ebenso falsch wie die von deren politisch-programmatischen Inhalten. Beides muss für sich beurteilt werden und kann nicht eines für das andere abgeurteilt werden.

Der so genannte „lange Marsch durch die Institutionen" führte aber tatsächlich zu einer Grünen Partei, die im Vergleich zu anderen europäischen Ländern weit stärker ist als die grünen Parteien in anderen Gesellschaften, was Etzemüller auf die schärfere Konfliktlage und klareren Feindbilder in Deutschland zurückführte.[10] Die unterschiedlichen Ausgangssituationen und Auswirkungen in verschiedenen Ländern werfen umso mehr die Frage auf, was das Gemeinsame des globalen Phänomens „1968" ist. Das Gemeinsame scheint nun in der Abwesenheit eines Faktors zu liegen, der für die Elterngeneration konstitutiv gewesen sein muss. Die „68er"-Generation teilt gegenüber den Älteren, die den Zweiten Weltkrieg noch erlebt haben, die Erfahrung, *nicht* im Krieg sozialisiert worden zu sein. Für diese Nach-

---

[6] Vgl. *Elisabeth Nölle/Thomas Petersen*, Zeitenwende. Der Wertewandel 30 Jahre später, in: Aus Politik und Zeitgeschichte B29/2001, 15-22, 17.
[7] Vgl. Beitrag von *Tobias Schaffrik* in diesem Band: ... als man zugleich narzisstisch und solidarisch sein konnte. Überlegungen zu Narzissmus, Öffentlichkeit und „1968".
[8] E. Nölle/Th. Petersen (s. Anm. 6).
[9] Vgl. hierzu auch das Interview mit Wolfgang Kraushaar in SpiegelOnline, 2.9.2005.
[10] Thomas Etzemüller zog diese Schlussfolgerung in seinem Vortrag, 26.11.2005, Villigst.

kriegs-68er-Generation waren restaurative autoritäre Gesellschaftsstrukturen, die aus Zeiten vor und während des Krieges tradiert wurden, anachronistisch.[11] Die Rebellion gegen diese normative Gesellschaftsordnung und elitäre Autoritäten war eine nur nahe liegende Konsequenz für die neue Generation, die, kaum dass sie alt und zahlenstark genug war, zu einer Bewegung anwuchs, ohne dass es dafür tatsächlich 1968 eine kritische Masse gegeben hat. Die Bewegungen selbst können kaum eindeutig gefasst und abgegrenzt werden, wie sie auch nicht auf das eine Jahr festzulegen sind. So stellte Wolfgang Kraushaar[12] die Dauer der „Revolutionen" in Zusammenhang mit Ereignissen und bestimmten Konflikten, die sich über 1968 hinaus erstreckten, in den USA etwa von 1964 bis 1970 die Proteste der Kriegsdienstverweigerer im Vietnam-Krieg und die Bürgerrechtsbewegung der Schwarzen, in Deutschland etwa von 1967 bis 1969 die Studentenproteste.

Doch die gemeinsame Erfahrung des Krieges und die Sozialisation im Krieg bzw. gerade das Fehlen dieser biographischen Merkmale als Erklärung für den Generationenkonflikt und dessen globale Politisierung reicht vielen Interpreten von „68" nicht aus. Sie verweisen auf die Rolle der Entstehung bzw. Verbreitung der Massenmedien, die Ereignisse aus Metropolen praktisch zeitgleich in die Wohnzimmer in anderen Weltregionen übertragen. Diese Medien schufen erstens die Möglichkeit der Entstehung eines Bewusstseins für globale Zusammenhänge und für die Bedeutung von Ereignissen in anderen Teilen der Erde[13] und beförderten die internationale Vernetzung von Menschen. Und zweitens erforderten und schufen diese Medien neue Formen der Kommunikation.[14] Die neuen Massenmedien verlangten eher schlagwortartige Statements als Äußerungsform, Parolen aus Protestbewegungen waren (und sind) insofern differenzierten Analysen und mehr Zeit in Anspruch nehmenden Erklärungen oder programmatischen Stellungnahmen gegenüber überlegen. Dabei beruhte die Überlegenheit der Parolen nicht auf deren Inhalt, um den es bei einem verbalen Schlagabtausch aber auch nur teilweise geht. In den von den neuen Medien geschaffenen Foren geriet das *establishment* so unter Druck, dass die Rebellierenden überlegen und auf eine subtile Weise mächtiger erschienen. Nicht die Parolen waren subtil, sondern wie sie ihre Wirkung entfalteten. Eine Wir-

---

[11] Als „Kontrollloch" bezeichnet diese generationssoziologische Erklärung des Phänomens „68" die Konstellation, die zur Protest- und Konfliktbereitschaft der Generation geführt haben soll. Vgl. *Marina Fischer-Kowalski*, Halbstarke 1958, Studenten 1968. Eine Generation und zwei Rebellionen, in: Ulf Preuss-Lausitz et al. (Hgg.), Kriegskinder, Konsumkinder, Krisenkinder. Zur Sozialisationsgeschichte seit dem Zweiten Weltkrieg, Weinheim/ Basel 1991, 53-70, 61.

[12] Wolfgang Kraushaar stellte in seiner Analyse in seinem Vortrag, 24.11.2005, Villigst, „68" sowohl als Mythos als auch als Zäsur dar, was er im weiteren noch über die Dauer der gesamten Tagung mit vielen Anekdoten und Hintergrundgeschichten veranschaulichte.

[13] Beate Fietze nennt dies die „globale Gleichzeitigkeit" der „ersten globalen Generation" und will so das Phänomen „68" erklären. Vgl. *Beate Fietze*, 1968 als Symbol der ersten globalen Generation, in: Berliner Journal für Soziologie, Heft 3, 1997, 365-386.

[14] Vgl. den Beitrag von Katja Winter und Nathalie Nicolay in diesem Band.

kung nämlich, die sie aufgrund ihrer Plakativität eigentlich kaum hätten haben können.

Denn mit Parolen kann man Gegner buchstäblich niederschreien, mit Argumentationen kaum. Parolen wie „Phantasie an die Macht", „Es ist verboten zu verbieten" oder „Lasst Eure Wünsche Realitäten sein"[15] ist es eben schwer argumentativ zu begegnen. Sie charakterisieren zwar die politische und gesellschaftliche Stoßrichtung der „68er", bleiben aber wenig angreifbar, weil unkonkret in den Forderungen. Dieses Prinzip der Offenheit und Unbestimmtheit, die alles zulässt und zugleich ständig zur Disposition stellt, wird heute eher mit dem Begriff der Postmoderne verbunden. Deren Argumentationslogik kann man sich nur schwer entziehen, was auch heute immer wieder eher konservativ eingestellte Kritiker versuchen, indem sie festestehende, ja heilige[16] Fundamente der Gesellschaft einfordern. Die zunehmend Akzeptanz findende Marktlogik, nach der sich durchsetzt, was die größte Nachfrage erfährt, steht solchen Positionen sowohl in der Politik wie auch der Kultur oftmals entgegen.

2. Die Werte der Gesellschaft und die „68er"

Trotz ihrer scheinbaren Überlegenheit im Format der Medien hatte die „68er-Revolution" kaum politisch-institutionelle Erfolge oder konnte konkrete Forderungen durchsetzen, weshalb sie in dieser Hinsicht als gescheiterte Revolution betrachtet wird. Wie oben schon erwähnt, begann aber in der damaligen Zeit ein kultureller Wertewandel, der sich auch auf die politische Kultur erstreckte, wie Inglehart zeigen konnte. Es war quasi ein „Sieg in der Nachspielzeit". In Deutschland folgten der relativ kurzen Phase der öffentlichen Proteste eine 30 Jahre währende Linksverschiebung der Werte und der Wähler in der bundesrepublikanischen Gesellschaft.[17] Dieser Wertewandel erstreckte sich auf sozioökonomische, sowie kulturelle und soziostrukturelle und auch politische Werte. Abgesehen von den wirtschaftlichen Werten stellte sich dieser Wertewandel als Liberalisierung von kulturell geformten und geprägten Lebensmodellen, soziostrukturell geprägten Beziehungen zwischen den Geschlechtern[18] und Generationen und Formen der politischen Partizipation dar. Im Bereich sozioökonomischer Werte hätte eine Liberalisierung eine stärkere Marktorientierung bedeutet, tatsächlich wurde aber in der Bundesrepublik Gleichheit[19] bzw. soziale Sicherheit seit 1968 zunehmend wichtiger. Solch entgegengesetzte Richtungen im Wertewandel in der Gesellschaft mögen dazu beitragen, die

---

[15] Vgl. *Stephan Malinowski*, Alles Stehende verdampft, Süddeutsche Zeitung v. 16.12.2005; vgl. seinen und Alexander Sedlmaiers ausführlichen Beitrag in diesem Band.

[16] Vgl. ebd, in Anspielung an die Parole von 1848 „Alles Stehende verdampft, alles Heilige wird entweiht".

[17] Vgl. *E. Nölle/Th. Petersen*, Zeitenwende (s. Anm. 6).

[18] Gunter Schmidt veranschaulichte dies in seinem Vortrag, 26.11.2005, Villigst; vgl. sein Beitrag in diesem Band.

[19] Thomas Petersen konnte dies in seinem Vortrag, 25.11.2005, Villigst, empirisch belegen; vgl. sein Beitrag in diesem Band.

Befriedigung der Bedürfnisse der Menschen nach Freiheit und nach Sicherheit in der Balance zu halten. Zumindest zeigt dies aber, dass Gesellschaften kaum auf eine Koordinate einer eindimensionalen Werteachse mit den Polen Freiheit und Gleichheit zu reduzieren sind.

Die aufklärerischen Forderungen der „68er" an das Individuum und die deutliche und nachhaltige Veränderung der Lebensmodelle und Sozialstrukturen in der Folge von 1968 führte in erster Linie zu einer zunehmenden Individualisierung modaler Persönlichkeiten[20] bzw. der Etablierung individualistischer Wertmaßstäbe. Damit einher gingen eine Pluralisierung der Lebensmodelle und ein wachsendes Bewusstsein des Einzelnen, an politischen Prozessen zu partizipieren. Umgekehrt hatte das die Kritik an und die Absetzung von Autoritäten bzw. die Aberkennung ihres hierarchisch übergeordneten Status zur Folge. Die „individuellen Lebensentwürfe"[21] und die damit zusammenhängenden Grundsätze von individueller Freiheit, Individualismus, Pluralität, politischer Partizipation, Kritikfähigkeit und Gleichberechtigung umreißen die angestrebten Gesellschaftsformen der „68er", die die folgenden Generationen in der eigenen Wahrnehmung wie im tatsächlichen Zusammenleben geprägt haben und die deutsche Gesellschaft modernisiert und nachträglich demokratisiert haben. Im Rückblick lassen sich in ihnen die Prinzipien der „Offenen Gesellschaft", wie sie Karl Popper skizzierte[22] wiedererkennen. Diese Gesellschaftsform konsequent als Grundlage des Zusammenlebens der Menschen in einer Gesellschaft, aber auch der Völker verschiedener Länder zu begreifen, heißt die Demokratie wehrhaft zu machen. Vielleicht besteht auch darin eine historische Leistung der „68er", von der die folgenden Generationen lernen konnten.

3. Historische Ambivalenz der „68er"

Paradoxerweise waren die „68er" selbst und ihr Zusammenleben oder ihre Protestaktionen viel weniger an diesen Werten orientiert als die letztendlich von ihnen geprägte Generation. Zum Beispiel stellte die „streng antiautoritäre"[23] Erziehung selbst wiederum Standards für freiheitliches Verhalten auf und versuchte diese geradezu zwanghaft einzuhalten beziehungsweise forderte diese den damit überforderten Kindern ab.

Gerade diese Ambivalenz trägt zum Rätsel wie zur Faszination der „68er" bei. Die „68er-Revolution" *kann* die in einem totalitären Regime sozialisierte und nach

---

[20] „Modale Persönlichkeit" bezeichnet ein Konzept aus der Psychologie und aus ethnologischen Ansätzen, das bestimmten Gesellschaften bestimmte Persönlichkeiten bzw. Persönlichkeitsmuster zuordnet, die durch Enkulturation in der jeweiligen Gesellschaft entstehen und die wiederum den Anforderungen der Gesellschaftsstrukturen an das Individuum entsprechen.

[21] Nach Rainer Erd in *Axel Jansa*, Die Pädagogik der Studentenbewegung, in: Jahrbuch der Pädagogik 1999. Das Jahrhundert des Kindes?, Frankfurt a. M. 2000, 223-246, 241/242.

[22] Vgl. *Karl Popper*, The Open Society and Its Enemies. The Spell of Plato, London 1998⁵, 93-108. Karl Popper selbst stand marxistischen Bewegungen, wie sie die „68er" zu großen Teilen waren, sehr kritisch bis ablehnend gegenüber.

[23] Nach Sten Nadolny in *A. Jansa* (s. Anm. 21), 227.

dem Krieg restaurierte bundesrepublikanische Gesellschaft unmöglich mit demokratischen Werten ausgestattet haben, wenn es der Bewegung daran eigentlich selbst in großen Teilen mangelte. Eben aus diesem Dilemma gewinnt die These, dass die „68er" eine globale und durch in den Medien dargestellte Ereignisse geprägte Generation und diese Konstellation Auslöser für das Phänomen „68" und den anschließenden Gesellschaftswandel sei, ihre Stärke: internationale Faktoren und nicht lediglich die deutsche „68er"-Bewegung waren entscheidend für den Wandel in der BRD.

Während die „68er" gemessen an ihren politisch-institutionellen Zielen und Forderungen scheiterten, können sie in einen längerfristigen Wandlungsprozess eingeordnet werden, da sie die Entwicklung vieler verschiedener gesellschaftlicher Bereiche nachhaltig beeinflussten.[24] Die eingangs formulierte Frage, welche Bedeutung die „68er" in der Entwicklung der westdeutschen Gesellschaft hatten und haben, lässt sich hypothetisch vielleicht damit beantworten, dass die „68er" weniger hinreichende Initiatoren der gesellschaftlichen Modernisierung als lediglich notwendige Katalysatoren waren: „Die sechziger Jahre waren eine unvergleichliche Boom-Phase, eine Zeit hochdynamischer Umbrüche, die von 68 beschleunigt, nicht aber initiiert wurden."[25] Die Leistung der „68er" bestand vor allem darin, dass sie einer Entwicklung, der gesellschaftlichen Modernisierung, die in den 1960ern virulent war,[26] Öffentlichkeit gaben, und sie verlängerten dadurch die Reichweite dieser Entwicklung. Die Modernisierung der Gesellschaft und ihrer Werte wäre vermutlich ohne die öffentlichkeitswirksamen, in den Medien geschickt inszenierten Protestaktionen der „68er" nicht so weitreichend gewesen. So aber führte er weiter als auch in vielen anderen Ländern, wo dieser Wertewandel ohnehin schon weit fortgeschritten war und aufgrund einer anderen Geschichte auch weniger konfliktreich verlief. Ohne die „68er-Revolution" hätte die Modernisierung der Lebenswelten, Sozialstrukturen und politischen Kultur niemals so stattgefunden, und eine Anpassung der Gesellschaft an die Herausforderungen zunehmender kultureller Pluralisierung, Globalisierung, Individualisierung und Verunsicherungen der Demokratie wäre kaum gelungen. Insofern sind die „68er" eine notwendige Bedingung für die zivilgesellschaftliche Entwicklung und die Konsolidierung der Demokratie in der BRD, die sich zumindest zum Teil aber erst in den folgenden Generationen manifestierte.

Doch soll die ambivalente Einschätzung der historischen Leistung der „68er" nicht unterschlagen werden. Neben der soziokulturellen Befreiung des Individuums und insbesondere der Frau in ihrer gesellschaftlichen Rolle und neben der nachträglichen Demokratisierung der Gesellschaft fällt die Gewaltbereitschaft der „68er-

---

[24] Vgl. hierzu u.a. den Beitrag in diesem Band von Stephan Malinowski und Alexander Sedlmaier, die eine dem damaligen Selbstverständnis vieler Akteure gegenüber konträre Deutung entwickeln.
[25] *S. Malinowski* (s. Anm. 15); vgl. auch seinen und Alexander Sedlmaiers ausführlichen Beitrag in diesem Band.
[26] Wolfgang Kraushaar während der Podiumsdiskussion am 27.11.2005, Villigst.

Bewegung" immer wieder ins Auge, weshalb sie noch heute vielfach als Generation der Randalierer wahrgenommen und kritisiert wird. Gerade im Zusammenhang mit ihrer Selbstheroisierung müssen die „68er" bigott erscheinen.[27] Die Gewaltbereitschaft mag verwurzelt sein in der Konfrontation zweier Generationen, divergierender Selbstverständnisse und Lebensmodelle, sie wird aber nichtsdestotrotz auch durch die Prägung der Gesellschaft unter einem totalitären Regime – im Falle der älteren Generation direkt, im Falle der jüngeren indirekt durch Auseinandersetzungen mit ihren Eltern – bedingt gewesen sein. Tatsache ist, dass keine Seite es vermochte, diese Konfrontation friedlich zu überwinden. In einer Situation der grundsätzlichen Infragestellung jeglicher Autoritäten fehlten die Persönlichkeiten, die deeskalierend Einfluss genommen hätten. Gerade dieses Vakuum an tradierten Führungs-persönlichkeiten ermöglichte erst – unter Mithilfe der Massenmedien – den Aufstieg neuer „Stars", wie es sie bis heute in der „68er-Generation" gibt.

4. Was wäre die Welt ohne die „68er"?

Die vielfältigen Formen von Bewegungen und deren Wirkungen zeigen eines: Es gab ein Phänomen mit der Chiffre „68",[28] das ungefähr zeitgleich in vielen Ländern auftrat und wegen der wachsenden internationalen Vernetzung durch neue Medien Impulse aus anderen Ländern aufnahm oder sogar durch Ereignisse in anderen Ländern ausgelöst wurde. Gleichzeitig bildeten die nationalen Gesellschaften und politischen Systeme aber jeweils die Umfelder, in denen und gegen die sich diese Bewegungen formierten und daher auch große Unterschiede in ihren Ausprägungen und Wirkungen entwickelten. Überall folgte den „Revolutionen" aber ein spezifischer Wertewandel, der als Teil der Modernisierung von Gesellschaften verstanden werden kann. Allerdings geschah dies, ohne dass die „68er"-Bewegung zumindest im deutschen Falle für sich in Anspruch nehmen könnte, die spezifischen Werte der Offenen Gesellschaft im Popperschen Sinne als Verhaltensnormen etabliert zu haben, obwohl sie diese als Bewertungsnormen propagierten. Dieser Widerspruch macht die „68er" bis heute ambivalent.

Letztlich waren die „68er" selbst von eben dieser Gesellschaft und deren Normen geprägt, gegen die sie rebellierten. So warfen sie die alte Gesellschaftsordnung ebenso wenig um, wie sie sich in sie einordneten. Sie waren eben nicht die Helden, die eine neue Gesellschaft oder gar den „neuen Menschen", wie Marcuse das forderte, schufen. Aber sie forderten eine notwendige Entwicklung, um den Anforderungen einer offenen, globalisierten, pluralisierten, demokratischen, kritikfähigen Gesellschaft mit partizipierenden und gleichberechtigten Bürgern gerecht zu werden.

---

[27] Gernot Folkers und Ulfrid Kleinert weisen auf diesen Zusammenhang während der Podiumsdiskussion am 27.11.2005, Villigst, hin.

[28] Dies war die Einschätzung Wolfgang Kraushaars in seinem Vortrag vom 24.11.2005, Villigst, „1968 als Chiffre, Mythos, und Zäsur".

Um nun die Frage, ob die „68er" notwendig waren für diese Entwicklung, zu beantworten, braucht es eine grundsätzliche These über die Entwicklung von Gesellschaften: Gesellschaftliche Innovationen beginnen immer bei Individuen. Bekommen diese Innovationen eine Öffentlichkeit, wird von „Revolutionen" gesprochen. Entwicklungen, die von der Öffentlichkeit kaum oder gar nicht bemerkt werden, aber trotzdem zu gesellschaftlichen Umwälzungen führen, werden „Stille Revolution"[29] genannt. Die „68er" und ihr Getöse waren insofern der öffentliche Teil der stillen Revolution, die Inglehart global im Wertewandel feststellte. Vielleicht hätte die notwendige Entwicklung durch die „68er" auch ohne Öffentlichkeit stattfinden können, aber ebenso wenig wie jede andere gesellschaftliche Entwicklung nicht ohne die handelnden Akteure. Dass diese gerade 1968 derart die Öffentlichkeit erreichen, mag einfach den Umständen dieser Generation geschuldet sein.

---

[29] So geschieht dies auch bei der bloßen Betrachtung des Wertewandels: *Ronald Inglehart*, The Silent Revolution, Princeton 1977.

Virtuelle Feldschlachten
„1968" und die Macht imaginärer Bilder

Thomas Etzemüller[*]

„1968" war nicht einfach nur ein Ereignis, dem sich nun die Historiker widmen, um dessen „wahre" Geschichte zu schreiben. „1968" hat immer auch die Republik betroffen – und die Frage: Wie soll unsere Gesellschaft sein? Darf Einer Außenminister sein, der in seiner Jugend vor der Kamera auf Polizisten eingeprügelt hat? Was ist das für ein Land, das den Polizisten freispricht, der 1967 bei einer Demonstration Benno Ohnesorg erschossen hat? Die Geschichte von „1968" ist immer auch die Geschichte der Gegenwart, und so gibt es stets mehrere Erzählungen von diesen Ereignissen. Die einen sehen in den Studentenprotesten den Aufbruch aus einer autoritären, vermufften, verklemmten, restaurativen Zeit, der Adenauer-Ära, in der all die alten Nazis noch das Sagen hatten – einen Aufbruch hin zu einer liberalen, toleranten, pluralistischen Gesellschaft westlichen Zuschnitts. Man hatte zwar ursprünglich die Revolution gewollt, aber, gegen den Widerstand der „Alten", immerhin eine westliche „Civil Society" bekommen. Für die anderen ist es die Zeit politischer Anarchie, in der ungewaschene, langhaarige Studenten, radikalisiert wie einst in der Weimarer Republik, erneut die Demokratie zerstören wollten, um erneut einem totalitären Regime den Weg zu bahnen, nunmehr dem „Bolschewismus". Die politischen Theorien, von denen sie stundenlang schwallen konnten, haben sie nie wirklich verstanden, dafür waren sie umso mehr auf brutalen Krawall geeicht.

Damals wie heute sahen und sehen beide Seiten tendenziell im Gegner jeweils spiegelbildlich dasselbe: Gegner der demokratischen Gesellschaft, und diese Projektion, die durch die Bilder der Gewalt unterfüttert wurde und noch immer wird, so meine These, war und ist *einer* der Gründe, warum die Auseinandersetzungen damals so gewalttätig ausfielen und heute noch so heftig geführt werden. Es sind Bilder der Gewalt, die fast jede 68er-Geschichte dominieren, der erschossene Benno Ohnesorg, die Bilder von knüppelnden Polizisten oder von Jugendlichen, die Pflastersteine warfen. Durch diese Bilder wird „1968" oft genug in die (west-) deutsche Geschichte eingeordnet.

---

[*] Vortrag, gehalten auf dem Promovierendentreffen des Evangelischen Studienwerkes Villigst, 26.11.2005.

Gesellschaftlicher Strukturwandel

Ich skizziere kurz die Geschichte, wie es dazu kam. Westdeutschland erlebte nach den totalen Zerstörungen des Zweiten Weltkrieges nicht nur das so genannte „Wirtschaftswunder", sondern den Beginn einer vollständig neuen Gesellschaftsform, nämlich der modernen Konsum- und Überflussgesellschaft. Das sah in den USA und anderen westeuropäischen Ländern ähnlich aus, und überall tauchten die ersten, ungewohnten Begleiter des Konsums auf, die *teenager* und die „Halbstarken", die Rock'n'Roll hörten, Erwachsene anpöbelten, nicht mehr gehorchten und – mit Hilfe von viel Geld und einer interessierten Industrie – einen eigenen Lebensstil auszubilden begannen. Plötzlich wurde „Jugend" als „Generation" wahrgenommen, mit einer eigenen „Kultur", die sich verstörend von der der Erwachsenen unterschied. Das war neu, das musste sinnvoll gedeutet werden, und so entstand das Bild einer Jugend, die durch den Konsum auf den Weg der Unmoral und direkt in die Kriminalität geführt wurde. Die Horrorgeschichten von den „Halbstarkenkrawallen" aus aller Welt schienen zu beweisen, dass diese Sicht stimmte – umgekehrt zeigten die Medien den Jugendlichen, dass sie nicht allein, sondern Teil einer republikweiten, ja weltweiten Entwicklung waren.[1]

Nach der ersten Euphorie zeigte sich zudem, dass die Konsumgesellschaft Probleme mit sich brachte. Ende der 1950er Jahre begannen in den USA Autoren wie Kenneth Galbraith, David Riesman und andere verschiedene Schattenseiten der Wohlstandsgesellschaften zu analysieren; diese Bücher wurden auch ins Deutsche übersetzt. In der Bundesrepublik schienen die Diskussion um die Notstandsgesetze, die große Koalition, die Wahlerfolge der NPD oder die zunehmende Macht der bürokratischen „Apparate" seit den frühen sechziger Jahren zu indizieren, dass die demokratische Grundordnung schleichend ausgehöhlt wurde. Es entstand, wie in den USA oder Großbritannien, eine studentische *Neue* Linke, die aktiv auf eine politische Demokratisierung der Republik hinarbeiten wollte. Sie begann, die Defizite der Konsumgesellschaften aufzugreifen und gesellschafts-theoretisch zu verarbeiten. Allerdings sollten die aus ihrer Sicht notwendigen Gesellschaftsreformen zunächst durchaus im Rahmen der bestehenden Gesellschaften stattfinden.[2]

---

[1] Vgl. etwa *Wolfgang Abendroth*, Das Grundgesetz. Eine Einführung in seine politischen Probleme, Pfullingen 1966; *Manfred Görtemaker*, Geschichte der Bundesrepublik Deutschland. Von der Gründung bis zur Gegenwart, München 1999, *Ulrich Herbert* (Hg.), Wandlungsprozesse in Westdeutschland. Belastung, Integration, Liberalisierung 1945-1980, Göttingen 2002, *Axel Schildt/Detlef Siegfried/Karl Christian Lammers* (Hgg.), Dynamische Zeiten. Die 60er Jahre in den beiden deutschen Gesellschaften, Hamburg 2000, *Axel Schildt/Arnold Sywottek* (Hgg.), Modernisierung im Wiederaufbau. Die westdeutsche Gesellschaft der 50er Jahre, Bonn 1993; *Matthias Frese/Julia Paulus/Karl Teppe* (Hgg.), Demokratisierung und gesellschaftlicher Aufbruch. Die sechziger Jahre als Wendezeit der Bundesrepublik, Paderborn 2003.

[2] Vgl. *Tilman Fichter/Siegward Lönnendonker*, Macht und Ohnmacht der Studenten. Kleine Geschichte des SDS, Hamburg 1998; *Todd Gitlin*, The Sixties. Years of Hope, Days of Rage, New York 1993. Vgl. auch *Stefan Malinowski/Alexander Sedlmaier*, „1968" als Katalysator

Radikalisierung

Seit Mitte der 1960er Jahre aber fand allmählich eine Radikalisierung statt, aus verschiedenen Gründen. Den heute durchaus harmlos wirkenden Regelverstößen der Studierenden wurde von Seiten der Staatsgewalt mit unverhältnismäßiger Brutalität begegnet, in Afrika und Vietnam schien der „Kapitalismus" seine imperialistische Fratze zu zeigen, in den USA unterdrückte er in der Perzeption der sich radikalisierenden Studierenden gezielt die Schwarzen. Die Medien vermittelten Gewalt, man nahm sie am eigenen Körper wahr, durchstand vor Gericht lächerliche Schauprozesse, die Lektüre ging zu immer radikaleren Theoretikern über, und dann wurden 1967 und 1968 Benno Ohnesorg, Rudi Dutschke, Martin Luther King, Robert F. Kennedy, einige Studenten in der Kent State University – von den Schwarzen im Jackson College sprach man weniger – erschossen oder verletzt, die Medien berichteten von überall – und eines schien nun klar: Man kämpfte nicht mehr für eine friedliche Reform der Gesellschaft, denn das kapitalistische „System" seinerseits setzte alles daran, die Emanzipationsbewegungen weltweit brutal zu zerschlagen. Innerhalb weniger Jahre gingen die Studierenden aus der Selbstsicht vom Protest zum „Widerstand" über und probten die Techniken des Guerillakrieges. Das führte zu den bekannten Straßenschlachten und später zum Terrorismus. Allerdings beruhte die Gewalterfahrung auf Gegenseitigkeit. Nicht nur konservative Bundesbürger, sondern gerade auch linksliberale Intellektuelle, die es sich zurechneten, nach 1945 die deutsche Gesellschaft endlich demokratisiert zu haben, waren von der Gewalt der Studenten abgestoßen. Sie und viele liberale Bundesbürger sahen einen weltweiten linksradikalen Gewaltzusammenhang, den sie nicht billigen konnten. Sie wollten Verbesserungen und nicht gewaltsame Umstürze mit anschließenden moskauhörigen oder kryptostalinistischen antidemokratischen Regimen wie in Albanien oder China. Beide Seiten sahen in der jeweils anderen Seite den Gegner emanzipatorischer Reformen und Befürworter antidemokratischer Gewaltexzesse.[3]

Man sieht an dieser knappen Skizze, dass ich sehr stark auf Wahrnehmungen abgehoben habe. Natürlich könnte man einwenden: Benno Ohnesorg und all die andern sind tot, und das stimmt natürlich. Doch sind es vor allem die Gewaltgeschichten aus Berlin, Frankfurt, Chicago, Berkeley oder Paris, die das Bild prägen. Etwas abseits dieser Städte gab es ebenfalls protestierende Studierende und Schüler, auch hier flogen Pflastersteine, schlugen Polizisten zu und wurden Professoren in symbolischen Akten gedemütigt. Aber es gab auch weite Landstriche ohne Gewalt, und selbst in den Zentren der Proteste konnten Studierende und „Establishment" kooperieren. Die Gewalt war ein Medium. Sie erzeugte Aufmerksamkeit und sie erlaubte es – wie etwa bei den „Halbstarken" – eine Grenze zu ziehen: zwischen

---

der Konsumgesellschaft. Performative Regelverstöße, kommerzielle Adaptionen und ihre gegenseitige Durchdringung, in: Geschichte und Gesellschaft 32, 2006, 238-267; gekürzt in diesem Band.

3 *Thomas Etzemüller*, 1968 – Ein Riss in der Geschichte? Gesellschaftlicher Umbruch und 68er-Bewegungen in Westdeutschland und Schweden, Konstanz 2005, 95-171.

"uns" und "denen". Deshalb war Gewalt attraktiv und deshalb wurde sie auch dann wahrgenommen, wenn sie tatsächlich kaum existierte.

1968 in Schweden

Wie die Virtualität der Gewalt funktioniert, soll ein Blick auf Schweden zeigen, diese in unserer Wahrnehmung so friedliche, fortschrittliche, sozialstaatliche Demokratie an der nördlichen Peripherie. Schweden hatte seit den 1930er Jahren systematisch den Sozialstaat ausgebaut, aber das sollte nicht zu der Annahme verleiten, es habe schon ebenso lange einen Wohlstandsstaat gegeben. Das Leben war auch in Schweden bis mindestens in die 1940er Jahre durch Armut und stetige Unsicherheit gekennzeichnet, und auch in Schweden setzte in der ersten Hälfte der 1950er Jahre dann ein Wandel ein, der sich kurz darauf als Beginn der modernen Konsumgesellschaft entpuppte.[4] Schweden hatte seine „Halbstarkenkrawalle" und dieselben erhitzten Diskussionen um den angeblichen moralischen Verfall der Jugend; und wenn die Bundesrepublik der Adenauerzeit als restaurativ, autoritär und obrigkeitshörig bezeichnet wird, so gilt das für Schweden allemal. Wie in anderen Ländern waren die Studierenden mit den immer schlechteren Studienbedingungen unzufrieden, auch hier wurde man auf befremdliche Entwicklungen des Wohlfahrts- und Wohlstandsstaates aufmerksam, auf „Entfremdungsprozesse", autoritäre Strukturen und die Exklusion gesellschaftlicher Gruppen.

So bekam auch Schweden seine „68er-Bewegung". Selbst die Chronologie der Gewalt folgte der internationalen Entwicklung: in der ersten Hälfte der sechziger Jahre die Entstehung einer neuen Linken (die man in Schweden allerdings mit der Lupe suchen musste), um 1965 mit den Protesten gegen den Vietnamkrieg eine Radikalisierung der Proteste, 1967 und 1968 dann spektakuläre Gewaltszenen, die auch den Schweden bewiesen, wie repressiv das „Establishment" vorging bzw. was von anarchistischen Studierenden alles Schlechtes zu erwarten war. So weit, so ähnlich.[5]

Radikalisierung oder Virtualität der Gewalt?

Nun lohnt es sich aber, einen genaueren Blick auf die „Gewalt" zu werfen. Auch in Schweden dienten vor allem die Proteste gegen den Vietnamkrieg dazu, die Studierenden zu mobilisieren. Bis 1965 war der Krieg nicht richtig in das Bewusstsein der Bevölkerung und von Studierenden eingedrungen, ähnlich wie in Westdeutschland. Eine Studentenorganisation veranstaltete zwar regelmäßige kleine Demonstrationen, doch die nahm niemand wirklich wahr. Dann kam ein schöner Frühjahrstag im

---

[4] Vgl. *Lennart Schön*, En modern svensk ekonomisk historia. Tillväxt och omvandling under två sekel, Stockholm 2000, 325-432.

[5] Vgl. *Kjell Östberg*, 1968 när allting var i rörelse. Sextiotalsradikaliseringen och de sociala rörelserna, Stockholm 2002; *Sven-Olof Josefsson*, Året var 1968. Universitetskris och studentrevolt i Stockholm och Lund, Göteborg 1996; *Kim Salomon*, Rebeller i takt med tiden. FNL-rörelsen och 60-talets politiska ritualer, Stockholm 1996.

Jahre 1965, als die Polizei eine dieser winzigen Kundgebungen auflösen wollte. Einige Demonstranten weigerten sich, ihre Plakate abzugeben, weil sie die polizeiliche Genehmigung zur Kundgebung hatten. Verstärkung fuhr mit Sirenengeheul heran, lockte dadurch Zuschauer an, es kam zu einer Rangelei, bei der Sköld-Peter Matthis im Würgegriff, vor den Kameras der Presse, abgeführt wurde. Dieses Foto prangte am nächsten Tag unter fetten Schlagzeilen in allen Zeitungen, und die Aktion machte die Initialen FNL – *Front National de Libération du Viêtnam du Sud* (als Bezeichnung für die Befreiungsbewegung in Vietnam sowie die Protestbewegung in Schweden) – schlagartig weithin bekannt. Etwas Besseres hätte nicht passieren können. Das Bild wurde zu einem Banner, außerdem konnte die Bewegung davon profitieren, dass gegen Matthis eine Anzeige wegen Widerstands gegen die Staatsgewalt erstattet wurde. Der Prozess zog sich dankbare vier Jahre hin und endete mit einer Verurteilung durch das Höchste Gericht. Durch dieses Urteil sahen die Kriegsgegner ihre Ansicht bestätigt, dass die schwedische Justiz „politisch" urteilte, und Matthis wurde zu einer Art Dutschke Schwedens. Danach gab es rasch lokale FNL-Gruppen in ganz Schweden, und die Bewegung konnte, trotz chronisch unglaublich chaotischer Zustände, wie keine andere soziale Bewegung der 1960er Jahre ein Heer von Aktivisten mobilisieren, das unermüdlich demonstrierte und publizierte. Tausende von Studierenden und Schülern verbanden ihre Proteste gegen den Vietnamkrieg und den „US-Imperialismus" mit einer Kritik an der schwedischen Gesellschaft und dem Versuch, auch in Schweden eine proletarische Revolution durchzuführen.

In den folgenden Jahren kam es an den Universitäten in Lund und Stockholm zu mehreren dramatischen Ereignissen, die von vielen Schweden als traurige Meilensteine politischer Gewalt empfunden wurden – nur übertroffen vielleicht durch die Demonstration am 20. Dezember 1967 in Stockholm. An diesem Tag fanden in 40 Orten des Landes Demonstrationen statt, anlässlich des siebenjährigen Bestehens der FNL in Vietnam. In Stockholm kündigte die FNL-Bewegung an, trotz fehlender Genehmigung vor die US-Botschaft zu ziehen; entsprechend bereiteten sich Polizei und Presse auf das Ereignis vor. Es kam zu ausgiebig fotografierten Scharmützeln, und Demonstranten und Polizei gerieten auf eine Weise aneinander, die als besonders brutal empfunden wurde. „Dagens Nyheter", der Protestbewegung sonst wohlgesonnen, verurteilte scharf den gewaltsamen Bruch demokratischer Spielregeln. In Schweden könne man seine Meinung im Rahmen des Rechtsstaates frei ausdrücken, niemand dürfe das Recht in seine Hand nehmen. Am wenigsten gefiel „Dagens Nyheter" die Erklärung einiger Demonstranten, das nächste Mal bewaffnet zu erscheinen. Die Zeitung sah darin den Beginn einer Militanz, der rechtzeitig zu wehren sei.[6]

---

[6] „Förhör om polisbrutaliteten 20 december 1967" [Verhör über die Polizeibrutalität 20. Dezember 1967]. Das hektographierte Ms. hat mir freundlicherweise Kjell Östberg überlassen. Ein ganz ähnlicher Bericht ist in der Bundesrepublik erschienen: *Verband Deutscher Studen-*

Die Demonstranten hatten diese Militanz auf Seiten der Polizei schon längst ausgemacht. Im Januar 1968 wurden Zeugen der Ereignisse angehört, die immer wieder dasselbe schilderten: prügelnde und hinterhältige Polizisten, die sich nicht um Presseausweise kümmerten und den „bekannten ‚Sköld-Peter Matthis'-Griff" anwandten, Reiterangriffe aus der Dunkelheit, eine ältere Dame oder ein älterer Herr, die sich entweder über die Geschehnisse aufregten oder von der Polizei traktiert wurden, verstreute Demonstranten, die über die Szenerie streiften und unter die Schlagstöcke kamen, weibliche *teenager*, die in Polizeihorden verschwanden, Zivilpolizisten, Peitschen, Attacken zu Pferde und natürlich stets friedliche Demonstranten, die den Anordnungen der Polizei gehorchten und gar nicht wussten, wie ihnen geschah. Alle Berichte zusammengenommen lassen ein kollektives „ich" auftreten, das geschlagen, geknüppelt, beleidigt, getreten, beschimpft und eingesperrt wurde, das nie Widerstand leistete, Faustschläge sah, Todesangst verspürte, Dienstnummern verlangte (und Spott erhielt), um Hilfe rief und alten Männern half, die trotz ihrer Krücken niedergerissen worden waren: ein kollektives „ich" als Märtyrer, umgeben von einer apokalyptischen Stimmung. Seitdem galt der 20. Dezember als eine Art Höhepunkt der Auseinandersetzungen, der immer wieder beschworen wurde.

Ob nun in der Kleinstadt Båstad ein Tennisturnier gestört wurde, an dem eine Mannschaft aus Rhodesien teilnehmen sollte, oder ob in Foresta gegen das Treffen der Weltbankchefs protestiert wurde – immer wieder wurde das Bild einer aufgehetzten Studentenmeute bzw. einer brutalen Staatsgewalt evoziert. Nicht immer allerdings wollte die Staatsgewalt repressiv sein, dann wurde die Gefahr wenigstens beschworen: Zwei Siege habe man in Lund über die Polizei errungen, das werde sie sich nicht noch einmal bieten lassen.[7] Man suchte geradezu den Gegner. Weil in Örebro keine US-Botschaft angesiedelt war, schlug die örtliche FNL-Gruppe stellvertretende Aktionen gegen eine schwedische Bekleidungskette vor. In Uppsala vermisste die FNL „organisierte Faschisten" und Angriffe auf die Gruppe: Es habe nur eine Versammlungssabotage gegeben. Sköld-Peter Matthis verkündete 1967 voller Freude, dass der Staat immer drastischer reagiere; das zeige, dass man auf dem rechten Wege sei und als Gefahr empfunden werde.[8]

Doch auch die Gegenseite beschwor die zunehmende Gewalt, und sei es nur in negativer Form. Während „Dagens Nyheter" vom 20. Dezember in Stockholm berichtete, dass die drohende „Feldschlacht" ausgeblieben sei, hatte „Expressen" an genau demselben Ort eine „reine Feldschlacht" beobachtet.[9] Seit 1967 häuften sich

---

tenschaften vds (Hg.), Knut Nevermann, der 2. juni 1967 [sic]. Studenten zwischen Notstand und Demokratie, Dokumente anlässlich des Schah-Besuchs, Köln 1967.

[7] „Vietnamarbetet i Södra Sverige", Nov. 1967, S. 3 (Riksarkivet Stockholm, 730031, E2B:1: De Förenade FNL-Gruppernas Arkiv).

[8] *Kim Salomon*, Rebeller i takt med tiden, Stockholm, 1996, 261-266; *Yngve Möller*, Sverige och Vietnamkriget, Stockholm 1992, 93.

[9] vgl. „Dagens Nyheter" und „Expressen" vom 21.12.1967

die Berichte über Demonstrationen in allen Ecken des Landes und über Krawalle, Schlägereien, Flaggenverbrennungen, Angriffe auf amerikanische Einrichtungen und Tomatenwürfe. Die Artikel glichen immer mehr Frontberichten, und besonders „Expressen", den „Berufsdemonstranten" ohnehin wenig wohl gesonnen, verbreitete Untergangsstimmung. Erwachsene hätten in der „Schlacht bei Foresta", einer Demonstration gegen eine Konferenz von Zentralbankchefs und Finanzministern im März 1968, Teenager zum Angriff gegen die Polizei getrieben, lautete eine der Schreckensmeldungen.[10]

Schaut man sich die Zeitungsphotos, Filme und internen Berichte der FNL-Gruppen allerdings genau an, so ist von der Gewalt, die sich beide Seiten vorwarfen, vergleichsweise wenig zu sehen. Auf den Fotos der Tageszeitungen sieht man immer nur einzelne Demonstranten, die zu Boden geschlagen oder abgeführt werden. Alles gleicht eher Rangeleien, selbst bei den Auseinandersetzungen am 20. Dezember, die den Gewalthöhepunkt bildeten und wo übrigens die Zeugen die entscheidenden Momente, als die Schlagstöcke und Peitschen auf die Demonstranten trafen, oft nicht gesehen haben. Wurden Demonstranten befragt, so empfanden sie die Polizei, im Vergleich mit den dänischen und US-amerikanischen Kollegen, als recht friedlich. In den Rechenschaftsberichten der einzelnen FNL-Gruppen von 1967/68 merkt man wenig von der „Polizeibrutalität": Aus den meisten Orten wurden keine größeren Schwierigkeiten mit der Staatsmacht vermeldet, nur kleinere Reibereien. Gerade einmal Lund und Stockholm meldeten härteres Vorgehen der Ordnungshüter, während die Polizei in Göteborg unentschlossen schien. Mal greife sie mit Pferden und Peitschen an, mal gar nicht. Probleme mit den „Reaktionären" gebe es keine, die Bevölkerung zeige sich in der Regel freundlich bis uninteressiert. Und als das „Aftonbladet" vermeldete, dass sich die schwedische Polizei bei den britischen, französischen und westdeutschen Kollegen erkundigt habe, wie man dort mit Demonstranten umgehe, war die FNL-Bewegung wenig froh gestimmt, denn das bedeute zukünftig Knüppelschläge auf den Kopf. Zwei französische Studenten schüttelten nur den Kopf über solche Sorgen.[11]

Einerseits bezeichneten die schwedischen Zeitungen die „Krawalle" empört als „flagrantesten Fall politischer Gewalt in unserem Land in der Nachkriegszeit"[12], und Politiker wie Intellektuelle bezeichneten die Studierenden als „Elemente", „Lümmel" und „verwirrte Hirne". Andererseits stellt man immer wieder ein erstaunliches Maß an Kooperation fest. Das politische und intellektuelle „Establishment" gründete eine eigene Protestbewegung gegen den Vietnamkrieg, in Konkurrenz zu den Studierenden, aber beide Bewegungen konnten letztlich kooperieren, um der Sache Willen. Die scharfe Kritik am Vietnamkrieg teilte selbst die Regierung. Das „System" sollte gestürzt werden – aber es bezahlte der FNL-Bewegung

---

[10] Ebd.
[11] Vgl. *Yves, Dominique & Revolten*, Två franska studenter intervjuas av Barbro Hörberg - ett år efteråt, in: Ungdomsåret '70, Stockholm 1969, 55f.
[12] „Arbetarbladet" vom 6.5.1968.

ohne zu Zögern erhebliche finanzielle Beiträge, weil in Schweden politisches Engagement nun einmal staatliche Unterstützung genoss. Und als die Studierenden 1968 in Stockholm ihr eigenes Studentenhaus besetzten, fühlten sie sich wie im Pariser „Mai 1968". Sie zitierten den Ausbildungsminister Olof Palme herbei, der kam, sprach – und erntete tosenden Applaus.

Und trotzdem war in Schweden die „Gewalt" ebenso real wie in Westdeutschland, denn die Gewaltschwelle lag wesentlich höher. Bereits Eiwürfe und für uns harmlose Regelübertretungen wurden in den Medien mit traumatischen politischen Ereignissen verglichen, etwa mit dem überaus harten Arbeitskampf von 1909[13] oder den tödlichen Schüssen auf Arbeiter im Jahre 1931.[14] Wurden ein paar Scheiben eingeworfen, dann „raste der Straßenkampf", und die „Gewalt" war so präsent, dass selbst die ausgebliebenen „Feldschlachten" ausführlich beschworen wurden.[15] Immer wieder wurde dagegengehalten, dass es in Schweden uneingeschränkte Meinungsfreiheit und eingespielte Mechanismen der politischen Meinungsbildung gebe, und keinen Anlass, diese Regeln hierzulande zu brechen. „Ungeachtet des Ziels einer politischen Meinungsbildung muss sie [die Meinungsbildung] den Spielregeln folgen, die in unserer Demokratie und unserem Rechtsstaat gelten. Man darf das Recht nicht in eigene Hände nehmen, selbst wenn man durch ideelle Gründe geleitet ist. Man muss eine absolute Grenze ziehen zwischen einerseits politischer Meinungsbildung, andererseits Gewalt als Mittel dieser Meinungsbildung. Gewalt kann in unserer Gesellschaft unter keinen Umständen als politische Waffe toleriert werden."[16] Das sahen die Studierenden ähnlich, nur machten sie die Gewalt auf der anderen Seite aus. Sie gingen unumstößlich davon aus, dass Regierung und Justiz in Schweden mit den USA konspirierten und die Gerichte ganz selbstverständlich gegen geltende Gesetze verstießen. Und während Bürgerrechtsaktivisten in den USA erschossen wurden, begleiteten sie die „politische Gewissensgefangene" Yvonne Hoogendoorn zum Antritt ihrer 20-tägigen Haftstrafe. Doch diese Differenz machte für schwedische Studierende nur einen quantitativen Unterschied aus. Das System und seine Methoden waren für sie dasselbe.[17]

Verhandlung der Gegenwart

Am Ende aber ging es gar nicht um die reale „Gewalt" oder das „System". Es ging, wie überall in der westlichen Welt, um die Frage unterschiedlicher Politik- und Lebensstile. „Jugend" und „Erwachsene" bildeten auch in Schweden zwei Chiffren, anhand derer ausgehandelt wurde, wie gesellschaftliche Umgangsformen aussehen

---

13 „Nordvästra Skånes Tidning" Mai 1968.
14 1931 hatten auf einer Demonstration in Ådalen einige Soldaten aus dem Gefühl der Lebensbedrohung heraus fünf Arbeiter erschossen. „Ådalen '31" ist zum Fanal der schwedischen Geschichte geworden.
15 „Vietnamarbetet i Södra Sverige" (s. Anm. 7).
16 *Yves, Dominique & Revolten* (s. Anm. 11; Übersetzung von mir, Th. E.).
17 Vgl. *Th. Etzemüller* (s. Anm. 3), 150.

sollten. Die Kluft zwischen diesen „Generationen" war, wie überall in der westlichen Welt, faktisch gar nicht so groß, aber sie *schien* unüberbrückbar. „Gewalt" war dabei die Chiffre, die für beide Seiten die Kluft symbolisierte – und die Grenze zu denjenigen politischen Zuständen, die man nicht haben wollte.

Etwas überspitzt kann man aus *heutiger* Sicht sagen: All das, was es in der Bundesrepublik, Frankreich oder den USA gegeben hat, gab es in Schweden nicht: Schweden hatte keine „Adenauer-Zeit", keinen Benno Ohnesorg, keinen Martin Luther King, keinen „Mai 68" und keine Roten Brigaden, nicht einmal ein Christiania[18]. Und trotzdem schienen die Schweden dasselbe erlebt zu haben wie Deutsche, Franzosen und Amerikaner. Es waren die imaginären Bilder, die so stark die Wahrnehmung und das Handeln bestimmten, imaginäre Bilder, die bestätigt wurden durch Fotos, Fernsehnachrichten, Augenzeugenberichte, Lektüren oder eigene Demonstrationserfahrungen. All das machte diese imaginären Bilder real. Am Beispiel Schwedens haben wir gesehen, dass diese durch Bilder beschworene „Realität" mit dem realen, äußeren Geschehen nichts zu tun haben muss. Es ist eine imaginäre Realität, die eine Grenze zieht zwischen einer Gesellschaft, wie wir sie haben wollen, und einer, die wir ablehnen. Es sind Bilder, die deshalb ihre ungeheure Macht entfalten und uns handeln lassen, weil wir uns diesen Bildern, die wir selber produzieren, unterwerfen.

---

[18] Ein in den 1970er besetztes ehemaliges Kasernengelände (34 ha) im Kopenhagener Stadtteil Christianshavn, das basisdemokratisch verwaltet wird. Die Bewohner verstehen Christiania als Freistadt; sie wird als autonome Kommune vom Dänischen Staat geduldet (Anmerkung d. Hgg.).

Die Studentenbewegung und die Gewalt
Eine kritische Selbstreflexion

Gernot Folkers

1. Gewaltphantasien

Gewalt macht frei – das haben damals, 1968, auch Bürgerkinder gedacht, die noch nie in ihrem Leben geprügelt oder gar geschossen hatten. Wer sich die Freiheit nahm, Gewalt anzuwenden, wurde zum Helden. Dass die politische Macht aus den Gewehrläufen kommt, wie Vorsitzender Mao sagte, das schien uns[1] zweifellos; dass alle Gewalt vom Volk ausgehe, dagegen nur ein ideologischer Satz, dem wir süffisant mit Brecht entgegneten: „aber wo geht sie hin?" Eine Gewalt ohne Ziel, die sich am Ende irgendwo verläuft oder in Netzen und Knoten verfängt – nein danke.

Wenn hier hauptsächlich von Gewaltphantasien in der Studentenbewegung die Rede ist, soll damit nicht unterstellt werden, damit sei das Wesentliche dieser ersten großen Freiheitsbewegung im Nachkriegsdeutschland beschrieben. Es geht nur um einen Aspekt – allerdings einen wichtigen. Denn die Studentenbewegung war unzweifelhaft fasziniert von Gewalt. Sicherlich waren die allermeisten Akteure von damals selber nicht gewalttätig – quantitativ hat nur eine kleine Minderheit Gewalt ausgeübt. Aber Bewunderung und heimliche Sehnsucht galt zweifellos den als „revolutionär" verstandenen Gewalttaten.

Über das „Puddingattentat" der Kommune 1 auf den amerikanischen Vizepräsidenten Humphrey (April 1967) durfte man sich noch halbtot lachen, v. a. über die Reaktion der Staatsgewalt darauf; ob man über die erste öffentliche Aktion von Gudrun Ensslin und Andreas Baader, die Brandbomben in zwei Frankfurter Kaufhäusern (April 1968), mit genauso viel Recht lachen durfte, wie wir es getan haben, ist schon die Frage; als Angriff auf den Konsumismus war das Attentat ungeeignet, und die geliehene Begründung, es sollten endlich auch Deutsche und nicht nur Vietnamesen die Wirkung von Brandbomben zu spüren bekommen, war offen zy-

---

[1] Der Text verwendet vorrangig das Wort „wir". Ich möchte so eine „durchschnittliche" Haltung von vielen Akteuren der Studentenbewegung, die ja oft durchaus nur halb reflektiert war, darstellen. Es soll keine Aktionseinheit der mit „wir" bezeichneten Gruppe angedeutet werden, im Gegenteil, es werden durchaus verschiedenartige Gruppierungen zusammengefasst. Es soll auch keine Darstellung veröffentlichter theoretischer Auffassungen versucht werden, sondern ein aus der Erinnerung konstruiertes, natürlich leicht fiktives „Durchschnittsbewusstsein". Der Verfasser selbst hat in Göttingen zu den „mittleren Aktiv-Kadern" in verschiedenen Gruppen gehört, die sich am jeweils relativ „antiautoritärsten" Rand der Szenerie bewegten, der sich zu Zeiten aber auch schon ziemlich heftig „leninistisch" verstand.

nisch – wobei übrigens von den Brandsätzen niemand verletzt wurde. Dass man kaputt machen darf, was einen kaputt macht, stand für uns außer Frage. Die erste größere Gewaltwelle innerhalb der Studentenbewegung waren die Versuche, die Auslieferung von Springer-Zeitungen zu verhindern (Ostern 1968): ausgelöst durch das Attentat auf Rudi Dutschke, das man der Springer-Presse anlasten konnte, und eskaliert durch einen Agent Provocateur des Verfassungsschutzes, Peter Urban, der die Molotowcocktails lieferte. Das mag relativieren, wie groß das aktive Gewaltpotential der Studenten tatsächlich war. Unrelativiert muss aber bleiben, dass alle Aktionen samt ihren gewalttätigen Auswüchsen auf breite Akzeptanz stießen. Wo Flammen waren, Autos umkippten, Polizisten auf Demonstranten losschlugen und umgekehrt, da schien etwas in Erfüllung zu gehen, was heimliche Sehnsucht in vielen Köpfen war.

„High sein, frei sein, Terror muss dabei sein", reimten um diese Zeit die Haschrebellen in Berlin, wohl v. a. Georg von Rauch, ein Spruch mit leichtem Augenzwinkern, klanglich und rhythmisch zweifellos genial; und auch wenn die tatsächlichen „Terror"akte der Haschrebellen eher klein waren (sehr schnell waren sie selber Opfer einer überdrehten Staatsgewalt), so zeigte der Spruch doch die Sehnsucht, die dahinter steckte.

Man behalf sich mit der Unterscheidung von „Gewalt gegen Sachen" und „Gewalt gegen Personen", wohl wissend, dass ab einem gewissen Ausmaß Gewalt gegen Sachen ohne Gewalt gegen Personen nicht zu haben war. Und mit den Personen, wenn sie zur „falschen" Seite gehörten, war man ohnehin wenig zimperlich. Es bleibt eine ungute Erinnerung, wie freigebig in vielen Gruppen (wenn auch meist nur intern) über notwendige Liquidationen nach der Revolution geredet wurde. Und als dann die RAF Ernst machte mit der Liquidation von Personen, da waren die meisten von uns hin- und hergerissen. Eine glatte Verurteilung gab es fast nie, und wenn, dann meist nur aus „strategischen" Überlegungen (die Massen machen das nicht mit oder dgl.), aber kaum je aus grundsätzlichen. Wahrscheinlich waren wir froh, solche strategischen Überlegungen gefunden zu haben, weil wir sonst „eigentlich" hätten mitmachen müssen. Oft wurde damals gefragt: „Was würdest du machen, wenn Ulrike Meinhof an deiner Haustür klingelt?", und fast niemand hätte geantwortet: „Die Polizei holen". Denn eigentlich fanden wir eben doch, dass Ulrike Meinhof eigentlich Recht hatte und Unterstützung verdient gehabt hätte; die zu geben allerdings die meisten zu vorsichtig waren.

Großes Aufsehen hat nach der Ermordung des Generalbundesanwalts Buback durch die RAF (April 1977) der Artikel des Göttinger Mescalero erregt, der seine „klammheimliche Freude" über den „Abschuss" Siegfried Bubacks äußerte, um dann freilich ausführlich wichtige strategische Gegengründe gegen die Tötung zu nennen. Damit dürfte die Gemütslage sehr vieler richtig benannt sein: die Tat war politisch unsinnig oder gar schädlich, aber freuen durfte man sich schon, wenn ein „Büttel des Kapitals" verschwunden war. Helmut Gollwitzer, der evangelische Theologe, der ja nun wahrhaftig Freund der Studentenbewegung war und auch bei den meisten Akteuren hoch angesehen, hat in einem einzigen Satz eigentlich alles Nötige zu dieser Freude gesagt: „Ich erinnere daran, die Todesstrafe ist abgeschafft". Dass er damit übermäßig viel Nachdenken ausgelöst hätte, kann man nicht sagen. Leider ist es nicht allzu weit hergeholt, in diesem Zusammenhang an Sätze aus dem Jahre 1930 über die Ermordung Rathenaus zu erinnern: „Er war Jude durch Schicksal. Rathenaus Tod ist eine deutsche Notwehr. Was gilt vor dieser Notwehr der Mensch Rathenau?"[2] Es ist leicht zu sehen, dass man Rathenau durch Buback und Jude durch „meistgehasster Vertreter der alten Welt"[3] ersetzen könnte, und alles stimmte.

2. Die Staatsgewalt

Wenn hier zunächst, in aller Kürze, von Gewaltphantasien der Studenten die Rede war, so darf nicht vergessen werden, dass in nahezu allen Fällen die Gewalt, und zwar eine erheblich heftigere, von der Seite des Staats ausging.

Das Gründungsdatum der deutschen Studentenbewegung war bekanntlich eine Gewalttat. Am 2. Juni 1967 hat der Polizist Karl-Heinz Kurras den Studenten Benno Ohnesorg in der Krummen Straße von Berlin-Charlottenburg erschossen – anlässlich einer Demonstration gegen den Schah von Persien vor der Deutschen Oper. Wer nur die Polizei von heute kennt – die gewiss auch nicht immer so ganz zivil ist –, der kann kaum ermessen, was Polizei damals war, nämlich in Ausrüstung und Grundhaltung eine post-faschistische[4] Miliz, deren Vorgehen gegen angebliche „Staatsfeinde" vollkommen rücksichtslos war. Am 2. Juni war sie von Innensenator und Polizeipräsident zusätzlich aufgehetzt worden. Schon der Titel der Aktion, „Operation Füchse jagen", lässt das erkennen. Polizeipräsident Dünsing hatte das Leberwurstprinzip empfohlen: in der Mitte hineinstechen, damit sie am Rand aufplatzt.

Auch die Springer-Blockaden von 1968 waren von staatlicher Seite provoziert. Wenige Wochen zuvor hatte der Berliner Senat eine Anti-Studenten-Demonstration veranstaltet. Der Regierende Bürgermeister Klaus Schütz setzte auf den Volkszorn: „Seht euch diese Typen an." Die Bildzeitung assistierte ihm: „Man darf nicht die ganze Drecksarbeit der Polizei und ihren Wasserwerfern überlassen". Als der Attentäter Josef Bachmann dann etwas später auf Rudi Dutschke geschossen hat, da hat er eben nur die Drecksarbeit übernommen. Schon während der Senatsdemonst-

---

[2] *Friedrich Wilhelm Heinz*, Sprengstoff, in: Walther Killy (Hg.), 20. Jahrhundert. Texte und Zeugnisse 1880 – 1933, München 1967, 1119.
[3] So wird Siegfried Buback im Mescalero-Aufruf genannt.
[4] Mit postfaschistisch ist der einfache Umstand gemeint, dass in der Bundesrepublik bis etwa 1965 viele der Nazi-Traditionen im demokratischen Gewand weiter wirkten, häufig ohne Bewusstsein davon; weiter unten im Text ist davon noch einmal die Rede. Insofern bedeutet das Wort nicht, die Polizei sei im Kern noch faschistisch gewesen, eher, sie habe Erscheinungsformen dieser Zeit gezeigt.

ration wäre ein junger Arbeiter fast gelyncht worden, weil ihn jemand mit Dutschke verwechselt hatte.

Dass die Staatsgewalt als Auslöser auftrat, das galt, wenngleich vermittelter, sogar von den Kaufhausbränden. Schließlich war die Kriegführung der USA in Vietnam beklemmende Realität; der Einsatz der verheerenden Napalm-Brandbomben und des Urwald-Entlaubungs-Giftes „Agent Orange" haben doppelt Empörung ausgelöst, weil sie zugleich die Bilder von brennenden und von Geschwüren übersäten Menschenkörpern erzeugten. Diese Empörung war einer der Hauptgründe der weltweit beginnenden Studentenbewegung.

All diese Ereignisse bedeuteten für uns damals eine Art Erweckung. Fieberhaft suchten wir nach Erklärungen, wie es möglich sein konnte, dass Derartiges geschah in einem liberalen Rechtsstaat Bundesrepublik und erst recht in den USA, die viele von uns noch zu Kennedys Zeiten als leuchtendes Vorbild betrachtet hatten. Als unser Suchprozess fündig geworden war, da glaubten wir Kommunisten geworden zu sein.

3. Lagerdenken

Was für ein Marschgepäck hatten wir uns damit aufgeladen? Kommunismus – das kann ja vieles heißen. Die freie Assoziation der Produzenten zum Beispiel, die Überwindung der Arbeitsteilung oder gar die Aufhebung des Arbeitszwangs, das kann ein Reich der Freiheit und der Phantasie ungeahnten Ausmaßes sein (vergleiche die berühmte Parole aus dem 68er Paris: die Phantasie an die Macht). Für uns aber bedeutete Kommunismus vor allem: ein Denken in Gegensätzen. Lagerdenken. „Der gehört auch zum antiautoritären Lager", konnte man damals ganz unironisch sagen, ohne auch nur ansatzweise zu bemerken, dass kein wahrhaft Antiautoritärer sich je in ein Lager einschließen lassen würde.

Tatsächlich glaubten wir völlig ungerührt, das antiautoritäre stehe einem bürgerlichen Lager gegenüber – wobei das bürgerliche natürlich dazu bestimmt war, verschlungen zu werden. Die Antiautoritären also in geschlossener Marschformation, als Phalanx gewissermaßen, „die Reihen fest geschlossen"[5]. Dabei waren wir doch stolz darauf, das bürgerliche durch ein dialektisches Denken abgelöst zu haben. Hatten von Adorno „negative" Dialektik gelernt, eine Dialektik, in der beide Seiten des Gegensatzes im Recht blieben und die Synthese nicht einfach die These wiederherstellt. Das änderte aber nichts an der Überzeugung, dass es zwei Lager gebe, sauber getrennt voneinander, eines gut (das wir ganz unironisch das proletarische nannten, obgleich doch hauptsächlich wir studierenden Bürgerkinder dazugehörten)[6] und eines böse (das bürgerliche, kapitalistische o. ä.). Wir waren versessen

---

[5] Dass dieser Gedanke, den man auch anders hätte einführen können, mit dem Zitat aus dem Horst-Wessel-Lied belegt wird, geschieht nicht unabsichtlich; die Gründe werden im weiteren Verlauf des Textes noch deutlich.

[6] Immerhin, manche sangen „Reih dich ein in die Arbeitereinheitsfront, weil du auch kein Arbeiter bist", eckten aber bei manchen Genossen recht heftig damit an.

darauf, den „Hauptwiderspruch" zu finden, die gesellschaftliche Totalität von einem einzigen Punkt aus zu konstruieren, von dem Punkt, der die beiden Lager trennte, um sie dann von diesem einzigen Punkt aus kurieren zu können – mithilfe einer Revolution, die wir uns tatsächlich oft wie ein Hebel-Umlegen vorstellten, als wenn diese Hebelbewegung das falsche Lager in den Abgrund rollen lassen könnte.

Und so suchten wir unter allen Varianten des Kommunismus immer diejenigen aus, in denen möglichst eindeutige Gegensätze konstruiert waren. Autoren, die sich der Vielfalt der gesellschaftlichen Probleme stellten, sahen wir skeptisch, erst recht alles, was nur entfernt nach Anarchismus roch, wie Pankoek, Korsch, natürlich Kautsky. Dagegen bewunderten wir die Befreiungsbewegungen der Dritten Welt, in denen Unterdrückte (das Volk) und Unterdrücker (fast immer die USA) klar geschieden schienen. Die Helden solcher Befreiungsbewegungen wurden blindlings zu Ikonen, unbefragt, egal ob sie Mao, Che, Castro oder Arafat hießen. Dass irgendwelche dunklen Seiten an ihnen sein könnten, das weigerten wir uns wahrzunehmen.

Hatten wir am Ende der Suchbewegung nach der Ohnesorg-Erschießung zunächst gelernt, dass bei Marx die Antwort zu finden war, warum dergleichen passieren konnte, so hörten wir nun von Vordenkern aus Heidelberg oder Berlin, dass Marx nur recht verstehe, wer ihn mit Lenin verstehe. Das, was man für Leninismus hielt, wurde Mode. Ausgerechnet Lenin – der die Revolution versucht hatte in einem der autoritärsten, rückständigsten Staaten, die sich denken ließen. Notwendigerweise hingen an seiner Art Kommunismus die Eierschalen des Zarismus und der Volksverachtung. Ja, in vieler Hinsicht war der Leninsche Kommunismus ein abgekürzter Weg zur ursprünglichen Akkumulation, und um diesen Weg möglichst schnell zu durchmessen, musste alles rücksichtslos durchgesetzt werden. „Sowjetmacht plus Elektrifizierung ist Kommunismus", dieses Lenin-Wort fasst das in eine Kurzformel. Die meisten von uns haben diese Argumente zum ersten Mal aus Dutschkes Dissertation (Versuch, Lenin auf die Füße zu stellen) kennen gelernt – leider ist die aber erst 1974 erschienen.

4. Vom Lagerdenken zum Exklusionsdenken

Von Lenin lernen, hieß ja durchaus nicht siegen lernen, sondern hieß vor allem, sich in der Vorstellung endgültig einrichten, dass es zwei Lager gebe, das gute und das böse, und dass dem guten Lager alle Mittel recht sein durften, das böse zu überwinden; das Böse konnten sein Kulaken[7] oder Kapitalisten, Springer-Presse oder Professoren, Zionisten oder US-Imperialisten. Für Lenin sein hieß, kein wirkliches Argument gegen Stalin zu haben. Die Ablehnung von Personenkult trägt ja nicht weit, wenn ansonsten die Herrschaftsmethodik nicht in Frage gestellt wird; ganz abgese-

---

[7] Kulak war im Russischen ein pejorativer Begriff für Händler im Sinne von Wucherern (Ergänzung der Herausgeber).

hen davon gab es auch Gruppierungen wie die KPD-ML, die sowieso keine ernsthaften Einwände gegen den Stalinismus hatten.

Wenn hier der Typ Befreiungsbewegungen genannt ist, der von uns damals rezipiert worden ist, so kann man auch umgekehrt fragen, was so gut wie gar nicht zur Kenntnis genommen wurde. Nämlich die gewaltfreien Befreiungsbewegungen. Ich erinnere mich nicht, in irgendeiner politischen Diskussion den Namen Gandhi gehört zu haben. Nun ist es verständlich, wenn von aktuellen Befreiungsbewegungen mehr die Rede war als von vergangenen. Aber Algerien zum Beispiel, dessen Befreiung 1970 auch schon Vergangenheit war, war – als Beispiel einer gewalttätigen Befreiung – viel präsenter als Indien. Dasselbe gilt für Martin Luther King. Black Panther und Malcolm X – die kannte und schätzte jeder. Aber dass es King war, der für den Kampf gegen den Rassismus mehr geleistet hatte, das hätten wir damals nie zugegeben. Gewaltfrei – das war irgendwie „uncool", wie man heute sagen würde. Man hat King nicht direkt kritisiert, allenfalls für sein Predigerpathos, aber einfach links liegen lassen. Dabei haben wir ja faktisch viele seiner Methoden durchaus übernommen – sit-ins zum Beispiel, gewaltlose Besetzungen, Blockaden, aber strategisch und taktisch wurde das nicht diskutiert, weil der „Leninismus" weitgehend unbefragtes Ideal war. Unsere Maxime war eher, was Ulrike Meinhof so formuliert hatte: „Wirft man einen Stein, so ist das eine strafbare Handlung. Werden tausend Steine geworfen, ist das eine politische Aktion. Zündet man ein Auto an, ist das eine strafbare Handlung, werden hunderte Autos angezündet, ist das eine politische Aktion." Dass es auch andere individuelle Handlungen geben könnte, die, massenhaft getan, zur politischen Aktion werden – z. B. Verweigerungen, Boykotte –, das war für die meisten von uns kaum denkbar.

Historisch in der Studentenbewegung bewanderte LeserInnen werden vielleicht einwenden, der Autor vermische hier alles, den Spaß-Anarchismus der Haschrebellen, die Antiautoritären, den beginnenden Terrorismus und den Leninismus, obgleich doch gerade die härtest gesottenen Leninisten aus den verschiedenen K-Gruppen mindestens Gegner des Anarchismus, meist auch der RAF waren. Dieser Einwand würde zutreffen, wenn es hier um die Diskussion politischer Strategien ginge; es geht aber darum, über die Herkunft der Gewaltsehnsucht nachzudenken. Und unter diesem Gesichtspunkt hatten die einzelnen Gruppierungen, die sich oft bis aufs Messer bekämpften, eben doch eine fundamentale Gemeinsamkeit. Vielleicht erkennt man sie am leichtesten, wenn man sich auf ein Wort bezieht, das von allen positiv verwendet wurde: Militanz. Militanz setzt die Definition eines klar zu bestimmenden Gegners voraus; setzt das Bewusstsein voraus, man selber sei auf der richtigen Seite und müsse den Gegner auf der verkehrten mit allen Mitteln bekämpfen. Sicher, oft sollte „militant" einfach nur „entschieden" heißen. Es ist aber kein Zufall, wenn „entschieden" eben der ist, der sich zur Militanz entschieden hat. Man kann nicht gut militant sein, wenn man Gewalt ablehnt. Übrigens, nicht wenige K-Gruppen machten es ihren männlichen Mitgliedern zur Pflicht, bei der Bundeswehr zu dienen. Schließlich musste man für den erwarteten „Krieg" (wörtlich gemeint) der Klassen gerüstet sein.

Der Befund lässt sich so zusammenfassen: letztlich blieben wir in einem identitären Denken stecken, und identitäres Denken muss alles, was sich nicht fügen will, ausschließen. Exklusion ist die Kehrseite der Identität. Und so waren wir eifrig am Exkludieren: unsere Welt wimmelte von Auszuschließenden, die wir gerne „Klassenfeinde" nannten. Und nach der Exklusion im Denken ist der Weg zur Gewalt nicht mehr weit.

Mit dem identitären Denken geht natürlich Hand in Hand die Ablehnung (mindestens das Übersehen) jedweder Diversität. Es ist kein Zufall, dass die Studentenbewegung lange Zeit männlich dominiert war; schon die Diversitätskategorie Mann-Frau hat uns damals überfordert. Bekanntlich gab es 1968 den berühmten Tomatenwurf bei einer SDS-Konferenz, mit dem Frauen vom Aktionsrat zur Befreiung der Frau gegen die überbordenden Rechthabereien der männlichen SDS-Leute protestierten, gegen ihr intellektuelles Macho-Gehabe; daher auch der griffige Spruch: „Befreit die sozialistischen Eminenzen / Von ihren bürgerlichen Schwänzen". Man kann freilich nicht sagen, dass es uns männlichen Kombattanten sofort wie Schuppen von den Augen fiel. Im Gegenteil, die pseudo-marxistische Kategorie des „Nebenwiderspruchs" half aufs Schönste, das Feminismus-Thema abzutun (angesichts des Hauptwiderspruchs von Arbeit und Kapital galt nämlich das Thema Frau - Mann nur als ein Nebenwiderspruch). Andere Diversitätskategorien wurden überhaupt nicht beachtet – Ausländer, Rasse oder gar sexuelle Orientierung. Die „Gastarbeiter" (Arbeitsimmigranten sagte damals noch niemand) waren noch nicht einmal ein Nebenwiderspruch, sondern nur Teil des Hauptwiderspruchs, und das Thema Schwarz-Weiß, also das Thema Rassismus, beschäftigte uns allenfalls als Internationalismus-Thema.

5. Die Kinder der Nazi-Exklusoren

Wir sind nun an dem Punkt, wo wir uns nach den Ursachen für dieses Exklusionsdenken, diese Gewalt-Sehnsucht fragen müssen. Denn einfach in der Aggressivität oder Bösartigkeit der Akteure von damals werden sie wohl kaum gelegen haben.

Die Begrifflichkeit „Exklusionsdenken" ist nicht ohne Grund gewählt worden. Denn damit kann angeknüpft werden an die größte und fürchterlichste Exklusion, die je in Deutschland gedacht und getan wurde, die faschistische Exklusion alles Nicht-Arischen und besonders des Jüdischen. Denn natürlich waren wir Akteure der Studentenbewegung die Kinder jener Exklusoren. Natürlich waren wir die Kinder derer, die die Juden vertrieben und umgebracht haben, die sich ohne schlechtes Gewissen ihren Besitz angeeignet haben oder wenigstens, ohne sich viel dabei zu denken, im Krieg die Basis dafür gelegt haben, dass dergleichen von anderen getan werden konnte. Wir waren die Kinder der Täter-Väter, und so gewiss wir uns, als wir die Augen öffnen konnten, von diesen Vätern distanziert haben, so gewiss haben wir sie auch geliebt, da sie unsere Väter waren. (Die Mütter lasse ich hier aus, weil eben doch vorwiegend die Väter als Täter in Frage kamen.) Und so haben wir uns, in einer von uns nicht begriffenen und zweifellos damals auch nicht begreifbaren Weise, von den Vätern zugleich distanziert und uns mit ihnen identifiziert. Eine Art Identifikation mit dem Aggressor. Ohne solche sozial-psychologischen Kategorien sind die Gewaltphantasien der Studentenbewegung nicht verstehbar.

Als die Kinder der Nazi-Väter hatten wir zwar das Richtige, den Kommunismus, an die Stelle des Falschen, den Faschismus, setzen wollen, aber dabei haben wir doch das Richtige viel zu sehr in die Gestalt des Falschen, das noch in uns steckte, gekleidet.

Aber was konnte man denn erwarten nach diesen zwölf Jahren? Das waren ja nicht einfach zwölf aus der Zeit herausgefallene Jahre der Barbarei, sondern das war die Zuspitzung ganz vieler schlimmer Traditionen, die Deutschland seit 200 Jahren beherrscht hatten, bei gleichzeitiger Verdrängung der guten Traditionen; sodass auch nach dem Krieg das alte Denken weiter wucherte. Vergangenheitsbewältigung war nötig, das sagte man damals oft so harmlos, wie man eine Grippe bewältigen kann und dann wieder gesund ist. Adorno hat auch da besser gesehen: nicht Bewältigung, sondern Aufarbeitung der Vergangenheit war erforderlich, und er hat diesen Begriff durchaus bewusst dem Durcharbeiten der eigenen Vergangenheit in der Psychoanalyse an die Seite gestellt. Wir mussten ja damals nicht einfach nur falsche Meinungen abtun, sondern falsche Grundhaltungen, falsche persönliche Dispositionen; wir mussten zugespitzt gesagt eine Riesenportion überkommener „Deutschheit", die in uns steckte oder die in uns hineinerzogen worden war, abstreifen. Und dies in der Nachkriegs-Atmosphäre, in der sich zwar die öffentlich geäußerten Auffassungen in der Regel demokratisch geworden waren, kaum aber die dem Faschismus zugrunde liegenden charakterlichen und kulturellen Haltungen, die ja eben nicht „nur" faschistisch, sondern reaktionär-grunddeutsch waren.

Was konnte man denn erwarten von den Jungen (ich wiederhole, die Studentenbewegung war lange Zeit fast rein männlich kodiert), die mehrheitlich im Sinne von Johanna Haarers berüchtigtem Buch „Die Mutter und ihr erstes Kind" erzogen worden waren – auch nach dem Kriege noch von Müttern, deren Herz vielleicht heimlich blutete, die aber glaubten, sie versündigten sich an ihren Söhnen, wenn sie durch zu viel Liebe an der notwendigen Härte gehindert würden. Wir Jungen der Nachkriegsgeneration, die dann den Kern der Studentenbewegung bildeten: was hatten wir gelernt? Die wichtigste pädagogische Devise war: „Gelobt sei, was hart macht", oder, gebildet klassisch-altsprachlich ausgedrückt, „Wer nicht geschunden wird, wird nicht erzogen".[8] Wir hatten Lehrer, die ständig nach Sündenböcken für den verlorenen Krieg suchten, weil es an den guten Deutschen ja nicht gelegen haben konnte; die uns zeigten, dass man füreinander nur einstehen kann, wenn man einen Gegner erfindet; die im Sportunterricht die Fortsetzung militärischer Erziehung mit anderen Mitteln sahen, wenn sie nicht sogar versuchten, dort die verlore-

---

[8] Das Originalzitat stammt aus dem Altgriechischen: „ho me dareis anthropos ou paideuetai".

nen Schlachten des Krieges virtuell mit ihren Schülern zu gewinnen. Wir lernten, dass alles tabu bleiben sollte, was den Nazis auch tabu war, was aber dem Leben den Geruch der Freiheit gegeben hätte – Jazz oder Comic, Rockmusik oder moderne Kunst, Existentialismus oder Expressionismus. Wir fanden in unseren Schulbüchern die Rassetafeln des Dritten Reichs nur leicht abgewandelt (v. a. ohne Juden) wieder und konnten im Rassismus erst einmal nichts Schlechtes erkennen. Wir lasen in unseren Deutschbüchern lauter Texte, in denen es keine Individuen gab, sondern Kollektive, die von kleinen Unterführern und einem großen Oberführer ins Glück geführt wurden. Wir lernten von unseren anerkannten Vorbildern wie Benn, dass die verquaste Männlichkeits- und Heldenideologie, die schon unsere Väter in den Krieg geschickt hatte, weiterhin gelten sollte, zumindest dann, wenn der Held sich weniger im Totschießen von Juden als in der Einsamkeit des Ertragens bewährt.

Wir waren also lauter kleine Jungs, die im Sinne von Exklusions-, Elite- und Identitätsdenken erzogen waren. Natürlich in abgeschwächter Form, natürlich war die Erziehung nicht einfach nazistisch, und natürlich gab es immer auch gegenläufige Erziehungstendenzen; dennoch: wie sollten aus diesen kleinen Jungs Jugendliche werden, die sich wirklich in der Pluralität zurechtfinden konnten? War es nicht natürlich, dass wir, als wir begriffen hatten, dass wir alles dafür geben mussten, dem Faschismus entgegenzutreten, dies mit den Mitteln der Exklusion taten? „Ach, die wir den Boden bereiten wollten für Freundlichkeit konnten selber nicht freundlich sein" – diese Klage Brechts aus zweifellos ungleich härteren Zeiten war für manchen von uns zum Leitsatz geworden – als hätte da denn doch eine schwache Ahnung durchgeschimmert, dass etwas nicht stimmte; nur was es war, was da nicht stimmte, das ahnten wir nicht einmal. Manchmal hörten wir von älteren, durchaus liberalen und gutwilligen Professoren, dass sie durch etwas an uns an die Nazis erinnert würden. Natürlich wiesen wir wütend einen solchen Vergleich zurück, aber wenn sich diese Professoren durch manche schneidige Geste, manche herrische Wortwahl, manchen unduldsamen Ton an den Gestus eines Nazi-Offiziers erinnert fühlten, so leider wohl nicht immer zu Unrecht.

6. Die Erfahrung der Zivilität

Es fehlte uns – um einen heute gängigen Begriff zu gebrauchen – zutiefst eine Vorstellung von Zivilität. In Antagonismen konnten wir denken, in Konfrontation, „Kampf Kritik Umgestaltung", wir konnten in Termini von Einheitsfront, Angriff, Geschlossenheit, Reinheit, Gewissheit denken. Aber nicht in Termini von Ungewissheiten und Offenheiten, von Diversitäten, von Vermischungen und Überschneidungen; wir konnten kaum erkennen, dass es nicht schlechthin die „eine" und die „andere" Seite gibt, weil die am anderen Ufer uns viel ähnlicher waren, als wir glauben wollten. Wir konnten als Kampfmittel uns nur den direkten Angriff vorstellen, nicht die List, das pfiffige Hintenherum, nur die plötzliche Revolution, nicht die langsame Umgestaltung, nicht Durchdringung und Überwindung. Der lange

Marsch durch die Institutionen wurde ja kaum so verstanden, dass beim Marschieren sich langsam die Institutionen ändern (und die Marschierenden notwendigerweise mit), sondern es ging darum, nach oben zu kommen und dann die Hebel zur Revolution umzulegen. Auf die Frage: warum wirst du Lehrer? war die entwaffnend einfache Antwort: um die Revolution zu machen.

Gewiss – es soll hier ja nicht um Schuldzuweisungen gehen – man konnte Zivilität nicht lernen in der bundesdeutschen Gesellschaft der 50er und 60er Jahre, die sich freudig in Ludwig Erhards Wort von der „formierten Gesellschaft" wiedererkannte und die demzufolge noch die leiseste Regung der Freiheit sanktionierte – lange Haare, Beatmusik, Knutschen in der Öffentlichkeit, Sex außerhalb der Ehe, Wohngemeinschaften und und und. Kein Wunder, wenn wir uns selbst als Block sahen, dem auf der anderen Seite ein ganz und gar gegnerischer gegenüberstand. Wir waren eben in verschiedenster Hinsicht Erben des faschistischen Exklusions-Denkens – aktiv und passiv.

Was in der Geschichte zum ersten Mal als Tragödie auftritt, kommt als Farce wieder; in diesem Falle glücklicherweise. Die heroische Pose, mit der wir den Kommunismus erstreiten wollten und wohl doch nur das Erbe unserer Väter hochhielten, hatte von Anfang an komische Seiten, und im Laufe der Zeit merkten das die meisten. Wir veränderten uns, akzeptierten die Tatsache, dass unsere Gesellschaft viel pluraler war (und wurde), als wir damals gedacht hatten; wir lernten die Zivilität erst kennen und dann schätzen. Natürlich steckte darin neben dem Gewinn immer auch ein Stück Anpassung. Dennoch hatten wir so den Boden bereitet für eine neue Generation, die in die Zivilität hineinwachsen konnte. Ich denke heute, die heroische Pose, das geliehene Pathos der Revolution, war der quasi psychotherapeutische Weg, mit der ein guter Teil der Nachkriegsgeneration das eigene postfaschistische Erbteil bekämpfen musste. Durch theatralisches Ausagieren. Insofern hat uns Gewalt tatsächlich frei gemacht; die Gewaltphantasien brannten den faschistischen Rest in uns aus. Deshalb macht es keinen Sinn, sich von den Irrtümern der damaligen Zeit zu distanzieren. Nicht einmal von den Gewaltphantasien, die uns heute in vieler Hinsicht peinlich sein müssen. Sie waren der Preis dafür, dass ein faschistisches Deutschland wieder zivil werden konnte.

... als man zugleich narzisstisch und solidarisch sein konnte
Überlegungen zu Narzissmus, Öffentlichkeit und „1968"

Tobias Schaffrik

Wie kaum eine andere Disziplin hat die Psychoanalyse in den Jahren um 1968 einen massiven Aufschwung und eine breite Rezeption erfahren: Was denken Psychoanalytiker rückblickend über diese Zeit, die für ihre Disziplin so wichtig war? Was kann psychoanalytische Theorie zum Rückblick auf diese Zeit beitragen? In der Literatur über „1968" findet sich in unterschiedlichen Kontexten wiederholt der Verweis auf das psychoanalytische Konzept des Narzissmus.[1] Ich werde zunächst drei solche Positionen darstellen (Grunberger, Sennett, Wirth) und sie mit einem biographisch-essayistischen Rückblick kontrastieren, der ebenfalls vom Narzissmus-Begriff Gebrauch macht. Um die entstandenen Irritationen begrifflich zu klären, führe ich das Narzissmusverständnis Mario Erdheims ein. Der szenische Gehalt der Irritationen lässt sich jedoch erst mit Hilfe von weiterem Material ausschöpfen: Überlegungen zur damaligen Demonstrationskultur sowie eine neuere Debatte um einen Bestseller der 68er-Generation – „Die Unfähigkeit zu trauern".[2]

Unter dem Kollektiv-Pseudonym André Stéphane veröffentlichten die Psychoanalytiker Béla Grunberger und Janine Chasseguet-Smirgel 1968 eine recht schonungslose Abrechnung mit der damaligen Protestbewegung. Anlässlich seines 100-jährigen Geburtstages schreibt Caroline Neubaur in der FAZ über Béla Grunberger:

> „Grunberger ist ein fabelhaft realistischer, trockener, nie verletzender Analytiker – in seinem öffentlichen Auftreten jedoch will er provozieren. So schrieb er mit seiner Frau Janine Chasseguet-Smirgel ein Buch über die französische Mai-Revolte – L'univers contestationaire –, in dem er die Achtundsechziger samt und sonders als narzißtisch abkanzelte."[3]

---

[1] Das Narzissmus-Konzept zeichnet sich wie kaum ein anderes psychoanalytisches durch seine inneren Widersprüche und Mehrdeutigkeiten aus. Gute Überblicksarbeiten zum Narzissmus sind *Sidney E. Pulver*, Narcissism. The Term and the Concept, in: J. Am. Psa. Ass. 1970, 18: 319-341, dt. in: Psyche - Z. psychoanal. 1972, 26: 34-57, und *Sebastian O. Hoffmann*, Vor lauter Bäumen sieht man den Wald nicht. Oder: Das konzeptuelle Chaos in der zeitgenössischen Narzißmustheorie, in: Johannes Cremerius (Hg.), Freiburger Literaturpsychologisches Gespräch, Bd. 2, Frankfurt a. M. 1982, 213-235.

[2] *Alexander u. Margarete Mitscherlich*, Die Unfähigkeit zu trauern. Grundlagen kollektiven Verhaltens, München 1967.

[3] *Caroline Neubaur*, Schwimmmeister. Der Psychoanalytiker Béla Grunberger wird 100, in: FAZ v. 22.03.2003, siehe auch www.dpg-stuttgart.de/bela-g-100.htm, 03.06.2007.

Erst 1979 erscheint eine deutsche Übersetzung des mittlerweile überarbeiteten Werkes unter dem Titel *Freud oder Reich. Psychoanalyse und Illusion.*[4] Die Autoren untersuchen die Theorien Wilhelm Reichs und ziehen ein vernichtendes Fazit: Die von Freud herausgearbeitete Rolle der infantilen Sexualität werde verleugnet und stattdessen die Aufhebung der Differenz von Begehren und Befriedigung gepredigt:

„Allein durch eine Rückkehr zum Urzustand ließe sich die Kluft zwischen dem Begehren und der vollkommenen Befriedigung, zwischen Ich und seinem Ideal schließen. Eine solche sexuelle Revolution oder Befreiung ist also von Natur aus narzißtisch, Illusion."[5]

Innerhalb ihres Werkes entlarven sie Filme und Theaterstücke ihrer Zeit[6] als Versuche, den Generationsunterschied auszumerzen sowie die öffentliche Zurschaustellung von Nivellierungsversuchen des Geschlechtsunterschieds. Bei all diesen Unternehmungen werde das Über-Ich, welches als Abkömmling des Ödipuskomplexes den Bezug zur Realität wahre, verworfen. Eine Öffentlichkeit, die sich zu derartigen Kulturprodukten, seien es Kunstwerke oder Theorien, affirmativ verhalte, mache sich des „Mordes an der Realität" schuldig.

Die Verwendung von Fachtermini zur politischen Entwertung einer Protestbewegung scheint nicht sonderlich viel mit der therapeutischen Aufgabe zu tun zu haben, unbewusste Anteile einer weniger rigiden Aufarbeitung zugänglich zu machen oder, in Anlehnung an Freud, optimale Bedingungen für die Ich-Funktionen des Patienten zu schaffen.[7] Zudem überrascht, dass dem Über-Ich die Aufgabe zukomme, den Bezug zur Realität zu wahren. Bei aller Schwierigkeit, die Instanz "Ich" begrifflich präzise zu fassen und zum Beispiel eine umfassende Liste von Ich-Funktionen aufzustellen, ist es psychoanalytischer Konsens, die Realitätsprüfung als Aufgabe des Ichs zu interpretieren. Halten wir fest: Das Verhältnis von Ich und Über-Ich erscheint in merkwürdigem Licht und das Narzissmuskonzept dient der moralischen Anklage. Der „Mord an der Realität" verweist rhetorisch auf beträchtliche Aggressionen.

In eine andere Aporie verwickelt sich Hans-Jürgen Wirth in seinem Buch über Narzissmus und Macht.[8] In seiner institutionskritischen Darstellung der Begriffsgeschichte des Narzissmus arbeitet er hellsichtig die innere Verwandtschaft von Macht und Narzissmus heraus, um dann aus Presseberichten, Fotos und Selbstdarstellungen psychodynamische Portraits zu entwickeln: Der Narzisst an der Macht –

---

[4] *Béla Grunberger, Janine Chasseguet-Smirgel.* Freud oder Reich. Psychoanalyse und Illusion, Frankfurt a. M. 1979.

[5] A. a. O., 153, Hervorhebung im Original.

[6] *Sarah Bernhardt*s Theaterstück „Déllirante Sarah" und die Filme „Clockwork Orange" von *Stanley Kubrick,* „Cabaret" von *Harold Prince,* „Die Verdammten" von *Luchino Visconti*; vgl. a. a. O., 154ff.

[7] „Die Analyse soll die für die Ichfunktionen günstigsten psychologischen Bedingungen herstellen; damit wäre ihre Aufgabe erledigt." (*S. Freud,* Die endliche und die unendliche Analyse. GW XVI, 96).

[8] *Hans-Jürgen Wirth,* Narzissmus und Macht. Zur Psychoanalyse seelischer Störungen in der Politik, Gießen 2006.

Aufstieg und Fall des Uwe Barschel; Masse und Macht: Ein Portrait Helmut Kohls; Die 68er-Generation und die Macht am Beispiel Joschka Fischers; Der Krieg im Kosovo – Slobodan Milosevic. Wirth ist sich durchaus bewusst, dass solch ein Anliegen als unlauteres Eindringen in die Privatsphäre des Politikers gelten oder gar als Denunziation von krankhaften Psychopathen aufgefasst werden kann, doch nimmt er diese durchaus berechtigte Kritik in Kauf, um das Irrationale in der Politik mit psychoanalytischen Begriffen fassen zu können.[9] Die Aporie, wer Gegenstand der Analyse ist, Individuum oder Gesellschaft, löst er einseitig auf: Politik wird ihm zum rein individuellen Handeln.

Auch Autoren, die sich nicht explizit dem psychoanalytischen Denken verpflichtet fühlen, verwenden das Konzept des Narzissmus in Hinsicht auf „1968". Richard Sennett diagnostiziert zum Beispiel Verfall und Ende des öffentlichen Lebens unter dem Banner „Tyrannei der Intimität".[10] Seine materialreiche Analyse zeichnet die historischen Veränderungen nach, welche die Öffentlichkeit von der Zeit des Ancien Régime bis in die 70er Jahre des 20. Jahrhunderts hinein durchlaufen habe. Während zur Zeit des Ancien Régime noch eine Differenz zwischen Affekt und Person bestand, wie Sennett an der damals praktizierten Schauspielkunst exemplarisch vorführt, verfallen die öffentlich nutzbaren Symbole im Zeitalter der Industrialisierung und Überwindung absolutistischer Gesellschaftsformen. Hervorgerufen durch den Zerfall zum Beispiel öffentlicher Kleiderordnungen des Zunftwesens beginnt das erstarkende Bürgertum in den anwachsenden Städten, Fremden aufgrund deren Authentizität zu vertrauen. Im Raum des Öffentlichen beginnt damit das Konzept der Persönlichkeit zu dominieren und damit die Leerstelle zu füllen, die vormals kollektiv verbindliche Rollen-Indikatoren ausfüllten: Was „öffentlich" war, wird usurpiert durch „Intimität". Hier liege die historische Bedingung dafür, dass in massenmedial überformten Demokratien Politiker nicht mehr nach Partei-Programmen, sondern einzig unter dem Gesichtspunkt ihrer Persönlichkeit beurteilt würden.

Dominiere in der Arbeitswelt eine merkwürdige Passivität das Verhalten von Angestellten, die zugleich es darauf anlegten, die Differenz zwischen betrieblicher Position und Persönlichkeit zu verwischen, so sei das „moderne" Privatleben mehr und mehr unter den Bann der Frage „Was fühle ich?" geraten – beide Phänomene ließen sich als narzisstische Konfiguration entschlüsseln.

> „Wenn wir davon sprechen, was uns die Krise des öffentlichen Lebens im 19. Jahrhundert hinterlassen hat, dann meinen wir auf der einen Seite die fundamentalen Kräfte des Kapitalismus und des Säkularismus und auf der anderen Seite diese vier psychologischen Sachverhalte; unwillkürliche Charakterenthüllung, Überlagerung der öffentlichen Sphäre durch die private Vorstellungswelt, Abwehr durch Rückzug, und, schließlich, Schweigen."[11]

---

[9] Vgl. a. a. O., 17ff.
[10] *Richard Sennett*, Verfall und Ende des öffentlichen Lebens. Die Tyrannei der Intimität, Frankfurt a. M. 2002[13].
[11] A. a. O., 46.

Nicht die 68er seien also Narzissten, sondern vielmehr die gesellschaftliche Entwicklung bis 1968 müsse als „narzisstische" Struktur begriffen werden. Erst die Revolte machte Schluss mit dem Schweigen – und stellte sich selbst und das eigene Erleben in den Mittelpunkt der Öffentlichkeit: „Das Private ist politisch!" Paradoxerweise vollendete eine anti-bürgerliche Revolte damit das Programm der Tyrannei der Intimität – so ließe sich Sennetts Analyse vielleicht darstellen und zuspitzen. Die bei Wirth monierte Personalisierung im Dienste der Analyse des Irrationalen in der Politik liest sich mit Sennett dann als „Fortsetzung des Privaten mit öffentlichen Mitteln" – und wird damit zur Affirmation des Bestehenden.

Bei diesen Analyseversuchen fällt die Vielfalt der Untersuchungsebenen auf: Das personalisierende pars-pro-toto Vorgehen bei Wirth, die soziologisch-historische Analyse von Öffentlichkeitsstrukturen bei Sennett sowie die tendenziöse Verwendung einer Theorie- und Kunst-Kritik bei Grunberger und Chasseguet-Smirgel. Bliebe man bei dieser ersten Annäherung stehen, so müssten viele Fragen offen bleiben. Angenommen, Grunberger und Chasseguet-Smirgel sei in ihrer Zeitdiagnose zuzustimmen – weshalb ereignete sich dann solch ein regressiver Sog überhaupt? Auch wenn Wirths psychodynamisches Portrait von Joschka Fischer zutreffend wäre, könnten sich alle „68er" in ihm wiederfinden? Lässt sich Sennetts Analyse, die auf Verwerfungen in der US-Medien-Demokratie hinweist, ohne Einschränkung auf Entwicklungen in Deutschland übertragen? Und: Wendet sich in Sennetts Argumentation nicht einfach die Richtung der Abwertung beziehungsweise der Diskreditierung mittels des Narzissmus-Verdikts? Die Erklärungsansätze, die mit dem Begriff des Narzissmus operieren, verfallen immer wieder in einen wertenden Unterton und scheinen von der konkreten Analyse des Zeitgeschehens wegzuführen.

Narzissmus und Solidarität

Eine Selbstauskunft eines damals Beteiligten scheint mir eine angemessene Grundlage für eine zweite Annäherung zu sein, die sich jedoch auf die Situation in Deutschland beschränkt. Für den Spiegel hat Cord Schnibben seine Erinnerungen an 1968 aufgeschrieben[12]; er war damals 15 Jahre alt. Der Essay gewährt Einblick in eine stürmische Pubertät und spannt den Bogen von einem traditionsreichen Gymnasium, Auseinandersetzungen mit den Eltern, den ersten Demonstrationserfahrungen in Bremen, bis zur politischen Betätigung, die in einem zweisemestrigen Studienaufenthalt in der DDR gipfelte. Rückblickend auf diese ereignisreiche Zeit schreibt Schnibben über sich und seine Generation:

> „Die radikalen Gymnasiasten, die damals in Bremen auf die Straße gingen, sind inzwischen Richter, Werber, Professoren, Journalisten, Rechtsanwälte. Einige sind Sozialarbeiter in schwierigen Stadtteilen oder arbeiten als Betriebsräte – damals zur revolutionären Berufspraxis aufgebrochen, dann stecken geblieben im reformistischen Alltag. Sie sind Leute, die sich um das Gemeinwohl kümmern, immer noch, und noch immer halten sie gern Distanz »zum System«. Die Ansprüche an das Leben, gewachsen in den Jahren, als Geschichte wie das

---

[12] *Cord Schnibben*, Das große Sackhüpfen, in: Der Spiegel (5) 2001, 172-176.

Produkt der eigenen Selbstverwirklichung schien, sind die wenigsten wieder losgeworden, die Karrieristen nicht, die Verweigerer nicht, die Verlierer nicht – sie unterscheiden sich nur dadurch, wie oft sie die Konfrontation mit diesen Ansprüchen zulassen. Bei aller Lebensenttäuschung steckt der klammheimliche Stolz in ihnen, diese Jahre voller heimlicher Macht erlebt zu haben, die Jahre, in denen man gleichzeitig narzisstisch und solidarisch sein konnte [...]."[13]

Der Gestus der Niedergeschlagenheit in diesen Ausführungen kontrastiert die lebendigen Beschreibungen des damaligen Lebensgefühls: Was als Revolution begann, versandete in den Mühlen der zu reformierenden Bürokratie und die damals schon hohen Ansprüche an sich selbst würden manchem zur inneren Anklage, der man sich besser nicht zu oft stelle, so Schnibben. Das persönliche Erbe dieser Zeit scheint demnach vor allem depressiver Natur zu sein, und die Züge eines rigiden Über-Ichs sind in der Beschreibung nicht zu übersehen. Bemerkenswert erscheint mir die Parallelität von Narzissmus und Solidarität unter dem Sigel der „heimlichen Macht". Die charakteristischste Metapher für das damalige „narzisstische" Erleben findet sich in der des „Surfers". Ich zitiere den größeren Zusammenhang:

„Wir lebten in der Gewissheit, den Sex, die Schule, das Wohnen, die Musik und die Demokratie neu erfinden zu dürfen; und nur eine Macht konnte uns daran hindern, unseren Menschenversuch zum glücklichen Ende zu bringen: Das Kartell aus Elternhaus, Schulbehörde und Weltkapital. Wo wir hinblickten, ob nach San Francisco, Havanna oder Paris, entdeckten wir Mitkämpfer, und wo immer wir hinkamen, nach Berlin, Frankfurt oder Hamburg, konnten wir unseren Schlafsack ausrollen und eine selbst gedrehte Zigarette schnorren. Wir lebten in dem Gefühl, ehrlicher zu leben, sinnvoller und moralischer als die »Spießer« und »Konsumtrottel«, wir glaubten, zu denen zu gehören, die das Richtige zur richtigen Zeit tun, wie ein Surfer, der auf einer gewaltigen Welle vor Glück brüllend dem Strand entgegenfliegt."[14]

Die Solidarität mit Gleichgesinnten entfaltet immer eine Gruppendynamik, insbesondere wenn man sich einer harsch ablehnenden Majorität gegenüber sieht. Dabei gesellte sich hier zum öffentlichen Protest und Demonstrieren eine moralische Selbstsicherheit, die überrascht und kaum zum jugendlichen Rebellen-Image passt. Die in diesem Zusammenhang eingeführte Metapher der „gewaltigen Welle" verstärkt die Irritation: Wenn man genau das Richtige zur richtigen Zeit tut, weshalb erahnt man in der Metapher bereits das Zusammenschlagen der Welle über einem? Das Gefühl, das Richtige zur richtigen Zeit zu tun, ereignet sich manchmal in therapeutischen Zusammenhängen und entwickelt einen besonders starken Sog. Erst in nachträglicher Reflexion gelingt es dann, zu erkennen in welcher Hinsicht man in ein Agieren mit dem Patienten geraten ist, das heißt wie man mit wehender Therapeutenfahne dem unbewussten Wiederholungszwang des Patienten erlegen ist. Achten wir also darauf, ob sich in diesem Kontext ein Agieren aufspüren lässt.

Die Ablösung und Identitätsfindung der jungen Generation verlief stürmisch, nicht zuletzt aufgrund der politischen Aufladung des Generationskonfliktes:

„Ich versuchte, die neuesten Wahrheiten von Marx weiterzugeben, mein Vater warnte vor dem Weltjudentum und erfreute uns mit Judenwitzen. ... Erst vor einigen Jahren, als wir seine

---

[13] A. a. O., 176.
[14] A. a. O., 173.

Wohnung ausräumten, erfuhr ich, dass er drei Jahre lang im Zuchthaus gesessen hatte, weil er in den letzten Kriegswochen an der Exekution eines Deserteurs beteiligt war."[15]

Diese biographische Anmerkung steht im deutlichen Kontrast zu Schnibbens Ausführungen über seine Jugend und die sich damals entwickelnde Protestdynamik. Die Revolution des Lebensstils machte scheinbar vor keiner Traditions-Festung halt und die verhärteten Fronten zwischen Jugendprotest und dem „Kartell aus Elternhaus, Schulbehörde und Weltkapital" schienen die innerfamiliäre Dynamik zu übertönen:

> „Die Burg, das war das alte Deutschland, der alte Obrigkeitsstaat, in dem sich der Untertan schon dann rechtswidrig verhielt, wenn er sich öffentlich über einen Polizisten empörte, der sich rechtswidrig verhielt. [...] Jede Menge Gebote und Verbote hatte die deutsche Sofakissendiktatur uns zu bieten – sitzt gerade, geh zum Friseur, mach die Negermusik leiser, geh zur Tanzstunde, wasch den Wagen. Und hinter dem Burgtor, das nun offen stand, lag die Straße zum Glück, zur Freiheit, zur Sonne. Die damals utopisch anmutende Erfahrung, etwas bewegen zu können, obwohl es immer so ausgesehen hatte, als würde sich nie etwas bewegen, ließ uns von einer Schule träumen, in der das Lernen Spaß macht, von einer Gesellschaft, die frei und solidarisch sein sollte, und von einer Welt in der alle friedlich vor sich hin kiffen und vögeln."[16]

Schnibbens Sittengemälde scheint überraschenderweise die Narzissmus-Thesen von Grunberger und Chasseguet-Smirgel zu untermauern. Die Entmachtung des ödipalen Über-Ichs klingt an in der sexuellen Revolution, die bei Schnibben unter dem Stichwort der Neuerfindung des Sex und des „friedlich vor sich hin Kiffens und Vögelns" firmiert. Die von Größenphantasien geprägte Erlebnisweise scheint wie eine Illustration des Narzissmus-Verdikts - und trägt doch wenig zur Klärung der Frage des *Weshalb?* solch regressiven Geschehens bei.[17]

Führt man sich vor Augen, dass Schnibben auf seine Erlebnisse als 15-jähriger zurückblickt, dann erscheint es sinnvoll, die Rolle von Größenphantasien – und damit von narzisstischen Konfigurationen – in der Adoleszenz zu untersuchen. Es soll im Blick behalten werden, welche Rolle dabei das je biographische Erbe des Nationalsozialismus spielen kann, denn Schnibbens Anmerkungen über seine Beziehung zum Vater stehen in ihrer Tragik quer zur pubertären Leichtigkeit, mit der von Demonstrationen als einem neuen Räuber-und-Gendarm-Spiel berichtet wird.

Exkurs: Der kulturell spezifische Umgang mit Omnipotenzphantasien

Aus ethnopsychoanalytischer Perspektive untersucht Mario Erdheim Adoleszenz und ihre gesellschaftliche Funktion.[18] Er kontrastiert soziale Ordnungen, die auf Tradition beruhen, mit solchen, die auf Innovation beruhen, um darzustellen, welche inneren, psychischen Strukturen entsprechend aufgebaut werden müssen. In auf

---

[15] A. a. O., 174.
[16] Ebd.
[17] Regressiv/progressiv beschreibt metapsychologisch das plötzliche und als unpassend erlebte Auftreten von früheren (regressiv) oder differenzierteren (progressiv) Entwicklungsstufen und Verarbeitungsmechanismen.
[18] *Mario Erdheim*, Ethnopsychoanalytische Aspekte der Adoleszenz – Adoleszenz und Omnipotenz. Öffentlicher Vortrag an der Fortbildungsakademie der Ärztekammer Hamburg, 15.11.2002, ausgerichtet vom Michael-Balint-Institut Hamburg.

Tradition beruhenden Sozialordnungen würden die aggressiven, libidinösen und aus Omnipotenzphantasien entspringenden Regungen nicht im Individuum lokalisiert, sondern als Produkt äußerer Kräfte interpretiert werden (zum Beispiel als Besessenheit vom Teufel oder als Wirken Amors, der seine Liebespfeile verschießt). Der mit der Aufklärung und dem Rationalismus einsetzende Zivilisationsprozess habe diese entlastenden Veräußerlichungsmechanismen zunehmend unterminiert und werfe die Individuen auf ihre Triebe und Phantasien zurück. Die Prämissen dieser auf Innovation ausgerichteten Gesellschaftsordnung[19] bedürften jedoch spezifischer innerer Strukturen: Das autonome Individuum müsse nun zwischen Innen und Außen, Phantasie und Realität, Traum und Wachheit, Vergangenheit, Gegenwart und Zukunft selber unterscheiden können. Die Fähigkeit zu dieser Ausdifferenzierung bleibe jedoch immer prekär und könne immer wieder zu einem Ausagieren in der Außenwelt führen:

> „[D]ie Schaffung und Aufrechterhaltung dieser inneren Räume bedarf vieler Energien, Anstrengungen und Stützen. Oft sind wir deshalb auch froh, wenn es uns gelingt, in alter Weise diese Trennung aufzuheben und Inneres als Äußeres zu erleben. Bekannt ist uns die Entlastung, die daraus resultiert, dass wir auf Fremde das projizeren, was uns im Inneren plagt. [...] Weil wir die Spannung, die unsere Wünsche in uns erzeugen, nicht aushalten, müssen wir umgehend etwas tun, das den Druck vermindert: wir stehlen, betrinken uns, nehmen Drogen oder greifen jemanden an. Die Verfolgung, die wir dann zu gegenwärtigen haben, hat etwas Erleichterndes verglichen mit der inneren Spannung, der wir nicht entfliehen können."[20]

Neu ist die Überlegung, dass nicht nur die infantile Sexualität bestimmten Entwicklungsstufen vollziehe und zu bestimmten Triebschicksalen gerinne, sondern auch Omnipotenzphantasien und -gefühle eine solche Metamorphose durchmachten. Als Gegenüber zur Realität seien sie maßgeblich daran beteiligt, das Individuum überhaupt zu motivieren, sich der Realität entgegenzustemmen und sie aktiv gestalten zu wollen. Omnipotenz erscheint Erdheim daher zunächst als „Möglichkeitssinn"[21] (Robert Musil), und nicht nur von ihrer negativen Seite als gestörter Narzissmus, dem Größenwahn verwandter als der Inspiration. Ihre negativen Konnotationen ließen sich daraus erklären, dass der Umgang mit Kindern, die ihre Omnipotenz erprobten, eben besonders anstrengend und fordernd sei.

Omnipotenz besitze einen paradoxen Kern, der dafür verantwortlich sei, dass sie immer wieder zu zerfallen drohe und neu organisiert werden müsse: Einerseits werde durch behauptete Omnipotenz jede Form der Abhängigkeit von Bezugspersonen verleugnet, andererseits sei jedoch davon auszugehen, dass sie zugleich ein Produkt der Interaktion mit frühen Bezugspersonen sei.

---

[19] Das erwachsene Individuum bestimmt selbst über seine Handlung; die Gesellschaft ist die Summe dieser autonomen Entscheidungen; allgemeine Chancengleichheit, rationale Wahl und individuelle Freiheit gelten als grundlegende Werte.
[20] M. *Erdheim* (s. Anm. 18), 3.
[21] „So ließe sich der Möglichkeitssinn geradezu als die Fähigkeit definieren, alles, was ebensogut sein könnte, zu denken und das, was ist, nicht wichtiger zu nehmen, als das, was nicht ist." *Robert Musil*, Der Mann ohne Eigenschaften, Reinbek 2002, 16.

„Der Säugling hat keine omnipotenten Phantasien, sondern, bei gelingender Interaktion stellt ihm die Erwachsenenwelt auf Grund intuitiver Verhaltensneigungen eine Welt zur Verfügung, die ihn in seinem beschränkten Rahmen beinahe omnipotent erscheinen lässt."[22]

In der analen Phase werde dann zum Beispiel die Kontrolle über die eigene Ausscheidung von der ursprünglichen Situation gelöst und auf andere Interaktionen übertragen, was sich dann unter anderem als Starrsinn, Trotz, Negativismus äußere.

„In der oppositionellen Haltung kommt es gleichsam zur Sammlung omnipotenter Regungen. Der Negativismus, bei dem es ja nur um den Gegensatz zu Erwachsenen geht, ermöglicht dem Kind auch eine Distanz zu eigenen Affekten: Auch wenn der Erwachsene etwas vorschlägt oder befiehlt, was das Kind an sich gerne hätte, muss es, unter dem Einfluss des Negativismus, das eigentlich Erwünschte ablehnen. Omnipotenz bringt das Individuum in eine gegensätzliche Position zum Anderen, schafft damit aber auch eine gewisse Distanz zum eigenen Begehren und lässt so einen selbstständigen Raum entstehen."[23]

Im Übergang von der phallisch-ödipalen Phase in die Latenz ließen sich bei Freud zwei mögliche Metamorphosen der Omnipotenz nachzeichnen: Das Konzept der Kastrationsdrohung und das der ödipalen Enttäuschung. Im ersten Fall müsse der heranwachsende Sohn auf seine Grandiosität und den sexuellen Anspruch auf die Mutter[24] verzichten. In diesem Fall erzwinge die von der Kastrationsdrohung ausgehende Gewalt den Verzicht auf Omnipotenzphantasien, konserviere sie jedoch zugleich im Raum der nach innen genommenen Phantasie. Im Fall der ödipalen Enttäuschung finde dagegen eine Auseinandersetzung mit Zeitlichkeit statt. Die Einsicht in die biologische Unmöglichkeit des erfolgreichen Rivalisierens mit den Eltern eröffnet die Perspektive, durch Reifung und Wachstum der Erfüllung dieser Phantasien näher zu kommen: „Die Enttäuschung wird also zur Voraussetzung für die Erwartung, dass Omnipotenz und Fähigkeiten inskünftig aufeinander bezogen werden können."[25]

Die Einsicht in die biologische Unfähigkeit, bereits ein Kind zeugen zu können, führe zu einer Delegation der Größenphantasien an die Eltern. Hinweis auf diesen Umstand seien die äußerst intensiven Idealisierungen der Eltern, die Kinder im Verlauf der Latenzperiode entwickelten. Erst mit dem Eintritt in die *Pubertät* und der damit verbundenen körperlichen Reifung werde diese Konstellation wieder flexibel. Den heftigen Idealisierungen folgten ebenso heftige Entwertungen der Eltern, das heißt die bis dato delegierten Größenphantasien würden „zurückerobert"[26] und dienten dem Aufbau des Selbstwertgefühls. Dieser Prozess könne bis weit in die Adoleszenz hineinreichen und sei vor allem kulturell spezifisch geprägt:

„Der Generationskonflikt setzt ein, der in der europäischen Kultur mit außerordentlicher Heftigkeit geführt wird. [...] Diese Spannung zwischen den Generationen heizt den Kulturwandel

---

[22] *Matthias Baumgart*, Psychoanalyse und Säuglingsforschung. Versuch einer Integration unter Berücksichtigung methodischer Unterschiede, in: Psyche - Z. psychoanal. 1991, 45: 780-809.

[23] M. Erdheim (s. Anm. 18), 7.

[24] Diese Konstellation ist die simpelste; andere lassen sich entsprechend der sexuellen Zuneigung und des Geschlechts des Kindes durchspielen.

[25] M. Erdheim (s. Anm. 18), 8.

[26] Erdheim verweist hier auf die literarische Tradition und eine Studie von *Peter von Matt*, Missratene Söhne, verkommene Töchter. Familiendesaster in der Literatur, München 1995.

an und trug wesentlich zum Abbau der Traditionen bei. Hier stoßen wir auf die innige Verbindung zwischen Individualismus und Omnipotenzphantasien. Die Betonung und immer gründlichere Ausarbeitung des Individualismus ging einher mit der Entfesselung der Omnipotenzphantasien und der daraus entspringenden Wünsche, die ihrerseits die Kulturentwicklung vorantrieben. Auf diese Omnipotenzphantasien ist heute nicht mehr zu verzichten, denn sie sind es, die die Kreativität des Menschen besonders stimulieren."[27]

Werde die adoleszente Wiederaneignung von Größenphantasien gesellschaftlich zum Traditionsabbau verwertet, so ginge dies in dieser Kultur vornehmlich in drei Bereichen vonstatten: Arbeit, Freizeit und Gewalt. Dem Menschheitstraum fliegen zu können liege offensichtlich eine Größenphantasie zu Grunde. Über die Jahrhunderte hinweg sei diese Phantasie so umgeformt worden, bis es endlich möglich wurde – allerdings in ganz veränderter Form: Nicht mehr mit vogelähnlichen Flugapparaten, sondern zunächst erhob sich der Mensch Dank der Kombination von Wasserstoff und Ballonen in die Lüfte.

„Omnipotenzphantasien sind also umsetzbar, aber sie müssen aus ihrem archaischen Stadium herausgelöst und mit der Realität konfrontiert werden. Das einzige Mittel dazu ist die Arbeit. Wenn zwischen der Omnipotenz und den Fähigkeiten des Individuums kein adäquates Verhältnis zustande kommt, drohen depressive Verstimmungen."[28]

Auch in der so genannten Freizeit ließen sich vielfältige Größenphantasien ausmachen, insbesondere im Bereich des Konsums: Wer dieses Produkt erwerbe, könne sich zur Elite zählen, gehöre nun endlich zu den Reichen, Mächtigen und Schönen. Auch Filme, Glücksspiele und Leistungssport hätten ihre motivationale Quelle in der Umsetzung von Größenphantasien:

„Die Freizeitindustrie schuf den Rahmen, um diejenigen Omnipotenzphantasien aufzunehmen, die im Arbeitsprozess nicht befriedigt und umgesetzt werden können, und die deshalb auch in einem archaischen Zustand bleiben müssen."[29]

Die Archaik der dort anzutreffenden Größenphantasien lasse sich zum einen an der stark ausgeprägten Unersättlichkeit erkennen, die sich im Konsum zum Beispiel als Suchtverhalten manifestiere, zum anderen jedoch an ihrer Verwobenheit mit Aggression, Gewalt, Zerstörung und Vernichtung.

Inwiefern Gewalt als Umsetzungsfeld von Omnipotenzphantasien dienen kann, verdeutlicht Erdheim anhand der projektiven Dynamik von Feindbildern:

„Die Institutionen, die sich um den Krieg gruppieren, sind heute wie damals die wirksamsten gesellschaftlich gestützten Veräußerlichungsmechanismen. Wer zum Feind deklariert wird, wird zur Projektionsfläche für all das, was im Eigenen verpönt werden muss. Je böser der Feind erscheint, desto mehr Omnipotenz kann im Kampf gegen ihn mobilisiert werden; der omnipotente Feind wird zur wichtigsten Stütze der eigenen Omnipotenz."[30]

In diesem Fall wird eine Art kollektive Regression institutionalisiert, um die archaischen Größenphantasien gesellschaftlich zu binden und die Individuen dadurch an ihren „blinden Flecken" zum pseudo-gesellschaftlichem Handeln zu bewegen, welches sich besonders gut instrumentalisieren lässt.

---

[27] *M. Erdheim* (s. Anm. 18), 9.
[28] A. a. O., 10.
[29] Ebd.
[30] *M. Erdheim* (s. Anm. 18), 11.

Omnipotenzphantasien seien, so Erdheim, nicht per se als böse oder schlecht zu beurteilen, vielmehr sei darauf zu achten, dass sie aus ihrem archaischen Zustand gelöst und in Ich-nahe Bereiche verlagert werden könnten. Gelinge solch ein Prozess, so überwiege die freigesetzte Kreativität die destruktiv-zerstörerischen Anteile. Umgekehrt ließe sich sagen, dass destruktive Omnipotenzphantasien noch nicht im Bereich der subjektiven Verfügung stünden. Wenn radikale Bewegungen nun gerade an diese archaischen Phantasien appellierten (zum Beispiel an die Verschmelzung mit dem großen Ganzen einer Volksgemeinschaft), so drängten sie die Individuen in passive Rollen und degradierten sie zugleich zu Befehlsempfängern. Die kreative Potenz des „Möglichkeitssinnes" sei damit blockiert.

Ein erstes Fazit

Wie lassen sich diese Überlegungen für das Nachdenken über „1968" und die psychoanalytischen Thesen bezüglich des Narzissmus nutzbar machen? Zunächst fällt auf, dass die Ausführungen Erdheims auf eine Rehabilitation narzisstischer Phänomene hinauslaufen. Anstatt moralisierend den Stab über „den 68er" zu brechen (Grunberger und Chasseguet-Smirgel) oder Entwicklungen innerhalb der bürgerlichen Gesellschaft einem ähnlichen Vorwurf auszusetzen (Sennett), eröffnen sie einen Blick auf gesellschaftliche Verwertungsformen narzisstischer Phänomene sowie die Interdependenz von Gesellschaft und Persönlichkeitsstruktur. Mit der Betonung des Narzissmus als „Möglichkeitssinn" lässt sich auch erst der implizite Widerspruch auflösen, den die titelgebende Fomulierung Schnibbens beinhaltet: Solange unter Narzissmus eine anti-soziale Reaktionsbildung, verbunden mit einer Aufladung des Größenselbst, verstanden wird, ergibt sich keine Möglichkeit, Solidarität und Narzissmus im Einklang miteinander zu denken. Liest man narzisstische Phänomene als Mobilisierung von Größenphantasien, die zur Umgestaltung der Welt auffordern, dann ließe sich dies durchaus in solidarischer Gemeinschaft vorstellen.

Der depressive Tenor in Schnibbens autobiographischem Bericht und der Blick auf die in Reformen stecken gebliebenen revolutionären Hoffnungen seiner Zeitgenossen lassen sich mit Erdheim auf ein Missverhältnis zwischen Omipotenzphantasien und realen Fertigkeiten der Individuen beziehen. Enttäuschte Träume und der institutionelle Alltag haben die Aufbruchsstimmung von damals verfliegen lassen. Interessanterweise beziehen sich einige der damaligen Größenphantasien auf Bereiche, die Erdheim nicht weiter erwähnt, zum Beispiel die Politik. Was 1967 als APO (Außerparlamentarische Opposition) begann und sich in weiteren Protestbewegungen (Anti-Atomkraft, etc.) fortsetzte, lässt sich als ein Versuch verstehen, neue Formen des politischen Engagements zu kultivieren, in denen Größenphantasien durchgearbeitet wurden, um politische Selbstbestimmung durchzusetzen. Vielleicht weist der depressive Ton in Schnibbens Bericht auf die Archaik mancher Impulse hin, deren Enttäuschung nicht positiv gewendet werden konnte.

Auch andere Aspekte der Beschäftigung mit dem Phänomen „1968" lassen sich mit Erdheims Überlegungen integrieren. Gernot Folkerts autobiographischer Rückblick (in diesem Band) beschäftigt sich mit der Frage der Gewalt und 1968 – einem Phänomen, das damals auf beiden Seiten, der des Staates und der der Studentenbewegung, eine – wie er darlegt – nicht unwichtige Rolle spielte: Gewalt als Umsetzungsfeld von Größenphantasien scheint nicht nur außenpolitisch als Krieg, sondern auch innenpolitisch in Form von eskalierenden Demonstrationen und staatlicherseits in der militärischen Aufrüstung der polizeilichen Institutionen eine eminente Rolle gespielt zu haben[31]. Die These von Malinowski und Sedlmaier, dass in „1968" soziokulturell eine Zuspitzung der Konsumgesellschaft zu erkennen sei (ebenfalls in diesem Band), stellt zu Erdheims Überlegungen eine Konkretisierung dar. Die mobilisierten Größenphantasien wurden nicht nur im Bereich der politischen Institutionen oder in Form von Gewalt wirksam, sondern wurden besonders nach der Blütezeit der „Revolution" in den Bereich der Freizeit und des Konsums umgelenkt. Die von Winter und Nicolay (in diesem Band) konstatierten Veränderungen im Sprachstil seit 1968, vor allem die vermehrte Selbstthematisierung der Sprechenden, lässt sich ebenfalls im Zusammenhang mit Größenphantasien betrachten.

Dass sich in Schnibbens autobiographischen Rückblick auf die Zeit der eigenen Adoleszenz Größenphantasien aufspüren lassen, wirkt vor dem Hintergrund von Erdheims Ausführungen wenig überraschend. Der Generationskonflikt, der sich bei Schnibben im Kampf zwischen „Sofakissendiktatur" und politisch-utopischer Stellungnahme („die Straße zum Glück, zur Freiheit, zur Sonne") ebenso darstellt wie in der Abwertung von „Spießern" und „Konsumtrotteln", verweist aber nochmals auf die Spannung zwischen den „neuesten Wahrheiten von Marx" und den Warnungen des Vaters vor dem „Weltjudentum" und seinen Judenwitzen.[32] Die Generation der Väter war in Krieg und Nationalsozialismus verstrickt, und der adoleszente Protest thematisierte genau diese Verstrickungen.

Die bisher entwickelte Interpretation läuft darauf hinaus, die Dynamik im Umfeld von „1968" weniger als narzisstische Regression, sondern vielmehr als kollektiv-adoleszenten Protest darzustellen. Solch eine Aussage führt jedoch wieder in das Dilemma der Abwertung („Ihr wart ja damals noch pubertierend-unwissend!"), mithin ist diese Interpretation noch korrekturbedürftig. Die Umsetzung von Omnipotenzphantasien in Ich-nahe Bereiche, Erdheims Formulierung der zivilisatorischen Aufgabe, klingt in seiner Abstraktheit beinahe wie eine psychoanalytisch-anthropologische Prämisse, auch wenn sein Ansatz gerade auf die gesellschaftliche Verwobenheit dieser Transformationen hinweist. Dies kann als Hinweis gelten, dass das historische Material noch nicht hinreichend verstanden worden ist.

---

[31] Eine Eskalation, die bald versucht wurde zurückzunehmen. Zur Veränderung der Polizeitaktik vom Paradigma der zu gewinnenden „Schlacht" hin zur Deeskalation vgl. *Thomas Etzemüller*, 1968 – ein Riss in der Geschichte? Konstanz 2005, 138-141.

[32] *C. Schnibben* (s. Anm. 12), 174.

Ein Blick auf Generationskonflikte um 1968

Wie kann man sich eine Adoleszenz vorstellen, in der die Entidealisierung von Elternfiguren plötzlich ein Tabu bricht und Licht auf einen kollektiv ausgeblendeten Bereich fallen lassen? Wolfgang Leuschner hat mit einer kritischen Glosse im Mai 2006 eine Diskussion über „1968" in der psychoanalytischen Fachzeitschrift Psyche angestoßen, die in dieser Hinsicht von Interesse ist.[33] Ausgangspunkt seiner Überlegungen ist eine wohl damals häufig gemachte Beobachtung:

> „Wer »68« an Demonstrationen teilnahm, erlebte regelmäßig, wie ältere Männer am Straßenrand den Protest mit wilden Haßtiraden begleiteten. Indem sie hemmungslos aus sich herausschrien, daß das protestierende »Kommunistenpack zu vergasen, mit Flammenwerfern zu verbrennen oder mit dem Panzer platt zu walzen« sei, offenbarten sie – wie in Trance –, was sie in Wirklichkeit als Soldaten gewußt, selbst getan oder mitgetragen und immer zu verleugnen gesucht hatten. Ganz offen gaben sie preis, daß ihre mörderischen Tendenzen noch immer lebendig, nach dem Krieg gar nicht untergegangen waren. In ihren Affektstürmen machten diese Alten zugleich publik, daß ihr vernichtender Haß sich »gegen die eigenen Leute«, die eigenen Kinder richten konnte und immer gerichtet hatte."[34]

Günter Franzen teilt in seiner Replik auf Leuschners Beitrag diese Erfahrungen und führt sie weiter aus: Man habe damals in solch einer Situation durchaus auch Empfehlungen zugezischt bekommen, doch in den Osten zu gehen oder am besten gleich ins Gas.

> „Es verhielt sich jedoch so, daß die mit Eifer betriebene Entlarvung einer Gesellschaft, die die Visiere zu schließen begann, überaus erfolgreich verlief. Wohin immer das Mißtrauen unsere Schritte lenkte, Familie, Schule, Universität, sprachen die Reflexe der aufgestörten Adressaten für die fortdauernde Bereitschaft, der Unbotmäßigkeit des Auskunftsbegehrens mit dem durchaus nicht metaphorisch zu verstehenden Griff zur Pistolentasche, das hieß mit einer explosiven Gewaltbereitschaft zu begegnen ... Benno Ohnesorg war das erste Opfer einer alten Geschichte, die mit dem Satz beginnt: Wer nicht hören will, muß fühlen".[35]

Die in der „Psyche" einsetzende Kontroverse problematisierte die Doppelbödigkeit der Position von Alt-68ern, die sich im Rückblick der Erfolge Ihrer Revolution brüsten, persönlich aber nie die destruktive Seite des eigenen Umgangs zum Beispiel mit ihren Vätern anerkennen können. Zum anderen thematisierte die Diskussion mögliche Einschränkungen der Tragweite von Leuschners Überlegungen, ohne sie jedoch essentiell in Frage zu stellen. „1968" sei, so Leuschner, als ein tödlicher Generationskonflikt zu verstehen. Die in den Krieg ziehenden Väter hätten ihre Frauen und insbesondere ihre Kinder in letzter Konsequenz tödlichen Verhältnissen preisgegeben und darin infantiziden Neigungen freien Lauf gelassen, die nun im zeitlichen Abstand bei der Thematisierung der verdrängten Geschichte wieder reaktiviert wurden. Die aggressiven Impulse seien keineswegs mit der Wehrmachtsuniform abgelegt, sondern in einer „kindsmörderischen Krypta" (André

---

[33] *Wolfgang Leuschner*, Kriegskinder und »68«, in: Psyche - Z. psychoanal., 2006, 60, 370-374; *Günter Franzen*, Nach Auschwitz. Zur Identitätsproblematik der 68er, in: Psyche - Z. psychoanal., 2006, 60, 573-581, *Wilfried Ruff*, Die 68er-Bewegung aus der Sicht eines früheren Kriegskinds, in: Psyche - Z. psychoanal., 2006, 60, 670-673.

[34] W. Leuschner (s. Anm. 33), 370.

[35] G. Franzen (s. Anm. 33), 574.

Green) unter Verschluss gehalten worden. Die damalige Destruktivität sei in den 1960er Jahren vor allem durch die Auschwitz-Prozesse sichtbar geworden, wodurch das kollektiv Hervorgebrachte und dann Beschwiegene erst einer Bearbeitung zugänglich geworden sei. Dieser dynamische Untergrund sei zunächst im Engagement gegen den Vietnamkrieg latent geblieben, das via Verschiebung zum Ersatzkonflikt mutierte. Die Protestformen der „68er", so Leuschner, seien als patrizide Impulse zunächst noch symbolisch und szenisch gebunden gewesen:

„»Vatermord« wurde exekutiert an institutionellen Insignien, an Attributen und Metaphern der väterlichen Macht, an Talarträgern, einem persischem Kaiser, im Häuserkampf [...]."[36]

Erst die Tötung des Studenten Benno Ohnesorg habe – nomen est omen – wie eine Konkretisierung der kindsmörderischen Phantasmen und als bedrohliche Wiederholung der in unbewussten Phantasien lebendig gebliebenen Impulse gewirkt:

„Dieser politisch eher ahnungslose und am Protest kaum beteiligte junge Student repäsentierte – anders als später Rudi Dutschke – jene Schwäche und Unschuld der einst kleinen Kinder der Kriegszeit. [...] Die kindsmörderischen Krypten hatten sich geöffnet und endgültig zu erkennen gegeben, daß der Protest aus etwas anderem hervorgegangen war als aus einem ödipalen Phantasma der Kinder."[37]

Den agierenden Sprung in die Realität habe später dann die RAF nachvollzogen: Die „Bewegung 2. Juni" – die Namenswahl spielt auf den Todestag Benno Ohnesorgs an – versuchte entsprechend die Auseinandersetzung radikal zu entsymbolisieren und zum realen Krieg werden zu lassen. Die sich aufschaukelnde Gewalt sei nicht mehr einzudämmen gewesen und erst durch die destruktive in Hungerstreik und Suizid versuchte Gleichstellung der in Stuttgart-Stammheim inhaftierten RAF-Tätern mit dem Opfer staatlicher Gewalt – Benno Ohnesorg – kollabiert.

In der aktuell einsetzenden Debatte um „1968" sei heute eine bemerkenswerte Spaltung zwischen „guten" und „bösen" Kriegskindern zu beobachten. Während die einen 1968 mit der Generation der Väter und der Verleugnung infantizider Impulse gebrochen hätten, hätten die anderen an den Idealisierungen festgehalten und dadurch die Auseinandersetzung mit dem inneren und äußeren Feind nie geschafft, wodurch sie sowohl auf den ödipalen Fixierungen wie auch auf der aus infantiziden Impulsen resultierenden Vernichtungsangst sitzen geblieben seien. Diese Gruppe bringe sich heute vermehrt politisch zur Geltung, indem sie sich als schicksalshafte Opfer eines Krieges unbekannter Provenienz gerierten. Feindseligkeit gelinge dieser Gruppe projektiv lediglich bei den 68ern – in deren Antisemitismus und moralischer Überheblichkeit – zu erkennen.

Ein zweites Fazit

Lässt sich mit Erdheim das Geschehen um 1968 als sozio-kulturell neue Organisation von Größenphantasien interpretieren, so zeigt Leuschner die tragische Fehlentwicklung auf, die damals kaum einer zu stoppen in der Lage war – aus einer symbolischen Auseinandersetzung wurde ein realer, innerstaatlicher Krieg, der unerbittlich

---

[36] W. Leuschner (s. Anm. 33), 372.
[37] Ebd.

ein Agieren und Gegenagieren forderte: sowohl die gewalttätige Atmosphäre bei Demonstrationen als auch der RAF-Terrorismus lassen sich als Beleg für diese These anführen. Leuschners Argumentation beruht jedoch ebenso wie die Erdheims auf einer anthropologischen Prämisse, die in ihrer Abstraktheit zu hinterfragen ist: Er spricht von infantiziden Impulsen, die kulturell die am stärksten verdrängten Regungen seien und sich bereits bei der Aushebung zum Kriegsdienst realisiert hätten. Diese Argumentationsfigur ist in mehrfacher Hinsicht einzuschränken. Sie lässt sich faktisch lediglich auf diejenigen beziehen, die die Demonstrationen 1968 in dargestellter Weise bekämpften, und ist zudem auf „Nachträglichkeit" angewiesen, das heißt mit ihr lässt sich keine Intention unterstellen: Das verheerende Ende des 2. Weltkrieges – und damit die Realisierung der infantiziden Impulse – war ja zunächst nicht abzusehen! Leuschners Ableitung einer unbewussten Phantasie des Infantizids aus der aggressiven Reaktion der kriegsgezeichneten Vätergeneration ermangelt also eines Belegs. Auffällig und korrekturbedürftig erscheint mir zudem die Perspektive einer reinen Es-Deutung, wie Leuschner sie entwickelt. Anstatt anthropologische Konstanten einzuführen oder über unbewusste Impulse zu spekulieren, scheint es mir sinnvoller danach zu fragen, weshalb dieser Generationskonflikt so destruktiv entgleiste.

Wie lässt sich – hier notwendig allgemein und abstrakt – die Beziehungslage denken? Die Vätergeneration hatte sich narzisstisch verführen lassen in eine Ideologie der Stärke und entwickelte mehr oder weniger freudig eine Über-Ich-Schwäche, die das Morden und Brandschatzen erträglicher machte. Ihr wurde durch Genozid, Krieg und Gewalt die Möglichkeit gegeben, ihre archaischen Größenphantasien ungefiltert ausagieren zu können. Die infantil notwendige Delegation von Größenphantasien traf in der Elterngeneration nach 1945 dadurch jedoch auf einen beschädigten „Container"[38] – in ausagierter, kriegerischer und genozider Gewalt hatte er ein Loch erhalten, dass durch Verschweigen nicht gekittet werden konnte.[39] Durch verlorenen Krieg, Elend und Tod mehr oder weniger zur Besinnung gebracht, richtete man alle Kraft auf den Wiederaufbau und versuchte das Vergangene Vergan-

---

[38] Zu diesem Begriff vgl. *Wilfred Bion*, Lernen durch Erfahrung, Frankfurt a. M. 1992.

[39] „Weil mein jüngerer Bruder seit seiner Geburt kränkelte, wurde ich täglich zum Nachbarn, einem wortkargen alten Mann geschickt, der mit einer großen Kelle bedächtig zwei Liter Milch in die mitgeführte Blechkanne füllte, meinem Bruder gute Besserung wünschte und mir zum Abschied übers Haar strich. Eine wiederkehrende Berührung, die ich als wohltuend empfand, bis ich ein Gespräch belauschte, das meine Großmutter mit einer Überlebenden des Konzentrationslagers Buchenwald führte. [...] Der Nachbar, so die Kundin, sei 1934 als SA-Mann an der Ermordung des jüdischen Arbeiters Israel Proskauer beteiligt gewesen. [...] Die Milch war vergiftet, und das Gift tat seine Wirkung, indem von da an jede Wahrnehmung den Verdacht nährte, in eine als Fachwerkidylle getarnte Mördergrube gefallen zu sein." *G. Franzen* (s. Anm. 33), 573.

genheit sein zu lassen. Einsicht, Schuldgefühle oder Scham über die eigenen Verstrickungen werden damals eher die Ausnahme gewesen sein.[40]

Im Verlauf der Ereignisse 1968 drohte Phantasie (symbolische Vatertötung) zur (infantiziden) Realität zu werden, und beide Konfliktseiten zogen sich in ein destruktives Agieren hinein. Ähnlich wird man sich die adoleszente Entidealisierung der Elterngeneration vorstellen können. Die Eltern waren nicht bloß „ganz normale" Menschen mit je individuellen Macken und Verfehlungen, derer man nun plötzlich gewahr wurde, vielmehr taten sich gesellschaftliche und politische Abgründe auf: Die Entwertung der Elterngeneration schien real begründet, als man die abgespaltene Realität der Eltern zunächst überpersönlich in Form der Auschwitzprozesse zur Kenntnis nahm, welche ein unvorstellbares Ausmaß an Gewalt und Barbarei offenbarten. Diejenigen, an die man seine Größenphantasien zunächst delegiert hatte, hatten sich selbst als unfähig erwiesen, ihre Omnipotenzansprüche in sich zu halten und durchzuarbeiten – der „Container" besaß ein „agierendes Loch", das nun wieder reaktiviert wurde und zu einer „mörderischen Realität" zu werden drohte. Der politisch „von oben" organisierten kollektiven Über-Ich-Schwäche beziehungsweise Über-Ich-Veräußerlichung in der Elterngeneration stand nun der Angriff auf äußere Über-Ich-Repräsentanten entgegen – allerdings unter diskursiv anderem Vorzeichen.

Die Situation muss dabei von einer gleichzeitigen Trennung und Verschmelzung geprägt gewesen sein: Auf der einen Seite lehnte die junge Generation die ältere samt ihrer Institutionen und Regeln konsequent ab, das heißt sie delegierte ihre Größenphantasien nicht mehr an sie, sondern übernahm sie in eigene Regie. Genau diesen Schritt hatte die ältere Generation in Krieg und Gewalt ebenfalls getan – und alle störenden Über-Ich-Reminiszenzen geschliffen. Projektiv, so lässt sich vielleicht annehmen, erkannte die ältere Generation sich genau in dem provozierendem Vorgehen der jüngeren wieder und musste dies nun bekämpfen. Der Angriff auf äußere Über-Ich-Repräsentanten wird damals wohl als szenischer Auslösereiz für die projektive Vereinnahmung seitens der Elterngeneration gewirkt haben.

In einem destruktiven Agieren ist es nicht mehr möglich mittels Schuldzuweisung die Interaktion zu verändern beziehungsweise aus ihr „auszusteigen". Da es das Ziel ist, den aggressiven Impuls in sich zu halten, wird eine Schuldzuweisung oder vielleicht auch nur eine Verurteilung als neuerlicher Angriff wirken. Szenisch wird in solch einer Interaktion nicht zwischen Ich und Du unterschieden, das heißt die Interagierenden bekämpfen im jeweils anderen ein eigenes Problem. Wird diese Unterscheidung löchrig, dann wird auch die Unterscheidung von Phantasie und Realität prekär.

Die Unterscheidung von Innen und Außen, von Imaginärem und Realem, muss im Verlauf der damaligen Entwicklungen immer wieder bedroht gewesen sein[41] und

---

[40] Vgl. Hannah Arendt, *The aftermath of Nazirule. Report from Germany*, in: Commentary 10 (1950), 342-353.

scheint auch in der historischen Beschäftigung heute immer wieder prekär zu sein. Dies lässt sich an einer Anfang der 1990er Jahre einsetzenden Diskussion um Alexander und Margarete Mitscherlichs Ausführungen zur so genannten deutschen „Unfähigkeit zu trauern" nachzeichnen.[42] Wie kaum eine andere Veröffentlichung prägte das 1967 erschienene Buch sowohl die Rezeption der Psychoanalyse in der BRD als auch die Beschäftigung mit dem NS.[43] In seiner kritischen Relektüre wies Tillmann Moser 1992 auf die merkwürdig starre moralische Verurteilung der Tätergeneration hin, die therapeutisch offensichtlich unwirksam geblieben war.[44] Er formulierte die Irritation, dass die Mitscherlichs nicht in der Lage gewesen seien, ihre therapeutischen Interventionen so anzupassen, dass die Patienten davon profitieren konnten[45], tat dies jedoch selbst wieder in anklagendem Gestus.[46] Mit einigem Abstand lässt sich hier dieselbe Szene erkennen: Es wiederholte sich die Über-Ich-Veräußerlichung (der Therapeut wurde zum Ankläger), die jedoch auch hier wieder nicht reflektiert werden konnte. Die auf Mosers Beitrag hin einsetzende Fach- und Feuilletondiskussion nahm dann auch Züge einer Saalschlacht an, das heißt aggressive Impulse brachen sich Bahn.[47] Mosers Kritik an den Ikonen der Nachkriegs-Psychoanalyse wurde selbst wieder als Angriff auf Über-Ich-Repräsentanten verstanden, waren es doch die Mitscherlichs, die als moralische Instanz politisch rezipiert worden waren.[48]

Interessanterweise ist die mangelnde Unterscheidung zwischen Innen und Außen szenisch bereits in den Thesen der Mitscherlichs enthalten, und zwar in der theoretischen Gleichsetzung eines primären Bezugsobjektes mit Adolf Hitler, das heißt der Gleichsetzung von primärer (das heißt familiär=Innen) mit sekundärer Soziali-

---

[41] Vgl. dazu Timothy Brown und Beate Kutschke in diesem Band: Beat-Musik war das willkommene Vehikel der Abgrenzung, gerade weil sie fremd war und von *außen* kam.

[42] A. & M. Mitscherlich (s. Anm. 2). Eine aktuelle Darstellung ihrer Thesen findet sich u.a. bei *Helmut Schmitz*, Malen nach Zahlen? Bernhard Schlinks *Der Vorleser* und die Unfähigkeit zu trauern, in: German Life and Letters 2002 (55,3), 296-311.

[43] Vgl. *Martin Dehli*, Leben als Konflikt. Zur Biographie Alexander Mitscherlichs, Göttingen 2007, 273-283.

[44] *Tilmann Moser*, Die Unfähigkeit zu trauern: Hält die Diagnose einer Überprüfung stand? Zur psychischen Verarbeitung des Holocausts in der Bundesrepublik, in: Psyche 1992 (46), 389-405, 391f.

[45] A. a. O., 393f.

[46] A. a. O., 401: „Die zweite, die Achtundsechziger-Generation, hat sich hinter Empörung und Anklage verschanzt [...] Die inquisitorische Verstockung bewirkte ein Klima, an dem auch eine sich bildende Gesprächsbereitschaft scheitern konnte. Die 68er-Lehrer-Generation trug den Gestus der Anklage auch in die Schulen, so daß sich die Spaltung der Familien vertiefte."

[47] *Christian Schneider*, Jenseits der Schuld? Die Unfähigkeit zu trauern in der zweiten Generation, in: Psyche 1993 (47): 754-774, 757; besonders *Eckhard Henscheid*, Die Unfähigkeit zu trauern oder so ähnlich. Ein Spezialkapitel zur Kulturgeschichte der Mißverständnisse, in: Frankfurter Allgemeine Zeitung (FAZ) vom 12. Juni 1993; Henscheid stellt die Metamorphosen des Buchtitels im Feuilleton polemisch zugespitzt dar.

[48] vgl. *Christian Schneider* (a. a. O.), der gerade die Aufrichtung des moralischen Gewissens durch die Mitscherlichs als deren politischen Verdienst hervorhebt.

sation (gesellschaftlich=Außen). Wurden Adolf Hitler und der NS als „Rettung in der Not" zunächst empfangen, dann realisierte sich hier die szenische Struktur einer frühen Mutter-Kind Situation. Damit wurde jedoch die primäre Sozialisation nicht rückgängig gemacht, sondern die Interaktion erhielt lediglich einen – da auf sekundäre Sozialisation verweisenden – „falschen" Namen.[49] Diese Differenz zwischen der in primärer Sozialisation hergestellten Interaktionsform und dem „falschen" Namen beziehungsweise der szenischen Struktur der sekundären Sozialisation geht in Mitscherlichs Überlegungen verloren.[50] Dadurch, dass Hitler als Ich-Ideal interpretiert wird, wird er einem realen Objekt der primären Sozialisation gleichgestellt, wodurch auf theoretischer Ebene die Unterscheidung von Vergangenheit und Gegenwart, von Phantasie und Realität unterminiert wird. Noch heute scheint es schwer zu sein, die genauen psychischen Strukturdefizite verstehend einzuholen, an denen die nationalsozialistische Ideologie einhaken konnte. Der Versuch wird von dem Impuls der Wertung übermannt, was hier als Wiederholung einer Über-Ich-Veräußerlichung interpretiert wurde.

---

[49] vgl. *Alfred Lorenzer*, Konzil der Buchhalter, Frankfurt a. M. 1981, 117-125, der sich dort u.a. auf Ernst Simmel bezieht und damit einen Anschluss an die Psychoanalyse in Deutschland vor 1933 leistet.

[50] Mitscherlich übernimmt diese Argumentationsfigur des Führers, der die Stelle des Ich-Ideals der Individuen einnimmt, unkritisch von *Sigmund Freud* aus dessen „Massenpsychologie und Ich-Analyse", GW XIII.

Sexualität

Gunter Schmidt

Als ich diesen Vortrag[1] vorbereitete fiel mir eine Szene aus Tom Wolfes jüngstem Roman „Ich bin Charlotte Simmons" ein, der das Treiben heutiger Studentinnen und Studenten an einem US Elite-College portraitiert: Adam, ein Student, wird zu Professor Quat zitiert. Er betritt dessen Dienstzimmer zum ersten Mal, bunte Poster prangen an den Wänden, Bob Dylan, Grateful Dead, Pink Floyd, The Who usw. „Gefallen Ihnen meine Poster? Sagen Sie Ihnen was?", fragt Quat. „Nicht so richtig, Sir. Sechzigerjahre?" antwortet Adam verunsichert. „Wie kommt es, dass Sie etwas über die Sechzigerjahre wissen?", wundert sich der Professor. *„Für die meisten Studenten könnten die genauso gut im achtzehnten Jahrhundert stattgefunden haben."* (Hervorhebung G.S.)[2]

Sie, meine Zuhörerinnen und Zuhörer, machen also an diesem Wochenende hier in Villigst eine weite Reise in die Vergangenheit, in eine Zeit, von der Sie vielleicht glauben, dass die mit Ihnen nur wenig zu tun hat. Das aber wäre eine falsche Vermutung. Die Art und Weise, wie Sie Ihr Liebesleben und Ihre Beziehungen organisieren, die Art und Weise, wie Sie sexuell handeln und in sexualibus moralisch urteilen, ist ohne das, was man mit der Chiffre „68" bezeichnet, nicht denkbar, auch wenn Ihnen verständlicherweise die alten Helden heute ein wenig verstaubt und komisch vorkommen. Ich will versuchen, den Bogen zu schlagen von der sexuellen Revolte der 1960er Jahre zu Ihnen, den Enkeln der „Sexuellen Revolution".

Doch noch etwas vorweg: Was für Sie wie eine Zeitreise „ins achtzehnte Jahrhundert" sein mag, um Professor Quat noch einmal zu zitieren, ist für mich eine Reminiszenz an die gerade vergangene Gegenwart. Ich war 1968 30 Jahre alt und arbeitete schon seit einigen Jahren als junger Assistent an der Abteilung für Sexualforschung der Uni Hamburg. Ich war also nicht mehr Student, als die Studentenbewegung begann; von meiner Generation sind nur diejenigen „68er", die über den zweiten Bildungsweg, also schon etwas älter, an die Uni gelangten und 1968 noch studierten – wie zum Beispiel Günter Amendt, Reimut Reiche oder Martin Dannecker, die zu den herausragenden Protagonisten des Sexualdiskurses der Studentenbewegung gehören. Doch sehr schnell wurden meine jungen Kollegen und ich in den Strudel hineingerissen. Das Thema „Sexualität" hatte eine hohe Valenz bei den Studentinnen und Studenten, unsere Seminare über „Sexuelle Sozialisation", „Se-

---

[1] Vortrag auf der Promovierendentagung „68er-Spätlese – Was bleibt von 1968?" des Evangelischen Studienwerkes in Villigst, Schwerte, gehalten am 26. November 2005.
[2] *Tom Wolfe*, Ich bin Charlotte Simmons, München 2005, 732 f.

xualität und Aggression", über „Pornographie" und „Ungewöhnliche Sexualformen" waren übervoll. Es wurde hitzig diskutiert und gestritten, und nie wieder habe ich erlebt, dass Dozenten zumindest ebenso viel von den Studierenden lernten wie diese von jenen. Aber keine Angst: Damit ist des Schwärmens von alten Zeiten genug. Nur noch soviel: Professionell wie persönlich brachten mich die Ereignisse auf einen anderen Weg, es war eine am eigenen Leib erfahrene und bisweilen durchlittene Zeitenwende.

Sexuelle Restauration: die 1950er

Doch beginnen wir mit dem Vorabend der Ereignisse. Als ich in den 1950ern in das Alter kam, in dem man sich für Präservative interessiert, verschwanden (auf Grund einer Verfügung der Bundesregierung) die klapprigen und rostigen Automaten mit der Aufschrift „Männer, schützt Eure [!] Gesundheit" gerade aus den Pissoirs der Republik. Man wollte lieber die Moral der Jugendlichen schützen als ihre Gesundheit. Das war *meine* Begegnung mit der sexuellen Restauration der Adenauer-Ära.

Andere traf es härter, zum Beispiel schwule Männer. 1949 wurde *nicht* der §175 der Weimarer Republik, der homosexuelle Handlungen auch unter erwachsenen Männern unter Strafe stellte, ins Strafgesetzbuch der BRD übernommen, geschweige denn der Paragraph aufgehoben, sondern ohne Scham der 1935 von den Nationalsozialisten noch einmal verschärfte Paragraph rechtsstaatlich legitimiert, obwohl die Alliierten alle nationalsozialistischen Strafgesetzänderungen kassiert hatten. Und die Rechtspraxis folgte nun wieder dieser Gesinnung. Razzien in der Subkultur, die nach Kriegsende wieder ein wenig erblüht war, mit zahllosen Verhaftungen und Denunziationen, standen auf der Tagesordnung.[3]

Als Beispiel dafür mag auch die gesellschaftliche Situation der Frauen dienen. Eine Familienpolitik, die die kleine Familie, vor allem bei den „besseren" Leuten, restaurieren wollte, erklärte die Erwerbstätigkeit der verheirateten Frau, Kindergärten und Schulhorte zu einem abstoßenden Spezifikum der „kommunistischen" DDR und des Bolschewismus. Hausfrauen- und Mutterrolle wurden systematisch gefördert – ideologisch, finanziell und durch das Austrocknen der Möglichkeiten, Kindererziehung und Arbeit zu verbinden[4]. Ehen sollten mit Staatsgewalt verlängert werden, Scheidungen wurden erschwert, sie waren gegen den Widerspruch eines Partners nun nicht mehr möglich, auch bei amtlich festgestellter Zerrüttung nicht.

Die offizielle Moral von Kirchen und Staat trennten damals schon Abgründe von dem, was Männer und Frauen dachten und machten. Nach der ersten „Umfrage

---

[3] *Dieter Schiefelbein*, Wiederbeginn der juristischen Verfolgung homosexueller Männer in der Bundesrepublik Deutschland. Die Homosexuellen-Prozesse in Frankfurt a. M. 1950/51, in: Zeitschrift für Sexualforschung 5, 59-73, 1992.

[4] *Dietrich Haensch*, Repressive Familienpolitik. Sexualunterdrückung als Mittel der Politik, Reinbek 1969.

in der Intimsphäre", 1949 im Gründungsjahr der Republik von Allensbach[5] erhoben, gingen schon damals 90% der Männer und 72% der Frauen nicht mehr jungmännlich oder -fräulich in die Ehe; 85% der unter 30jährigen befürworteten ausdrücklich „intime Beziehungen zwischen unverheirateten Menschen".[6] Es war ein liberaler Vormärz, denn die Einstellungen wurden in den 1950ern noch einmal kurzfristig muffiger, eine Wiederholung der Allensbacher Befragung Anfang der 1960er Jahre zeigt das deutlich.[7]

Trotz manch aufmüpfiger Gesinnung und unerwünschten Tuns – die damalige Ahnungslosigkeit in Sexualfragen ist heute unvorstellbar. „Camelia gibt allen Frauen Sicherheit und Selbstvertrauen" – stundenlang habe ich als Junge über diesen Slogan gegrübelt und konnte sein Geheimnis nicht ergründen; Mädchen wurden massenhaft von ihrer Regel überfallen und standen entsetzt im Blutbad; Abiturienten diskutierten allen Ernstes, ob ein Taschentuch, um den Penis geschlungen, nicht so nützlich sein konnte wie ein Kondom, dessen Erwerb in der Drogerie Jüngling wie Verkäuferin bodenlos peinlich war. Desinformation, Verdummung, sexuelle Behinderung und die Verschwörung des Schweigens waren massiv, einerseits; andererseits hatte das Abschieben der Sexualität in den Untergrund aber auch etwas Aufregendes, ereignislos und bleiern waren die Zeiten keineswegs: Kindliche Sexualspiele, bei denen man sich nicht erwischen lassen darf, sind atemberaubender als sexualpädagogisch vor- und nachbereitete Doktorspiele unter den wohlwollenden Blicken der Eltern; puberale Masturbation zwischen Verlangen, Angst, Schuld und Triumph über Verbote ist aufwühlender als die auf- und abgeklärte Nutzung einer Lustmöglichkeit des Körpers, deren man sich bedient oder nicht. Alle Klischees über die 1950er sind richtig: der Sex auf dem Rücksitz des Käfers oder im Wald und auf der Heide, und wenn es schneite, eben im Schnee. Selbst wenn sie's gedurft hätten, ins „Kinderzimmer" der elterlichen Wohnung, mit Kaffee trinkenden Eltern in der Küche nebenan, wie heute üblich, wären sie mit ihrer Liebsten oder ihrem Liebsten damals nicht gezogen. Rebellion, Abgrenzung von der Erwachsenenwelt, auch die Verachtung für deren verknöcherte Scheinheiligkeit, waren Stachel der Lust.

1968 und einige Folgen

Vor Ausbruch der Studentenbewegung war der Widerspruch zwischen der offiziellen Moral einerseits und der sexuellen Realität und Moral junger Erwachsener andererseits ins Groteske gewachsen und nicht mehr auszuhalten. Und genau zu diesem Zeitpunkt, 1966, machten wir unsere erste umfangreiche Studie zur studentischen Sexualität (Tabelle 1). Ich nehme schon einmal vorweg, dass wir von da ab die Se-

---

[5] Zu weiteren Veränderungen gesellschaftlicher Normen siehe auch den Beitrag in diesem Band von Thomas Petersen.
[6] *Ludwig v. Friedeburg*, Die Umfrage in der Intimsphäre, Stuttgart 1953.
[7] Stern, Nr. 45-50, 1963.

xualität der Studentinnen und Studenten nicht mehr aus dem Blick verloren und im Abstand von jeweils 15 Jahren 1981 und 1996 wieder untersuchten.[8]

Tabelle 1. Hamburger Studien zur studentischen Sexualität, 1966 – 1996

	Studie 1 1966	**Studie 2 1981**	**Studie 3 1996**
Beteiligte Universitäten	12	12	15
Anzahl der Befragten (n)	3666	1922	3053
Geburtsjahrgänge*	1941-46	1956-61	1971-76
Adoleszenz	frühe 1960er	späte 1970er	frühe 1990er
Generation	„vorliberale Generation"	„Generation der sexuellen Revolution"	„Generation der gender equalisation"

* Hauptaltersgruppen, 20 – 25-Jährige

Doch zurück zu 1966. Schon die Begleitumstände unserer Studie zeigten, dass sie in Zeiten des Umbruchs erfolgten. Während der Rektor der Universität Freiburg unsere Bitte, auch an seiner Hochschule die Befragung durchführen zu dürfen, ebenso verbindlich wie klar mit dem Hinweis ablehnte, solche Fragen möge er seinen Student*innen* nicht zumuten, schickte der Präsident der Freien Universität Berlin eine Delegation des SDS-ASTAs nach Hamburg. Die Kommilitonen diskutierten mit den Sexualforschern lange darüber, ob solche Erhebungen nicht neue Normen installieren und den Anpassungsdruck erhöhen würden, ob also hinter der liberalen Fassade des Unternehmens repressive Gefahren lauerten. Es gelang uns nur knapp, die Berliner für das Projekt zu gewinnen; darüber hinaus hatten die Hamburger Forscher eine eindrucksvolle sexualpolitische Lektion erhalten und begannen, Herbert Marcuse zu lesen.

Die Ergebnisse unserer Studie fassten Hans Giese und ich damals so zusammen (ich zitiere wörtlich, weil ich Ihnen den aus heutiger Sicht etwas antiquierten Sprachduktus nicht vorenthalten will):

„Die Studenten *(gemeint waren Studenten und Studentinnen, G.S.)* zeigen nicht nur Verhaltensweisen, die nach der offiziellen Moral als 'unsittlich' oder 'unzüchtig' gelten, sie bejahen sie zugleich: Das gilt insbesondere für die voreheliche Sexualität. Die 'Verstöße' gegen die offizielle Moral erfolgen ohne Bewußtsein einer Normverletzung. Die sexuelle 'Devianz' (in Sachen traditioneller Moral) wird nicht einmal mehr als konflikthaft erlebt. Die offizielle

---

[8] *Hans Giese/Gunter Schmidt*, Studenten-Sexualität. Verhalten und Einstellung, Reinbek 1968; *Ulrich Clement*, Sexualität im sozialen Wandel. Eine empirische Vergleichsstudie an Studenten 1966 und 1981, Stuttgart 1986; *Gunter Schmidt* (Hg.), Kinder der sexuellen Revolution. Kontinuität und Wandel studentischer Sexualität.1966 - 1996, Gießen 2000.

Moral ist durch informelle Standards als normativer Bezugsrahmen längst ersetzt, nach ihnen, nicht nach den überkommenen Moralvorstellungen wird gewertet."[9]

Zugleich machten wir eine Diskrepanz zwischen Einstellung und Verhalten aus, das heißt, die Studentinnen und Studenten erlaubten sich viel mehr, als sie tatsächlich taten. Mit ein wenig liberalem 68er-Pathos fuhren wir fort:

„Fast 50% der ledigen Studenten, erwachsene und seit Jahren geschlechtsreife Menschen, haben keine Koituserfahrung, das heißt, sie haben eine prominente Form und Möglichkeit zwischenmenschlicher Beziehungen nicht vollzogen. Diejenigen mit Erfahrungen, haben sexuelle Beziehungen mit geringen Frequenzen und beschränken ihre Aktivität in der Mehrzahl auf einen Partner."[10] *(Die Missbilligung dieser Zustände ist unüberhörbar.)*

Es gab einen doppelten Hiatus: Zwischen der offiziellen Moral und dem, was die Leute dachten einerseits und zwischen dem sexuellen Wünschen und sexuellen Machen andererseits. Die 68er machten – neben vielem anderen – die sexuelle Heuchelei öffentlich und fegten sie beiseite. Eine sexualpolitische und -moralische Erschütterung ging durch *alle* westlichen Industriegesellschaften, und doch gab es deutsche Eigentümlichkeiten. Die Wohlanständigkeit der Eltern war in den Augen der Studentinnen und Studenten die Wohlanständigkeit von Mittätern und Mitläufern der Nazis, die über Sexualmoral tönten, um nicht über Kriegsschuld und Völkermord reden zu müssen.[11] Ihre Fassade war besonders fadenscheinig.[12]

Deshalb faszinierte die deutschen StudentInnen Wilhelm Reich viel stärker als ihre US-amerikanischen oder europäischen Kommilitonen. Sie hatten auch das Glück, Raubdruck sei dank, Reich im Original lesen zu können, und waren nicht auf seine verworrenen und verqueren im US-amerikanischen Exil entstandenen Revisionen angewiesen. Reichs „Massenpsychologie des Faschismus"[13] wurde so atemlos gelesen wie seine sexualpolitischen Werke aus den 1930er Jahren. In seiner Person verband sich das Nachdenken über bürgerliche Kleinfamilie, autoritären Charakter und Faschismus mit dem Nachdenken über sexuelle Unterdrückung und Befreiung. Seine Botschaft war verlockend einfach: Sexualunterdrückung führt zum Bösen bis hin zum Faschismus; Sexualbefreiung erlöst vom Übel, von Aggression, sexuellen Verirrungen (für Reich gehörte auch die Homosexualität dazu) und der Lust an der Unterwerfung. Sexualität war das Primäre und darin steckt ihre Mystifizierung. Und diese teilten die Studenten mit ihren konservativen Widersachern: Letztere sahen in der Befreiung den Untergang des Abendlandes und beteten 1970 vor dem Bayerischen Kultusministerium in München gegen die Einführung der Sexualpädagogik an den Schulen; erstere, die Studenten, erhofften von der sexuellen Befreiung die Geburt des neuen (und das hieß: sozialistischen) Menschen und „beteten" auf ihren Demonstrationen für die Einführung nicht-repressiver Sexualerziehung von der ers-

---

[9] *H. Giese/G. Schmidt*, A. a. O., 392.
[10] Ebd., 395.
[11] Zu Wertewandel und der moralischen Auseinandersetzung mit der Elterngeneration siehe auch den Beitrag in diesem Buch von Gernot Folkers.
[12] Vgl. dazu *Dagmar Herzog*, Die Politisierung der Lust. Sexualität in der deutschen Geschichte des zwanzigsten Jahrhunderts, München 2005.
[13] *Wilhelm Reich*, Massenpsychologie des Faschismus, Kopenhagen 1933.

ten Klasse an – nicht weil es vernünftig schien, sondern weil es „heilsbringend" war. Und beide, Konservative wie Studenten, glaubten einträchtig und inbrünstig an die transformative Kraft des Sexuellen: Sex war nicht nur Sex, sondern Aufbruch in eine bessere Welt oder Ruin der bürgerlichen Gesellschaft.

Was die Studentinnen und Studenten taten, war dabei ganz weltlich. Sie rissen Mauern ein, doch sie schleiften eine Burg, die ohnehin nur noch Ruine war und störte: Die Burg „frühkapitalistische Prüderie und Triebverzicht", genauer Konsumverzicht. Sie fegten Verbote beiseite, die in der entwickelten Marktwirtschaft, in der Demokratie der Konsumenten, längst dysfunktional geworden waren, und betrieben ein Stück bürgerlicher oder kapitalistischer Modernisierung.[14] Objektiv waren die 68er systemkonformer als ihre Väter, die sich als Bewahrer und ihre Söhne und Töchter als Zerstörer des Systems begriffen, denn sie, die rebellischen Studenten, initiierten systemsichernde Reformen. Die Studentinnen und Studenten begriffen das allerdings schnell und folgten nun eher Herbert Marcuse, der in seinem Werk „Triebstruktur und Gesellschaft"[15] wohl als Erster beschrieben hatte, wie *freigegebene Sexualität* – die orgastische Potenz Reichs hin oder her – vereinnahmt und als Mittel gesellschaftlicher Kontrolle und kapitalistischer Effizienz genutzt werden kann. „Repressive Entsublimierung" war ein zentraler Topos in Reimut Reiches „Sexualität und Klassenkampf",[16] der theoretisch anspruchsvollsten Äußerung der 68er zum Thema „Sexualität".

Doch die sexuelle Modernisierung der späten 1960er und 1970er Jahre, die bei aller Begrenzung und „Systemimmanenz" Ketten sprengte, war nicht nur eine Sache der Studentinnen und Studenten. Sie war schicht-, generations- und vorliebenübergreifend. Jede Gruppe hatte ihre Agenten: *Schülerinnen und Schüler, Studentinnen und Studenten* hatten Günter Amendt und seine „Sexfront",[17] für mich der schönste, frechste und unverklemmteste Beitrag der 68er zur sexuellen Frage. (Er sprach, wohl als erster, mit Ironie und Witz über Sex, inszenierte ihn gelegentlich auch als Groteske; und begründete eine Kommunikation über Sexualität, die die Massenmedien heute längst adoptiert haben.) *Bürgerliche Erwachsene* hatten Oswald Kolle, untere Ausbildungsschichten Beate Uhse. Und *Schwule* hatten Rosa von Praunheim, der mit seinem Film "Nicht der Homosexuelle ist pervers, sondern die Situation, in der er lebt" die zweite Schwulenbewegung zündete, und sie hatten Martin Dannecker und Reimut Reiche, die in einer großen und originellen empirischen Studie den „gewöhnlichen Homosexuellen"[18] beschrieben. Kolle und Uhse werden in ihrer Bedeutung gleichermaßen unterschätzt: Kolle versuchte behutsam,

---

[14] Zu den Auswirkungen der 68er-Bewegung auf die Konsumgesellschaft siehe auch den Beitrag in diesem Band von Stefan Malinowski und Alexander Sedlmaier.
[15] *Herbert Marcuse*, Triebstruktur und Gesellschaft, Frankfurt a. M. 1967.
[16] *Reimut Reiche*, Sexualität und Klassenkampf. Zur Abwehr repressiver Entsublimierung, Frankfurt a. M. 1968.
[17] *Günter Amendt*, Sexfront, Frankfurt a. M. 1970.
[18] *Martin Dannecker/Reimut Reiche*, Der gewöhnliche Homosexuelle, Frankfurt a. M. 1974.

Paaren das Sprechen über Sexualität nahezubringen, und zwar solchen, denen die Studentenbewegung fremd und unheimlich blieb; Uhse besorgte mit Macht und Umsicht die Kontrazeption in der Republik, bis hin zur Entwicklung einer Kosten sparenden Trockenvorrichtung für ausgewaschene, wiederverwendbare Präservative.

Bis Mitte der 1970er war der Prozess der Liberalisierung im Großen und Ganzen abgeschlossen. Unsere 1981er Untersuchung an Studentinnen und Studenten machte Ausmaß und Grenzen des Liberalisierungsprozesses empirisch beschreibbar und dokumentierte erhebliche Veränderungen innerhalb eines kurzen Zeitraums von nicht einmal eineinhalb Jahrzehnten. Wir resümierten:

„Das 1966 relevante Spannungsverhältnis zwischen permissiven Einstellungen zur vorehelichen Sexualität und einer relativ geringen vorehelichen Koituserfahrung, besonders bei Frauen, ist 1981 nivelliert zu einer kongruenten Einstellungs-Verhaltens-Permissivität. [...] Die voreheliche Sexualität [...] ist in einem relativ kurzen Zeitraum zu einer ubiquitären Erscheinung geworden."[19]

Der Kern der „Sexuellen Revolution" lässt sich in der Tat einfach benennen: Die Ehe verlor ihr Monopol, Sexualität zu legitimieren, eheliche und nichteheliche Sexualität wurden gleichgestellt. Dieser Prozess hat viele Erscheinungsformen: Verheiratete und unverheiratete Erwachsene unterschieden sich nun kaum noch in ihrer sexuellen Aktivität; nichteheliche Beziehungs- und Familienformen wurden häufiger und salonfähig; schwule und lesbische Sexualität brachen aus dem Ghetto des Verbotenen und Abnormen und wurden zu „gesunden" Variationen menschlicher Sexualität; und Jugendsexualität wurde üblich und gesellschaftlich weitgehend akzeptiert. Die Veränderungen der Jugendsexualität will ich Ihnen an einem Beispiel aus unseren Studentenstudien zeigen, und zwar an dem Alter beim ersten Geschlechtsverkehr. Abbildung 1 zeigt den Anteil der Männer und Frauen, die ihren ersten Geschlechtsverkehr mit 18 oder früher hatten, und zwar für die Geburtsjahrgänge 1935 bis 1979, also für Generationen, die ihre Adoleszenz zwischen den frühen 1950ern und den frühen 1990ern erlebten. Von den vor 1950 Geborenen hatten etwa 20% ihren ersten Koitus mit 18 oder früher, nach der Liberalisierung waren es etwa 60%. Das ist eine dramatische Veränderung. Sie setzte einigermaßen abrupt bei den zwischen 1950 und 1954 geborenen Frauen und Männern ein, also bei denjenigen, die um 1970 18 Jahre alt waren. Der Umbruch jugendlichen Sexualverhaltens erfolgte mithin Ende der 1960er, Anfang der 1970er, eben auf der Höhe der „Sexuellen Revolution". Die „Pille", die in den 1960ern auf den Markt kam, trug zu dieser Entwicklung bei. Doch ihr Einfluss sollte nicht überschätzt werden, denn nur jedes fünfte Mädchen verhütete in den 1970ern beim ersten Verkehr mit der Pille. Die Liberalisierung war kein pharmakologisches Ereignis, wie gelegentlich behauptet wird. Seit den 1970ern ist im Hinblick auf das Alter beim ersten Ge-

---

[19] *Ulrich Clement*, A. a. O., 76 f., 79.

schlechtsverkehr nicht mehr so viel passiert.[20] Die „Subjekte" der Jugendsex-Revolution sind heute um die 50, also Ihre Elterngeneration.

Abbildung 1

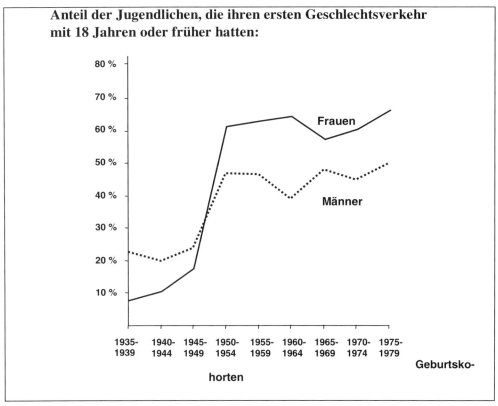

Quelle: Hamburger Studien zur studentischen Sexualität, 1966-1996

Bei den Mädchen ist die Veränderung sehr viel ausgeprägter als bei den Jungen. Die Mädchen haben die Jungen „überholt", sie beginnen heute früher mit dem Geschlechtsverkehr als Jungen. Das traditionelle Muster der Geschlechtsunterschiede – Jungen fangen früher an – wird in sein Gegenteil verkehrt. Das hat einen einfachen Grund: Die sexuelle Liberalisierung geht einher mit einem Abbau der Doppelmoral und mit der Angleichung der Geschlechter im Hinblick auf sexuelle Optionen und Rechte. Warum, so werden Sie fragen, fangen Jungen und Mädchen nicht gleich früh an? Die Antwort ist einfach: Weil Mädchen immer noch Jungen als Partner bevorzugen, die ein wenig älter sind als sie selbst und Jungen Mädchen, die ein wenig jünger sind. Diese einfache Tatsache erklärt die beschriebenen Geschlechtsunterschiede nach dem „modernen" Muster. Die Daten stammen, wie ge-

---

[20] BZgA (Hg.). Jugendsexualität. Wiederholungsbefragung von 14- bis 17-Jährigen und ihren Eltern. Ergebnisse der Repräsentativbefragung aus 2005, Köln 2006.

sagt, von deutschen Studierenden. Aber gleiche Trends lassen sich, mal auf höherem, mal auf niedrigerem Niveau, auch bei Jugendlichen mit anderer Schulbildung beobachten, bei katholischen wie bei protestantischen oder konfessionslosen Jugendlichen, in Ländern mit liberaler (Skandinavien) und restriktiver Sexualtradition (südeuropäische Länder), in Westeuropa wie in den USA und Kanada. Die Liberalisierung war ein globales Ereignis in den westlichen Industriegesellschaften.

Aus den Experimenten der Berliner Kommunen 1 und 2 entwickelte sich eine neue, solide Lebensform Jugendlicher und junger Erwachsener: die WG, in der heute gut 20% der Studentinnen und Studenten wohnen, ganz pragmatisch, ganz unideologisch, ganz unpromisk. In meiner Generation hatten nun, Anfang der 1970er, die meisten ihr Coming out gehabt oder sich aus ihrer Ehe verabschiedet, die in der Regel gar nicht zerrüttet war. Das Beziehungsparadigma wurde gewechselt: Es folgte nun, wie Zygmunt Bauman zufolge das Leben überhaupt, dem Prinzip der Fitness, nicht mehr dem Prinzip der Gesundheit.[21] Bis dahin galt eine Beziehung als gut, solange sie nicht schlecht war, Langeweile und begrenzter Austausch, sexuell und emotional, galten nicht als „ungesund". Nun aber fragten Mann und Frau sich, ob es nicht höher und weiter ginge, ob irgendwo mehr Abenteuer, mehr Nähe, mehr Intimität, mehr Aufregung, mehr Auseinandersetzung warteten. Lust und Drang sich umzusehen, nicht zu rosten, wurden größer. Aus dem Paar, das ehemals durch Institutionen, basale Aufgaben und rollenbedingte wechselseitige Abhängigkeiten zusammengehalten wurde, wurde ein rekreatives Erlebnisteam. Beziehungen wurden „pur", ihnen fehlen äußere Anker, und sie bestehen in der Regel nur so lange, wie sie für beide ein befriedigendes Maß an Intimität und Sich-Wohlfühlen gewähren. Sie sind prinzipiell periodisch und so wurde serielle Monogamie zur gängigen Verkehrsform. Zwischen den Monogamien war man Single. Der Single entstand als neue Figur, Held und Heroine unabhängiger und unbändiger Sexualität – in der Phantasie und in den Medien; in der Realität meist unglücklich, nur im Wartestand auf den Nächsten oder die Nächste, sexuell eher depraviert und missgestimmt, eine Nebenfolge serieller Beziehungen. Die Ehe verlor ihr zweites Monopol: das Monopol, Beziehungen zu definieren. Ein Paar ist nun dort, wo zwei Menschen sagen, dass sie eines sind, unabhängig vom Personenstand – und vom Geschlecht der Partner. Beziehungen werden aber nicht nur „unehelicher", sondern auch kürzer und serieller. Als Folge dieser Entwicklung leben immer mehr Kinder in einem Kunterbunt von Lebens- und Familienformen, ihre familiäre Welt wird vielfältiger, unübersichtlicher, fluider.[22]

---

[21] *Zygmunt Bauman*, Über den postmodernen Gebrauch der Sexualität, in: Gunter Schmidt/Bernhard Strauß (Hgg.). Sexualität und Spätmoderne, Gießen 2001.

[22] Vgl. zu dieser Entwicklung u.a. *Gunter Schmidt* et al., Spätmoderne Beziehungswelten. Report über Partnerschaft und Sexualität in drei Generationen, Wiesbaden 2006.

Entmystifizierung

Doch zurück in die Vergangenheit. Ende der 1970er Jahre begann sich der Blues über Liebeslandschaften zu legen. Sex und Beziehungen hatten sich geändert, aber hohes Hoffen nicht erfüllt, das Glück – politisch wie privat – wollte sich nicht einstellen. Der Abgesang auf die „sexuelle Befreiung" wurde am schönsten in den von Volkmar Sigusch und Hermann Gremliza herausgegebenen Heften „Sexualität konkret" (1979-1986)[23] intoniert. „Erotik ist nur noch Alleinsein", hieß es dort ebenso kulturpessimistisch wie wehleidig, und Bod Dylan nuschelte im Hintergrund. Tieftraurig begann ein wichtiger Prozess: die Entmystifizierung der Sexualität von ihrer Überfrachtung mit Bedeutungen.

Doch vorher gab es noch etwas anderes zu erledigen, und das nahmen die Frauen in die Hand: Die Zivilisierung des durch die Liberalisierung deregulierten freien Liebesmarktes und die Gleichberechtigung von Männern und Frauen auf diesem Markt. Feministinnen setzten auf den *liberalen Diskurs* der 1960er Jahre den *Selbstbestimmungsdiskurs* der späten 1970er und 1980er. Sie thematisierten sexuelle Herrschaft und Gewalt von Männern und eröffneten ein Thema nach dem anderen: Vergewaltigung, Prostitution, Kindesmissbrauch, Pornographie, sexuelle Belästigung und – allen voran Alice Schwarzer mit ihrem „Der kleine Unterschied und seine großen Folgen"[24] – Machtausübung und -demonstration in der alltäglichen und herkömmlichen Heterosexualität.

In der Umgestaltung der Heterosexualität war der Feminismus schließlich ein überaus erfolgreiches Projekt. Die Gewaltdebatten brachten einen Sensibilisierungsschub bei Frauen, aber auch bei Männern, gegenüber Zwang und Herrschaftsausübung in der Sexualität hervor – und einen neuen Sexualcode, der die alten Verbote nicht wiederbeleben, sondern den sexuellen Umgang ziviler machen wollte. Das Ergebnis habe ich Verhandlungsmoral, andere Konsensmoral genannt. Beurteilte die alte Moral sexuelle *Akte* – nichtehelichen Sex, gleichgeschlechtlichen Sex usw. – weitgehend unabhängig vom Kontext als "verwerflich", so kommt es heute nicht mehr darauf an, *was* zwei (oder auch mehr) Partner miteinander machen, sondern *wie* es zustande kommt. Ob hetero-, bi- oder homosexuell, oral oder anal, zart oder ruppig, bieder oder raffiniert, normal oder pervers, mit Liebe oder ohne, ist moralisch ohne Belang. Von Belang ist, dass es vereinbart wird. Nicht äußere Autoritäten – der Staat, die Kirche – bestimmen das Richtig oder Falsch, sondern die Akteure. Insofern ist die Verhandlungsmoral demokratisch, sie ist eine Moral „von unten", ein „Grassroots"-Phänomen. Auch Kondome und *safe sex* können ausgehandelt werden, und so wurde Verhandlungsmoral zu einem wichtigen Faktor der Vorbeugung von HIV-Infektionen und AIDS und trug dazu bei, dass nach anfänglichen Irritationen, Ängsten und katastrophistischen Übertreibungen der Gefahr für

---

[23] *Volkmar Sigusch/Hermann Gremliza* (in Verbindung mit *Ingrid Klein*) (Hgg.), Sexualität konkret. Heft 1 – 7, Hamburg 1979 – 1986.

[24] *Alice Schwarzer*, Der kleine Unterschied und seine großen Folgen, Frankfurt a. M. 1975.

die gesamte Bevölkerung Mitte der 1980er Jahre,[25] die Bedrohung realistisch wahrgenommen werden konnte und dass die Krise das Sexualverhalten heterosexueller Männer und Frauen hierzulande nur wenig beeinflusste.

Tabelle 2. Sexuelle Untreue in der gegenwärtigen (heterosexuellen) Beziehung

	Studie 1 **1966**	**Studie 2** **1981**	**Studie 3** **1996**
Studenten	12%	27%	20%
Studentinnen	6%	34%	20%

Quelle: Hamburger Studien zur studentischen Sexualität, 1966-1996

Das zeigte unter anderem unsere 1996er Studentenstudie. Die Verhaltensänderungen zwischen 1996 und 1981 sind sehr viel geringer als die zwischen 1981 und 1966. Auf den ersten Blick erscheinen die 1996er wieder etwas konventioneller geworden zu sein, was ich pars pro toto an der sexuellen Treue zeigen möchte (Tabelle 2). Besonders eindrucksvoll ist die Experimentierfreude der 1981er Frauen. Die nach den 1980ern wieder gestiegene Treueneigung hielten wir eher für pragmatisch als moralisch motiviert und argumentierten so:

„Suchte man nach einer Formel für ihre *(der 1996er Studenten/innen, G.S.)* Sexualität, so träfe 'pragmatisch' und 'folgenabgeschätzt' die Verhältnisse wohl am besten. Sexualität wird als ein Bereich der Planbarkeit und Kommunikation konzipiert. Noch nie wurde so gut verhütet, noch nie gab es so wenige ungewollte Schwangerschaften und Abtreibungen, noch nie so wenige Geschlechtskrankheiten wie 1996. Die Sensibilität der Männer – die der Frauen ohnehin – für sexuelle Grenzverletzungen ist groß."[26]

Lange glaubte ich, eine solche Pragmatik im Sexuellen oder Konzepte wie die Verhandlungsmoral gründeten sich auf einen beinahe rührenden Glauben an die Rationalisierbarkeit der Sexualität. Aber konfrontiert sie uns nicht nur mit unserem rührenden Glauben an deren *Irrationalität*? Ehrwürdige Bilder und Konzepte unserer Kultur werden heute in Frage gestellt: Sexualität als Trieb und Wildheit, als schicksalsträchtige Kraft, teuflisch verlockend und höllisch gefährlich; Sexualität als letzter Hort unverstellter menschlicher Natur, als unbändige tabusprengende und transformative Kraft; Sexualität als ewiges Drama, als Verstrickung auf Leben und Tod. Diese alten Geschichten über den Sex – jenseits von Gut und Böse, jenseits der Vernunft, jenseits von allem – sind keineswegs verschwunden, wir hören sie gelegentlich noch von der Psychoanalyse, bisweilen auch von der Sexualwissenschaft, wir sehen sie im Kino, und wir lesen sie in der schönen Literatur. Die Autoren oder Regisseure sind meistens ältere Männer (man denke an Verhoevens „Basic Instinct", Stanley Kubricks „Eyes Wide Shut", den Roman Polanskis „Bitter Moon" oder an Philip Roths letzte Romane), und ihre Geschichten wirken wie ein trauriges

---

[25] *Gunter Schmidt*, Aids, Moral und Volksgesundheit, in: *ders.* (Hg.), Das große Der Die Das. Über das Sexuelle, Reinbek 1988.
[26] A. a. O., 32

„Hello and Good bye" an die kulturelle Form der Erotik ihrer Jugend, an den Sexualmythos ihrer (und auch meiner und der 68er-) Generation. Ich goutiere ihre Geschichten gerne und mit nostalgischem Schauer und weiß doch, dass diese Form der Erotik wie der Protagonist im Roth-Roman ein „Dying animal" ist. Wir haben uns längst verabschiedet von dem schaurig-schönen, schwarz-romantischen bürgerlichen Drama der Sexualität, vom Mythos der Verdammung und Erlösung durch den Sex, der Mythos, der die rebellischen Studenten und die Fundamentalisten so innig einte.

Kein „Trieb" treibt uns mehr zum Sex, sondern die Suche nach Affekten, Reizen, Vergnügungen, „thrills" verlockt uns; nicht Befriedigung im Sinne von Ruhe oder Bedürfnislosigkeit ist das Ziel, sondern das Spiel mit Erregungen, Erlebnissen und Empfindungen, die Nutzung der Ressource Sex. Zygmunt Bauman hat die Quintessenz zeitgenössischer, spätmoderner Sexualität besonders treffend formuliert: „Verlangen verlangt nicht nach Befriedigung. Im Gegenteil, Verlangen verlangt Verlangen".[27] Die Studenten im Jahr 1966 hätten mit diesem Satz nichts anfangen können, wir beginnen ihn zu verstehen.

„Sex ist so schön wie Skifahren, und das will was heißen" schreibt ein Student unserer letzten Studie auf die Frage, was ihm Sexualität bedeute; „gehen wir ins Bett oder ins Kino", erwägt ein junges Paar und täte beides gleich gerne. Oberflächlich und ein wenig banal, könnte man nörgeln. Aber es ist entmystifizierter, entdramatisierter Sex. Entdramatisierung geht einher mit der Option, über seine Sexualität verfügen zu können, sie auf die Tagesordnung zu setzen und wieder runter, ihre Kosten und Gewinne pragmatisch und effektiv zu kalkulieren. Das designte Verlangen ist die Metapher, die an die Stelle der alten Metapher des mächtigen, irrationalen Triebes tritt. Und so scheint es, als hätten wir die Sexualität zu Beginn des Jahrtausends gründlich entrümpelt: von religiösen Vorschriften, vom Patriarchat (fast) und von der schwarzen Romantik des Bürgertums und der Psychoanalyse. Das ist nicht wenig für einen Zeitraum von 50 Jahren.

---

[27] *Z. Bauman* (s. Anm. 21), 20.

1968 und die Erziehung

Meike Sophia Baader[*]

1. Still alive

In der sozial- und geschichtswissenschaftlichen Debatte über „1968 und die Folgen" gibt es einen Streit darüber, ob 1968 inzwischen so weit weg sei wie die Antike oder das Mittelalter.[1] Um die Sichtweise auf 1968 als weit entferntes und längst vergangenes Zeitalter zu widerlegen, genügt jedoch ein Blick auf aktuelle öffentliche Auseinandersetzungen und Diskussionen über Erziehung. Man wird sich dann sehr schnell und auch sehr eindeutig davon überzeugen können, dass 1968 höchst präsent ist. So macht gegenwärtig der Erfolgsautor Bernhard Bueb die 68er für einen Mangel an Disziplin in der Erziehung verantwortlich, über seinen Standpunkt diskutiert er in der ZEIT vom 1. März 2007 mit dem ehemaligen Kinderladen-Aktivist Cohn-Bendit. Das Gespräch wird mit der Frage eröffnet „Herr Bueb, Herr Cohn-Bendit, was haben Sie beide seit 1968 in Sachen Erziehung hinzugelernt?"[2] Die 68er, so ein Resümee beider Diskutanten, hätten sich zu sehr an Rousseaus Menschenbild orientiert. Dieses Argument tauchte vor einigen Jahren bereits in Gaschkes „Erziehungskatastrophe" und in Gerster/Nürnbergers „Erziehungsnotstand" auf.[3] Im Spiegel vom 7. Mai 2007 findet sich ein Artikel über das englische Internat Summerhill, bezeichnet als „legendärer Ort antiautoritärer Erziehung", dort wird der inzwischen verstorbene Begründer der Schule, Alexander Neill, mit dem Satz zitiert: „Lasst mich bloß in Ruhe mit den deutschen 68ern".[4]

Schuldzuweisungen bezüglich 1968 und der Erziehung sind aber nicht erst von Bueb erhoben worden, sondern haben die öffentliche Debatte über Bildung, Erziehung und Familie immer wieder bestimmt, Konjunkturen lassen sich nachzeichnen.[5] So machte etwa Claus Leggewie in den 90ern die 68er für den Rechtsradikalismus

---

[*] Vortrag, gehalten auf dem Promovierendentreffen des Evangelischen Studienwerkes Villigst, 25.11.2005.

[1] *Michael Ruetz*, 1968: Ein Zeitalter wird besichtigt, Frankfurt a. M. 1997; *Wolfgang Kraushaar*, 1968 als Mythos, Chiffre und Zäsur, Hamburg 2000, 7.

[2] *Elisabeth von Tadden/Hella Kemper*, Von der Kunst des Erziehens, in: DIE ZEIT vom 1. März 2007, 77.

[3] *Susanne Gaschke*, Die Erziehungskatastrophe. Kinder brauchen starke Eltern, München 2001, 16; *Petra Gerster/Christian Nürnberger*, Der Erziehungsnotstand, Berlin 2001, 259f.

[4] *Fiona Ehlers*, Die Weltverbesserungsanstalt, in: Der Spiegel, (19) 2007, 66.

[5] Eine Auseinandersetzung mit den Vorwürfen gegenüber der Erziehung der 68er findet sich auch bei *Peter Cloos*, Zwischen politischer Strategie und pädagogischem Wertewandel, in: Der pädagogische Blick, (1) 1998, 40-51.

verantwortlich.[6] Der Psychoanalytiker Horst Petri, vor allem bekannt durch sein Buch über Vaterabwesenheit, bezichtigt die 68er der Zerstörung der Familie,[7] und für die Journalistin Susanne Gaschke sind sie wesentlich für die „Erziehungskatastrophe" verantwortlich.[8] Diese Beispiele reichen aus, um zu belegen, dass 1968, jedenfalls unter der Perspektive der Erziehung, wohl doch nicht so fern wie die Antike oder das Mittelalter ist. Im Übrigen lässt sich auch über die Frage nach der Erziehung hinaus derzeit ein reges mediales und öffentliches Interesse an 1968 beobachten.

Wenn wir uns außerdem noch die Generationenabfolge vor Augen führen, dann wird gleichfalls schnell deutlich, welch enge Verbindung zu 1968 besteht. Befragt man Studierende nach den Gründen für ihr Interesse am Thema, so lautet die Antwort wiederholt: „Die 68er sind die Generation unserer Eltern, deshalb interessieren wir uns dafür." Jedenfalls da, wo es sich um späte Eltern und nicht solche, die bereits 1968 Kinder hatten, sowie um ältere Studierende handelt, kann diese Generationenabfolge durchaus zutreffen. So gibt beispielsweise eine 1980 geborene Studentin an, sie wolle etwas über „68" wissen, da ihr Vater immer davon erzähle und das Thema in der Schule im Geschichtsunterricht nicht vorgekommen sei. War der Vater zwanzig Jahre alt, so war er bei der Geburt der Tochter zweiunddreißig.[9]

Die Generationenperspektive nimmt auch die Autorin Sophie Dannenberg ein, die einen Roman aus der Perspektive der 68er Kinder geschrieben hat. Ihr Buch „Das bleiche Herz der Revolution" wird mit folgendem Klappentext vermarktet: „Das bleiche Herz der Revolution entdeckt 68 als großes deutsches Drama. Es ist der erste Roman, der sich mit den 68ern aus der Sicht ihrer Kinder auseinandersetzt. Eine bissige Satire auf diese Generation und auf den Überlebenswillen eines ihrer Kinder".[10]

In dem sehr plakativen und holzschnittartigen Roman geht es unter anderem um Kinderläden, das Leben in Kommunen, um die Frage der Sexualaufklärung und um die Politisierung von Kindheit. Die wesentlichen Vorwürfe bezüglich der Erziehung, die im Roman literarisch ausgestaltet werden, lauten: zu frühe und unablässige Konfrontation von Kindern mit den Verbrechen des Nationalsozialismus, die Politisierung von Kindheit durch Konfrontation mit einer permanenten Klassenkampfrhetorik sowie die fortdauernde Konfrontation von Kindern mit Sexualaufklärung.

Im Folgenden werden drei Szenen aus dem Roman angeführt, in denen zwei einschlägige Texte der 68er über Erziehung erwähnt sind. Die Hauptfigur Kitty Caspari, eine Künstlerin, unterhält sich auf einer Ausstellung mit dem um einige

---

[6] *Claus Leggewie*, Plädoyer eines Demokraten (1993). Reprint in: ZEIT-Geschichte 2007, 86.
[7] *Horst Petri*, Vaterlos, in: Kursbuch 140/Juni 2000, 149-160.
[8] *S. Gaschke* (s. Anm. 3).
[9] *Meike Sophia Baader*, Umfrage unter Studierenden über ihr Interesse an und ihr Wissen über 68, MS Hildesheim 2007.
[10] *Sophie Dannenberg*, Das bleiche Herz der Revolution, München 2004.

Jahre älteren Hieronymus Arber, 1968 Assistent am Frankfurter Institut. Erste Szene:
„»Hass ist stärker als Liebe«, sagte Kitty [...].»Soviel habe ich gelernt.« [...] »Wann haben Sie das gelernt?« fragte er. [...].»Während der Revolution.« [...] Arber stutzte [...] »Aber sie waren noch ein Kind.« »Als Kind lernt man doch besonders gut.« »Waren Sie ein Kursbuch 17-Kind? Eins dieser anti-autoritär verwahrlosten?« »War ich.«"[11]

In der zweiten Szene geht es um Sexualaufklärung. Befreundete Erwachsene, die sich in einer Kommune treffen, äußern sich zufrieden über die freie Sexualaufklärung ihrer Kinder. Die Mutter von Kitty Caspari erklärt: „Wie schön, dass sie Sexualität schon vor der Geschlechtsreife lernen. Dann können sie sie später konfliktfrei ausüben."[12] In der gleichen Szene geht dann eine andere Mutter zu ihrer Tochter, die sich im Rahmen eines kollektiven Spieles nackt ausziehen soll. „Das ist doch was Schönes, was Du da hast! Zeig doch mal [...]."[13]

Dritte Szene: Die ob ihrer Sexualaufklärung stolzen Eltern von Kitty, die die Kinder zu ihrem Geschlechtsakt hinzuholen, kommentieren dies mit den Worten: „Wir sind genauso modern wie die Genossen im Kursbuch 17."[14]

Sowohl auf das zweimal erwähnte Kursbuch 17 als auch auf das Sexualaufklärungsbuch „Zeig mal" – dessen einführender Text „He, zeig doch mal!" heißt – werde ich noch einmal zurückkommen. Zunächst gehe ich jedoch in einem zweiten Kapitel kurz auf die Forschungslage zu 1968 und der Erziehung sowie auf die pädagogischen Dimensionen der Protestbewegung ein. In einem dritten Schritt frage ich nach den Anfängen und Ausgangspunkten des Interesses für Erziehung. Viertens geht es um Ziele und Praxisformen der Kinderladenbewegung. Fünftens werden drei Bücher als Meilensteine der pädagogischen Bewegung von 1968 thematisiert, denn die Diskussionen über Erziehung im Umfeld von „68" ist wesentlich auch eine Kommunikation über Texte. Sechstens formuliere ich ein abschließendes Fazit und stelle Thesen zur Diskussion.

2. Die pädagogischen Dimensionen der Protestbewegung in Deutschland

Trotz jener anhaltenden öffentlichen Debatte über die Erziehung der 68er, und obwohl die pädagogischen Dimensionen der Protestbewegungen von 1968 kaum zu übersehen sind, wurden sie bisher vergleichsweise wenig erforscht.[15] Die existierenden erziehungswissenschaftlichen Arbeiten zu 1968 und der Pädagogik stammen vornehmlich aus den 70er, einige aus den 80er Jahren. Die erste Bibliographie zur antiautoritären Erziehung datiert aus dem Jahre 1971 und ist ein interessantes Zeit-

---

[11] A. a. O., 134.
[12] A. a. O., 165.
[13] Ebd.
[14] A. a. O., 169.
[15] Zu den Konturen meines Forschungsprojektes zu „68" und der Pädagogik siehe auch „Erziehung gegen Konkurrenzkampf und Leistungsprinzip als gesellschaftsverändernde Praxis. 68 und die Pädagogik in kultur-, modernitäts- und professionsgeschichtlichen Perspektiven", in: Zeitschrift für pädagogische Historiographie, (2) 2007.

dokument hinsichtlich der Frage, was dort unter „antiautoritär" subsumiert wurde.[16] Die meisten Titel stammen jedoch aus dem Ende der 70er Jahre und ziehen von dort aus eine retrospektive Bilanz, sie orientieren sich vornehmlich an normativen Fragen, das heißt an Fragen von richtig oder falsch, von gut oder schlecht, und kommen – jedenfalls teilweise – aus der Feder der Akteure selbst. Exemplarisch ist hier etwa der Titel von Lutz von Werder „Was kommt nach den Kinderläden?" aus dem Jahre 1977 zu nennen.[17] Eine der wenigen umfangreicheren erziehungswissenschaftlichen Untersuchungen neueren Datums stammt von Axel Jansa, sein Fragefokus liegt dabei jedoch insbesondere auf den Effekten von 1968 für die ästhetische Erziehung.[18]

Aber auch in der neueren geschichtswissenschaftlichen Forschung zu „1968", wird die pädagogische Dimension weitgehend übersehen, so etwa in den einschlägigen Arbeiten von Gilcher-Holtey[19] sowie von Kraushaar.[20] Eine Ausnahme bildet die Arbeit von Dagmar Herzog „Die Politisierung der Lust" aus dem Jahre 2005.[21] Die Blindheit gegenüber den pädagogischen Dimensionen zeigt sich exemplarisch auch in der „Enzyklopädie 68", eine Textsammlung, die keinen Text aufweist, der sich explizit und im Titel mit Erziehungs- und Bildungsfragen befasst.[22] Die Gründe für diese Blindheit hängen sowohl mit der Akteursorientierung und einer männlichen Heldengeschichtsschreibung zusammen als auch mit einer Fokussierung auf die großen politischen Themen wie Internationalisierung, Gewalt und Arbeiterbewegung.[23]

Will man die pädagogischen Dimensionen von „1968" benennen, so kann man – unter einer institutionellen Perspektive – zwischen verschiedenen Bereichen des Erziehungssystems unterscheiden, auf die sich die Protestbewegung mit ihren Aktivitäten konzentrierte: 1. die Kinderladenbewegung, 2. die außerschulische Jugendarbeit, 3. die Schülerbewegung, 4. die Hochschule.

Am Ausgangspunkt der Protestbewegung steht ein Generationenkonflikt, der zunächst von einer kleinen Gruppe von Studenten thematisiert wird. Ausgehend von den Hochschulen werden die dort entwickelten Praxisformen des Protestes, die sich um das Prinzip der „Aktion" drehen, auf andere Bereiche des Erziehungs- und Bildungssystems ausgedehnt. Jener Generationenkonflikt, der etwa in die jugendkulturelle Formel „trau keinem über 30" gegossen wird, bildet auch das Fundament für die pädagogischen Dimensionen der Protestbewegung.

---

[16] *Johannes Claßen,* Bibliographie zur antiautoritären Erziehung, Heidelberg 1971.
[17] *Lutz von Werder,* Was kommt nach den Kinderläden? Berlin 1977.
[18] *Axel Jansa,* Pädagogik – Politik – Kunst. Paradigmenwechsel um 68, Frankfurt a. M. 1999.
[19] *Ingrid Gilcher-Holtey,* 1968. Vom Ereignis zum Gegenstand der Geschichtswissenschaft, Göttingen 1998; *dies.*, Die 68er Bewegung, München 2001.
[20] *Wolfgang Kraushaar,* 1968 als Mythos, Chiffre und Zäsur, Hamburg 2000.
[21] *Dagmar Herzog,* Die Politisierung der Lust. Sexualität in der deutschen Geschichte des 20. Jahrhunderts, München 2005.
[22] *Rudolf Sievers* (Hg.), 1968 – Eine Enzyklopädie, Frankfurt a. M. 2004.
[23] *M. Baader* (s. Anm. 15), dort Genaueres zu den Gründen für die Blindheit der Forschung.

Die Bewegung von „1968" zeichnet sich dadurch aus, dass sie eine internationale Bewegung ist, die etwa zeitgleich in Deutschland, Frankreich, Italien und den USA einsetzte, um nur einige Länder zu nennen. Diese internationalen Zusammenhänge hat insbesondere die Historikerin Gilcher-Holtey unterstrichen und den Fokus dabei auf die untereinander vernetzte Entstehung einer New Left in England und den USA, einer Neuen Linken in Deutschland und einer Nouvelle Gauche in Frankreich gelegt. Alle diese Initiativen sind zu Beginn der 60er Jahre entstanden.[24] Auch für andere Länder kann im Zusammenhang mit 1968 von einem Generationenkonflikt ausgegangen werden, der sich um die Frage nach alternativen Lebens- und Gesellschaftsformen gegenüber einem fortschreitenden Kapitalismus auf der einen Seite und einem real existierenden Sozialismus sowjetischer Spielart auf der anderen Seite drehte. So formulierten etwa US-amerikanische Studenten in einem Statement aus dem Jahre 1962, das später als Port Huron Programm der Students for a Democratic Society (SDS) in die Geschichte eingehen sollte und den Untertitel „Agenda für eine Generation" trägt: „Wir sind Menschen dieser Generation [...] erfüllt vom Unbehagen an der Welt, die einmal die unsre sein wird".[25] Die US-amerikanischen Studenten stützen sich dabei auf die Schriften von C. Wright Mills, der radikal mit dem Glauben an die Arbeiterklasse als revolutionäres Subjekt gebrochen hatte und als neue Avantgarde auf die junge Intelligenz setzte.[26]

Legt man den Fokus auf den Generationenkonflikt, so kann 1968 mit guten Gründen als eine internationale Jugendrevolte verstanden werden, die von der Überzeugung getragen wurde, dass Jugend, und insbesondere die akademische Jugend, ein Motor des gesellschaftlichen und kulturellen Wandels sein kann, nachdem historisch die Hoffnungen, die sich auf die Arbeiterbewegungen gerichtet haben, durch den Nationalsozialismus, aber auch durch die Entwicklung in der Sowjetunion erschüttert worden sind.

„Neu", so Oskar Negt, „an diesem Protest ist also nicht, dass die Nachkommenden anders leben wollen, sondern dass sich die Kritik an der Erwachsenengeneration auf den gesamten Konstitutionszusammenhang der Gesellschaft richtet, die sie aufgebaut hat und die namenlose Geschichtsverbrechen und die Unterdrückung menschlicher Bedürfnisse ermöglichte."[27]

Die Kritik an der Lebensweise der Elterngeneration, die auch für Italien von Luisa Passerini in ihrer „Autobiography of a Generation" konstatiert wird, ist in Deutschland jedoch unmittelbar mit der Frage nach den Entstehungs- und Unterstützungsbedingungen des Nationalsozialismus und mit der Frage nach der Beteiligung der Elterngeneration verbunden. In Deutschland – und darin liegt ein wichtiger Unterschied zu anderen Ländern – kommt der Frage nach der Erziehung im Kontext von 1968 eine besondere Bedeutung zu. Dies hängt unmittelbar mit dem

---

[24] *I. Gilcher-Holtey*, 68er Bewegung, (s. Anm. 19).
[25] Zitiert nach a.a.O, 18.
[26] A. a. O., 19.
[27] *Oskar Negt*, Achtundsechzig. Politische Intellektuelle und die Macht, Göttingen 2001, 296f.

Nationalsozialismus zusammen. Zwar gibt es auch in den Bewegungen anderer Länder einen Generationenkonflikt, in Deutschland aber ist die Frage nach der Erziehung in diesem Konflikt selbst thematisch. Dieser Zusammenhang scheint mir fundamental für die Frage nach der Erziehung der 68er, er kann nicht genug unterstrichen werden. Bei dem „jugendkulturellen Bruch mit der Nazivergangenheit der Eltern"[28] ist Erziehung ein wichtiges Thema.

In Deutschland erhalten die Anfragen an die Elterngeneration und deren Verhalten während des NS durch die Rezeption der fünfbändigen „Studies in Prejudice" des Institutes für Sozialforschung aus den Jahren 1949/50 ihre theoretischen Rahmungen. Diese Studien beziehen sich bekanntlich vor allem auf den Marxismus und die Psychoanalyse und fragen danach, wie Individuen zu vorurteilsfreiem oder vorurteilsvollem Denken kommen. Insbesondere durch die Lesarten der „Studien zum autoritären Charakter", 1950 in den USA im Rahmen der „Studies in Prejudice" unter dem Titel „The Authoritarian Personality" von Adorno und anderen veröffentlicht – eine Untersuchung, die sich mit dem „potentiell faschistischen Individuum"[29] befasste – richtet sich der Fokus der politischen Akteure von 1968 auf das Problem der Autorität und auf die Entstehung eines autoritären Charakters durch Erziehung. Dieser Zusammenhang führte dann auch zu der Suche nach Wegen der Erziehung jenseits eines autoritären Musters, eben zu jener berüchtigten „antiautoritären Erziehung". Die Auseinandersetzung mit dem Problem von Autorität/Antiautorität und damit auf engste verbunden mit der Erziehung kann als eine Besonderheit der Neuen Linken in Deutschland verstanden werden und lässt sich weder für die französische Nouvelle Gauche noch für die amerikanische New Left nachweisen.[30] Es war Rudi Dutschke, der Vordenker der Neuen Linken in Deutschland, durch den die Begriffe „autoritär/antiautoritär" in die deutsche Debatte eingeführt wurden, er hatte sie Horkheimers Schrift „Der autoritäre Staat" aus den Jahren 1940/42 entnommen.[31]

Die Rezeption der Kritischen Theorie in Deutschland führte zu einer bestimmten Faschismustheorie, die unmittelbar auf Erziehung verwies. Vor dem Hintergrund seiner Beschäftigung mit der Kritischen Theorie und – so muss man hervorheben – mit den Ideen von Wilhelm Reich formulierte Rudi Dutschke Thesen zum Faschismus, die dessen Wurzeln in der Psyche des einzelnen suchten und jene „verseuchte Psyche" direkt auf repressive Erziehungsverhältnisse zurückführte.[32] Damit wurde eine Faschismus-Theorie favorisiert, die Erziehung und Erziehungs-

---

[28] *Heinz Bude,* Achtundsechzig, in: *Etienne Francois/Hagen Schulze* (Hgg.), Deutsche Erinnerungsorte II, München 2001, 122-137, 134.
[29] *Theodor W. Adorno,* Studien zum autoritären Charakter, Frankfurt a. M. 1973, 1.
[30] *I. Gilcher-Holtey,* 1968 (s. Anm. 19), 174, 181.
[31] A. a. O., 181.
[32] *Wilhelm Reich,* Die sexuelle Revolution, Frankfurt a. M. 1966 (Neuauflage). Das Buch erschien erstmals 1936 unter dem Titel „Die Sexualität im Kulturkampf" in einem dänischen Verlag und 1945 unter dem Titel „The Sexual Revolution" in den USA.

verhältnisse mitverantwortlich für den Faschismus machten. In einem Aufsatz mit dem Titel „Vom Antisemitismus zum Antikommunismus" nahm Dutschke 1968 bereits im ersten Satz auf die „autoritäre Persönlichkeit" Bezug und analysierte: „Der heutige Faschismus ist nicht mehr manifestiert in einer Partei oder einer Person, er liegt in der tagtäglichen Ausbildung der Menschen zu autoritären Persönlichkeiten, er liegt in der Erziehung. Kurz, er liegt im bestehenden System der Institutionen".[33] Diese Sätze liefern die theoretische Rahmung für das Erziehungsprogramm der Protestbewegung.

„Wir", so schreibt Dutschke über seine eigene Generation, „in einer autoritär aufgewachsenen Gesellschaft haben nur eine Chance, unsere autoritäre Charakterstruktur aufzubrechen, wenn wir es lernen uns in dieser Gesellschaft zu bewegen als Menschen, denen diese Gesellschaft gehört, denen sie nur verweigert wird durch die bestehenden Herrschafts- und Machtverhältnisse".[34]

Das Aufbrechen autoritärer Charakterstrukturen wird damit zum wesentlichen Instrument des politischen Kampfes und des revolutionären Weges der Gesellschaftsveränderung erklärt und mit weit reichenden Hoffnungen und Utopien befrachtet.

3. Das Private ist politisch – Erziehungsnotstand als Ausgangspunkt

Während die Generation der autoritär Sozialisierten, wie Dutschke hier die eigene Generation beschreibt, also lediglich versuchen konnte, ihre autoritären Charakterstrukturen immer wieder aufzubrechen, wollten diejenigen Akteure der Protestbewegung, die Kinder hatten, diese so erziehen, dass jene Charakterstrukturen, die als in der Erziehung gründend betrachtet wurden, gar nicht erst entstehen. Das erklärte Ziel ist, so Rudi Dutschke, die „Erziehung neuer Menschen".[35] In diesem Zusammenhang ist die Kinderladenbewegung zu sehen, die – neben der außerschulischen Jugendarbeit – das pädagogische Projekt der 68er mit den nachhaltigsten Effekten ist. Die Kinderladenbewegung hat zu einem Ausbau und zur Professionalisierung des – in den 60er Jahren schwach etablierten – Vorschulbereiches geführt, hierbei sind pädagogische Konzepte der Frühpädagogik entstanden, die bis heute nachwirken – beispielsweise der so genannte Situationsansatz.

Am Anfang der Kinderladengründungen stand ein konkreter Handlungsbedarf, nämlich die Frage nach dem Rahmen für die Erziehung der eigenen Kinder. Diese sollte grundlegend anders sein, als die durch die eigenen Eltern erfahrene. Eine der Begründerinnen der Kinderladenbewegung, Monika Seifert, die zugleich am Frankfurter Institut für Sozialforschung tätig war, beschrieb dies so:

> „Als ich mit meiner Tochter in England war, da stand sie immer am Zaun einer Grundschule und sagte: ‚Auch ich Schule gehen wollen'. Als wir dann zurückkamen, habe ich gesagt, ich

---

[33] *Rudi Dutschke*, Vom Antisemitismus zum Antikommunismus, in: *Uwe Bergmann* et al., Die Rebellion der Studenten oder die Neue Opposition, Reinbek 1968, S. 68.
[34] A. a. O., 77.
[35] Ebd.

muss unbedingt etwas machen – also sie in einen normalen Kindergarten schicken, das wäre nicht in Frage gekommen. Zumal ich ja über autoritäre Charakterstrukturen gearbeitet habe. Das war im Institut mein Job, meine Diplomarbeit und mein privates Interesse. Ich war die Entdeckerin von Wilhelm Reich gewesen. Über ihn wurde auch im Institut nicht geredet, er war auch bei Adorno tabu. Es gab in Frankfurt noch zwei, drei Schriften von Reich mit dem Stempel `von der SS beschlagnahmt´. Ich hatte im SDS einen Arbeitskreis gemacht, die Studie „Autorität und Familie" von Erich Fromm gelesen, und da kam es überhaupt nicht infrage, mein Kind in einen normalen Kindergarten zu schicken."[36]

1967/68 wurden in Berlin und Frankfurt die ersten Kinderläden eingerichtet. Für die Geschichte der Kinderladeninitiative markiert der Vietnamkongress an der TU Berlin vom Februar 1968 ein wichtiges Datum. Hier spielten 40 Kinder vor den Hörsälen und wurden dabei betreut.[37] Die Gründe für die Errichtung von Kinderläden thematisierte Helke Sander – eine weitere Aktivistin der Kinderladenbewegung – in ihrer berühmten Rede des „Aktionsrates zur Befreiung der Frau" auf der 23. Delegiertenkonferenz des SDS im September 1968 in Frankfurt.[38] Dieser Text wird zumeist als Gründungsdokument der neuen Frauenbewegung gelesen und mit Tomatenwürfen von „Genossinnen auf Genossen" in Verbindung gebracht.[39] Er ist jedoch vor allem ein programmatischer Text über die Gründung von Kinderläden und über das Problem der Erziehung, was in der späteren Rezeption des Textes zumeist übersehen wird. Der Ärger über die männlichen Genossen entfacht sich durchaus auch an der Erziehungsfrage. Sander geht gleichfalls von einem unmittelbaren Handlungsbedarf aus, der Anlass für die Gründung von Kinderläden sei. Sie macht vor allem zwei Motive stark. Erstens würden die Aktivistinnen des SDS sich weigern, ihre Kinder zu Konkurrenzkampf und Leistungsprinzip zu erziehen,[40] und zweitens könnten die Frauen im SDS sich erst wieder mit ihrer eigenen Emanzipation beschäftigen, wenn sie wüssten, dass die Kindererziehung gut geregelt sei.

Sander verknüpft in ihrer Rede die Frauenfrage unmittelbar mit der Kinderfrage. Mit der Geburt von Kindern würden selbst den privilegierten Frauen alle ihre Privilegien nichts mehr nutzen.[41] Sie erklärt die Frage der Kindererziehung und der Situation der Frauen zu einer politischen, indem sie grundsätzlich das Private zum

---

[36] Zitiert nach *O. Negt* (s. Anm. 27), 299.
[37] *Hilla Jan Breiteneicher/Ralf Mauff* et al., Kinderläden. Revolution der Erziehung oder Erziehung zur Revolution? Reinbek 1971, 28; *L. von Werder* (s. Anm. 17), 23.
[38] *Helke Sander,* Rede des „Aktionsrates zur Befreiung der Frau" bei der 23. Delegiertenkonferenz des „Sozialistischen Deutschen Studentenbundes" (SDS) im September 1968 in Frankfurt, in: Rudolf Sievers (Hg.), 1968 – Eine Enzyklopädie, Frankfurt a. M. 2004, 372-378. Der Aktionsrat zur Befreiung der Frau war im Januar 1968 von 7 Frauen des SDS gegründet worden.
[39] *Rosemarie Nave-Herz*, Die Geschichte der Frauenbewegung in Deutschland, 1982, 49ff.
[40] Die von Sander gewählte Formulierung von der Weigerung, nach den Prinzipien von Konkurrenzkampf und Leistungsdruck zu erziehen, geht insbesondere auf *Herbert Marcuse* und dessen Schriften „One-Dimensional Man" (1964, dt. 1967) und „Eros and Civilsation" (engl. 1955, dt. 1957). Die Ideen Marcuses, der seit 1965 an der FU unterrichtete, waren für die Aktivisten und Aktivistinnen der Studentenbewegung leitend.
[41] *H. Sander* (s. Anm. 38), 374.

Politischen erhebt. Zugleich führt sie aus, dass die pädagogische Arbeit in den Kinderläden die Basis für eine weiterführende, als gesellschaftsrevolutionär verstandene, pädagogische Tätigkeit sei. In Abgrenzung zur politischen Arbeit der Männer formuliert sie fünf Prinzipien der pädagogischen Arbeit für die Frauen im SDS.

„1. Wir haben unsere Arbeit vorerst auf Erziehungsfragen beschränkt und alles was damit zusammenhängt, 2. Alles Geld geht im Moment in die Kinderläden und die dafür notwendigen Vorarbeiten, 3. Wir nehmen uns Zeit für die Vorbereitungsarbeiten und die Politisierung des Privatlebens, 4. Wenn die Modelle der Kinderläden uns praktikabel erscheinen, werden wir uns auf die Schulen konzentrieren, 5. Daneben wird natürlich theoretische Arbeit geleistet, die in größeren Zusammenhängen argumentiert."[42]

Sander verweist in dem Text vom September 1968 auf fünf bereits existierende Kinderläden, auf vier in der Vorbereitungsphase und auf den Modellkindergarten an der FU, an dem man gerade arbeite.[43] Außerdem betont sie die große Resonanz der Kinderladenbewegung. „Wir haben einen so ungeheuren Zustrom, dass wir ihn kaum organisatorisch verkraften können".[44] Darüber hinaus thematisiert Sanders Gründungsdokument der Kinderladenbewegung einen für deren Geschichte höchst bedeutsamen Zusammenhang: Sie wehrt sich gegen die politische Instrumentalisierung der Kinderläden durch die Männer und erklärt diese zugleich zu einem Geschlechterkonflikt. Dahinter verbirgt sich auch ein Konflikt um die Definition des Politischen. Für Sander und ihre Mitstreiterinnen ist bereits die Tatsache, dass Privatangelegenheiten wie Familie, Kindererziehung und Geschlechterverhältnisse öffentlich gemacht werden, das Politikum. Darauf zielt sie mit der Formel „das Private ist politisch". Vor einer politischen Instrumentalisierung der Kinderläden zu Agitationszwecken hingen warnt sie nachdrücklich.

Wenn wir die Geschichte der Kinderläden rekonstruieren wollen, müssen wir uns auch fragen, wovon sie sich absetzten. Zunächst kann konstatiert werden, dass 1968 gerade etwa 30% aller Kinder in Deutschland in Kindergärten gingen. In der Tradition des Verständnisses von Kindergärten als Einrichtung des Fürsorgesystems[45] – und damit in erster Linie einer Einrichtung für Not leidende Familien – war es bereits ein Traditionsbruch, dass bürgerliche, privilegierte Frauen und Familien über öffentliche Kinderbetreuung für sich nachdachten. Ein weiteres Argument der Akteure der Kinderladenbewegung war, mit der „ungebrochenen Klerikalisierung" der Kindergärten[46] – bis heute spezifisch für die deutsche Geschichte der Vorschulerziehung – zu brechen.[47] Die besondere Rolle der Kirchen im Rahmen der Kinder-

---

[42] A. a. O., 378.
[43] A. a. O., 376.
[44] Ebd.
[45] Dass die Kindergärten als Einrichtung der Kinder- und Jugendhilfe gelten, wurde durch das Reichsjugendwohlfahrtsgesetz von 1922 festgeschrieben.
[46] *L. von Werder* (s. Anm. 17), 14.
[47] *Meike Sophia Baader,* Home Education versus Making Citizens, in: Bernd Dollinger/Carsten Müller/Wolfgang Schröer (Hgg.), Die sozialpädagogische Erziehung des Bürgers. Entwürfe zur Konstitution der modernen Gesellschaft, Wiesbaden 2007, 229-243.

betreuung war 1961 im Jugendwohlfahrtsgesetz erneut festgeschrieben worden. Außerdem richtete sich die Kritik am existierenden System der Kinderbetreuung:
- gegen eine strenge Vorstrukturierung des Tagesablaufes,
- gegen ein „autoritäres Verhältnis von Kindergärtnern und Kindern". In diesem Zusammenhang werden deren Arbeitsbedingungen als „lohnarbeitende Berufserzieher" kritisiert, sowie
- zu große Gruppen, was wiederum autoritären Maßnahmen Vorschub leiste.[48] Tatsächlich hielt auch der Deutsche Bildungsrat noch 1970 fest, dass auf eine Erzieherin 52 Kinder kommen.[49]

Die Bewohner der Berliner Kommune 2, zu der im September 1967 zwei Kinder im Alter von 4 und 3 Jahren kamen, beschrieben 1968 den Alltag in einem normalen städtischen Kindergarten in Berlin-Charlottenburg, in den die Kommune-Kinder zunächst geschickt wurden, als „Aufbewahr- und Dressuranstalt". Die Räume seien winzig, die Spielmöglichkeiten begrenzt und auf einen trostlosen Hinterhof reduziert, es gebe keinen Schlafraum, die Kinder müssten auf mittags aufgestellten „militärähnlichen Feldbetten" schlafen, die dann wieder weggeräumt würden, eine Kindergärtnerin müsste sich manchmal um bis zu zwanzig Kinder kümmern

> „– und das im bürgerlichen Charlottenburg, wir wissen, dass es in anderen städtischen Kindergärten viel schlimmer aussieht. Die Kindergärtnerinnen stellten für die Kinder wesentlich eine disziplinierende, verbietende und gebietende Instanz dar. Sie ordneten meist Spiele an, die gespielt werden sollten, längere Spielabläufe waren unmöglich; die Spiele wurden immer wieder durch den starren Tagesplan unterbrochen […], gegessen wurde unter dem Zwang, alles aufessen zu müssen. Der letzte beim Essen wurde als „Bummelletzter" gedemütigt. Das Essen war damit zu einer Art Leistungskonkurrenz gemacht. Den Kindern war es nicht möglich, sich auszuruhen, wenn sie das Bedürfnis danach verspürten […]. Den Kindern wurde kommandiert „Augen zu!" Jeder Kontakt zwischen den Kindern war während der Mittagsruhe verboten. Das Interesse der Kinder an ihren Körperfunktionen wurde ständig abgeschnitten. Wir haben beim Abholen mehrfach erlebt, dass Kinder aus dem Klosett gescheucht wurden, wenn sie anderen Kindern beim Austreten zuschauen wollten. Die kindlichen Bedürfnisse mussten ständig in Abhängigkeit von verbietenden Erwachsenen artikuliert werden. Die Kinder konnten nicht lernen, ihre eigenen Bedürfnisse mit denen anderer Kinder abzustimmen."[50]

Aus diesen Gründen wurden die Kinder der Kommune aus jenem städtischen Kindergarten herausgenommen und 1968 ein eigener Kinderladen eingerichtet, der auf die von den Frauen des Weiberrates in Schöneberg und Neukölln gegründeten folgte. Zuvor hatten die Kommunarden eine Zeit lang das Projekt der Gründung eines Kinderheims auf „psychoanalytischer Grundlage" erörtert – sie orientierten sich dabei an Siegfried Bernfeld und an einem Bericht über ein Moskauer Kinderheim von Wera Schmidt, in dem 1921 versucht wurde, Psychoanalyse und kommunisti-

---

[48] *L. von Werder* (s. Anm. 17), 18ff.
[49] *Bildungskommission des Deutschen Bildungsrates,* Strukturplan für das Bildungswesen, Stuttgart 1970, 105.
[50] *Christel Bookhagen* et al., Kindererziehung in der Kommune, in: Hans Magnus Enzensberger (Hg.), Kursbuch. Frau – Familie – Gesellschaft, (17) 1969, 171.

sche Kollektiverziehung zu verbinden.[51] Diese Schrift legten die Kommunarden in Form eines Raubdruckes 1968 neu auf. Die Wiederentdeckung sozialistisch-reformpädagogischer Schriften aus der Vorkriegszeit und deren Zugänglichmachung war ein wichtiger Bestandteil der Erziehungsprojekte der 68er und ein Versuch, an Wissensbestände vor 1933 anzuschließen.

4. Antiautoritäre Praxisformen in den Kinderläden

Die Kinderläden basierten auf selbst organisierten Elterninitiativen und siedelten sich damit in einem intermediären Bereich zwischen Familie und öffentlicher Erziehung an.[52] Ein Argument dafür, dass ein Elternkollektiv ein Kinderkollektiv begleiten soll, ist unter anderem die gesellschaftliche Isolation von Kindern im Kapitalismus.[53] Der geforderte zeitliche Einsatz der Eltern war hoch, die Finanzierung erfolgte über die Eltern, die soziale Zusammensetzung war durchaus bürgerlich-akademisch.

Regine Dermitzel definiert im erwähnten Kursbuch 17 aus dem Jahre 1969 die Ziele der Arbeit in den sozialistischen Kinderkollektiven durch ihre Orientierung an:

„[1.] den Bedürfnissen der Kinder nach freier Triebbefriedigung, sowie nach intensiver sinnlicher und intellektueller Erfahrung [... 2.] den Bedürfnissen der Eltern, die Isolierung zu durchbrechen und in Elternkollektiven [...] die Erziehung ihrer Kinder selbsttätig zu organisieren [... 3.] der politischen Notwendigkeit, Kinder heranzuziehen, die fähig sind, die Widersprüche dieser Gesellschaft ohne neurotische Charakterdeformationen `auszuhalten` und kollektiv die Verhältnisse im aktiven Widerstand zu verändern."[54]

Prinzipien der Kinderläden waren aus der Sicht der Akteure:
- Keine rigiden räumlichen und zeitlichen Abläufe
- Beteiligung von Kindern an den „Ordnungsmomenten" (Schlafen, Essen)
- Keine rigide Reinlichkeitserziehung: „Selbstregulierung der Exkretionsvorgänge"
- Sexualaufklärung: „Eröffnung von Sublimierungsmöglichkeiten infantiler Triebregungen"
- Abschaffung von Strafen
- Recht zum freien Spiel
- Ich-Stärke
- Allmähliche Anpassung an die Forderungen der Realität, dazu gehört auch

---

[51] Dieses Experiment, das gegen den Widerstand der Bürokratie durchgeführt wurde, musste 1924 auf Druck der Bürokratie schließen.

[52] Mit dieser Intermediarität schlossen sie gerade nicht an die internationalen Standards an, wonach in den meisten westlichen Ländern wie etwa Frankreich, Belgien oder auch die USA die Kindergärten Teil des Bildungssystems waren, es ging also nicht um eine Professionalisierungsoffensive – die Erziehungsansätze der Professionellen wurden ja gerade kritisiert – sondern um Selbstorganisation.

[53] Für dieses Argument stand unter anderem Ph. Ariès Studie „Geschichte der Kindheit" (frz. 1960, dt. 1975) Pate, etwa bei *L. von Werder* (s. Anm. 17), 5.

[54] *Regine Dermitzel*, Thesen zur antiautoritären Erziehung, in: Hans Magnus Enzensberger (Hg.), Kursbuch. Frau-Familie-Gesellschaft, (17) 1969, 180.

- Einbeziehung von Kindern in politische Fragen.[55]
Letzteres kommentierte von Werder 1977 rückblickend:
> „Es wurde auch versucht, die Kinder in den politischen Kampf mit einzubeziehen. Das hieß nicht nur, dass Kinder auf Demonstrationen mitgenommen wurden, sondern dass sie schon im Kindergarten lernen sollten, wie man sich gegen Unterdrücker wehrt."[56]

Als Herzstück der Kinderladenarbeit ist jedoch ein verändertes Verhältnis von Erziehern und Kindern zu sehen. Hierbei ging es darum, sowohl einem autoritären als auch einem gleichgültigen Verhältnis zu Kindern vorzubeugen. Bei diesem Prozess, der einen Reflexionsprozess auf Seiten der Erziehenden voraussetzt, wurden Hoffnungen auf die Psychoanalyse, hier insbesondere auf die Erziehungskonzepte von Siegfried Bernfeld und Wera Schmidt gesetzt. Im Mittelpunkt sollte ein „gleichmäßiges Erzieherinteresse an einer selbständigen Entwicklung des Kindes" stehen.[57]

Die Arbeit in den Kinderläden wurde auch durch empirische Untersuchungen begleitet. Damit brachten die Projekte der 68er auch eine „Versozialwissenschaftlichung" der Pädagogik der frühen Kindheit mit sich. So vergleicht etwa eine empirische Untersuchung von F. Henningsen 1973 antiautoritär und konventionell erzogene Kinder und attestiert den antiautoritären hohe Spielkompetenz, Kreativität und Verbalisierungs- wie Konfliktfähigkeit.[58] Die Arbeit in den Kinderläden ist nach einer weiteren empirischen Studie von U. Dolezal durch folgende Momente charakterisiert:
1. Längere Gespräche zwischen Kindern und Bezugspersonen
2. Erzieher haben mehr Zeit für einzelne Kinder
3. Kinderäußerungen sind ernsthafte Beiträge, ihre Wünsche werden berücksichtigt
4. Das Ausmaß der Lenkung der Kinder war deutlich herabgesetzt.[59]

Nach einer Abgrenzungsphase 1967/68 sowie einer anschließenden Phase der proletarischen Erziehung, in der verstärkt Männer die Führung übernahmen, ist die Kinderladenbewegung etwa Mitte der 70er Jahre an ihr Ende gekommen[60] und hat damit die Studentenbewegung überlebt. Gründe für die Auflösung liegen in der Dynamik der Politisierung und den daraus resultierenden Konflikten sowie in den hohen Anforderungen an die Beteiligung der Eltern und in den daraus resultierenden Spannungen.

---

[55] Zusammenstellung unter Bezugnahme auf *L. von Werder* (s. Anm. 17), ebd. S. 29, sowie auf *H. J. Breiteneicher/R. Mauff* (s. Anm. 37), 120.
[56] *L. von Werder* (s. Anm. 17), 28.
[57] Ebd.
[58] A. a. O., 29f.; *F. Henningsen*, Kooperation und Wettbewerb, München 1973, 160.
[59] *L. v. Werder* (s. Anm. 17), 30; *U. Dolezal*, Erzieherverhalten in Kinderläden, Wiesbaden 1975, 121, 135, 168, 183.
[60] *Axel Jansa*, Die Pädagogik der Studentenbewegung in ihrer Auswirkung auf das Generationenverhältnis und den gesellschaftlichen Umgang mit Kindern, in: Jahrbuch für Pädagogik 1999: Das Jahrhundert des Kindes, Frankfurt a. M. 2000, 28/29.

5. Drei Bücher als Meilensteine einer Geschichte der pädagogischen Bewegung von 1968

Nach diesem Blick auf die Beschreibung der Praxis der Kinderläden aus der Sicht der Akteure soll nun der Blick noch einmal auf drei wichtige Bücher der Erziehungsgeschichte der 68er gerichtet werden, da die Auseinandersetzung um Erziehung im Kontext von 68 wesentlich auch eine Kommunikation über Texte war. Diese spielten eine wichtige Rolle im Selbstverständigungsprozess darüber, was die Akteure wie auch ihr sympathisierendes Umfeld in der Erziehung anders machen wollten. Dabei spielte sowohl die „Entdeckung" alter Texte aus der Zeit vor dem Faschismus, die neu zugänglich gemacht wurden, als auch die Produktion neuer Texte eine Rolle. Auf diese Bedeutung von Texten im kommunikativen Selbstverständigungsprozess spielt auch Sophie Dannenberg an, wenn sie die Hauptfigur des Romans als „Kursbuch 17- Kind" bezeichnet.[61]

Kursbuch 17

Sein Titel lautete: Frau – Familie – Gesellschaft. Der überwiegende Teil der Beiträge thematisiert die Situation von Frauen in der Gesellschaft, und diskutiert das Verhältnis von Kommune und Familie unter Rückgriff auf Marx, Engels und die Studien zu „Autorität und Familie" von Horkheimer/Fromm[62] sowie von Adorno zum „Autoritären Charakter." Im engeren Sinne um Erziehung geht es in zwei Beiträgen, nämlich in dem bereits zitierten „Kindererziehung in der Kommune 2" sowie in den erwähnten „Thesen zur antiautoritären Erziehung".[63] Insgesamt fällt in diesen Dokumenten – wie auch in anderen Quellen – etwa bei Rudi Dutschke – auf, dass besonders im Zusammenhang mit der Annahme des engen Verhältnisses von Faschismusanfälligkeit, autoritärem Charakter und repressiver Sexualerziehung die Bezugnahme auf die Schriften Wilhelm Reichs eine größere Rolle spielte als die Schriften Freuds. Vor allem in Reichs Schrift „Die sexuelle Revolution" aus den 30er Jahren finden die politischen Akteure sowohl Anweisungen zur Schaffung des neuen Menschen durch die sexuelle Revolution wie auch konkrete Hinweise zur Kindererziehung als Voraussetzung für den neuen Menschen. Damit dieser entstehen könne, müsse es gelingen, so die Kommunarden, indem sie W. Reich direkt zitieren:

> „[...] die inzestuöse Haßbeziehung zwischen Eltern und Kindern aus der psychischen Strukturbildung auszuschalten. Es ist eine logische Konsequenz, dass dies nicht gelingen kann, wenn die Kinder nicht in kollektive Erziehung kommen, ehe sie die seelisch vernichtenden

---

[61] *S. Dannenberg* (s. Anm. 10), 134.

[62] *Max Horkheimer* (Hg.), Studien über Autorität und Familie. Schriften des Institutes für Sozialforschung, Bd. 5, Paris 1936. Den sozialpsychologischen Teil der Studie hat Erich Fromm verfasst: *Erich Fromm*, Studien über Autorität und Familie. Sozialpsychologischer Teil, Paris 1936.

[63] *Ch. Bookhagen* et al. (s. Anm. 50), *R. Dermitzel* (s. Anm. 54).

Bindungen an die Eltern auszubilden in der Lage sind, also schon etwa vor dem vierten Lebensjahr."[64]

Durch die Kollektiverziehung soll also die inzestuöse Beziehung zwischen Eltern und Kindern vor dem Eintreten des Dramas der ödipalen Phase abgeschwächt werden. Dies sollte die psychische Voraussetzung für den neuen, weniger durch Hass geleiteten Menschen sein. Neben jener Begründung für die Kollektiverziehung, die sich um die Herausbildung der psychischen Struktur des Individuums, also von Ich, Über-Ich und Es dreht, fällt an jenem Erziehungsdokument der K 2 die unmittelbare Politisierung der Psyche und der Intimität auf. Ein Beispiel:

„Der Verlust der positiven psychischen Funktion, den die Familie für die Individuen einst hatte, befördert die zunehmende Aggressivität in den entwickeltsten kapitalistischen Gesellschaften. Sie erfasst die intimsten menschlichen Beziehungen. Vietnam kehrt wieder in den wachsenden sadistischen und masochistischen Formen sexueller Befriedigung […]."[65]

Hier wird der Familie zu anderen historischen Zeiten eine positive Funktion für die Individuen zugesprochen. Der Verlust dieser positiven Funktion sei für eine zunehmende Aggressivität im Spätkapitalismus verantwortlich. In der Aggressivität sadistischer und masochistischer Formen sexueller Befriedigung spiegele sich Vietnam, so die Unterstellung. Oder – noch einmal anders gewendet – eine gewandelte Funktion der Familie wird sowohl als Ursache für die Aggressivität des Vietnamkrieges als auch für eine Zunahme an sadistischen und masochistischen Formen sexueller Befriedigung gesehen. Die Aggressivität des Vietnamkriegs und aggressive Formen sexueller Befriedigung – an denen die Abwertung von Sadismus und Masochismus auffällt – werden damit auf einer Ebene angesiedelt, sie haben die gleichen Wurzeln. Schuld an Beidem – am Vietnamkrieg wie an der Zunahme von Sadismus und Masochismus in sexuellen Beziehungen – ist der Funktionswandel der Familie. Zugleich wird mit dieser Argumentation das sexuelle Verhalten des Einzelnen zu einem Prüfstein für die Nähe oder Ferne zu Vietnam, weshalb von einer Politisierung von Intimität gesprochen werden muss. Politische Machtkonstellationen, die zum Vietnamkrieg geführt haben, werden innerpsychisch verortet und gründen in der Logik dieser Argumentation letztlich in der Familie.

„Zeig Mal!"

Im Zusammenhang mit der Kinderladenbewegung ist die Sexualerziehung fundamental, da sie in enger Verbindung mit der These von den Wurzeln des autoritären Charakters in der Sexualität steht. In der Geschichte der Sexualpädagogik geht es 1968 zum ersten Mal offensiv um ein Recht auf kindliche Sexualität.[66] „Nicht Duldung, sondern Bejahung der kindlichen Sexualität" hieß es in dem Text über Erziehung der Kommune 2.[67] Die darin wiedergegebenen Protokolle, wie mit der kindlichen Sexualität im Erziehungsalltag der Kommune umgegangen wurde, do-

---

[64] W. Reich, (s. Anm. 32), 1966, S. 316, zitiert bei Ch. Bookhagen et al. (s. Anm. 50), 149.
[65] Ch. Bookhagen et al. (s. Anm. 50), 148.
[66] Christin Sager, „Geschichte der Sexualaufklärung", Manuskript Hildesheim 2007.
[67] Ch. Bookhagen et al. (s. Anm. 50), 166.

kumentieren ein angestrengtes Bemühen, der kindlichen Sexualität Aufmerksamkeit und Raum zu geben, dabei überschreiten sie auch die Differenz zwischen kindlicher und erwachsener Sexualität. Auf eine Differenz zwischen kindlicher und erwachsener Sexualität wird in diesem Text – außer bezogen auf die physischen Voraussetzungen – nicht Bezug genommen.

Das Bemühen um kindliche Sexualaufklärung – allerdings ohne jene offensichtliche Politisierung – findet seinen Niederschlag in einem internationalen Sexualaufklärungsbuch „Zeig mal" – mit Fotografien und Texten des berühmten Fotografen Will Mc Bride und Erklärungen des Sexualwissenschaftlers Helmut Kentler sowie der Medizinerin, Analytikerin und Kinderpsychologin Helga Fleischhauer-Hardt.[68] Das Buch versteht sich als Aufklärungsbuch für Eltern und Kinder. „Wir hoffen, dass dieses Buch Kindern und Eltern als brauchbare Informationsquelle dienen kann und ihnen den Weg zu einer glücklichen, von Liebe, Zärtlichkeit und Verantwortungsgefühl geprägten Sexualität erleichtern kann",[69] so die Analytikerin und der Fotograf in ihrem gemeinsamen Text. Das Buch wurde 1974 im Verlag des evangelischen Jugenddienstes veröffentlicht und über eine Millionen Mal in acht Sprachen verkauft. Bei seinem Erscheinen wurde es von zahlreichen Organisationen ob seiner Sensibilität gelobt, etwa vom „Kurier für die Polizei des Landes Baden-Württemberg", vom „Deutschen Pfarrersblatt" oder vom Periodikum „Gesamtschule".[70] Ob sich jenes Problem einer geringen Unterscheidung zwischen kindlicher und erwachsener Sexualität auch in diesem Buch zeigt, muss eine differenzierte Analyse von Fotos und Texten zeigen. Ausgangspunkt, so Fleischhauer-Hardt, sei „die Erfahrung, dass viele Eltern über sexuelle Dinge zu wenig informiert sind, um die sexuelle Entwicklung ihrer Kinder richtig zu verstehen. Vielfach ist ihnen ihre eigene Sexualität nicht genau bekannt und bewusst, weil in ihrer Erziehung alles Sexuelle noch unterdrückt wurde".[71] Das Buch, das historisch *vor* den Kampagnen gegen sexuellen Missbrauch und vor Kinderpornographie im Internet erschienen ist, wurde 1996 aus dem Verlags-Programm genommen. Dies ist es ein Beleg dafür, dass die These von der immer weiter fortschreitenden Liberalisierung des Sexuellen nicht greift.

A. S. Neill: Theorie und Praxis der antiautoritären Erziehung

Für die Erforschung der Erziehung der 68er ist die Unterscheidung zwischen den *Aktivisten* von 1968 – von denen Rudi Dutschke in einem Fernsehinterview einmal bemerkt hat, dass es nicht viel mehr als 200 Personen gewesen seien[72] – und einem

---

[68] *Will Mc Bride*, Zeig mal, Wuppertal 1974.
[69] A.a.O, Einleitung, 3.
[70] Informationen entnommen von *Martin Zips*, Zeig mal, in: Süddeutsche Zeitung v. 21. März 2006, 11.
[71] *Helga Fleischhauer-Hardt*, Nachwort, in: *W. Mc Bride* (s. Anm 68), 195.
[72] *H. Bude* (s. Anm 28), 129.

sympathisierenden und unterstützenden Umfeld fundamental wichtig, Gilcher-Holtey spricht in diesem Zusammenhang vom „Geist von 68".[73]

Für die Aktivisten spielte die Politisierung, das heißt die Erziehung zum aktiven politischen Widerstand und zur Revolution, eine wichtige Rolle. Darüber hinaus gab es jedoch eine breite Unterstützung für jene veränderten Erziehungskonzepte der Kinderladenbewegung, die weit in ein liberal-bürgerliches Lager reichten. Auf diese Gruppe wird – allerdings in kritischer Absicht – auch in den „Thesen zur Erziehung" aus dem Kursbuch 17 verwiesen. Dort wird das große Interesse von Eltern an der Kinderladenbewegung, die *kein* politisches Selbstverständnis hätten, als Problem bezeichnet. Diese seien nur interessiert, weil sie den konventionellen Kindergarten ablehnten, und weil ihre Kinder es besser haben sollten, ihr Interesse gründe jedoch gerade nicht in der Einsicht in die Funktion der herkömmlichen Kindergärten als „erste Disziplinierungsstätten des autoritären Staates".[74] Der Vorwurf lautete demnach: diese liberal-bürgerlichen Eltern wollen einfach nur eine bessere Erziehung für ihre Kinder und interessieren sich nicht für die Kritik am Staat.

Die Kinderläden waren also erfolgreicher, als den politischen Akteuren lieb war. In jenem liberal-bürgerlichen Lager orientierte man sich dann auch weniger an W. Reichs „Sexueller Revolution" aus den dreißiger Jahren oder an sozialistischer Literatur wie Otto Rühles „Die Seele des proletarischen Kindes"[75] aus dem Jahr 1922, das 1970 wieder aufgelegt wurde, sondern eher an Alexander Neill, dessen Ideen in die Reformpädagogik zurückreichten und der seine erste Schule 1921 in Dresden-Hellerau gegründet hat.

Der Erfolg von Neills Buch „Theorie und Praxis der antiautoritären Erziehung" basierte vor allem auf dem geschickt gewählten Titel des Rowohlt-Verlages, der das Buch 1969 in Deutschland veröffentlichte und mit dem Titel direkt ins Herz der antiautoritären (Erziehungs-) Bewegung traf. Das Buch enthält eine Sammlung von älteren Texten Neills, die 1960 von einem amerikanischen Verleger zusammengestellt worden waren, von Neill selbst jedoch nie als Buch – und schon gar nicht unter diesem Titel – verfasst wurden.[76] Bereits 1965 war die Textsammlung in einem kleinen deutschen Verlag unter dem Titel „Erziehung in Summerhill, das revolutionäre Beispiel einer freien Schule" erschienen, wurde aber in der Bundesrepublik erst durch die Ausgabe im Rowohlt-Verlag von 1969 mit dem erwähnten Titel zum Bestseller. Von Dezember 1969 bis Mai 1970 wurde es achtmal aufgelegt, und 275.000 Exemplare wurden verkauft.

---

[73] *I. Gilcher-Holtey*, 68er Bewegung, (s. Anm. 19), 124.
[74] *R. Dermitzel* (s. Anm. 54), 180.
[75] *Otto Rühle*, Die Seele des proletarischen Kindes, München 1922; Otto *Rühle*, Zur Psychologie des proletarischen Kindes, Frankfurt a. M. 1970.
[76] Der englische Titel lautete: *Alexander S. Neill*, Summerhill. A Radical Approach to Child Rearing, New York 1960.

Das Vorwort der Ausgabe von 1969 stammte wiederum von Erich Fromm, Mitarbeiter der „Studies in Prejudice" und Verfasser der Schrift über „Autorität und Familie". Die Erziehungsgrundsätze, die im Vorwort genannt waren, sind:
- Der Glaube an das Gute im Kind
- Das Ziel der Erziehung ist, mit Freude zu arbeiten und glücklich werden zu können
- Die Entwicklung von intellektuellen wie emotionalen Kräften
- Erziehung muss an die psychischen Bedürfnisse des Kindes angepasst werden
- Erzwungene Disziplin und Bestrafung erzeugen Angst und diese lähmt
- Freiheit ist nicht Zügellosigkeit
- Erzieher müssen aufrichtig sein
- Wenn das Kind sich zu einem gesunden Menschen entwickeln soll, muss es völlig selbständig werden
- Schuldgefühle behindern die Entwicklung zur Selbständigkeit
- In Summerhill gibt es keinen Religionsunterricht[77]

6. Fazit

Das besondere Interesse der deutschen 68er Bewegung an Erziehungsfragen ist unmittelbar mit dem Nationalsozialismus verbunden. Die theoretische Rahmung für die Auseinandersetzung mit Fragen der Erziehung bildeten die Thesen der Frankfurter Schule zum Zusammenhang von Autorität und Faschismusanfälligkeit. Vor diesem Hintergrund wurde danach gefragt, wie eine „andere" Erziehung beschaffen sein könne, die einen nicht für den Faschismus anfälligen, ich-starken Menschen hervorbringt. Die Antworten hierauf waren durchaus verschieden. *Die* Erziehung *der* 68er gibt es nicht. Differenzierung ist nötig. So wie sich „1968" als politische Bewegung aus verschiedenen Quellen speiste, so auch das Interesse an der Erziehung. Allein in den hier erwähnten Texten zur Erziehung spiegeln sich unterschiedliche Ansätze. So geht Sander 1968 insbesondere von den Interessen der Frauen aus, thematisiert mit Marcuses Terminologie die Weigerung, die Kinder zu Konkurrenzkampf und Leistungsprinzip zu erziehen und warnt vor einer politischen Instrumentalisierung durch die Männer. In diesem Text wird als einer der wenigen von Demokratie gesprochen.

Die „Thesen zur antiautoritären Erziehung" aus dem Kursbuch 17 (Juni 1969) dagegen sprechen von sozialistischer Kollektiverziehung, unterstreichen, dass es um eine Erziehung von Kindern zum „aktiven Widerstand" gehe und erklären die „Widerstände vieler Eltern gegen eine politische Kinderarbeit" zu einem Problem, das man auch psychoanalytisch bearbeiten müsse. Wenn die politische Einsicht wegfalle, würden die antiautoritären Erziehungsversuche letztlich nur zu einem „liberalen, individualistischen Persönlichkeitsideal" führen.[78] Diese politischen Akteure

---

[77] *Erich Fromm*, Einleitung, in: *Alexander S. Neill*, Theorie und Praxis der antiautoritären Erziehung. Das Beispiel Summerhill, Hamburg 1969.

[78] *R. Dermitzel* (s. Anm. 54), 181.

einer sozialistischen Erziehung lehnten auch die Ideen A. Neills ab, da sie ihnen zu unpolitisch waren. Für Neill hingegen interessierten sich diejenigen aus dem so genannten bürgerlich-liberalen Lager, die weniger an der Erziehung zum „politischen Widerstand", sondern eher an einer repressionsfreien Erziehung ihrer Kinder zu Eigenständigkeit und Selbstverantwortung, eben an jenem von Dermitzel diskreditierten liberalen Persönlichkeitsideal, interessiert waren.

Unterschiedlich fällt auch die Bezugnahme auf die Psychoanalyse aus, insgesamt dominiert jedoch Wilhelm Reich und keinesfalls Sigmund Freud. Freuds skeptische Anthropologie eignet sich nicht für die Schaffung des neuen Menschen.[79] Von Reich inspiriert ist auch der reformpädagogische Ansatz Neills, der mit W. Reich im Briefwechsel stand.[80] Bei der Rezeption der Kritischen Theorie wiederum dominiert Fromm und keinesfalls Adorno. Fragen wir nach den Texten, auf die die Akteure der pädagogischen Bewegung zurückgriffen, dann fällt auf, wie stark die Anknüpfung an die sozialistische Tradition der Vorkriegszeit war. Hier spiegelt sich ein historisches Dilemma, das auch mit dem Bruch durch den Nationalsozialismus zusammenhängt: war einer der Ausgangspunkte der internationalen Protestbewegung die Einsicht, dass die Arbeiterbewegung nicht unbedingt das revolutionäre Subjekt der Geschichte sei, so wurde jedoch genau auf diese Tradition Bezug genommen. Ob die Texte aus den 20er und 30er Jahren zur Erziehung wirklich Antworten auf die Fragen der 60er und 70er Jahre enthielten, insbesondere auch im Zusammenhang mit der Geschlechterfrage, mag dahingestellt bleiben. Dass 68 auch ein „Traumtanz aus der Vergangenheit" war, betonte unlängst M. Greffrath.[81]

Insgesamt ist für eine historische Rekonstruktion der Pädagogik der 68er die Differenzierung zwischen den politischen Aktivisten und einem Umfeld, das ein liberales bildungsbürgerliches Publikum – eben jenen „Geist der 68er"[82] – einschließt, unerlässlich, genau wie eine Differenzierung zwischen verschiedenen Praxisformen der Erziehung und der Kinderläden.

Was jedoch alle Ansätze einigt, ist eine Enthierarchisierung des Verhältnisses von Erwachsenen und Kindern und die Sicht auf Kinder als Personen mit eigenen Bedürfnissen. Dazu gehört auch die Anerkennung einer eigenen kindlichen Sexualität. Dies dürfte als größte Hinterlassenschaft der Erziehungskonzepte von „1968" bezeichnet werden. Zu diesem Komplex zählt auch, dass Erziehung sich nicht primär auf die Einübung von Sekundärtugenden wie Ordnung, Fleiß, Sauberkeit und Pünktlichkeit beschränkt. Dass hinsichtlich der Orientierung an den Sekundärtugenden ein Mentalitätswandel stattgefunden hat, bestätigen zeitgenössische demoskopische Umfragen. So stimmten 1967 noch 81% aller unter 30jährigen einer Ori-

---

[79] Zur skeptischen Anthropologie Freuds siehe *Micha Brumlik*, Sigmund Freud. Der Denker des 20. Jahrhunderts, Weinheim 2006.
[80] *Beverly R. Placzek* (Hg.), Zeugnisse einer Freundschaft. Der Briefwechsel zwischen Wilhelm Reich und A. S. Neill 1936-1957, Köln 1986.
[81] *Matthias Greffrath*, Der Sommer, in dem unser 68 begann, in: Die Zeit v. 16. Mai 2007, 59.
[82] *I. Gilcher-Holtey*, 68er Bewegung, (s. Anm.17), 124.

entierung von Erziehung an Sekundärtugenden wie Sauberkeit, Sparsamkeit etc. zu, 1972 waren es nur noch 52%.[83]

Was die Konzepte der Aktivisten angeht, fällt eine utopische Überfrachtung von Erziehung mit weit reichenden Hoffnungen auf Gesellschaftsveränderungen auf – aber dies charakterisiert die Geschichte der Erziehung immer wieder. Bezogen auf die Kindererziehung gibt es in diesem Zusammenhang durchaus Parallelen zu den Revolutionen von 1848/49.[84] Hinter jenen Hoffnungen auf Gesellschaftsveränderung durch Erziehung verbergen sich teilweise stark verkürzte Sozialisationsmodelle, die unmittelbare Kausalitäten und Machbarkeiten unterstellen. So werden beispielsweise die empirisch konstruierten Zusammenhänge zwischen sexuellen Vorurteilen und autoritärer Unterwürfigkeit aus Adornos „Studien zum autoritären Charakter" gewissermaßen rückwärts kausal gelesen.

Bemerkenswert ist jedoch auch, dass manche Fragen, die sich aus heutiger Sicht stellen, etwa ob es bei der Sexualerziehung der 68er nicht eher um Projektionen und Selbstthematisierungen der Erwachsenen ging, bereits von den Akteuren selbst kritisch reflektiert werden, etwa in den Texten von Heide Berndt[85]. Auch darüber hinaus kann eine historische Rekonstruktion von „68 und der Pädagogik" präzisere Antworten auf manche heutigen Kritikpunkte geben. So spricht etwa die hohe Beteiligung von Eltern in der Kinderladenbewegung – teilweise wenigstens – gegen die These von der Zerstörung der Familie[86], auch wenn der theoretische Blick auf die Funktion der Familie für die Gesellschaft bei den politischen Akteuren ein kritischer ist.

Laissez-faire – auch ein häufig vorgetragenen Vorwurf gegen die Erziehung der 68er – war gerade *kein* Prinzip, im Gegenteil, es begegnet in den Dokumenten eine immense Anstrengung, es in Erziehungsdingen anders zu machen, dies lässt sich etwa an den Protokollen der Kommune 2 ablesen. Bereits 1971 gibt es einen Text aus der Kinderladen-Bewegung, der den Unterschied zwischen laissez-faire und der antiautoritären Bewegung benennt.[87] Und auch Fromm betont 1969 in seinem Vorwort zu Neills „Summerhill" den Unterschied zwischen „Freiheit und Zügellosigkeit". Eine Orientierung an Rousseaus Anthropologie vom guten Menschen, wie Bueb und Cohn-Bendit sie thematisieren, lässt sich in den Quellen der politischen Akteure nicht auffinden, im Gegenteil, auch hier finden wir eine kritische Reflexion des Problems, zu sehr auf das Gute im Menschen zu vertrauen.[88] Der Glaube an das

---

[83] *Elisabeth Noelle-Neumann/Thomas Petersen*, Zeitenwende. Der Wertewandel 30 Jahre später, in: Aus Politik und Zeitgeschichte B 29/2001, 15-22.
[84] *Meike Sophia Baader*, „Alle wahren Demokraten tun es." Die Fröbelschen Kindergärten und der Zusammenhang von Erziehung, Revolution und Religion, in: Christian Jansen/Thomas Mergel (Hgg.), Die Revolutionen von 1848/49, Göttingen 1998, 206-225.
[85] *Heide Berndt*, Kommune und Familie, in: Hans Magnus Enzensberger (Hg.), Kursbuch. Frau – Familie – Gesellschaft, (17) 1969, 129-146.
[86] *H. Petri* (s. Anm. 7).
[87] *H. J. Breiteneicher/R. Mauff* (s. Anm. 37), 119f.
[88] Ebd.

ursprünglich Gute im Menschen spielt lediglich bei dem Reformpädagogen Neill eine Rolle, in theoretischen Texten begegnet er bei Herbert Marcuse unter dem Stichwort des „befriedeten Dasein". In einem Interview erklärte er 1967, dass er „an eine Gesellschaft ohne Krieg, ohne Grausamkeit, ohne Brutalität, ohne Unterdrückung, ohne Häßlichkeit, ohne Dummheit glaube.[89]

Abschließend sollen die Erziehungskonzepte der 68er noch einmal pointiert unter drei Aspekten unterschieden werden. Was ist uns heute fremd geworden? Was war erfolgreich? Und was ist bis heute ungelöst?

Die Politisierung der Erziehung, die Psyche und Körper unmittelbar zum Austragungsort des Politischen macht und Erziehung damit auch utopisch überfrachtet, befremdet aus heutiger Sicht. Die Enthierarchisierung des Verhältnisses von Kindern und Erwachsenen und die Sicht auf Kinder als Wesen mit eigenen Bedürfnissen inklusive sexueller Interessen gehören zu den unhintergehbaren Errungenschaften, einschließlich der Selbstreflexion der Erziehenden. Insgesamt spiegelt sich in der Pädagogik, was Wolfgang Kraushaar für die 68er-Bewegung als ganze feststellt: politisch ist sie gescheitert, sozio-kulturell war sie erfolgreich. Nimmt man die Kritik der politischen Akteure an denjenigen Eltern, die ihre Kinder in die Kinderläden schicken, sich jedoch für den politischen Widerstand nicht interessierten, ernst, dann waren die Kindergärten erfolgreicher, als es den politischen Aktivisten lieb war.

Bis heute unerledigt bleiben hingegen ein gut ausgebautes qualitativ befriedigendes System der öffentlichen Kinderbetreuung, sowie die Geschlechterfrage, die Vereinbarkeitsfrage und die geschlechtsspezifische Arbeitsteilung in der Kindererziehung. Über all diese Aspekte wird auch heute noch in der Bundesrepublik öffentlich gestritten. Insbesondere die Geschlechterfrage und das Problem der privaten Zuständigkeit der Frauen für die gesellschaftliche Aufgabe der Kindererziehung bildeten 1967/68 einen wichtigen Ausgangspunkt für die pädagogischen Dimensionen der 68er Bewegung, auch wenn dies in der Geschichtsschreibung gerne unterschlagen wird.

---

[89] *Herbert Marcuse, Georg Wolff, Helmut Gumnior*, Professoren als Staatsregenten. Spiegel-Gespräch mit dem Philosophen Professor Herbert Marcuse, in: Der Spiegel, (35) 1967, 112-118, 112; vgl. auch „Herbert Marcuse", in: Der Spiegel, (35) 1967, 113, sowie „Marcuse: Hilfe von Arbeitslosen", in: Der Spiegel, (25) 1967, 103f.

Politisierung, Pop und postmoderne E-Musik

Timothy S. Brown, Beate Kutschke[*]

1. Popmusik und „1968"

Die Beziehung von Popmusik und „1968" ist durch zwei Eigentümlichkeiten geprägt, die schon auf den ersten Blick ins Auge fallen: Zum einen ist es die Rolle der Musik als Ausdruck eines neuen Lebensgefühls, das nationale Grenzen und sogar Grenzen politischer Blöcke zu überwinden vermochte und darüber hinaus eine breite kulturelle Revolution in den 1960ern und folgenden Jahrzehnten antrieb und befeuerte. Die zweite Eigenheit lässt sich in der Funktion der Popmusik als Vehikel für künstlerische Aktivitäten, die direkt verknüpft waren mit der Entwicklung neuer politischer Auffassungen, erkennen. Beide können als auffälligste Eigenschaften von „1968" in Westdeutschland bezeichnet werden. Der politische Status der Popmusik war jedoch schon damals keinesfalls unproblematisch. Mehr als jede andere Form war Popmusik aufs innigste verknüpft mit – und vor allem auch abhängig von – kapitalistischen Produktions- und Distributionsweisen.[1] Zum Teil auch aus diesem Grund entwickelte sich die Beziehung zwischen Popmusik und Politik in den 1960er Jahren eher auf evolutionäre denn auf revolutionäre Art und Weise. Musik wurde zum Medium und zur Darstellung neuer Ausdrucksformen und Codes, die wiederum mit politischer Bedeutung aufgeladen wurden, um dann durch die Mechanismen des Konsumentenkapitalismus aufgenommen und weiter verbreitet zu werden. Trotz dieser Verstrickungen lassen sich jedoch einige Punkte ausmachen, an denen Popmusik um „1968" zum originären Schauplatz politischer Auseinandersetzung wurde. Im Folgenden werden drei solche Punkte näher betrachtet: 1. Popmusik als Katalysator für den Konflikt zwischen Jugend und (staatlicher) Autorität im Großstadtmilieu; 2. Popmusik als Möglichkeit, die Ansprüche, Forderungen und Taktiken des Kapitalismus herauszufordern; und 3. Popmusik als Medium der Selbst-Politisierung „von unten".

1.1 Popmusik als Katalysator des Konflikts mit den Autoritäten

Die Beat-Musik, die Mitte der 1960er Jahre Europa geradezu überrollte, forderte die symbolische Ordnung heraus, doch es bedurfte erst der Reaktion seitens der Auto-

---

[*] Teil I zur Popmusik: Timothy S. Brown (Übersetzung T. Schaffrik); Teil II zur Avantgardemusik: Beate Kutschke.
[1] Vgl. *Detlef Siegfried*, Music and Protest in 1960s Europe, in: Martin Klimke/Joachim Scharloth (Hgg.), 1968 in Europe. A History of Protest and Activism, 1956-1977, New York 2008.

ritäten, um diese symbolische Herausforderung zu einer spezifisch politischen werden zu lassen.[2] Diese „Politisierung von oben"[3] war besonders in der östlichen Hälfte Deutschlands anzutreffen, wo durch den staatlich totalitären Anspruch auf Prägung von Lebensstil und Empfindungsweisen junger Menschen die Duldung angloamerikanischer Popmusik eine besondere Herausforderung an die in Staat und Partei führenden Autoritäten darstellte.[4] Nach einem „unbeabsichtigten kulturellen Tauwetter" in den frühen 1960er Jahren, in dessen Verlauf die staatliche Jugendorganisation der DDR, die Freie Deutsche Jugend (FDJ), tatsächlich die Bildung von Gitarren-Bands förderte und unterstützte – einige sogar mit englischen Namen wie „The Butlers", „The Shatters", und „The Guitarmen"[5] – beschloss die sozialistische Regierung auf dem 11. Plenum des Zentralkomitees der SED im Dezember 1965 einen Richtungswechsel.[6] In der Folge wurden Beat-Gruppen aufgefordert, ihre englischen Namen in deutsche Äquivalente zu übersetzen, und einige Bands wurden schlichtweg verboten.[7] Diese Kriminalisierung von Beat-Musik führte in einen offenen Konflikt zwischen Musikfans und staatlichen Autoritäten. Bereits im Oktober 1965 hatten sich 500 junge Leute in Leipzig versammelt und bildeten damit die größte Demonstration seit dem 17. Juni 1953, was unweigerlich zum brutalen, polizeilichen Einschreiten führte und in der Verhaftung von 267 Beat-Fans kulminierte.[8] Weitere Unruhen ereigneten sich im folgenden Jahr in Berlin und Potsdam.[9] Vom Beginn der 1970er Jahre an betrachtete das Regime, vor allem durch die immer unverhohlenere Adoption des Lebensstils und Aussehens der westlichen „Hippi-Kultur" durch die Ost-Jugend sowie der zunehmenden Relevanz der Popmusik

---

[2] *Uta Poiger*, Jazz Rock and Rebels: Cold War Politics and American Culture in Divided Germany, Berkeley 2000.

[3] Vgl. *Detlef Siegfried*, Unsere Woodstocks: Jugendkultur, Rockmusik und gesellschaftlicher Wandel um 1968, in: Stiftung Haus der Geschichte der Bundesrepublik Deutschland (Hg.), Rock! Jugend und Musik in Deutschland. Begleitbuch zur Ausstellung, Berlin 1995.

[4] Zur Pop-Musik in der DDR vgl. *Michael Rauhut*, Beat in der Grauzone: DDR-Rock 1964 bis 1972. Politik und Alltag, Berlin 1993; sowie *Timothy Ryback*, Rock around the Bloc: A History of Rock Music in Eastern Europe and the Soviet Union, New York 1990.

[5] *Bernd Lindner*, Steine des Anstoßes — Kunst und Jugendkultur in der DDR, in: Zeitgeschichtliches Forum Leipzig (Hg.), Einsichten. Diktatur und Widerstand in der DDR, Leipzig 2001, 146-159, 146.

[6] *Armin Mitter/Stefan Wolle*, Untergang auf Raten. Unbekannte Kapitel der DDR-Geschichte, München 1993, 376.

[7] A. a. O., 377. Zur Rock-Musik in der DDR vgl. *Michael Rauhut* (s. Anm 4); *Thomas Kochan*, Den Blues haben. Momente einer jugendlichen Subkultur in der DDR, Münster 2002; *Michael Rauhut/Thomas Kochan* (Hgg.), Bye Bye, Lübben City. Bluesfreaks, Tramps und Hippies in der DDR, Berlin 2004; *Peter Wicke/Lothar Müller* (Hgg.), Rockmusik und Politik. Analysen, Interviews und Dokumente, Berlin 1996.

[8] B. Lindner (s. Anm. 5), 147.

[9] A. Mitter/S. Wolle (s. Anm. 6), 393.

als Kristallisationspunkt für „Aussteiger-Identitäten", die entstandene Jugendbewegung als Hauptwiderstand einer „sozialistischen Moral und Ethik."[10]

1.2 Popmusik – um Forderungen und Taktiken des Kapitalismus zu trotzen

Eine Kerndebatte in der Beschäftigung mit Popmusik dreht sich heute das „Befreiungspotentials" von Popmusik, beziehungsweise um die Frage, in welchem Umfang sie lediglich den standardisierten Massengeschmack zu bedienen versucht. Seit Theodor W. Adornos Überlegungen, der zu letzterer Position tendierte, ist das Pendel in neuerer Zeit wieder sehr weit in die andere Richtung geschwungen. Paradigmatisch sei hier zum Beispiel auf Detlef Siegfried hingewiesen, der kürzlich die Rolle des Konsumentenkapitalismus hervorhob, Raum für die Entwicklung oppositioneller Identitäten bereitzustellen.[11] Ein Großteil der Arbeit in den cultural und media-studies der vergangenen Dekade hat in ähnlicher Weise ein Modell „aktiver Rezeption" betont, in welchem globale Trends populärer Kultur aufgenommen und auf lokaler Ebene aktiv gewendet werden, und dadurch Akteure vor Ort eher be- als entmächtigt werden.[12] Andererseits kann nicht darüber hinweggesehen werden, dass der Konsumentenkapitalismus sich als außerordentlich geschickt darin erwiesen hat, sub- und gegenkulturelle Rebellion – insbesondere Rebellion, die sich um Popmusik herum organisierte – in Produkte umzuwandeln und ihnen so ihr emanzipatorisches Potential zu nehmen.[13] Dieses Phänomen fand allerdings nicht ohne Widerstand statt, vor allem nicht in der subkulturellen Treibhaus-Atmosphäre West-Berlins Ende der 1960er Jahre. Popmusik wurde mit emanzipatorischem und revolutionärem Potential in Verbindung gebracht und wurde von Mitgliedern der Szene als „links" betrachtet, unabhängig davon, ob die Texte explizit politisch waren oder nicht. Ausländische Bands – die *Rolling Stones, Frank Zappa, Jimi Hendrix* – wur-

---

[10] *Paul Kaiser/Claudia Petzold*, Perlen vor die Säue. Eine Boheme im Niemandsland, in: *dies.*, Boheme und Diktatur in der DDR. Gruppen, Konflikte, Quartiere, 1970-1989. Katalog zur Ausstellung des Deutschen Historischen Museums vom 4. September bis 16. Dezember 1997, Berlin 1997, 13-112, 29. In Bezug auf einen Studenten, der im Umfeld dieser Proteste im Sommer 1971 verhaftet worden war, vermerkte die Stasi, dass die „negative politisch-ideologische Orientierung" des Beobachteten sich auch im persönlichen Lebensstil ausgedrückt habe. „Er steht unter dem Einfluss westlicher Unmoral und ist gekennzeichnet von Opposition gegenüber den geltenden Normen des gesellschaftlichen Zusammenlebens und der Ablehnung der Normen der Planung und Organisation der zwischenmenschlichen Beziehungen." *A. Mitter/S. Wolle* (s. Anm. 6), 479-480.

[11] Vgl. *Detlef Siegfried*, Time is on my Side. Konsum und Politik in der westdeutschen Jugendkultur der 60er Jahre, Hamburg 2006; *Axel Schildt/Detlef Siegfried/Karl Christian Lammers* (Hgg.), Dynamische Zeiten. Die 60er Jahre in den beiden deutschen Gesellschaften, Hamburg 2000; *Axel Schildt/Detlef Siegfried* (Hgg.), Between Marx and Coca-Cola. Youth Cultures in Changing European Societies, 1960-1980, New York 2005.

[12] Vgl. u.a. *Andy Bennett*, Hip Hop am Main: The Localization of Rap Music and Hip Hop Culture, in: Media, Culture and Society, Vol. 21, 1999, 77-91, 86.

[13] Vgl. *Thomas Frank*, The Conquest of Cool: Business Culture, Counterculture, and the Rise of Hip Consumerism, Chicago 1997.

den als oppositionell betrachtet, wie Wolfgang Seidel herausgearbeitet hat, gerade deshalb, *weil* sie von „außerhalb" West-Deutschlands kamen. Nicht weniger wichtig jedoch waren auch die stilistischen Eigenheiten der Musik sowie der persönliche Stil der Musiker, die beide die symbolische Ordnung herausforderten.[14] Die eminent wichtige Rolle der Popmusik (und der mit ihr verbundenen subkulturellen Elemente) als Medium linker Identität sorgte für ein vitales Interesse Radikaler, die vermeintliche Integrität der Musik gegenüber kapitalistischen Einbrüchen mit allen Mitteln zu erhalten. Die Seiten der europäischen und westdeutschen Underground-Presse der späten 1960er Jahre waren übervoll mit Artikeln über Rockmusik, die in politische Kontexte gestellt wurde, ohne Rücksicht darauf, ob dies den Bands oder der Musik überhaupt angemessen war. Die amerikanische Gruppe *Grand Funk Railroad* wurde zum Beispiel als „Prototyp einer kapitalistischen Popgruppe" verurteilt[15], während andere Künstler wie *Jimi Hendrix*, *MC-5* und die deutsche Band *Ton Steine Scherben*[16] als verehrungswürdige Inkarnationen radikaler Kunst gepriesen wurden.[17] Mitglieder der Westberliner Blues-Szene – später dann Mitglieder der *Bewegung 2. Juni* – spitzten diese Kritik an der Kommerzialisierung der Gegenkultur zu und gingen einen Schritt weiter, indem sie die Berliner Premiere des Musicals „Hair", aufgrund dessen angeblicher Wegbereitung für die Zerstörung der wahren Berliner Gegenkultur, störten und angriffen. Hier überschritten die Radikalen die „aktive Rezeption" und richteten die Mittel exemplarischer, politischer Aktion gegen die kapitalistischen Aneignungsversuche.[18]

1.3 Popmusik als Medium der Selbst-Politisierung von unten

Diese Art der Intervention, obwohl als Produkt eines radikalen, kämpferischen lokalen Milieus untypisch, signalisierte beispielhaft den Unwillen, die kapitalistische Version der Subkultur und Popmusik, mit der sie verbunden war, widerspruchslos hinzunehmen. Stattdessen wurde die Wichtigkeit der Selbst-Definition der Szene von unten hervorgehoben. Vor diesem Hintergrund lässt sich heute ein dritter Be-

---

14 *Wolfgang Seidel*, Berlin und die Linke in den 1960ern. Die Entstehung der Ton Steine Scherben, in: ders. (Hg.), Scherben. Musik, Politik und Wirkung der Ton Steine Scherben, Mainz 2005, 25–50.
15 Fizz, Nr. 1, wiederabgedruckt in: *Udo Koch* (Hg.), Fizz Re-Print 1-10, Berlin 1989.
16 Bez. der „Scherben" vgl. *Kai Sichtermann Jens Johler*, Keine Macht für Niemand, Berlin 2000; *Rio Reiser*, König von Deutschland. Erinnerungen an Ton Steine Scherben und mehr. Erzählt von ihm selbst und Hannes Eyber, Berlin 2001; *Wolfgang Seidel*, Berlin und die Linke in den 1960ern. Die Entstehung der *Ton Steine Scherben*, in: *ders.* (s. Anm. 14), 48.
17 Vgl. Ton Steine Scherben, in: 883, Nr. 73, v. 24.12.1970; Scherben machen auch Musik, in: 883, Nr. 83, v. 03.07.1971, wieder veröffentlicht auf CD-Rom in: *rotaprint 25* (Hg.), Agit 883. Bewegung, Revolte, Underground in Westberlin 1969–1972, Berlin 2006.
18 „Wir wissen sogar," so eine damalige Stellungnahme, „daß 'Hair' nur unter dem Image der Subkultur auftritt, um seine kapitalistischen Bedürfnisse zu befriedigen"; *ungenannt*, Ist 'Hair' Subkultur?, in: *Die Umherschweifenden Haschrebellen* et al. (Hgg.), Gefundene Fragmente 1967-1980, Berlin 2004.

reich ausmachen, in dem sich radikale Politik und Popmusik begegneten: Die Entstehung einer alternativen Szene kultureller Produktion durch die Bands selbst.

Seit dem Ende der 1970er Jahre, durch Punk und andere alternative Bewegungen geprägt, wird heute die DIY („Do-it-yourself")-Ethik als etwas nahezu Selbstverständliches betrachtet, die jedoch West-Deutschland betreffend im radikalen Milieu der 1960er Jahre ihre Wurzeln hatte. Mit der Entstehung und dem Erfolg explizit politischer Rock-Bands besteht für uns die Chance, Popmusik als Vehikel radikal demokratischer Selbsterfindung direkt zu untersuchen. An diesem Punkt wird es daher auch unnötig, von Popmusik im generischen Sinn zu sprechen, das heißt als einem von vielen kulturellen Produkten, das als Folge der Nachkriegs-Anglo-Amerikanisierung nun in einem neuen kulturellen Umfeld allein durch seine Neuheit mehr oder weniger viel Resonanz und Interesse zu entfachen vermochte.

Unter den explizit als politisch zu bezeichnenden westdeutschen Bands der 1960er Jahre, u.a. *Floh de Cologne* und *Checkpoint Charlie*, ist als die mit Abstand am wirkungsmächtigsten zu nennende Gruppe die Band *Ton Steine Scherben*, eine Band von immer noch anhaltender Signifikanz, nicht nur aufgrund der damals sich anschließenden Rock-Star Karriere ihres Lead-Sängers Rio Reiser, sondern vor allem aufgrund der emotionalen Kraft und Beständigkeit ihrer politischen Hymnen wie „Keine Macht für Niemand" und „Macht kaputt was euch kaputt macht". *Ton Steine Scherben* wird nach wie vor als die Band erinnert, die den „Soundtrack zur Revolte einer Generation" lieferte. Jenseits solcher wortgewandten Aussagen jedoch erlaubt ein Blick auf die beginnende Karriere dieser Band zugleich einen Blick auf die intimen Verbindungen und Verflechtungen der Popmusik mit ihrem Umfeld – insbesondere wie sie nicht nur zum Ausdruck von Jugendprotest wurde, sondern diesen selbst erst aktiv mitgestaltete und formte.[19]

Ebenso wie die oben bereits erwähnten politischen Rock-Bands hatte *Ton Steine Scherben* seine Wurzeln im politischen Kabarett. Ihr direkter Vorläufer war *„Hoffmann's Comic Teater"* (*„Berliner Volkstheater"*).[20] Gegründet von den Möbius-Brüdern Gert, Peter und Ralf (letzterer der zukünftige Rio Reiser), setzte sich die Gruppe das Ziel, das Theater in ein „praktisches, nachhaltiges Instrument" für den politischen Kampf zu transformieren. *Ton Steine Scherben,* 1970 gegründet, bewahrte sich dieses politische Bekenntnis und brachte es ein in ihr ersten Alben „Warum geht es mir so dreckig" (1971) und „Keine Macht für Niemand" (1972), die beim bandeigenen Label „David Volksmund" erschienen. Diese Alben zeichneten sich nicht nur durch ihre deutschen Texte und deren lokale, proletarische Orientierung aus, sondern insbesondere durch die Art und Weise, wie sie dem radikalen politischen Milieu, dem die Band entstammte, eine Stimme verlieh. Songs wie „Macht kaputt, was euch kaputt macht!" mit Wurzeln in den radikalen Thea-

---

[19] Zur Band *Ton, Steine, Scherben* vgl. auch *Timothy S. Brown*, Music as a Weapon? Ton Steine Scherben and the Politics of Rock in Cold War Berlin. In: German Studies Review, (32/1) 2009.

[20] *W. Seidel* (s. Anm. 16). Die Schreibung „Teater" ohne h war Teil der Selbststilisierung.

termusiken und -stücken von *Hoffmann's Comic Teater*, nahmen emblematische Qualitäten in der westdeutschen radikalen Szene an. Ein Song, „Keine Macht für Niemand", war angeblich sogar ein Auftragswerk, bestellt von einem Mitglied der militanten Szene des RAF-Umfeldes als eine Art Hymne der Bewegung. *Ton Steine Scherben* trug zur Neudefinition der Rolle von Rock-Bands bei, indem sie in ihren Texten Umgangssprache verwendete und die lokale Autonomie betonte. Tatsächlich hielt *Ton Steine Scherben* an der Autonomie des Lokalen fest, sogar noch dann, als es der Verstärkung eines bestimmten Armes des westdeutschen Linksradikalismus diente, der darauf zielte, Westdeutschland zu einem Schlachtfeld der anti-imperialistischen Befreiungskämpfe der dritten Welt zu machen. In diesem Sinne nahm die Band in ihren Texten und ihrer Musik die Straße und den Kiez in den Blick. Es gelang ihnen auf diesem Weg, einen Teil der Unabhängigkeit, der traditionell durch kapitalistische Netzwerke der Produktion und Distribution monopolisiert war, zurückzugewinnen. Der wohl bekannteste Beitrag von *Ton Steine Scherben* zu dieser (Re-)„Lokalisierung" erfolgte im Kontext der Besetzung eines Teiles des leer stehenden Krankenhauskomplexes Bethanien – nachträglich als das *Georg von Rauch Haus* nach einem getöteten anarchistischem Militanten benannt – in Berlin-Kreuzberg im Frühjahr 1970. Der Aufruf zur Hausbesetzung ereignete sich bei einem *Ton Steine Scherben* Gig an der Technischen Universität in Berlin, und das damals besetzte Haus erlangte Unsterblichkeit durch das „Rauch Haus Lied" der *Scherben*. Diese erste einer ganzen Reihe von Hausbesetzungen sowohl in Berlin als auch in anderen westdeutschen Großstädten mündete in einen Kampf mit den städtischen Autoritäten über den urbanen Raum und hielt bis weit in die 1980er Jahre an. Das Reklamieren von autonomem, urbanem Raum in einem von der konsumentenkapitalistischen Produktionsweise geprägtem Umfeld ermöglichte *Ton Steine Scherben*, ihre radikale Botschaft weiter auszuformulieren.[21]

1.4 Abschluss

Ton Steine Scherben publizierte ihre eigene Underground-Zeitung, „Guten Morgen", in der lyrische Texte neben Artikeln über vielfältige politische Themen abgedruckt wurden. Die kurzen Texte beinhalteten zum Beispiel ein Statement mit dem Titel „Musik als Waffe" – auch veröffentlicht in Agit 883 –, in welchem der Autor versucht, die Produktion von Musik in essentiell politischen Begriffen und vor allem auch als Schlüsselkomponente im politischen Kampf zu denken. Doch die Geschichte der *Ton Steine Scherben* illustriert auch die Grenzen von Popmusik als mögliches Vehikel für radikalen, politischen Protest: Zum einen sahen einige Mitglieder der Band unausweichlich die geradezu unbarmherzige Politisierung ihrer

---

[21] Zu einigen der positiven Effekte der Berlin *Hausbesetzerbewegung* vgl. *Hasso Spode*, Zur Sozial- und Siedlungsgeschichte Kreuzbergs, in: Helmut Engel/Stefi Jersch-Wenzel/Wilhelm Treue (Hgg.), Kreuzberg, Berlin 1994, XI-XXIX, XXVII. Ein aktueller Beitrag zu *Ton Steine Scherben* mit Interviews findet sich in *Martin Büsse*, Vom Verfassungsfeind zum deutschen Aushängeschild, in: Testcard. Beiträge zur Popgeschichte Nr. 12, Mainz 2006.

Musik in der Szene als eine Einschränkung ihrer künstlerischen Entwicklung an, zum anderen wurde offensichtlich, dass der größtenteils unorganisierte Radikalismus, dem die *Scherben* eine Stimme gegeben hatten, nur wenige Strukturen schaffte, die der nachhaltigen Entwicklung einer kulturell-produktiven Alternative dienten.[22] Die Karriere von *Ton Steine Scherben* illustriert jedoch ebenso, dass die tief greifende Verbindung von Popmusik und kultureller Revolution in den 1960er und 1970er Jahren keineswegs nur eine Sache der kulturrevolutionären „Aufladung" von Rockmusik war, die als Begleitung einer radikalen Massenbewegung diente, sondern dass Popmusik in diesem Fall aktiv die politisch radikale Szene widerspiegelte und zugleich half, die Weltsicht dieser Szene zu formen und zu prägen. Mit geradezu bahnbrechender Explizitheit schuf und spiegelte Rockmusik die Ideen und Slogans, die radikale Mentalität der Bewegung – und bereitete zugleich den Weg für die größeren Themen der Protestbewegungen, welche die westdeutsche Gesellschaft in den folgenden 1960er und 1970er Jahren in den Grundfesten erschütterten. So repräsentiert *Ton Steine Scherben* auch die andere Seite der Medaille staatlicher Politisierung von Jugendmusik und -mode, die über Versuche, die Kommerzialisierung der Gegenkultur und deren Musik zu bekämpfen, hinausgeht, um einen aktiven Part in der Formierung einer alternativen Kultur zu übernehmen.

2. „1968" im E-Musikbereich

Nicht nur in der Popmusik, sondern auch im so genannten E-Musikbereich, in den Sparten der klassisch-romantischen und der Avantgardemusik, manifestierte sich das linksintellektuelle Klima. Die Zusammenhänge um „1968" sind im E-Musikbereich freilich weniger deutlich erkennbar, weil der Bezug von klassisch-romantischer und Avantgardemusik zu soziokulturellen, also außermusikalischen Veränderungen in der Regel eher unterdrückt wird. Dass und in welcher Hinsicht sich die Veränderungen im E-Musikbereich, wie zum Beispiel die Genese der „postmodernen Musik", ab Beginn der 1970er Jahre sich dem soziokulturellen Wandel im Zuge der Studenten- und Protestbewegungen der 1960er und 70er Jahre zurechnen lassen, wird im Folgenden untersucht.

2.1

Die Neue-Musik-Szene in der alten Bundesrepublik ist durch einen einschneidenden kompositorischen Wandel zu Beginn der 1970er Jahre gekennzeichnet. Nach den radikal-avantgardistischen Musikstilen in den 1950er und 1960er Jahren – dem Serialismus, der Aleatorik und indeterminierten Musik sowie dem instrumentalen Theater – wandten sich zahlreiche Komponisten in den frühen 1970er Jahren vergleichsweise moderaten und rückwärtsgewandten Kompositionstechniken und Sti-

---

22 Kritische Überlegungen zur politischen Rolle von *Ton Steine Scherben* finden sich zum Beispiel bei *Ivo Bozic*, Scheiß- und Scherbenhaufen, in: Jungle World v. 08. Januar 1998 (Nr.2).

listiken zu und leiteten damit die Ära der so genannten postmodernen Musik ein.[23] Postmoderne Musik zeichnet sich dabei u.a. durch folgende Merkmale aus: Pluralismus, der sich zum Beispiel in der Überschreitung der Grenzen zwischen elitärer und populärer Kunst manifestierte, ein demonstrativ neo-romantischer Ausdrucksgehalt, die Re-Integrierung der Dur-Moll-Tonalität sowie die Orientierung an stilistischen Eigenheiten früherer Kompositions- und Personalstile, bevorzugt der klassisch-romantischen Periode beziehungsweise deren Vertreter.

Was war jedoch der Grund für den beschriebenen stilistischen Wandel und was hat dieser Wandel mit den Studenten- und neuen sozialen Bewegungen der 1960er und 1970er Jahre, kurz „1968", zu tun? Gemäß der gängigen Erklärungsmodelle recht wenig: In den 1980er und 1990er Jahren propagierten deutsche Musikwissenschaftler, dass der Wandel von der Geschichtsphilosophie inspiriert sei: Während spätestens seit der Aufklärung Geschichte vor allem als Fortschritt, als teleologisch aufwärts gerichtete Dynamik, verstanden worden war, schien es – insbesondere in Anbetracht der katastrophischen Ereignisse des 20. Jahrhunderts – immer weniger möglich, lebensweltliche und politische Veränderungen als teleologisch und sinnvoll strukturiert zu beschreiben. Das Präfix „post", das „Postmoderne" mit anderen in den 1980er und 1990er Jahren beliebten Termini wie „posthistoire" und „Poststrukturalismus" teilte, legte nahe, so argumentierten Philosophen und Zeithistoriker, dass die großen Narrative des 19. und 20. Jahrhunderts, die Narrative der Moderne, Geschichte und des Fortschritts, obsolet geworden waren.

Vor dem Hintergrund, dass Musikgeschichte in der Vergangenheit als Fortschrittsgeschichte konzipiert worden war – kompositorischer Wandel zielte auf kompositorischen Fortschritt und stilistische Verbesserung –, setzten die Musikwissenschaftler Hermann Danuser und Harry Halbreich die Entstehung der postmodernen Musik seit den frühen 1970er Jahren in Bezug zum Verlust der Idee von Geschichte als einen linearen, teleologischen Prozess.[24] So beschrieb zum Beispiel Danuser die „Gattungsrekurse der jüngsten Musik" im Anschluss an *Jürgen Habermas*

> „als 'Postavantgarde' bzw. 'Postmoderne' [...], als Zeit jener 'Tendenzwende', jener Krise des ökonomischen, kulturellen, auch politischen Fortschrittsdenkens in Europa gegen Mitte der siebziger Jahre, welche im Bereich von Kunst und Ästhetik die jahrzehntelange Herrschaft

---

[23] Wann die Ära der Postmodernen Musik ihr Ende gefunden hat, darüber besteht gegenwärtig kein Konsens, ja noch nicht einmal eine These. Zu beobachten ist, dass der Terminus auf Kompositionen, die ungefähr seit der Jahrtausendwende entstanden sind, nicht mehr angewandt wird.

[24] Andere Interpretationen zu den Eigenschaften der postmodernen Musik beschreiben die Phänomene, bieten jedoch keine Erklärungsmodelle für deren Emergenz an (siehe zum Beispiel *Jean-François Lyotards* Definition, Postmoderne zeichne sich durch prinzipielle Systemlosigkeit aus, oder *David Harveys* Definition, die Postmoderne präferiere Diskontinuität gegenüber Kontinuität und Differenz gegenüber Gleichheit). Vgl. *Hermann Danuser*, Neue Musik, in: Ludwig Finscher et al. (Hgg.), Die Musik in Geschichte und Gegenwart. Bd. 7, Kassel 1997, 75-122; *Jann Pasler*, Postmodernism, in: Stanley Sadie (Hg.), The New Grove. Bd. 20, London 2001, 213-217.

der Geschichtsphilosophie beendete und das Bewußtsein einer gegen die Vergangenheit uneingeschränkten offenen Subjektivität zeitigte."[25]

Halbreich unterschied die musikhistorische Situation zu Beginn der 1990er Jahre von dem bis dahin gültigen musikhistorischen Paradigma:

„Seit Jahrhunderten gründeten sie [die Revolutionen in der Musik] auf einem festen Glauben an den dialektischen Begriff des Fortschritts, auf einer auch von den Marxisten übernommenen Überzeugung, die Geschichte vollziehe sich in einer Einbahnstraße außerhalb welcher es keine Rettung, ja keinen Lebensanspruch gebe."[26]

In der Vergangenheit, so postulierten sie, hätte die Verpflichtung zum Fortschritt die Avantgardemusik vorwärts getrieben und verboten, historisch frühere, so genannte obsolete Kompositionstechniken zu adaptieren. Die Kritik und Krise der Idee des Fortschritts jedoch[27] – als säkulare Denkfigur bereits im 19. Jahrhundert von Georg Wilhelm Friedrich Hegel und August Antoine Cournot[28] konzipiert und seit den 1980er Jahren zunehmend in Intellektuellenkreisen diskutiert – münde, so *Ulrich Dibelius*, in den „Kollaps der Avantgarde"[29] und führe, so *Hermann Danuser*, zur „restituierten Tradition".[30] Alles in allem wurde musikalische Postmoderne als ein Effekt aus dem Verlust der aufklärerischen, fortschrittsfokussierten Geschichte begriffen.[31]

Es war dieser Verlust der Geschichte, so argumentierten die Musikschriftsteller, der es einer jungen Komponistengeneration gestattete, mit ihren stilistisch rückwärtsgewandten Werken bei den Darmstädter Ferienkursen Aufmerksamkeit auf sich zu ziehen. Für die neue, das Fortschrittsparadigma überwindende Orientierung

---

[25] *Hermann Danuser*, Ein Außenhalt für den 'Weg nach Innen'? Zum Gattungsproblem der jüngsten Musik, in: Christoph-Hellmut Mahling (Hg.), Bericht über den internationalen musikwissenschaftlichen Kongress Bayreuth 1981, Kassel 1984, 184-188, 185.

[26] *Harry Halbreich,* Die Neubestimmung des Begriffs 'Konsonanz' jenseits des Begriffs Tonalität, in: Otto Kolleritsch (Hg.), Wiederaneignung und Neubestimmung, Wien 1993, 117-126, 119. Ähnlich legen Albrecht Riethmüller und Eberhard Klemm nahe, Postmoderne als „Zeitalter jenseits der Geschichte" und „Kritik an der Hochmoderne" zu begreifen (*Albrecht Riethmüller*, Theodor W. Adorno und der Fortschritt in der Musik, in: Wilfried Gruhn (Hg.), Das Projekt Moderne und die Postmoderne, Regensburg 1989, 15-34, 17; *Eberhardt Klemm*, Nichts Neues unter der Sonne: Postmoderne, in: Musik und Gesellschaft 1987, 400-403, 403).

[27] *Otto Kolleritsch*, Der Fall 'Postmoderne' in der Musik, in: ders. (Hg.), Wiederaneignung (a. a. O.), 176-185, 181; *H. Danuser* (s. Anm. 25), 185.

[28] *Georg Wilhelm Friedrich Hegel*, Vorlesungen über die Philosophie der Geschichte (1822-31); *August Antoine Cournot*, Traité de l'enchaînement des idées fondamentales dans les sciences et dans l'histoire (1861) (=Oeuvres complètes, Tome 3), Paris 1982.

[29] *Ulrich Dibelius*, Postmoderne in der Musik, in: Neue Zeitschrift für Musik. 1989, 4-9, 6.

[30] *Hermann Danuser,* Innerlichkeit und Äußerlichkeit in der Musikästhetik der Gegenwart, in: Ekkehard Jost (Hg.), Die Musik der achtziger Jahre, Mainz 1990, 17-29, 27. Vgl. auch *Manfred Trojahn*, Das Überwinden von Traditionen, in: Elisabeth Haselauer/Karl-Josef Müller (Hgg.), Europäische Gegenwartsmusik – Einflüsse und Wandlungen, Mainz 1984, 31-36, 33.

[31] Zum Zusammenhang zwischen der Idee vom Ende der Geschichte und musikalischen Werken vgl. *Beate Kutschke*, Wildes Denken in der Neuen Musik. Die Idee vom Ende der Geschichte bei Theodor W. Adorno und Wolfgang Rihm, Würzburg 2002.

waren dabei bereits die Titel der Werke symptomatisch: *Wolfgang Rihm* zum Beispiel stellte sich als Komponist durch Titel wie „1.", „2." und „3. Sinfonie" (1969, 1975 und 1976-77) in die klassisch-romantische Gattungstradition und ließ in seinen Orchesterwerken und Streichquartetten deutliche Anspielungen auf *Schubert* und *Mahler* vernehmen. *Wolfgang von Schweinitz* und *Detlev Müller-Siemens* nahmen in den „Mozart-Variationen op. 12" (1976) beziehungsweise den „7 Variationen über einen Ländler von Franz Schubert" (1977-78) auf *Mozarts* „Maurische Trauermusik" bzw. *Schuberts* „Ländler" für Klavier in a-moll Bezug.[32]

Die Argumentation, dass das Auftreten der postmodernen Musik auf den Verlust der traditionellen Idee von Fortschrittsgeschichte zurückging, erklärte die Entstehung der postmodernen Musik allerdings nur partiell und ex negativo: als Wegfall von Tabus und Obsoletwerden des „Kanon des Verbotenen"[33], der den Rückgriff auf frühere Idiome gestattete. Sie konnte nicht nachvollziehbar machen, warum die junge Komponistengeneration zu Beginn der 1970er Jahre nicht nur generell Idiome vergangener Stilepochen imitierte, sondern dabei auffallend häufig auch auf Personalstile zurückgriff. Was motivierte oder inspirierte den engen, eine große Vertrautheit und Nähe demonstrierenden Rekurs auf die großen Meister? Mehr noch: Verriet die Aneignung fremder Personalstile nicht, dass die großen Meister nicht mehr als unantastbar begriffen wurden; artikulierte sich in den postmodernen Werken also nicht auch eine Art von respektloser, Autorität ignorierender Einstellung? – Welche Rolle spielte diesbezüglich „1968"?

2.2

Die 1960er und 1970er Jahre sind gekennzeichnet von einem tief greifenden soziokulturellen Wandel. Die Studenten- und Protestbewegungen in der damaligen Bundesrepublik, die so genannte Neue Linke[34], forderten eine radikale Reform des – ihrer Sicht nach – verrotteten Staates und der verstaubten, verklemmten bundesdeutschen Gesellschaft. Sie trieben den gesamtgesellschaftlichen Umbau voran, indem sie nicht nur einschneidende strukturelle Veränderungen auf institutioneller und staatlicher Ebene forderten, sondern auch mit performativen Verfahrensweisen die die Kultur und Gesellschaft formenden und artikulierenden Symbol-

---

[32] Weitere typisch postmoderne Werke dieses rückwärtsgewandten Typus sind *Wilhelm Killmayers* „Brahms-Bildnis" (1984) für Klaviertrio und „Vanitas Vanitatum, Fünf Romanzen für Violine und Klavier" (1987/88) sowie der nicht ganz ernst gemeinte „Tango pathétique aus Schwanenröschen" (1982) von *Peter Kiesewetter*.

[33] *H. Danuser* (s. Anm. 25), 185.

[34] Die Neue Linke entwickelt sich in den 1960er Jahren vornehmlich in Westeuropa und Nordamerika (vgl. *Dieter Rucht*, Preface, in: ders. (Hg.), Research on social movements. Frankfurt a. M. 1991, 9-13), wohingegen Phänomene, die unter dem Terminus „1968" zusammengefasst werden können, in eben diesem Jahr nahezu global beobachtet werden können (vgl. *Mark Kurlansky*, 1968: The year that rocked the world, London 2004; *George Katsiaficas*, The imagination of the New Left, Boston 1987).

systeme – Umgangsformen, Kleidungs- und Lebensstile – veränderten[35] und damit einhergehend auch massiv das Geschlechterverhältnis, die Pädagogik und andere soziale Beziehungsfelder beeinflussten. Die revoltierenden Jugendlichen und Intellektuellen besetzten die Universitäten und öffentlichen Plätze; sie demonstrierten gegen die Verletzung von Menschenrechten, wie zum Beispiel denjenigen im Vietnamkrieg und zwangen die damalige bundesdeutsche Gesellschaft zu einer vertieften Auseinandersetzung mit ihrer nationalsozialistischen Vergangenheit, indem sie insbesondere diejenigen ehemaligen Sympathisanten und Mitläufer bloßstellten, die weiterhin verantwortungsvolle Posten bekleideten.

Der bekannte Terminus „antiautoritäre Bewegung", der heute eher mit der Entwicklung der antiautoritären Pädagogik und antihierarchischen Verhaltensweisen assoziiert ist, ging dabei ursprünglich, das heißt in den späten 1960er Jahren, aus einer politischen, auf allgemeine staatspolitische Fragen gerichtete Theorie zurück. Der Studentenführer Rudi Dutschke, der das Konzept des Antiautoritarismus einführte, knüpfte hierzu an Max Horkheimer und Theodor W. Adorno an. Horkheimer hatte in den frühen 1940er Jahren den Begriff des „autoritären Staats"[36] geprägt. Der Terminus bezeichnete ein Regime, das aus den „unverschämten Bedürfnissen des Machtapparates"[37] entsteht und auf die „Vernichtung jeglicher Initiative der Beherrschten" abzielt.[38] In indirektem Bezug zu Horkheimer entwickelte Adorno – beide konstituieren den Kern der sozialphilosophischen, kritischen und marxistisch orientierten Frankfurter Schule – mit einer Forschergruppe an der University of California, Berkeley in den 1940er Jahren die Theorie des autoritären Charakters (authoritarian personality), die 1950, fünf Jahre nach dem Ende des Zweiten Weltkrieges und der öffentlichen Kenntnisnahme der nationalsozialistischen Verbrechen gegen die Menschlichkeit, publiziert wurde: Individuen entwickelten, so die Grundthese der Publikation, einen autoritären Charakter, wenn sie Objekt autoritärer und repressiver Erziehung geworden seien.[39] Im Erwachsenenalter sei der autoritäre Charakter[40] gefährdet, die in der Kindheit erfahrenen autoritären und repressiven Umgangsweisen – diesmal in der Rolle des agierenden Subjekts – gegenüber zu Objekten gemachten Individuen seinerseits auszuüben. Diese beiden Theorien Horkheimers und Adornos über die Gefahr autoritärer sozialer Zustände für eine demokratische Gesellschaft verbreiteten sich unter den Linksintellektuellen seit den

---

[35] Vgl. u.a. *Joachim Scharloth*, Ritualkritik und Rituale des Protests, in: *M. Klimke/J. Scharloth* (s. Anm. 1), 75-87. Und: *ders.*, Kommunikationsguerilla 1968 – Strategien der Subversion symbolischer Ordnung in der Studentenbewegung, in: Beate Kutschke (Hg.), Musikkulturen in der Revolte, Stuttgart 2008, 187-196.

[36] *Max Horkheimer*, Der autoritäre Staat (1940/1942), in: *ders.*, Gesammelte Schriften, Bd. 5, Frankfurt a. M. 1987, 293-319.

[37] A. a. O., 301.

[38] Ebd.

[39] *Theodor W. Adorno* (1950), The Authoritarian Personality, New York 1969.

[40] Treffender und weniger missverständlich wäre er als ‚autoritätsorientierter Charakter' bezeichnet.

ausgehenden 1960er Jahren rasch und trieben die Akteure an, autoritäre Strukturen und Verhaltensweisen abzulehnen und auf deren Veränderungen durch die oben genannte Methode der Subversion von Symbolsystemen Einfluss zu nehmen.[41]

Die antiautoritären Impulse, die von den neulinken Intellektuellen popularisiert worden waren, schlugen sich auch im Musikbereich nieder. Ähnlich wie im allgemeingesellschaftlichen Feld manifestierten sie sich in einem Kampf gegen Autoritäten. Musikstudenten stellten u.a. Musiker bloß, die ehemals Anhänger des Nationalsozialismus gewesen waren, das heißt dem autoritären Unrechtsstaat willfährig gefolgt waren. Im Frühjahr 1969 zum Beispiel verteilten Studierende der Musikhochschule Frankfurt ein Flugblatt, das die Zuhörer über die nationalsozialistische Vergangenheit von *Philipp Mohler* aufklärte, der seit 1958 als Professor für Dirigieren an der Frankfurter Musikhochschule lehrte.[42]

Darüber hinaus klagten Musikstudierende und Musiker in ganz Westdeutschland die an den Musikhochschulen und in den Orchestern vorherrschenden Ausbildungsmethoden beziehungsweise Umgangsformen (insbesondere zwischen Dirigent und Orchestermusikern) an, weil diese, so erklärten sie, autoritär und unangemessen leistungsorientiert seien. *Konrad Boehmer* zum Beispiel beschrieb die Musikerausbildung an Hochschulen als

„[...] Drill und gesellschaftlich sanktionierte[n] Zwang zur unablässigen Reproduktion der musikalischen Werte, die da, wo sie funktionslos zu werden drohen und wo das allgemeine Interesse sich von ihnen abwendet, ihre reaktionäre ideologische Basis nur umso deutlicher exponieren."[43]

Solche Aussagen korrespondierten deutlich mit dem Programm der antiautoritären Bewegung, wie es *Hans-Jürgen Krahl* definierte: Das „antiautoritäre Bewusstsein" ist weder

„[...] bereit, sich den repressiven, leistungszwingenden und disziplinierenden Sozialisationserfordernissen des politischen Kampfes zu unterwerfen, noch sich den wissenschaftstheoretischen Leistungskriterien der Reflexion zu beugen."[44]

Die Zusammenarbeitsverhältnisse bei der Ausführung von Musik wurden aufgrund der hierin implementierten hierarchischen Strukturen generell als autoritär und antidemokratisch begriffen.[45] Überschriften wie „Von autoritärem zu gesellschaftsbe-

---

[41] Von den politischen neulinken Bewegungen aus ging der antiautoritäre Impuls in die Pädagogik über, wo er zusammen mit der aus den USA kommenden Kreativitätswelle ein stabiles Beziehungsgefüge konstituierte.

[42] *Miriam Sohar/Beate Kutschke*, Interview der Autorin mit Miriam Sohar am 12. März 2003 in der Universität der Künste Berlin, unveröffentlichtes Manuskript.

[43] *Konrad Boehmer*, Musikhochschule und Gesellschaft (inhaltliche Zusammenfassung der Redaktion), in: Sozialistische Zeitschrift für Kunst und Gesellschaft, 1970 (4): 68-72, 71.

[44] *Hans-Jürgen Krahl*, Zur Dialektik des antiautoritären Bewusstseins (1969), in: *ders.*, Konstitution und Klassenkampf, Frankfurt a. M. 1971, 303-310, 305.

[45] Miriam Sohar erklärte zum Beispiel rückblickend: „Genau wie der Dirigent derjenige ist, der vorgibt, [...] was die anderen zu tun haben, genauso verhält sich auch der Komponist. Ein Komponist gibt genau die Töne vor. Und das ist nicht demokratisch genug. Und mit der politischen Bewegung, mit der antiautoritären Bewegung, mit dem Interesse, für das, was in der Nazizeit passiert ist, [...] mit der Veränderung all dieser musikalischen Strukturen ging auch

wußtem Musikmachen" von *Martin Geck* explizierten demgegenüber das Ziel, im Sinne der antiautoritären Bewegung autoritären Zügen im Musikbetrieb entgegenzusteuern.[46]

2.3

Nicht nur Musiker, sondern auch der klassische Kanon und das klassisch-romantische Repertoire als solches wurden Gegenstand harscher, antiautoritär orientierter Kritik. Dies zeigte sich am deutlichsten im so genannten Beethovenjahr, dem 200. Geburtstag Ludwig van Beethovens, 1970. In Ergänzung zu den üblichen Formen von Zelebrierung – die intensivierte Aufführung von Beethovens Werken, zahlreiche Symposien und Publikationen, die Beethovens Musik gewidmet waren – beauftragten Konzertveranstalter und Rundfunkredakteure[47] zeitgenössische Komponisten, insbesondere Vertreter der radikalen Avantgardemusik, die sich in den 1950er und 1960er Jahren in der bundesdeutschen Avantgardemusik etabliert hatten, zur Gedenkfeier von Beethoven eigene Werke beizutragen. Viele der Komponisten kamen dieser Aufgabe nach, indem sie interessanterweise keine individuellen, ihren persönlichen Kompositionsstil aufweisende Werke, sondern stattdessen vorwiegend Collagen schufen, die Fragmente aus Beethovens Stücken verwandten.

Mauricio Kagel zum Beispiel kreierte gleich zwei, aufeinander aufbauende Werke: einen Film und eine Komposition. Beide Werke tragen den Titel „Ludwig van" und wurden 1970 fertig gestellt.[48] Der Film simulierte den Besuch Beethovens der Stadt Bonn im Beethovenjahr – ab und an erkennt man die Schnallenschuhe und das historische Kostüm des Kameramanns, der filmend durch die Stadt spaziert – und thematisierte die verschiedenen Rezeptions- und Distributionsorte von Beethovens Werken: Schallplattenproduktion und deren Vermarktung, Rundfunk, Fernsehen und Konzert. Er warf Licht auf die Verschaltung von Mensch und Maschine bei der Aufführung von Musik und assoziierte allerhand Situationen, die herkömmlich nicht als in einem Zusammenhang mit Beethoven stehend begriffen wurden, wie Zootiere, spielende Kinder oder den Rinnstein entlang gespülte Zigarettenkippen.

Die gleichnamige Komposition griff auf Material zurück, das für eine Szene des Films entwickelt worden war: eine Art Gartenlaube, dessen Wände, Fußboden, Möbelstücke etc. vollständig mit Beethovennoten ‚tapeziert' worden waren (siehe Abbildung 1).

---

ein Anliegen von Demokratie einher – und zwar ein tiefes Anliegen von Demokratie" *M. Sohar/B. Kutschke* (s. Anm. 42).

[46] *Martin Geck*, Musiktherapie zwischen Heilpädagogik und Sozialpsychiatrie. In: ders. (Hg.), Musiktherapie als Problem der Gesellschaft. Stuttgart 1973, 9-39, 32.

[47] Siehe Anmerkungen 29 und 32.

[48] Die Komposition „Ludwig van" wurde vom Madrider Studio für elektronische Musik *Laboratorio Alea*, der Film vom WDR und dem Dritten Fernsehprogramm in Auftrag gegeben (vgl. *Tomás Marco*, Bericht aus dem Ausland, in: Melos 1970: 197-198, 197).

Abbildung 1: Eine mit Beethovennoten beklebte Gartenlaube, abgefilmt in Mauricio Kagels „Ludwig van"[49]

Die Partitur der Komposition bestand, daran angelehnt, aus Fotografien, die von der Ausstattung dieser Szene hergestellt worden waren. Die Großaufnahmen zeigten Details der mit Notenblättern von Beethoven beklebten und umwickelten Einrichtungs- und Ausstattungsgegenständen (siehe Abbildung 2). Wie soll diese ungewöhnliche Partitur den Vorstellungen Kagels nach in Klang umgesetzt werden? Gemäß den Instruktionen zu Beginn der Partitur wählen die Ausführenden – eine beliebige Anzahl von Spielern und eine beliebige Besetzung – ein beliebiges Blatt[50] aus der halb graphischen, halb konventionellen Partitur und spielen dasjenige, was sie auf dem Blatt erkennen und wiedergeben können. Diejenigen Passagen, die optisch unklar oder verzerrt sind – Falten, die beim Umwickeln entstanden waren, oder Unschärfen, die aus fototechnischen Gründen einzelne Segmente der Aufnahme betreffen –, sollen durch eine verfremdete Spielweise akustisch umgesetzt werden. Der Beginn der Instruktionsliste lautet:

„1. Die Reihenfolge der Seiten ist ad libitum. Das Orchestermaterial besteht aus losen Seiten.
1.1 Jede Seite kann als ein in sich geschlossenes Musikstück wie auch als Teil eines umfangreicheren Ablaufs aufgefaßt werden.

---

[49] Maurico Kagel „Ludwig van" © Mit freundlicher Genehmigung der Universal Edition A.G., Wien/UE 14931.
[50] Die Radikalität dieser Indeterminiertheit ist nicht unähnlich zu den Partituren Cages aus den frühen 1960er Jahren (zum Beispiel „Variations IV" von 1963).

1.2 Die Spieler können gemeinsam die gleiche Seite oder gleichzeitig verschiedene Seiten interpretieren.
1.3 Jede der vier Kanten eines Notenblattes kann als Unterkante gelten"[51]

Die polyphone Struktur resultiert aus der zufälligen Kombination von den verschiedenen, von den Ausführenden gewählten Notenblättern.

Abbildung 2: Detailaufnahme eines Einrichtungsgegenstands der Gartenlaube, zugleich eine Seite der Partitur von Mauricio Kagels „Ludwig van"[52]

Ein weiteres Stück, dessen Auftrag im Zusammenhang mit dem Beethovenjahr erteilt worden war, ist *Karlheinz Stockhausens* „Kurzwellen mit Beethoven".[53] Da die Partitur nicht veröffentlicht wurde und Stockhausen das Stück mittlerweile von seiner Werkliste gestrichen hat, lässt sich die Struktur der Komposition nur von der Plattenaufnahme, die 1970 vertrieben wurde, rekonstruieren. Stockhausen und sein Improvisationsensemble – Aloys Kontarsky (Klavier), Harald Bojé (Elektronium), Johannes G. Fritsch (elektronische Bratsche), Rolf Gehlhaar (Tamtam) und Karl-

---

[51] *Mauricio Kagel*, Ludwig van (Partitur), Wien 1970, V.
[52] Maurico Kagel „Ludwig van" © Mit freundlicher Genehmigung der Universal Edition A.G., Wien/UE 14931.
[53] Stockhausen hat das Werk, das von der Düsseldorfer Arbeitsgemeinschaft kultureller Organisationen in Auftrag gegeben wurde, mittlerweile von seiner Werkliste gestrichen (*Gerhard R. Koch*, Beethoven – Stockhausen, in: Neue Musikzeitung, Juni/Juli 1970: 14).

heinz Stockhausen (Klangregie) – spielen auf der vorliegenden Aufnahme zu Tonbändern, die aus verschiedenen, zum Teil verfremdeten Beethovenstücken zusammengestellt worden waren. Formal basiert das Werk auf *Stockhausens* Komposition „Kurzwellen" (1968). Ein weiterer Kompositionsauftrag ging an *Wilhelm Siebert*, der aus Teilen von Beethovens Konversationsbüchern, wissenschaftlichen Kommentaren und Reklameschriften die Persiflage „Unser Beethoven" (für Chor, Klavier und Sprecher) schuf.[54]

Die Gründe für die Wahl der Collagetechnik lagen dabei offensichtlich in einem allgemeinen Missbehagen bezüglich der mit Beethovens Werken verbundenen Aufführungstradition und -konventionen sowie der Aufführung der klassisch-romantischen, kanonischen Werke im Allgemeinen. Der damals 31 Jahre alte Komponist *Nicolaus A. Huber* zum Beispiel erklärte in einem Kommentar, den er in Verbindung mit einem vom Hessischen Rundfunk gesendeten Zyklus von sämtlichen Sinfonien Beethovens verfasste:

„Beethovens Edelmut, Kampfgeist, erhabenes Ringen, unerbittlicher Idealismus wurden [in der Vergangenheit, B.K.] mißbraucht als Reklame für eben die Werte, die längst zum bloßen dumpfen Gefühl einer wohlig-etablierten Klasse herabgesunken waren. Was tun gegen hymnischen Leerlauf? Zerstörung des Absolutheitsanspruchs [...] Beethoven gegen 'Beethoven heute' zu Hilfe rufen."[55]

Noch deutlicher brachte der Musikkritiker *Gerhard R. Koch* zum Ausdruck, dass seiner Meinung nach Beethoven „gerettet" werden müsse. An Brecht anknüpfend kritisierte er, dass <u>Tradition</u> den Zugang zu den großen Werken

„[...] verstelle, wie ein dicker Firnis das originale Bild überlagere. Der Vergleich mit den durch den musealen Galerieton eingedunkelten und dadurch manchmal fast bis zur Unkenntlichkeit entstellten Bildern Rembrandts drängt sich auf. Auch sinnvolle musikalische Interpretation müsste erst einmal daran gehen, an Gips und Lack zu kratzen, die Schmutzschicht geheiligter Konventionen abzuwaschen."[56]

Kagel selber kommentierte sein Vorgehen in Bezug auf „Ludwig van":

„Unsere Auffassung von Werktreue – vor allem bei der Musik des 18. und 19. Jahrhunderts ist erholungsbedürftig. Die krankhaften Anstrengungen, bekannte Musikstücke der Vergangenheit noch bekannter zu machen, hat in der Interpretation klassischer Musik eine Tendenz zur Mäßigung und Salonfähigkeit entwickelt. Statt einzelner Werke sollte heute die Essenz der Meister interpretiert werden."[57]

Er intendierte, dies

---

[54] Weitere zeitgenössische Werke, die im Umfeld des Beethovenjahres und mit eindeutigem Bezug zu Beethoven komponiert wurden, waren „Hommage à Beethoven" (1969) von *Ján Cikker*, „Al chiaro di luna die Beethoven" (1970) von *Giuseppe Chiari* und „Dithyrambus über ein Thema von Beethoven" (1969) von *Friedrich Voss*.

[55] *Nicolaus A. Huber*, Soll man heute noch Beethoven spielen? (1970), in: Josef Häusler (Hg.), Durchleuchtungen. Texte zur Musik 1964-1999, Wiesbaden 2000, 39.

[56] *Gerhard R. Koch*, Beethoven a tempo, in: Musica 1970, 124-125, 124.

[57] *Mauricio Kagel/Karl Faust*, Über die Komposition ‚Ludwig van'. Karl Faust im Gespräch mit Mauricio Kagel, in: Musik und Bildung 1971, 555-556, 555.

„[...] durch eine gesteigerte Subjektivität des Musikers [zu erreichen], durch Einbeziehung von Spiel- und Kompositionstechniken, die anscheinend der auszuführenden Musik nicht gerecht werden."[58]

Die indeterminierte, einen fragmenthaften Charakter erzeugende Collagetechnik, die Kagel auf Beethovens Musik anwandte, stellt insofern solch eine Spiel- und Kompositionstechnik dar, die Beethovens ausgewogenen und abgeschlossenen Werken ganz offensichtlich nicht gerecht wird. Mit den Collagetechniken bedienten sich Kagel, Stockhausen und Siebert also einer Präsentationsform des alten Meisters, die seine Werke in so ungewohnter Gestalt hören ließ, dass der Zuhörer – aufgrund von Neugierde oder Irritation – dazu stimuliert wurde, genauer zuzuhören und insofern Beethovens Musik neu – und authentischer – zu erfahren.

In welcher Weise stehen Beethovens zweihundertjähriger Geburtstag 1970 und die hier geschilderten kompositorischen Verfahren von Kagel, Stockhausen und Siebert jedoch in einem Bezug zur antiautoritären Bewegung, die sich im Zuge der Studenten- und Protestbewegungen formierte, sowie zu dem Abschied von der Idee des originalen und daher unkopierbaren Meisterkomponisten? – Obwohl die Avantgardekomponisten selber Fragen der Autoritätskritik im Kontext von Beethovens zweihundertjährigem Geburtstag *nicht* erörterten, manifestierte sich der antiautoritäre Impetus bereits deutlich in den Titeln zu ihren Beethoven zelebrierenden Werken: *Kagels* „Ludwig van" und *Sieberts* „Unser Ludwig" nehmen auf Beethoven mit dem Vornamen Bezug, das heißt sie duzen quasi den klassischen Komponisten und zeigen damit, dass Fragen des Respekts und der Ehrerbietung, wie sie einer Autorität gebühren, für die genannten Komponisten keine Rolle spielen.

Es ist daher nicht überraschend, dass verschiedene Rezensenten, die den mit der Komposition von Kagel gleichnamigen Film besprachen, explizit einen Bezug zwischen Kagels Beethoven-Werken und der politischen antiautoritären Bewegung herstellten. *Gerhard Brunner* zum Beispiel, damals freischaffender Journalist, begriff die entrüsteten Reaktionen aus dem Publikum – einige Stimmen riefen „Schweinerei" und „hirnlose Scheiße" – als Symptome eines unterwürfigen Glaubens an die „heilige Tradition" und die „ewig gültigen Werte".[59] Der Unwillen einiger Zuschauer, die kreative Weiterverarbeitung von Beethovens Werken in avantgardemusikalischen Werken anzuerkennen und wertzuschätzen, wurde als Hinweis auf Autoritätshörigkeit interpretiert.

---

[58] Ebd.
[59] Die vollständige Textstelle lautet: „Mehrere tausend Jahre abendländischer Geistesgeschichte seien in diesen hundert Minuten verächtlich gemacht, heilige Traditionen beschmutzt, ewig gültige Werte besudelt worden. ,Schweinerei' und ,hirnlose Scheiße' tönte es Kagel aus vielen Kehlen entgegen" (*Gerhard Brunner*, Mauricio Kagel – ein Wiener Störenfried, in: Melos 1970: 367-368, 368).

Den Film selber begriff Brunner als einen höchst willkommenen und gebilligten Angriff auf die Klassikkonsumenten generell, den Rezensenten mit eingeschlossen, das heißt auf

> „[...] die aktiven oder passiven Teilhaber an einer gigantischen Verbindung von Kultur und Kommerz, der wir all die schönen Jubeljahre und Festspiele zu danken haben: als die sichtbarsten Zeichen unseres Autoritätsglaubens, der sich an das Unverlierbare und Unzerstörbare der klassischen Überlieferung hält." [kursiv von mir, B.K.][60]

Kagels Umgang mit Beethovens Werken signalisierte somit aus Brunners Perspektive – für die sich entrüstenden Zuschauer wie auch generell – die Ablehnung von Autorität, das heißt einer Haltung, die mit derjenigen der antiautoritär orientierten Studentenbewegung korrespondierte.

Das Beziehungsgefüge zwischen der weiterverarbeitenden Adaption von Werken des klassisch-romantischen Kanons (hier Beethoven) und einer antiautoritären Orientierung artikulierte sich auch in Überlegungen, die Koch in dem oben zitierten Essay zu den Veranstaltungen im Beethovenjahr anstellte. Koch empfahl für die Zukunft einen neuen, antiautoritären Zugang zum Komponisten, der u.a. darin bestehen sollte, dass ein „lebendiges, *engagiert-kritisches* Verhältnis zu den Werken [und] der Mut, Beethoven nicht mehr heuchlerisch als heilige Kuh zu betrachten [kursiv von mir, B.K.]" entwickelt werde. Koch setzte hinzu: „Der *autoritäre* Anspruch der Klassikerkultur muss abgebaut werden [kursiv von mir, B.K.]"[61] Die autoritätskritische Haltung, die Kagel in seinen Werken zum Beethovenjahr artikuliert hatte, wurde somit also als Leitprinzip zukünftigen Komponierens empfohlen.

Fazit

Kehren wir zu der anfangs gemachten Beobachtung zurück, dass sich die betonte Anlehnung postmoderner Komponisten an die ‚alten Meister' zu Beginn der 1970er Jahre nicht befriedigend erklären lässt, wenn sie allein auf das Obsoletwerden der Idee von ‚Geschichte als Fortschritt' zurückgeführt wird. Die Untersuchung der Art und Weise, wie etablierte Avantgardekomponisten 1970 mit Kompositionsaufträgen anlässlich von Beethovens zweihundertjährigem Geburtstag umgingen, hat gezeigt, dass der damalige E-Musikbereich – Klassik und Avantgarde – offensichtlich von den antiautoritär orientierten Ideen und Wertvorstellungen der Studenten- und Protestbewegungen der 1960er Jahre beeinflusst waren.[62] Es dürfte dieser antiautoritäre Impuls gewesen sein, der nicht nur die etablierten Avantgardisten dazu inspirierte, die Werke Beethovens mit dem Habitus des Vertrauten gegen den Strich zu bürsten,

---

[60] Ebd.
[61] *G. Koch* (s. Anm. 56), 124.
[62] Dieses Erklärungsmodell korrespondiert im Übrigen auch mit Fredric Jamesons Definition, dass die Postmoderne eine Krise der kulturellen Autorität und einen Wandel von Weltanschauungen reflektieren würde (vgl. *Fredric Jameson*, Postmodernism, or the Cultural Logic of Late Capitalism, London 1991).

sondern auch ihren jüngeren Kollegen, wie *Wolfgang Rihm, Detlev Müller-Siemens* und *Wolfgang von Schweinitz,* erlaubte, auf die großen Meister Bezug zu nehmen.[63]

Die vergleichsweise große Aufmerksamkeit, die den großen Meistern im Zuge des Beethoven-Jahres gewidmet wurde, schlug sich nicht nur in postmodernen Werken nieder, sondern mündete bei den Vertretern der radikalen Avantgarde – offenbar angeregt durch die persiflierenden Collagen – in einen neuen kompositorischen Themenkomplex, der um ausgewählte große Meister kreiste. *Kagels* „Variationen ohne Fuge" (1971/1972)[64], „Fürst Igor, Strawinsky" (1982), „2 Balladen von Guillaume de Machault" (1983) und „Sankt-Bach-Passion" (1985) sowie *Dieter Schnebels* „Re-Visionen"-Zyklus, den er seit 1972 kontinuierlich fortschreibt[65], sind hierfür paradigmatisch. Der Umschlag von der Moderne zur Postmoderne im E-Musikbereich stellt sich, so gesehen, weniger als ein radikaler Bruch, wie herkömmlich beschrieben, sondern vielmehr als ein Übergang dar.[66]

Im E-Musikbereich manifestierte sich der Geist von „1968", die antiautoritäre Bewegung, freilich nicht nur in der Genese der postmodernen Musik der jungen Komponistengeneration und einer stilistischen Veränderung und Moderierung der Kompositionen von einigen, nicht allen, etablierten radikalen Avantgardekomponisten. „1968", das heißt das linksintellektuelle Klima sowie die Ideen, Haltungen und Einstellungen, die durch die Studenten- und Protestbewegungen der 1960er und 1970er Jahre initiiert wurden, hinterließen ebenfalls in der Orchesterkultur und der Alte-Musik-Bewegung ihre Spuren.

Dass autoritäre Umgangsformen von den linksintellektuellen Musikern entschieden abgelehnt wurden und im Anschluss an die antiautoritäre Bewegung nicht mehr praktiziert werden konnten, darauf wurde bereits weiter oben hingewiesen. Dirigentenpersönlichkeiten wie Toscanini oder Karajan – Toscanini soll seine Musiker angeschrieen haben und in der Wut Taktstöcke zerbrochen haben – sind daher im Zuge von „1968" zunehmend seltener geworden und heute unmöglich. Die Ablehnung autoritärer, hierarchischer Umgangsformen artikulierte sich darüber hinaus auch in den Bestrebungen der historischen Aufführungspraxis. Das Bedürfnis, musikalische Interpretationen in einem kommunikativen Prozess gemeinsam und un-

---

[63] Roland Barthes' Postulat vom „Tod des Autors" aus dem Jahre 1968 ist zwar insofern mit dem antiautoritären Impuls verwandt, als die Bedeutung des Autors für das Werk herabgestuft wird; letztlich bezeichnet es jedoch einen vollkommen anderen Sachverhalt, nämlich die semiotische Überlegung, dass der Sinn eines Textes nicht vom Autor gänzlich gesteuert und festgeschrieben werden kann, sondern aus dem Text als Zeichensystem quasi eigendynamisch emergiert und/oder vom Perzipienten erzeugt wird.

[64] Sie nehmen auf die „Variationen und Fuge über ein Thema von Händel" für Klavier (1861/1862, op. 24) von *Johannes Brahms* Bezug.

[65] Vgl. „Schubert-Phantasie" (= Re-Visionen I,5) (1978, revidiert 1989), „Webern-Variationen" (= Re-Visionen Nr. 3) (1972), „Re-Visionen II" mit den Sätzen „Verdi – Moment", „Mahler – Moment", „Mozart – Moment", „Schumann – Moment" und „Janacek – Moment" (1986-1992), sowie auch „Beethoven – Symphonie" (1985).

[66] Dies zeigt sich auch deutlich anhand *Luciano Berios* „Sinfonia" (1968), die mal als modernes, avantgardistisches, mal als postmodernes Werk kategorisiert wird.

abhängig von den verbindlichen Vorgaben eines Dirigenten zu entwickeln, fanden die Verfechter des Originalklangs in der musikhistorischen Theorie unterstützt, dass Musikensembles bis zum 19. Jahrhundert ohne einen Dirigenten (als ausschließliches Tätigkeitsfeld eines Musikers) ausgekommen waren.[67] Mit der impliziten Entnazifizierung im musikalischen Bereich ging weiter einher, dass nicht nur die Dirigenten selber, die eine nationalsozialistische Vergangenheit besaßen, sondern die von dieser Musikergeneration vertretenen Klangideale in Misskredit gerieten.[68] Der typische gewichtige, sonore Karajan-Sound wurde, auch unter dem Einfluss der Alte-Musik-Bewegung, durch eine leichtere, durchsichtigere Klangästhetik ersetzt.

---

[67] Vgl. *Kailan R. Rubinoff*, The Early Music Movement in the Netherlands: History, Pedagogy and Ethnography (Dissertation, University of Alberta), Ann Arbor (Michigan) 2006.
[68] Vgl. *Martin Elste,* Die Politisierung von Sprache und Kriterien der Musikkritik nach 1968, in: *B. Kutschke* (s. Anm. 35), 65-73.

Bildende Kunst um 1968 – eine „Kulturrevolution" und ihr künstlerisches Umfeld
Joseph Beuys und Andy Warhol auf der documenta 4 in Kassel

Petra Kissling-Koch

> „Die Künstler, bisher Außenseiter der Gesellschaft [...], werden – so hoffen wir – bald in ihrer Mitte stehen, um sie mitzuverändern, und in einer verwandelten Gesellschaft könnte die Kunst mehr sein als nur das ästhetische Alibi für Privilegierte."[1]

Programmatisch klingende Worte, mit denen der Ausstellungsleiter Arnold Bode den Anspruch der documenta 4 von 1968 klar formuliert. Doch welche Rolle spielt die „68er"-Bewegung tatsächlich für die internationale Schau in Kassel? Und welche Auswirkungen hat der gesellschaftliche Wandel auf die bildende Kunst der Zeit? Die Jahre um 1968 gelten heute als tief greifende, kulturrevolutionäre Zeitspanne im 20. Jahrhundert. In unserem Gedächtnis haben sich aus diesen Tagen Bilder von radikalen Studentendemonstrationen und Jugendprotesten eingeprägt, die einen bedeutenden soziokulturellen Wandel markieren. Doch Generationskonflikte machen sich nicht nur auf gesellschaftspolitischer Ebene bemerkbar. Umstrukturierungen erschüttern auch die Kunstszene. Die Musik, die Literatur, das Theater, die Mode, die Malerei, die Bildhauerei, die Architektur oder das Design – alle Formen der Kunst antworten ebenso sensibel auf die weltweiten Ereignisse wie das politische Weltgeschehen selbst. Der Versuch, sich zu reformieren, gelingt dabei mal mehr, manchmal weniger erfolgreich.

Joseph Beuys und Andy Warhol gehören zu den Protagonisten eines veränderten Kunstprozesses, der sich bereits in den Jahren vor 1968 abzeichnet. Ihre Werke stehen stellvertretend für die Forderung, mit Hilfe der Kunst nachhaltigen Einfluss auf die gesellschaftliche Stimmung auszuüben. Joseph Beuys' erweiterter Kunstbegriff und sein Wunsch nach *Umgestaltung der Gesellschaft* ebenso wie Andy Warhols Leitsatz *Alles ist Kunst und nichts ist Kunst* stehen im Vordergrund einer Antikunst-Diskussion, die sich zwar nicht erst auf der documenta 4 neu entzündet, aber ins Blickfeld internationaler Kunstkreise rückt. Zeitgleich zur politischen Diskussion greifen Warhol und Beuys in ihren Arbeiten die aktuelle Debatte um die Funktion künstlerischer Werke im sozialgesellschaftlichen Kontext auf. Sie stellen dabei den herkömmlichen Kunst- und Kulturbegriff radikal in Frage. Ihren Beiträgen auf der documenta 4, die Grundlage der folgenden Betrachtung sind, geht eine

---

[1] *Arnold Bode*: documentadocumenta, in: 4. documenta, Katalog 1, Kat. Ausst. Kassel, Kassel 1968, XII.

spürbare Unruhe voraus, die wiederum für die Analyse und Beurteilung der bildenden Kunst um 1968 von großer Bedeutung ist.

Großen Einfluss auf die Protestbewegung der 1960er Jahre nehmen zunächst die Situationisten.[2] Sie gehören mit ihren Aktivitäten in Paris, Straßburg, Turin, London, Amsterdam und München zu den entscheidenden Initiatoren der studentischen Unruhe. Ihr Hauptsprecher Guy Debord verkündet bereits 1958 eine kulturelle Revolution. Mit seiner „Theorie der situationistischen Aktion" soll das „[...] Elend aller bestehenden kulturellen Erscheinungsformen beendet werden, vor allem das ihres längst verfaulten Kadavers, der Kunst".[3] Debord fordert eine qualitative Erneuerung des durch Industrialisierung, Konsumzwang und Entfremdung pervertierten Alltags. Ab 1965 schließen sich bildende Künstler, Museumsleute, Kunstjournalisten und Galeristen den sich international ausbreitenden Protestwellen an und unterstützen sie mit eigenen Initiativen. In den Vereinigten Staaten bildet sich 1966 das *Artists and Writers Protest Committee*. Im selben Jahr folgt in Los Angeles der Friedenssturm für Vietnam, an dem sich mehr als 250 Künstler beteiligen. In New York, dem Lebensmittelpunkt Warhols, entsteht 1967 in der „Angry Arts Week" eine „Collage of Indignation".[4] Künstler engagieren sich zunehmend in der Friedensbewegung und nehmen an Aktionen gegen Rassismus, Sexismus, Repression und Krieg teil. Sie stellen ihre künstlerischen Ideen in den Dienst der revolutionären Bewegung. Der finanzielle Erlös aus zahlreichen Ausstellungen, Auktionen und dem Verkauf von Siebdruckmappen kommt der Unterstützung bedeutender Protestaktionen zugute wie dem Großen Marsch auf Washington 1968.[5] In Deutschland bilden sich zeitgleich Gruppen und Zellen der Unzufriedenheit. Beuys inszeniert 1967 erstmals an der Kunstakademie Düsseldorf eine Gründungsversammlung der *Deutschen Studentenpartei als Metapartei*. Zuvor schon macht er mit diversen

---

[2] 1957 kommt es in Paris zur Gründung der Situationistischen Internationalen, die nicht nur eine Nivellierung aller Traditionen, gesellschaftlichen Konformitäten oder Gewohnheiten fordert, sondern vor allem auch eine revolutionäre Praxis in der Kunst. Die Gruppe formiert sich aus zahlreichen Schriftstellern, Künstlern und Soziologen, die ihre Forderungen politisch verstehen. Künstlerisches Denken und Handeln findet ihrer Ansicht nach in der Gestaltung der alltäglichen Lebenswelt statt. Ihre Aktionen hinterlassen deutliche Spuren in der Kunst- und Protestszene um 1968. So ist die Kommune I ein Produkt der SI. In München bildet sich 1959 eine Splittergruppe, die deutsche Sektion SPUR; näheres siehe *Marie Luise Syring*, Der Duchamp-Konflikt, in: dies. (Hg.), Um 1968. Konkrete Utopien in Kunst und Gesellschaft, Kat. Ausst. Düsseldorf, Düsseldorf 1990, 17-20, 19; zu den Situationisten siehe auch *Karl Ruhrberg*, Kunst – Die Gleichzeitigkeit des Gegensätzlichen, in: Hilmar Hoffmann/Heinrich Klotz (Hg.), Die Sechziger. Die Kultur unseres Jahrhunderts, Düsseldorf/Wien/New York 1987, 146-179, 151f.
[3] Debord zitiert nach *M. L. Syring* (s. Anm. 2), 19.
[4] Vgl. auch *Marie Luise Syring*, Trauer und Protest, Heldenbilder und Satire, in: dies. (s. Anm. 2), 101-104, 101.
[5] Ebd.

Fluxusaktionen[6] auf seine Ziele aufmerksam. Größere Resonanz in der Öffentlichkeit erhalten die künstlerischen Streiks dann 1968 auf der 4. documenta in Kassel. Die Kunstmanifestation wird Ziel der Kritik am Kunstestablishment sowie am Fetisch- und Warencharakter des Kunstwerks. Man fordert die konkrete Veränderung der Produktions- und Rezeptionsbedingungen von Kunst. Ziel ist eine politische Kultur, bei der nicht die Kunst für die Politik instrumentalisiert werden soll, sondern die Politik von der Kunst erobert wird.

Rund 1000 Werke von 152 Künstlern aus 17 Ländern werden der Öffentlichkeit im *Museum für 100 Tage* präsentiert. Die Arbeiten im Fridericianum, in der Orangerie und in der Galerie an der Schönen Aussicht sollen die komplexe Situation der zeitgenössischen Kunst und ihrer wichtigsten Strömungen dokumentieren. Die documenta 4 zeigt sich in den Augen der Veranstalter betont jung, ohne Retrospektive. In ihrem Fokus stehen die Pop-Art, Op-Art, Minimal-Art, Kinetik und das Environment. Doch die Ausstellung wird bereits im Vorfeld von heftigen Kontroversen um das Konzept und die weitere Zukunft der Werkschau begleitet, was schließlich zum Rücktritt Werner Haftmanns führt. Arnold Bode übernimmt nun alleine die Leitung des 25köpfigen Gremiums. Das veränderte Klima schlägt sich auch in der Organisationsform der documenta nieder. Sie bleibt lange Zeit die einzige Schau, die auf einem konsequent demokratischen Beschlussverfahren beruht. Der Glaube an kollektive Entscheidungen blüht 1968 wie nie zuvor, sodass es neben diversen Rats- und Arbeitsausschüssen nun auch einen Vorbereitungs-Vorspann-Informations-Organisationsausschuss[7] gibt. Die politische Unruhe geht also auch an der documenta nicht spurlos vorbei. Besonders deutlich wird dies an der gezielten Störaktion der Künstler Wolf Vostell und Jörg Immendorff anlässlich der Eröffnungs-Pressekonferenz. Vostell und seine Anhänger, die sich mit gelben Blindenarmbinden kenntlich machen, werden schließlich im Verlauf der Ausstellung zum Publikumsmagneten durch ihre provokante Inszenierung einer Anti-documenta.

Kritische Stimmen betonen, dass die amerikanischen Künstler zu übermächtig vertreten seien. Es kommt zu Protesten gegen die so genannte „americana", da die

---

[6] Beuys' erste Fluxusaktion trägt den Titel *Beuys 1963 FLUXUS-Konzert: Komposition für 2 Musikanten*. Sie wird im Rahmen des FESTUM FLUXORUM. FLUXUS. MUSIK UND ANTIMUSIK: DAS INSTRUMENTALE THEATER 1963 an der Staatlichen Kunstakademie Düsseldorf aufgeführt. Fluxus unterscheidet sich vom Happening durch die Trennung von Akteuren und Publikum. Während beim Happening der Betrachter Teil des Kunstprozesses wird, konfrontiert Fluxus den Zuschauer mit der Darbietung und bezieht lediglich ihre Reaktionen (Beuys) mit ein. In Europa fungieren die Aktionen Anfang der 1960er Jahre als Konzerte oder Events, wobei Musik abweichend von den üblichen Gewohnheiten verwendet wird: Instrumente dienen weniger der Melodie- als der Geräuscherzeugung. Beuys Fluxusaktionen werden maßgeblich von den Künstlern John Cage, Nam June Paik und dem Theoretiker George Maciunas beeinflusst. „Fluxus war die Absage an alle herkömmlichen Aufführungsformen, an deren Professionalität, Illusionscharakter und Requisitenumgang, eine Absage an die Verwertbarkeit von Kunst und deren forcierten Selbstausdruck." (*U. M. Schneede*, Joseph Beuys. Die Aktionen, Stuttgart 1994, 11).

[7] Siehe auch *Manfred Schneckenburger*, documenta. Ideen und Institution, München 1983, 91.

politisch-kritische Kunst und die Aktionen der Fluxusbewegung fehlen. Künstler fordern mehr sozial relevante Kunst und verteilen daraufhin Flugblätter.[8] Im Streit um das inhaltliche Konzept der documenta ertönt zusätzlich die Stimme der Außerparlamentarischen Opposition (APO). Sie sieht in den mit öffentlichen Mitteln exponierten Kunstbehauptungen der jüngeren Generation ein Stabilisierungsmittel bürgerlicher Herrschaft. Obwohl Bode erklärt, „zum Establishment gehört auch diese documenta nicht – wie wir meinen. Was ihre Bedeutung ausmacht, ist wohl die Tatsache, dass die documenta nicht als etablierte Institution existiert"[9] – die Studentenbewegung verkündet klar ihre Ziele und sieht sich erst in der Abschaffung des Repressionsinstruments documenta bestätigt.

Dem äußeren Wandel in der Betrachterperspektive folgt ein innerlicher Veränderungsprozess in der Kunstproduktion der 1960er Jahre. Die Performance und das Happening werden zum Inbegriff der Aktionskunst, die den Entstehungsweg eines Kunstwerks nicht nur dokumentiert, sondern den teilnehmenden Betrachter zum Bestandteil der Kunst erklärt. Die Werke der Künstler stehen nun unmittelbar im sozialen Kontext; die Alltagsrealität wird zum Kunstgegenstand erhoben. Die Distanz zwischen Kunstproduktion und Kunstrezeption soll verringert werden, was die auf der documenta 4 von Bazon Brock ins Leben gerufene „Besucherschule" zusätzlich unterstützt. Der Mentalitätswechsel in den 1960er Jahren äußert sich auch in einer neuen künstlerischen Haltung, bei der die formale und inhaltliche Bestimmung den Produktionsmethoden entspricht. Der bisher vorrangig pädagogische Auftrag der documenta erweitert sich zunehmend um eine gesellschaftskritische Position, bei der das Ziel bereits seit der Ausstellung von 1964 klar vor Augen ist. Im Mittelpunkt steht nicht nur das Kunstwerk in seiner Beziehung zum Raum, sondern vor allem die Ausstellungsplattform documenta als Diskussionsforum. Das kritische Echo der Besucher soll das Verhältnis der Öffentlichkeit zur zeitgenössischen Kunst sichtbar machen.[10] Für Bode hingegen besteht die Aufgabe der 4. documenta vor allem in einer Bewusstseinsbereicherung und Bewusstseinstransformierung:

> „Die Kunst löst sich aus ihren alten Bezügen. Das Tafelbild verliert an Bedeutung, die Skulpturen haben oft keinen Sockel nötig und die Kunstwerke ergreifen Besitz vom Raum. Das visuelle Erlebnis wird umfassend, die ästhetische Wirklichkeit wird nicht mehr nur partiell begriffen, sondern im Umgriff, in der Einheit, im Environment."[11]

Die hier von Bode angedeutete Selbstreflexion und Kollektivfahrung gehört zum Ausdrucksmittel der „68er". Ihre Umsetzung steht bald auch im Zentrum der künstlerischen Tätigkeit und wird zum bestimmenden Thema des neuen Kunstverständnisses. Doch gerade das Fehlen der Aktionskunst und des Environment wird

---

[8] *Dirk Schwarze*, Meilensteine: 50 Jahre documenta. Kunstwerke und Künstler, Berlin 2005, 61.
[9] *A. Bode* (s. Anm. 1), XII.
[10] Siehe auch *Alfred Nemeczek*, documenta III. Dokumentation, ein fragmentarischer Versuch, in: 4. documenta, Kat. Ausst. Kassel, Kassel 1968, 2.
[11] *A. Bode* (s. Anm. 1), XII.

von den Demonstranten auf der documenta 4 stark kritisiert, obwohl mit Beuys einer der wichtigsten Persönlichkeiten dieser neuen Kunstrichtung vertreten ist.

1968 ertönt auf breiter Ebene eine grundsätzliche Kritik an der modernen Industriegesellschaft. Der Wunsch nach einem neuen Autonomieverständnis wird laut und erschüttert damit die bürgerliche Moral. Kristallisationspunkt in der Kunst werden dabei Marcel Duchamps so genannte Antikunst-Konzepte. Sein Zugriff auf den trivialen Alltagsgegenstand findet in der Pop Art bei Andy Warhol und in der sozialen Plastik bei Joseph Beuys seine Fortsetzung. Duchamp führt das Original als das Einmalige ad absurdum und ermöglicht damit die multiplizierbare Kunst.[12]

Seine Auffassung von Kunst wird Mitte der 1960er Jahre zum Katalysator einer neu entfachten Diskussion über die Aufgabe der Kunst und die Funktion eines Künstlers, was ihren Höhepunkt nicht nur in den Arbeiten von Beuys und Warhol erreicht, sondern zum Motor vieler neuer Kunstformen wird.[13] 1968 stehen die beiden Künstler im Fokus der allgemeinen Aufbruch- und Protestbewegung. Als sie mit ihren Werken auf der documenta 4 ins Bewusstsein der breiten Öffentlichkeit dringen, ist ihr künstlerischer Erfolg, nicht nur in nationalen Kunstkreisen, deutlich erkennbar. Doch welche Bedeutung ihre Arbeiten tatsächlich für das veränderte gesellschaftliche Klima besitzen und wie deutlich die Auswirkungen auf der 4. documenta zu spüren sind, lässt sich nur verstehen, wenn man die künstlerische Laufbahn von Beuys und Warhol schon vor 1968 in die Analyse mit einbezieht.

„Kunst für alle" – Joseph Beuys und Andy Warhol auf dem Weg zur documenta 4

Als um 1968 der gesellschaftliche Konflikt eskaliert, sitzt Beuys bereits sieben Jahre auf dem Lehrstuhl für Freie Bildhauerei an der Staatlichen Kunstakademie Düsseldorf. Während dieser Zeit kommt es zu zahlreichen Protestaktionen, die teilweise von Beuys initiiert werden. So setzt er sich 1964 in einem Aktenvermerk für die Erhöhung der Berliner Mauer um 5 cm ein – aufgrund der besseren Proportionen. Nachdem Ereignisse wie die Durchsuchung der Redaktionsräume des Nachrichtenmagazins „Der Spiegel" und der Tod Benno Ohnesorgs am 2. Juni 1967 für große Empörung sorgen, politisiert sich die Situation auch an der Akademie zunehmend. Es erscheint die erste Ausgabe von „Pro-Thesen", einer unabhängigen Studentenzeitung der Universität Düsseldorf, die gegen politische Abstinenz plädiert und die bevorstehende Partei durch Joseph Beuys ankündigt. Die Gründung der Deutschen Studentenpartei (DSP) ist die Folge der „akuten Bedrohung durch die am Materialismus orientierte, ideenlose Politik und der damit verbundenen

---

[12] Seit 1936 beschäftigt sich Duchamp mit der Idee vervielfältigbarer Objekte. Er lässt zahlreiche Duplikate seiner Werke anfertigen, was dazu führt, dass es in den 1960er Jahren mehr Reproduktionen gibt als noch existierende „Originale" seiner Werke.

[13] M. L. Syring (s. Anm. 2), 17.

Stagnation"¹⁴, was in den Augen der Mitglieder eine Erweiterung auf geistiger und künstlerischer Ebene notwendig macht. Mit dieser Erziehungspartei sollen die Grenzen zwischen Kunst und Politik aufgehoben werden, wobei eine Lebenskultur ohne materielle Konsumbetonung im Vordergrund steht.

An seinen Aktionen wird deutlich, dass Beuys schon seit geraumer Zeit durch politische Statements provoziert. Nicht erst die Teilnahme an den documenta-Ausstellungen sorgt für ein öffentliches Interesse an seinen Arbeiten. Doch mit der 4. Ausstellung in Kassel 1968 rücken seine Werke endgültig in den Blickpunkt internationaler Kunstkreise. Seine Raumplastik steht hier im Kontext der mächtigen amerikanischen Pop Art, die es geschafft hat, mit ihren neuen Bildthemen und Produktionstechniken, angeführt durch Künstler wie Andy Warhol, das mediale Interesse auf sich zu ziehen. Beuys' internationale Rolle nimmt mit dieser documenta konkrete Formen an. Besitzt seine Teilnahme in Kassel 1964 noch geringe Bedeutung für das internationale Kunstfeld, so wird sein zweiter Auftritt 1968 der Durchbruch, Höhe- und Wendepunkt seiner documenta-Ausstellungen überhaupt. Johannes Stüttgen stellt fest, dass Beuys wahrscheinlich der einzige Europäer auf der documenta 4 war, dessen Beitrag der eindrucksvollen Übermacht der Amerikaner, die mit einem Schlag das gesamte Kunstterrain der Gegenwart für sich vereinnahmt hatten, überhaupt standhalten konnte.¹⁵

Beuys dokumentiert auf der 4. Kunstschau in Deutschland sein komplettes plastisches Formenrepertoire. Seine Raumplastik demonstriert den Besuchern ein Sammelsurium aus Geräten und Instrumenten der *Plastischen Theorie*. Zwischen den Gegenständen aus Holz, Eisen, Filz, Teer, Leder, Kupfer, Seide, Leinwand und Fett sorgt ein Hochfrequenz-Generator für starke Spannung. Beuys fungiert darin selbst als zentraler Aktionsfaktor. Doch sein documenta-Auftritt wird in den eigenen Reihen stark diskutiert. Beuys, der die politische Arbeit zu seiner künstlerischen Hauptaufgabe erklärt, sorgt mit seiner Installation für eine Überraschung. Nicht in der plastischen Umsetzung seiner Theorie, sondern in der sich daraus entwickelnden Debatte um den Kunst- und Freiheitsbegriff sieht Beuys den wahrhaftigen Kunstprozess.¹⁶ Sein eigenwilliges Verständnis zur Frage der Kunst führt ihn wenig später zu einem seiner wichtigsten Grundsätze: Jeder Mensch ist ein Künstler, ein kreatives Wesen, das als Kreator sehr vielfältig produzieren kann.¹⁷

Während Beuys durch verschiedene Aktionen vor dem Start der 4. documenta auffällt, verursacht Warhol mit seiner „Factory", die er seit 1963 in New York un-

---

14   Zitiert aus dem Manifest zur Gründung der Deutschen Studentenpartei, in: *M. L. Syring* (s. Anm. 2), 167.
15   *Johannes Stüttgen*, Die documenta-Beiträge von Joseph Beuys als plastische Einheit (von innen betrachtet), in: Veit Loers/Pia Witzmann (Hgg.): Joseph Beuys. documenta Arbeit, Kassel 1993, 8-32, 18.
16   A. a. O., 19.
17   Vgl. auch *Hiltrud Omen*, Joseph Beuys. Die Kunst auf dem Weg zum Leben, München 1998, 104f.

terhält, großes öffentliches Aufsehen. Sein Schaffen und seine Person gewinnen in der Kunstwelt zusätzlich an Bedeutung als am 3. Juni 1968, kurz vor Eröffnung der documenta-Ausstellung, ein Attentat auf ihn verübt wird, das er schwer verletzt überlebt. Das Jahr 1968 scheint nicht nur ein wichtiger Wendepunkt im Privatleben des Künstlers zu werden, sondern auch eine bedeutende Zäsur im künstlerischen Werk. Seine Siebdruckarbeiten „Marilyn Monroe" (1967) und „Big Electric Chair" (1967) ebenso wie seine Acrylarbeit „Flowers" (1964) stehen auf der documenta 4 erstmals, wie das Werk von Beuys, im Kontext der weltweit wichtigsten Strömungen zeitgenössischer Kunst und im Umfeld einer der bedeutendsten internationalen Ausstellungsplattformen. Warhols Bilder sind zu diesem Zeitpunkt bereits zum Symbol des Massenprodukts und Alltagsgegenstandes geworden. Mit seinem maschinellen Reproduktionsverfahren löscht er bewusst alle individuellen Merkmale oder Spuren einer Künstlerhandschrift. Seine Werke lässt er von vielen Mitarbeitern herstellen, die seine „Factory" in eine Produktionsfirma für Alltagsrealität verwandeln.

Die Karrieren von Warhol und Beuys beginnen mit großen Widerständen. Die Happenings von Beuys werden anfangs als „pseudoreligiöse Handlung"[18] verhöhnt, die Werke des späteren Pop-Art-Meisters Warhol gelten noch 1965 als „Nachtklub-Kunst".[19] Auch wenn der Stellenwert ihrer Arbeiten in der Kunstwelt lange Zeit umstritten ist, so wandelt sich die anfängliche Geringschätzung schon bald in einen Star-Kult, der aus beiden Leitfiguren der Kunstlandschaft werden lässt. Beuys der „Idealist" und Warhol der „Materialist" entwickeln sich zum Sinnbild einer zerrissenen Gesellschaft, die zwischen Kapitalismus und sozialer Gerechtigkeit, zwischen grenzenlosem Konsum, globaler Kommunikation und dem Anspruch nach idealer Lebensform schwankt.[20] Die scheinbar konträren Persönlichkeiten verbindet dennoch ein gemeinsames Ziel, die Schaffung einer neuen Kunst im Zuge der sich wandelnden Gesellschaft. Warhol und Beuys leisten somit in den 1960er und 1970er Jahren Entscheidendes für die weitere Entwicklung der Kunst im 20. Jahrhundert. Ihre Werke besitzen Signalwirkung, was sich auf der 4. documenta bereits abzeichnet.

Für beide Künstler bedeutet Kunst Lebensvollzug. Beuys revolutioniert den Kunstbegriff, indem er den Objektcharakter seiner Werke radikal aufhebt. Sein Paradoxon „Ich habe wirklich nichts mit der Kunst zu tun – und das ist die einzige Möglichkeit, für die Kunst etwas leisten zu können"[21] verdeutlicht, wie drängend für ihn die Suche eines neuen Werts in der Kunst ist. Die Inszenierung des Lebens als Kunstwerk ist für ihn nicht bloß Form, sondern ein Akt der Abwendung von der

---

[18] *Paolo Bianchi/Christoph Doswald*, Gegenspieler Andy Warhol Joseph Beuys, Frankfurt a. M. 2000, 12.
[19] Ebd.
[20] A. a. O., 18.
[21] P. Bianchi/C. Doswald (s. Anm. 18), S. 28f.

Kunst um einer neuen, produktiven Zuwendung willen.[22] Auch für Warhol ist Leben und Kunst nicht voneinander zu trennen. Sein „Factorymade Life" kultiviert ein kollektives Kunst-Sein, das alltägliche Vorgänge wie Essen, Schlafen, Sprache und Sex als Kunstprozess definiert. Sein eigenes Leben ist für ihn nicht nur Ästhetik des Lebens, sondern Kunstwerk an sich.[23] Beide Künstler behandeln in ihren Werken identische Themenkomplexe aus der Alltags- und Konsumwelt. Beuys besetzt sie mit einer moralischen Theoriebildung, Warhol hingegen arbeitet mit der Strategie der Stilisierung und affirmativen Überhöhung. Gemäß seinem Grundsatz „Alles ist Kunst und nichts ist Kunst" sind Warhols Werke zwar mehrdeutig, doch er selbst gibt nie Antwort darauf, welche Bedeutung seine Themen tatsächlich für ihn besitzen. Es geht ihm nicht um die Analyse der Pop Art, sondern um ihre Benennung und Wahrnehmung.[24] Beide Künstler sind davon überzeugt, dass Kunst Vielen zugänglich gemacht werden sollte, ob durch Beuys Theorie von der sozialen Plastik, die gesellschaftliche Verantwortung fordert, oder durch Warhols Siebdruckarbeiten, die in hoher Auflagenzahl nicht nur für einen einzigen Kunstinteressenten bestimmt sind. Der demokratische und massentaugliche Prozess zeichnet hier den Kunstwert aus, was sich aber in den darauf folgenden Jahren ihrer künstlerischen Tätigkeit zum idealistischen Wunschgedanken entwickelt.

Was kommt nach Kassel 1968?

Sehr schnell verbreitet sich nach der documenta 1968 über ganz Deutschland ein regelrechter Begeisterungssturm für die Arbeiten Andy Warhols, was eine scheinbare Zerstörung der kunststudentischen Protestbewegung zur Folge hat. Beuys genießt die in seiner Klasse aufkommenden Kontroversen. Die Akademie und ihr gewohnter Lauf stehen plötzlich zur Diskussion. Die Kritik führt schließlich 1969 zu einer temporären Schließung der Staatlichen Kunstakademie Düsseldorf. Es folgt die Suche nach einer demokratischen Form der Kunstvermittlung, bei der zwei unterschiedliche Positionen klar zum Ausdruck kommen. Auf der einen Seite verschaffen sich jene durch Politik Sensibilisierten Gehör, die für ein Handeln eintreten, das die Gesellschaft verändern soll. Auf der anderen Seite fordert eine zweite Fraktion die Unabhängigkeit der Kunst von der Politik.[25] Beuys nutzt fortan die documenta für seine kunstpolitischen Aktionen. Sein erweiterter Kunstbegriff findet nach 1968 Fortsetzung in der „Fluxus Zone Ost" und in der „Organisation der Nichtwähler, Freie Volksabstimmung". Im Vermittlungsprozess von Politik und Kunst unterhält Beuys 1972 auf der documenta 5 das „Informationsbüro der Organisation für Direkte Demokratie durch Volksabstimmung", was schließlich 1973 in der Gründung eines Vereins zur Förderung einer „Freien internationalen Hochschule für Kreativität und Interdisziplinäre Forschung" mündet. Auf der 6. docu-

---

[22] H. Omen (s. Anm. 17), 100.
[23] P. Bianchi/C. Doswald (s. Anm. 18), 28f., 66f.
[24] A. a. O., 105.
[25] Vgl. auch die Ausführungen dazu a. a. O., 88.

menta 1977 löst er die „Organisation für freie Demokratie" wieder auf und integriert sie in die „Freie Internationale Universität". Zur Eröffnung der documenta 7 pflanzt Beuys 1982 die ersten „7000 Eichen" in Kassel. Die letzten Bäume dieser Arbeit finden postum 1987 auf der 8. documenta ihren Platz. Seine langjährige Aktion erntet große internationale Beachtung und wird zum letzten Kunstwerk der Beuysschen Theorie.

Für Warhol hingegen bleibt die Ausstellung auf der documenta 4 sein einziger Auftritt in Kassel. Er konzentriert sich in seinen Arbeiten nach 1968 weiterhin auf den Aspekt des Seriellen, produziert massenweise Siebdrucke und unzählige Filme über sein Alltagsleben. Der Künstler portraitiert in seinen Bildern die Ikonen der amerikanischen Wirklichkeit, ob Suppendosen oder Colaflaschen, Superman, Marilyn Monroe oder Elvis. Aber auch Abbildungen des Elektrischen Stuhls, von Tod und Unglück, finden sich in seinem Oeuvre. Warhol verklärt in ihnen nichts, sondern dokumentiert einen gesellschaftlichen Konflikt. Das Siebdruckverfahren, welches dabei zur Anwendung kommt, gleicht dem Herstellungsprozess in der Konsumgüterproduktion. Es stellt die Einmaligkeit des Kunstwerks in Frage, ebenso wie seine Individualität. Die Handschrift des Künstlers ist nicht mehr qualitatives Kriterium der Kunst, sondern ihre Reproduzierbarkeit. Die populäre Verbreitung von Kunst soll durch multiplizierbare Auflagen, massenhaften Einsatz und allgemeine Erschwinglichkeit erreicht werden. Aber weniger das Charakteristikum der vervielfältigten Kunst, sondern eher die Beliebtheit seiner Bildideen bringen Warhol in den 1970er Jahren eine regelrechte Auftragslawine ein. Politiker, Sportler, Künstler oder Vertreter des Showbusiness lassen sich von ihm portraitieren. Warhol lässt sich diese Arbeiten teuer bezahlen und demonstriert damit abermals das Scheitern der ursprünglichen Idee von einer massentauglichen Kunst. Kunstbesitz für alle bleibt eine Utopie. Die technische Reproduzierbarkeit dient eben nicht nur der Verbreitung und der Konsumierung von Kunst, sondern vor allem dem Kunstgenuss weniger Privilegierter.

Fazit

Im Zuge der sozialpolitischen Umbrüche in den Jahren um 1968 aktiviert sich auch im Kunstbetrieb eine Grundsatzdiskussion über die Funktion und Aufgabe von Kunst im gesellschaftlichen Kontext. Die Ziele künstlerischer Arbeit gehen dabei über ihren Selbstwillen hinaus; die Existenzberechtigung von Kunst darf in den Augen der demonstrierenden Künstler nicht auf ihren ästhetischen Wert reduziert werden. Kunst soll revolutionieren, soziale Verantwortung übernehmen und Teil der gesamtgesellschaftlichen Reform werden. Öffentliche Stimmen äußern sich aber auch kritisch zur Bedeutung der Kunst für die Protestbewegung der „68er". Eine klare Definition über den Stellenwert der documenta im veränderten Klima scheint 1968 noch nicht für alle erkennbar:

„Die Kluft zwischen Kunst und Gesellschaft [...] wird in diesem Jahrzehnt zum ersten Male an einigen Stellen überbrückt. Das Programm der ‚Integration', der Mitbestimmung der

> Kunst in der Gesellschaft [...] bedarf aber offenbar noch einer scharfsichtigen, sehr genauen Auseinandersetzung zwischen Aufgabe und Selbstaufgabe der Kunst. Die Kunst im Fridericianum verändert die Welt nicht."[26]

Die 4. documenta von 1968 hätte als künstlerische Plattform durchaus auf die Kontroversen zwischen Kunst und Gesellschaft aufmerksam machen können. Die weltweite Öffentlichkeit scheint daran zwar Interesse zu zeigen, doch die Protestbewegung erreicht erst mit zeitlicher Verzögerung die Kunstszene. Sichtbare Veränderungen werden verspätet wahrgenommen. Beuys Raumplastik besitzt noch nicht jene offenkundig gesellschaftsimmanente Wirkung, die seine folgenden documenta-Aktionen kennzeichnen. Seine Installation von 1968 gilt zwar als Höhepunkt seines plastischen Formenrepertoires und als Wendepunkt in seiner bisherigen Ausstellungsarbeit, doch besitzen seine späteren Beiträge in Kassel mehr Gewicht für die kunstpolitische Praxis. Beuys beweist mit seiner kontinuierlichen Teilnahme an den documenta-Ausstellungen von 1964 bis 1987, wie wichtig ihm die öffentliche Auseinandersetzung mit seiner Kunst ist. Sein Versuch, auf dem Höhepunkt der studentischen Unruhen, mit Hilfe der Kunst einen wichtigen Beitrag zur kulturellen Situation zu liefern, scheint zunächst selbst in den eigenen Reihen nicht klar erkennbar. Zu still und leise präsentiert sich seine Raumplastik in Gesellschaft der übermächtigen Pop Art, die den Betrachter in ihren Bann zieht und den Schwerpunkt der documenta 4 bildet. Erst 1972 erreicht die documenta 5 mit Beuys „Büro für direkte Demokratie durch Volksabstimmung" eine konkrete, von den Besuchern fassbare, kunstpolitische Dimension. Hier macht Beuys direkt auf sein neues Kunstverständnis aufmerksam, indem er bewusst und zielgerichtet mit Ausstellungsbesuchern über seinen neuen Kunstbegriff diskutiert. Die Teilnahme der Gesellschaft am Kunstprozess nimmt konkrete Formen an. Obwohl sich zeigt, dass die documenta 4 die Kunst Amerikas favorisiert und die Strömungen des Fluxus, Happening und die Antikunst-Tendenzen weitestgehend außen vor lässt, bedeutet 1968 für Beuys der erste Schritt von der reinen Ausstellungskunst zur Theorie der Kunst über die Praxis der sozialgesellschaftlichen Verantwortung:

> „Die Aufhebung des klassischen Werkbegriffs durch Happening, Fluxus, Aktion, die Grenzüberschreitung der Kunst in immer neue Räume, Medien und Materialien, das lautstarke politische Engagement vieler Künstler blieb weitgehend bei der documenta 4 vor der Tür. Die documenta war immer noch eine reformierte Kunstausstellung [seit ihren Anfängen 1955]. Ihre Reform, so mußte es vielen erscheinen, drang nicht durch bis zur Revolution der Kunst, von der Kulturrevolution ganz zu schweigen."[27]

Die documenta selbst hinterlässt ein offenes Problem und steuert an den aktuellen Fragestellungen des Kunstbetriebs und der gesellschaftlichen Umbrüche vorbei. Es zeigt sich deutlich, dass die Schau in Kassel in ihrer Funktion als internationale Ausstellungsplattform für die „68er"-Bewegung und ihre politischen Ziele eine eher untergeordnete Rolle spielt. Erst 2002 gelingt Okwui Enwezor die gezielte Aus-

---

[26] *Georg Jappe*, Die kühlste documenta, die es je gab. Schafft die Askese des Künstlers eine Konsumkunst? in: Frankfurter Allgemeine Zeitung vom 27. Juni 1968, Nr. 154, 81.

[27] *M. Schneckenburger* (s. Anm. 7), 16.

richtung auf stark politische Themen. Mit Hilfe der Kunst werden dabei Fragen des Post-Kolonialismus und der Globalisierung behandelt.[28] Die geringe Bedeutung der documenta 4 für das zukünftige gesellschaftliche Geschehen wird 1968 stark kritisiert:

> „Die Kassler „4. documenta" ist eine Retrospektive der Jahre 1964/68. Ein Wegweiser in die siebziger Jahre wird sie, aufgrund zu zaghafter Auswahl, nicht sein können."[29]

Auch der Wunsch Bodes, die Kunst könnte mehr sein „als nur das ästhetische Alibi für Privilegierte"[30] hat sich nicht erfüllt. Wie an der Werkentwicklung Warhols sichtbar, bleibt die Kunst weitestgehend einer elitären Interessengruppe vorbehalten. Kunst ist entgegen der Wünsche von Beuys und Warhol nicht massentauglich. Das hat auch die Pop Art nicht geschafft, die in der seriellen Herstellung von Kunstwerken ihre Umsetzung fand. Kunst ist nicht demokratisch und nicht für jedermann erreichbar. Kunst bleibt in den meisten Fällen auf einen gesellschaftlichen Kreis beschränkt und ihr Besitz ist für viele finanziell unerreichbar. Die horrenden Auktionspreise bestätigen diese Entwicklung. Beuys Forderung, die Gesellschaft mit Hilfe der Kunst zu reformieren, bleibt Utopie. Seine Kandidatur und sein Engagement für die Grünen dokumentiert einen letzten unvollendeten Akt, seine künstlerische Theorie in die politische Praxis umzusetzen. Sein künstlerisches Paradoxon bleibt Realität: „Ich habe nichts mit Politik zu tun – ich kenne nur Kunst."[31]

---

[28] Siehe auch *D. Schwarze* (Anm. 8), 174.
[29] Heinz Ohff, zitiert nach *Dieter Westecker* et al. (Hgg.), documenta – Dokumente 1955-1968, Vier internationale Ausstellungen moderner Kunst, Kassel 1972, 168.
[30] *A. Bode* (s. Anm. 1), XII.
[31] *Joseph Beuys*, zitiert nach *Heiner Stachelhaus*, Joseph Beuys, Berlin 2006, 135.

Die documenta 4 von 1968 und die documenta 11 von 2002
Spuren der Forderungen von „68" in der institutionellen, politischen und ästhetischen Form der d11

Regine Heß

Was bleibt heute von „1968" in Kunst und Kunstbetrieb? Um in dieser Frage zu einem Ergebnis zu gelangen, wird die documenta 11 (d11) von 2002 zum Beispiel genommen, da sich diese Schau in ihrer Organisationsstruktur und der Wahl der Künstler dem politischen Geschehen am weitesten geöffnet hatte.[1] Vor dem Hintergrund der documenta 4 (d4) von 1968 wird ihre institutionelle, politische und ästhetische Form untersucht, um Spuren der politischen Proteste um 1968 auszumachen. Der d4 machte man mit großer Verve den Vorwurf, als Institution zum bürgerlichen „Establishment" zu gehören (wogegen sich Arnold Bode, der Gründer der documenta, genauso heftig wehrte[2]) und kritisierte die zahlenmäßige Überlegenheit amerikanischer Kunstwerke, sowie das Fehlen sozialkritischer Kunst.[3] Den damals ebenfalls laut gewordenen Rufen nach Abschaffung der documenta hat die bereits gut etablierte Institution nicht nachgegeben, gleichwohl begann schon während der d4 ihre Entpolitisierung zugunsten der Meinungspluralität ihrer Veranstalter, wie ein Blick auf ihre Institutionengeschichte im ersten Teil des Aufsatzes zeigt.

Um die Angriffsflächen für die protestierende Kunstszene sichtbar zu machen, wird die Vorgeschichte der d4 in den documenten von 1955 bis 1964 untersucht. Neben ihrer Rolle als Ausstellungsforum für die Kunst des 20. Jahrhunderts hatte die Kasseler documenta als international wahrgenommener Ausweis der jungen deutschen Demokratie vor allem eine politisch stabilisierende Funktion. Jedoch weigerte sich Werner Haftmann[4] (1912-1999), der Theoretiker der ersten vier documenten, stets, ihre politische Rolle anzuerkennen und bestand auf einer politischen Abstinenz der Kunst. Vor der Folie des Kalten Krieges muss diese Haltung aber bereits als politische begriffen werden. Als schließlich 1967/68 die bundesrepubli-

---
[1] Diese Entwicklung war durch die documenta 10 und ihre Leiterin Catherine David eingeleitet worden, die 1997 in ihrem Programm „100 Tage – 100 Gäste" auch Okwui Enwezor, den Leiter der d11, zu Wort gebeten hatte.
[2] Vgl. *Arnold Bode*, documentadocumenta, in: *ders.*, 4. documenta. Katalog zur Ausstellung vom 27. Juni bis 6. Oktober 1968 in Kassel, XII/XIII.
[3] Vgl. den Beitrag von Petra Kissling-Koch in diesem Band.
[4] Der Kunsthistoriker Werner Haftmann war von 1967 bis 1974 Leiter der Neuen Nationalgalerie Berlin. Sein Werk „Verfemte Kunst. Bildende Künstler der inneren und äußeren Emigration in der Zeit des Nationalsozialismus" erschien 1986.

kanische Politik insgesamt in die Kritik geraten war, wurde auch die 1968 laufende d4 von der Protestbewegung ergriffen.

Diese hatte eine explizit kunstpolitische Forderung an die documenta-Macher, nämlich einzugestehen, dass ihre Ausstellung ein „bürgerliches Herrschaftsmittel" sei, und daraufhin ihre Auswahlkriterien unter Abkehr vom Meisterwerk zu demokratisieren. In entwaffnender rhetorischer Simplizität formulierte man ablehnend: „Die herrschende Kunst ist die Kunst der Herrschenden".[5] Um zu zeigen, wie die vorgeblich politikferne Kunstausstellung diese Kritik auf sich zog, wird im zweiten Teil des Aufsatzes ihre politische Position in den documenta-Katalogen von 1955 bis 1968 herausgearbeitet.

Doch welche Kunst forderten die Protestler für die documenta? Zunächst fehlende wie Fluxuskunst, Happening und das Environment unter tatsächlicher Einbeziehung des Publikums, schließlich das Ende der „Herrschaft des Tafelbildes" (Wolf Vostell), das, wie die weitere Entwicklung zeigte, auch tatsächlich bevorstand. Und schließlich, ohne konkrete Namen zu nennen, eine „andere Kunst", die eine progressive, nichtaffirmative, „engagierte" sein sollte, die Kunst eines politischen Realismus.[6]

Die documenta 4 behob den Mangel und bewies zugleich die „Abkehr vom Tafelbild". Doch was blieb von der Forderung nach engagierter Kunst, ausgestattet mit einem (vermeintlichen) Potential, die Welt zu verbessern? Theodor W. Adorno hat sich in seinem 1965 veröffentlichten Essay „Engagement" mit engagierter und autonomer Kunst befasst, die er als zwei einander negierende „Stellungen zur Objektivität"[7] begriff. Vor dem Hintergrund der jüngsten deutschen Geschichte sprach er sich für das autonome Werk aus, denn das engagierte sah er in dem Ruch, als einziges sich von moralischem Wert zu begreifen und Alternativen zu verunglimpfen. In der Umkehrung gelte das auch für den Faschismus, sodass Adorno schrieb: „Auch unterm Faschismus wurde keine Untat verübt, die nicht moralisch sich herausgeputzt hätte."[8] Im Gegensatz zu den kulturkonservativen Kritikern wies Adorno aber in folgenden Formulierungen einen Ausweg für Kunst, die ein „Es soll anders sein" mitspräche: „Vermittelt aber ist das Moment des Werks, dessen Kristallisation sich zum Gleichnis eines Anderen macht, das sein soll. [...] Solche Vermittlung ist kein Mittleres zwischen Engagement und Autonomie, keine Mixtur etwa von avancierten

---

[5] Vgl. *Dieter Westecker* et al. (Hgg.), documenta – Dokumente 1955-1968, Vier internationale Ausstellungen moderner Kunst, Kassel 1972, 170-171.

[6] Vgl. ebd., 171. Die konservativen Kritiker der Protestler reagierten auf diese Forderung am empfindlichsten. Der Kritiker Heinz Ohff zum Beispiel schrieb dagegen: „Das sind diejenigen, die immer wieder glauben, es gäbe eine Alternative zur Kunst einer Zeit. Man kann sie sich aber nicht aussuchen, sie ist da, und als einzige Alternative bietet sich höchstens eine faschistische oder stalinistische an, je nach Couleur, nämlich Verbot und einseitige staatliche Förderung. Hier heißt es: Wehret den Anfängen!"

[7] *Theodor W. Adorno*, Engagement (1965), in: *ders.*, Noten zur Literatur, Gesammelte Schriften (Band 11), Frankfurt a. M. 1974, 409.

[8] A. a. O., 429.

Formelementen und einem auf wirklich oder vermeintlich progressive Politik abzielenden geistigen Gehalt; der Gehalt der Werke ist überhaupt nicht, was an Geist in sie gepumpt ward, eher dessen Gegenteil."[9] In dieser Vermittlung liegt die Möglichkeit, nicht die Zwangsläufigkeit des Engagements, dass ein Kunstwerk etwas über den Zustand der Welt sagt. Seine politische Aussage wäre ihm implizit, seine Form „kristallisierend". Adorno hätte also die Forderungen der „68er" nach engagierter Kunst abgewiesen – und bekanntlich kam es zu heftigen Konfrontationen mit protestierenden Studenten an der Frankfurter Universität. Zugleich wies er einen Weg, auf dem die niederländische Kulturwissenschaftlerin Mieke Bal 2003 den Begriff politischer Kunst überdacht hat.[10]

In der Perspektive Bals wird geprüft, ob und wie ein Kunstwerk auf der documenta 11 von der Möglichkeit eines „Es soll anders sein" spricht, einem Anspruch, der Teil der institutionellen, politischen und ästhetischen Forderungen war, welche die Studenten und Künstler vertraten, die im Frühsommer 1968 vor dem Kasseler Friedericianum die „Anti-documenta" inszenierten. Die documenta 11 von 2002 enthält – so die hier entwickelte These – in ihrer institutionellen Form, ihrer politischen Orientierung und in der Ästhetik von ausgestellten Werken Spuren der Forderungen und Vorstellungen der „68er".

1. Ein Blick auf die Institutionengeschichte der documenta

Die Ausstellung „documenta – kunst des XX. jahrhunderts" wurde 1955 als einmaliges Ereignis anlässlich der Bundesgartenschau auf Initiative des Kasseler Kunstprofessors und Ausstellungsmachers Arnold Bode (1900-1977) mit Hilfe der Gesellschaft „Abendländische Kunst des XX. Jahrhunderts e. V." geplant. Aufgrund ihres nationalen wie internationalen Erfolges wurde sie als fortlaufende, alle vier, ab 1972 alle fünf Jahre wiederkehrende Ausstellung konzipiert und ihre Organisationsform institutionalisiert: Anlässlich der documenta 2 wurde die documenta gesellschaft mbH gegründet, in welche die Finanzierung von Stadt Kassel und Land Hessen, ab 1964 auch des Bundes, einfloss. In der Gesellschaft „Abendländische Kunst des XX. Jahrhunderts e. V." waren Kulturfunktionäre, Politiker und die documenta-Leitung vereint. Von Anbeginn an stand die documenta unter der Schirmherrschaft des Bundespräsidenten. In einem „Ehrenausschuss" waren Botschafter unterschiedlicher Länder versammelt. Organisiert und geleitet wurde die documenta zu Anfang von einem „Arbeitsausschuss" aus fünf (d1), fünfzehn (d2), neun (d3) und zweiundzwanzig Mitgliedern (d4). Bis 1968 war Arnold Bode ihr Leiter und Werner Haftmann ihr theoretischer Kopf. Danach änderte sich schrittweise die institutionelle Form: Konflikte zwischen Bode und Mitgliedern des „Arbeitsausschusses" hatten zur Beschneidung von Bodes Einfluss und zum Rücktritt Haftmanns geführt. Die Leiter der documenten wurden von da an von der Stadt Kassel berufen.

---

[9] Ebd.
[10] *Mieke Bal*, How Art Can Be Political, Introduction. Unveröffentlichtes Manuskript vom 29. September, 2003.

Das System der „Arbeitsausschüsse", das Kuratoren, Kunsthistoriker und Politiker zusammengebracht hatte, veränderte sich dahingehend, dass ab der d5 in nun „Arbeitsgruppen" genannten Zusammenschlüssen Kunsthistoriker die Ausstellung organisierten und Politiker der documenta GmbH nur noch als Mitglieder des Aufsichtsrates vorstanden. Man kann hier den Beginn der Entpolitisierung der Institution erkennen. Zugleich hatten die Konflikte im Leitungsgremium 1968, die sich nicht vordergründig politisch, sondern in einem Streit um die Ausstellung der Pop-Art und der Kunst Barnett Newmans äußerten, zur Folge, dass die jüngeren Befürworter der Pop-Art sich durchsetzen konnten und die Institution reformierten. Und auch die, die 1968 vor der Neuen Galerie eine „andere" documenta gefordert hatten, die den Wandlungen der Realität Rechnung tragen sollte, bekamen damit ihr Recht: Auf der d5 1972 wurde durch den Leiter Harald Szeemann unter dem Motto „Befragung der Realität – Bildwelten heute" radikal der Kunstbegriff erweitert und neben den arrivierten Gattungen Malerei und Skulptur auch Plakate, Werbung, die „Bildnerei der Geisteskranken", private Archive, malerischer Fotorealismus, politische Ikonographie, Aktionskunst, Happening, Performance etc. gezeigt. Als Skandal schlechthin galt die Aufhebung der Unterscheidung zwischen Kunst und Nicht-Kunst. Die documenta profitierte hier also von den Protestbewegungen, aus denen sich ein antielitäres, „linkes" Publikum entwickelte, dass Szeemanns Aufhebung der Kategorien *high art* und *low art* folgte. Dennoch war auch die d5 keine Ausstellung, die die *politische* Wirklichkeit künstlerisch spiegelte. Sie wurde als „Autoren-documenta" kritisiert, die auf Personalisierung setzte und sich damit der Befragung nach direkter gesellschaftlicher Relevanz entzog. Szeemann wurde die Selbstinszenierung als Schöpfer eines Gesamtkunstwerks documenta vorgeworfen – ein Vorwurf, den auch Jan Hoet als Leiter der d9 traf.[11] Erst mit Catherine David und Okwui Enwezor trat ein anderer Typus von Kurator auf.

2. Die politische Rolle der documenta in der Nachkriegszeit

Der Direktor der Gesellschaft „Abendländische Kunst des XX. Jahrhunderts e. V.", Heinz Lemke, spricht in seinem Vorwort des ersten documenta-Kataloges 1955 den Wunsch nach Orientierung und Standortbestimmung aus.[12] Dazu sollen die ausgestellten Kunstwerke nicht nur ästhetisch betrachtet, sondern nach „gegenwärtigen Wahrheiten" befragt werden. Deutlich markiert sich hier die doppelte Funktion der documenta von Anfang bis heute: dem Publikum neben der ästhetischen Betrachtung eine ethische Anschauung zu bieten, bei der es etwas über sich und seine Lebensumstände erfährt. Werner Haftmann führte diese Besonderheit in einem einlei-

---

[11] Vgl. *Stefan Germer*, Absage an die documenta, in: Vera Kockot/Stefan Germer (Hgg.): Autoren von ‚Texte zur Kunst' halten Reden u. a. auf der documenta IX, Köln 1992, 1-3, 2.
[12] *Heinz Lemke*, Vorwort, in: Arnold Bode/Heinz Nickel/Ernst Schuh (Hgg.), Katalog documenta. kunst des XX. jahrhunderts – internationale ausstellung im museum fridericianum in kassel, München 1955, 13-14.

tenden Essay wortgewaltig weiter aus.[13] Er lenkt den Blick auf Lage, Ort und Publikum einer „Stadt in Deutschland", auf Kassel im Zonenrandgebiet zehn Jahre nach Kriegsende und Zerstörung.[14] Um hier von einer eindimensionalen Betrachtungsweise der modernen Kunst zu einer „Vieldimensionalität" der Betrachtung zu gelangen, sei die Erinnerung an den deutschen Faschismus notwendig, die spezifische Bedeutung Kassels für die Rüstungsindustrie bleibt dennoch ungenannt. Die nationalsozialistische Verfemung der modernen Kunst hätte weniger den Künstlern geschadet, die in Deckung weitergearbeitet hätten, sondern dem deutschen Publikum, dessen Bewusstsein im deutschen Totalitarismus zerstört worden sei. Daher entschieden sich Haftmann und Bode, den europäischen Charakter des Entwicklungsprozesses der modernen Kunst herauszustellen und die Legende von einer deutschen Sonderentwicklung zu demontieren. Haftmann, der von einer fortschreitenden Kontinuität der europäischen Kunstentwicklung zutiefst überzeugt war, erwähnte jedoch mit keinem Wort die Kunst Russlands und Osteuropas, abgesehen von Kandinsky und Chagall. Die aus der Teilung Europas, der Westorientierung und der Politikferne vieler westdeutscher Kunsthistoriker resultierende Unklarheit, die lange über die Rolle der russischen Kunst in der Sowjetunion herrschte, ist auch Haftmann abzulesen. 1955 galt als abendländische Kunst eben westeuropäische Kunst. Der Beitrag Russlands und Osteuropas zur europäischen Moderne und ihre Künstler gerieten so völlig und zum Teil bis in die 1990er Jahre hinein aus dem Blickfeld des westdeutschen Kunstbetriebs.

Mit der (West-)Europäisierung der Kunstentwicklung auf der documenta wollte man ein „lang unterbrochenes Gespräch im eigenen Haus" wiederaufnehmen. Dies war dem die verfemte Kunst im Dritten Reich erforschenden Haftmann natürlich ein besonderes Anliegen. In seiner ausdrücklichen Westorientierung offenbart sich aber zugleich ein in jener Zeit oft anzutreffendes antikommunistisches Weltbild, aufgehoben in einem vermeintlich unpolitischen Kunstbegriff.

Der d2 scheint bereits ein schärferer Wind entgegen zu wehen. Seine zweite Katalogeinleitung 1959 leitet Haftmann durch eine Auseinandersetzung mit der marxistisch orientierten Kritik ein, dass Künstler zum „Überbau" der bürgerlichen Gesellschaft gehörten und ihr als Individuen fremd gegenüber stünden, ihre Kunst demnach kein gesellschaftlicher Ausweis sein könne. Da die documenta aber gerade diesen Nexus zum Leitmotiv erhoben hatte,[15] siedelte Haftmann künstlerisches Schaffen im „Unterbau" der Gesellschaft an und spricht ihm dort gesellschaftliche Aussagekraft zu. Um seine Vorstellung zu illustrieren, zeichnet er das Bild eines „e-

---

[13] *Werner Haftmann*, Einleitung, in: A. Bode/H. Nickel/E. Schuh (s. Anm. 12), 15-25. Haftmann schreibt auch die Einleitungen der beiden folgenden Kataloge, denen keine weiteren Texte beigefügt waren. Erst der d 4-Katalog verzeichnet fünf Beiträge, keiner davon von Haftmann.

[14] Es ist seitdem Tradition auf der documenta, die Stadt Kassel und ihre Bewohner als Stellvertreter für aktuelle Entwicklungen zu begreifen.

[15] vgl. *H. Lemke* (s. Anm. 12), *W. Haftmann* (s. Anm. 13).

lenden Fellachen", der in Ägypten eine Katze modellierte und damit „nichts anderes [tat], als eine Geste zu wiederholen, die an ihrem Anfang ein Formentwurf voll strenger Hoheit und feierlicher Hierarchie ausgestellt hatte, aus dessen Spiegelung und Beugung schließlich der Pharao und seine Pyramide kam. Indem er sie wiederholte, setzte er sich ins Einvernehmen mit diesem Grundentwurf und leistete die Pyramide geistig mit."[16] Auch die modernen Meister, Cézanne und Van Gogh, hätten „ganz außerhalb soziologischer und politischer Strukturen" an einem „Grundentwurf" des gewandelten Verhältnis zur Wirklichkeit gearbeitet, der schließlich in einem neuen, die Wirklichkeit formenden Stil aufgegangen sei. Mit diesen wenigen Sätzen ist das Programm Haftmanns umrissen, der damit eine (in der Zwischenkriegszeit nur leicht modifizierte Form) der Kunstbetrachtung seit Ende des 19. Jahrhunderts wiedergibt.[17] Der Künstler wird als in der Mitte der Gesellschaft arbeitend, innerlich beseelt dem Formwandel lauschend und seine Erscheinung formend vorgestellt. Hier wirkt anhaltend die Stilgeschichte Heinrich Wölfflins (1864-1945) mit, einer der Begründer der deutschen Kunstgeschichte, nach dem Künstler den „Formwillen" ihres Volkes oder Epoche in Stile „übersetzt" hätten. Dem „Grundentwurf", so wieder Haftmann, entspreche die Kunstentwicklung nicht, wenn die Politik verzerrend eingreife – in Nazi-Deutschland wie in Stalins Sowjetunion. Daher sei die apolitische Stellung des Künstlers besonders zu betonen und zu schützen.

Die d3 von 1964, die das Duo Haftmann/Bode zum letzten Mal inszenierte, widmete sich dann auch zum ersten Mal der „Persönlichkeit des Künstlers". Zugleich wurde eine außerordentlich große Auswahl von 800 Handzeichnungen gezeigt, die wiederum die Darstellung kunstgeschichtlicher Fortentwicklung leisten sollte, als „Gesamtaspekt der modernen Kunst, jenes dichten Gewebes, das aus den Leistungen einzelner sich zu einem geschichtlichen Muster zusammenknüpft".[18] Das Aufkommen „linker Bewegungen" ist in Haftmanns letztem Katalogbeitrag nur durch die (etwas widerwillige) Aufnahme von „Künstlergruppen, deren theoretische Wortführer aus der soziologischen Struktur der modernen Massengesellschaft [...] Schlussfolgerungen ziehen, die sich gerade gegen die individuelle Kunstübung richten", gespiegelt, die er aber sogleich als „angstvolle Gegenwürfe gegen die Wirklichkeit unserer sozialen Umwelt" wieder seinem Kunstverständnis unterordnet.[19]

Es ist ersichtlich geworden, wo eine soziologisch orientierte und politisierte Kunstwissenschaft bzw. Künstlerschaft Angriffsflächen finden konnte. Zu diesen schweigt in der Hochzeit der Konfrontation 1967/68 jedenfalls der Katalog der d4, abgesehen von den Rechtfertigungen Bodes, der aber kein Theoretiker war. Dage-

---

[16] *Werner Haftmann*, Einleitung, in: *Arnold Bode/Eduard Trier*, Katalog II. documenta '59. Kunst nach 1945. Internationale Ausstellung 11. Juli - 11. Oktober 1959, Kassel. (Band 1, Malerei), Köln 1959, 12-19, 12.

[17] Nicht zufällig fallen diese und die Entstehung der modernen Kunst zeitlich in eins.

[18] *Werner Haftmann*, Einleitung, in: Katalog documenta III. Internationale Ausstellung 27. Juni - 5. Oktober 1964, Kassel 1964, XIV-XVII, XV.

[19] A. a. O., XIV.

gen ließ sich der 5. documenta-Katalog auf die kunst- und gesellschaftstheoretische Debatte ein, indem Hans Heinz Holz auf sechsundachtzig Seiten eine „Kritische Theorie des ästhetischen Zeichens" entwarf, die freilich dem Kunstgeschehen selber fremd blieb.[20] Eine „linke Kunstgeschichte" hatte die documenta institutionell erobert, was ihre Krise um 1968 beendete.

3. Spuren von „68" auf der documenta 11
3.1 Die institutionelle Form der d11

Die der documenta 5 nachfolgenden Documenten, vor allem die d9, mussten sich den Vorwurf des „Spektakels" gefallen lassen. Indem Catherine David 1997 eine politische documenta ankündigte, setzte sie einen Schlussstrich unter die „Autorendocumenta".[21] Sie sprach den ausgestellten Kunstwerken Widerstandspotential gegen die Globalisierung zu und verstand ihre Vielfalt an symbolischen und imaginären Darstellungsweisen als ästhetische wie politische Potenz.[22] Dieser gewandelten Kunstauffassung entsprach das breit angelegte Diskussionsforum „100 Tage – 100 Gäste", das unterschiedlichen, weltweit stattfindenden Diskursen in Kassel eine Plattform bieten sollte. Doch erst die d11 führte auch *institutionelle* Änderungen ein. Als ihr Leiter wurde mit Okwui Enwezor (*1963 in Kabala/Nigeria) zum ersten Mal ein künstlerischer Leiter von außerhalb des europäischen Kulturkreises berufen, der sich eine sechsköpfige Gruppe internationaler Ausstellungsmacher (anstatt des alten Begriffes von der „Arbeitsgruppe" nun „Team" genannt) zur Seite stellte. Mit Enwezor nahm auch die *Institution* documenta ihren Abschied von der eurozentrischen Perspektive innerhalb einer globalisierten Kunstwelt. Die Kuratoren fassten die documenta als System von fünf, weltweit verteilten Plattformen neu, die in Form von wissenschaftlichen Tagungen in Wien und Berlin, St. Lucia (Karibik), Lagos (Nigeria) und Neu Delhi und als Ausstellung in Kassel organisiert wurden. Die Tagungen sollten ein Abbild der für kaum überschaubar gehaltenen Anzahl an Kunstbegriffen und Diskursen weltweit bieten, über die sich – gefasst in den Themen der Plattformen – zuerst theoretisch verständigt werden sollte. Dieser Wissenstransfer sollte schließlich einen Rahmen für die Praxis der Kasseler Ausstellung ergeben, der aus Untersuchungen von Lebensbedingungen und politischen Konflikten weltweit bestand. In dieser Nebeneinanderstellung von Theorie und Praxis löste die d11 die Forderung von „68" nach ihrer Spiegelung politischer Umstände institutionell ein.

---

[20] *Hans Heinz Holz*, Kritische Theorie des ästhetischen Zeichens (im Inhaltsverzeichnis als „Kritische Theorie des ästhetischen Gegenstandes" aufgeführt), in: *Harald Szeemann* et al., documenta 5. Befragungen der Realität – Bildwelten heute, Katalog zur Ausstellung vom 30. Juni bis 8. Oktober 1972 in Kassel, Gütersloh 1972, 1.1-1.86.

[21] Vgl. *S. Germer* (s. Anm. 11), 2: „In Rudimenten hat sich das Konzept [der Autorendocumenta] bis heute erhalten."

[22] Vgl. *Catherine David*, Kurzführer documenta X, 21. Juni bis 28. September 1997, Ostfildern 1997, 7.

3.2 Die politische Haltung der Organisatoren

Die Ausweitung der documenta von Kassel auf fünf „Plattformen" auf vier Kontinenten wollte die zu verhandelnden Diskurse an Orte verlagern, die inhaltlich in Beziehung zu den verhandelten Themen standen: „Demokratie als unvollendeter Prozess" in Wien und Berlin, „Experimente mit der Wahrheit: Rechtssysteme im Wandel und die Prozesse der Wahrheitsfindung und Versöhnung" in Neu-Delhi, afrikanische Städte „unter Belagerung", also unter einem unstrukturierten Zuzug als Folge von Landflucht stehend in Lagos und „Créolité und Kreolisierung" als postkolonialer Prozess in St. Lucia. Diese „Diskursfelder" sollten dem Publikum in Kassel nahegebracht werden, das durch das erweiterte Raumangebot (auf Kunsthochschule, Seminarraum, Radio, Internet u. a.) ebenfalls die Erfahrung einer Ortsverschiebungen machen konnte. Solcherart Räume der „Dislokation und Deterritorialisierung" eröffnend, wollten die Organisatoren „eine Art ‚Wahlheimat' für eine intellektuelle Diaspora unterschiedlichster Disziplinen und Herkunft" bieten.[23] Dass auf diese Weise die Kritik „Die herrschende Kunst ist die Kunst der Herrschenden" außer Kraft gesetzt worden war, liegt auf der Hand. Vielmehr denunziert und dekonstruiert ja die poststrukturalistische Theorie, von der die Konzeption der d11 durchdrungen war, die Macht eines Herrschaftsdiskurses, und schlägt stattdessen mit Giles Deleuze und Félix Guattari das Bild eines Rhizoms vor, dessen Verästelungen ein zunächst nicht wahrnehmbares Ganzes bilden.[24] Dies auf die documenta übertragend betonten die Kuratoren, dass es keine „Meta-Narration" geben könne, jedoch Verbindungen zwischen den ausgestellten Kunstwerken, durch die diese „ineinander transformiert und miteinander verflochten sind" und „mannigfaltige Konnexionen" erfahren.[25] Auf die Forderung der „68er", die documenta solle sich als „bürgerliches Herrschaftsmittel" zu erkennen geben, kann die auf der d11 unter großem Aufwand des Plattformen-Systems durchgeführte Fragmentierung der eurozentrischen Perspektive als Antwort angesehen werden.

3.3 Politische Kunst heute

In der Ausstellung überwogen, wie bereits auf der documenta 10, Foto-, Film- und Videoarbeiten mit einem fiktional-dokumentatorischen Charakter, neben Skulpturen und Installationen, die in ihrer emotional-sinnlichen Qualität an Arbeiten von Joseph Beuys erinnerten und politische Themen repräsentierten, wie z.B. die skulpturalen Installationen von Doris Salcedo, die weiter unten besprochen werden. Durch die Instandsetzung der alten Kasseler Binding-Brauerei erhielten die 166 Künstler und Künstlergruppen so viel zusätzlichen Platz, dass die meisten Arbeiten in einem eigenen Raum präsentiert werden konnten. Die Ausstellung nahm einen Kabinett-

---

[23] *Ute Meta Bauer*, Der Raum der documenta 11. Die documenta 11 als Handlungszone, in: Okwui Enwezor (Hg.), documenta 11_Plattform 5: Ausstellung. Katalog zur Ausstellung vom 8. Juni bis 15. September 2002 in Kassel, Ostfildern 2002, 103-106, 105.

[24] *Giles Deleuze/Félix Guattari*, Tausend Plateaus, Berlin 1992.

[25] *U. M. Bauer* (s. Anm. 23), 106.

Charakter an, der die Kunstwerke voneinander getrennt erscheinen ließ und ihre Dislokation nicht verdeckte, indem er sie in einen neuen Zusammenhang stellte. Enwezor hatte die „Verlagerung der Sphäre des Galerieraums in diejenige des Diskursiven"[26] angestrebt, in der viele Stimmen sprechen sollten: Auf der d11 war eine besonders große Zahl von Arbeiten versammelt, die ungerechte politische Zustände, rassistische, religiöse oder sexistische Unterdrückung und die Ausgrenzung von Marginalisierten mittels Medien wie Video, Foto und Installation ästhetisierten. Aus diesen ist das Werk der kolumbianischen Künstlerin Doris Salcedo ausgewählt worden, an dem Mieke Bal, ausgehend von Adornos Begriff der „engagierten Lunst", ihre Vorstellung von politischer Kunst entwickelt hat.[27]

Die Künstlerin *Doris Salcedo* (*1958, Bogotá) stellte ihre Werke „Tenebrae Noviembre 7" (1985) und „Noviembre 6" (2001) aus. Dabei handelte es sich um Skulpturen aus einfachen Holzstühlen, die auf die verschiedensten Arten deformiert waren. Intakt blieben einzig die Sitzflächen, die Lehnen waren dagegen demontiert und die stehengebliebenen seitlichen Stangen und die Stuhlbeine überdimensional verlängert, sodass sie einen großen Ausstellungsraum diagonal durchstießen und seinen Eingang versperrten. Andere Lehnenstangen waren in Blei eingegossen und umgeknickt worden, sodass sie als zusätzliche Stuhlbeine fungierten, die den Stuhl vom Boden abhoben und ihn darüber schweben ließen. Schließlich waren je zwei Stuhlfragmente am Rücken verbunden und mittels deformierter und verknickter Stuhlreste vom Boden abgehoben. Salcedo arbeitet mit privaten Hinterlassenschaften von Opfern des kolumbianischen Bürgerkrieges (Möbel, getragene Schuhe, Stoffreste), die durch ihre Deformation und Kombination im Kunstwerk erst auf den zweiten Blick einen erschreckenden Anblick bieten, denn sie geben sich nicht sogleich als Artefakte zerstörten Lebens zu erkennen. Zunächst wirken Salcedos Arbeiten, wie auf der d11, abweisend[28], in anderen Kontexten jedoch auch anziehend schön. Durch die Verwendung von Stühlen meint Salcedo ihre früheren Besitzer. Allein die sprachliche Analogie zum Humanen in „Stuhlrücken" und „Stuhlbeine" – die am meisten deformierten Teile von Salcedos Skulpturen – macht die Verletzung der Opfer affektiv erfahrbar. Durch ihre zögerliche Offenbarung verstärkt sich das schockierende Rezeptionserlebnis, das auch die Werktitel nur andeuten, kennt man sich in der jüngsten Geschichte Kolumbiens nicht aus: 1985 wurde der Justizpalast in Bogotá von einer Guerilla-Gruppe besetzt und von der Regierung unter Beschuss genommen. Die Aktion endete in einer Tragödie. Die Bürger Kolumbiens wurden zu unfreiwilligen Zeugen eines offiziellen Verbrechens.

---

[26] *Okwui Enwezor*, Die Black Box, in: ders. (Hg.), documenta 11_Plattform 5: Ausstellung. Katalog zur Ausstellung vom 8. Juni bis 15. September 2002 in Kassel, Ostfildern 2002, 42-55, 43.
[27] *Mieke Bal* (s. Anm. 10).
[28] Dies hat Mieke Bal (mündlich auf einem Workshop 2004 in Frankfurt a. M.) kritisiert: Salcedos Kunst könne auf der documenta 11 gerade nicht affektiv erfahren werden.

Salcedo geht es um diese Zeugenschaft von Gewalt und den Moment des Zum-Zeugen-Werdens, den auch das Publikum der documenta erleben sollte. In diesem schockhaften Moment der Erkenntnis, das den Betrachter aus seiner Gleichgültigkeit reiße, in die er angesichts der Nachrichten täglicher globaler Gewalt gefallen sei, hat Bal eine Weise erkannt, wie ein Kunstwerk politisch wirksam sein kann, ohne die Opfer, die es beklagt, repräsentierend erneut zu Opfern zu machen.[29] Diese Wirkungsästhetik vermeidet damit auch das Repräsentationsproblem „engagierter", im Sinne der „68er" politischer Kunst, die ihre Wirkung verliert, weil sie den Betrachter längst nicht mehr affektiv berührt und ihn sogar von sich und „ihrer Sache" wegstoßen kann, wenn sie ihm eine Rezeptionshaltung vorschreibt. Politische Kunstwerke sollen im Strom raschen Bilderkonsums, den natürlich auch eine monumentale Schau wie die documenta mit sich bringt, kleine Inseln affektiver Einsicht sein, auf denen Zeit und Erkenntnis in eins fallen. Ihre Gestalt soll etwas anhalten und anschaubar machen, wie Adorno geschrieben hat:

„Kunst heißt nicht: Alternativen pointieren, sondern durch nichts anderes als ihre Gestalt, dem Weltlauf widerstehen, der den Menschen immerzu die Pistole auf die Brust setzt. Sobald jedoch die engagierten Kunstwerke Entscheidungen veranstalten und zu ihrem Maß erheben, geraten diese auswechselbar."[30]

4. Schluss

Die Kuratoren der d11 hatten die Werke Adornos gelesen. Seine Wirkung reicht von der d5 ins Heute hinein. Und zugleich macht eine Großausstellung wie die d11 die Subtilität der politischen Aussage Salcedos zunichte. Die documenta hat demnach ein Repräsentationsproblem – 1968 wie 2002. Es scheint Teil ihres Wesens zu sein. Roger M. Buergel und Ruth Noack, die Leiter der d12, die lief, während dieser Aufsatz entstand, haben sich demnach gerade eine wirkungsästhetische Anreicherung zu ihrem Konzept erhoben.[31]

Die „68er" hatten die documenta institutionell, politisch und ästhetisch gründlich kritisiert, ihre Eröffnungsveranstaltung boykottiert und zum Happening umgestaltet. Die Haltung der documenta-Organisatoren war 1968 diskreditiert – ihr Fehler war, dass sie dies zu spät bemerkten. Es hatte die Institution kurzzeitig in Gefahr gebracht, doch durch eine kluge Berufungspolitik der Stadt Kassel, die 1972 auf den provokanten Newcomer Harald Szeemann setzte, endete ihre Krise. Man

---

[29] *M. Bal* (s. Anm. 10), 7: „[Meanings of political art] emerged from post-Holocaust philosophy and have in common a delicacy, a modesty, a need to draw limits around the tragedy of 'real life' so that victims are not re-victimized. They are inevitably bound with the name of Adorno, who wrote these thoughts not only in the aftermath of the Holocaust but also under the sway of its cultural trauma."

[30] *Th. W. Adorno* (s. Anm. 7), 413.

[31] „Die große Ausstellung hat keine Form. Präzision mit Großzügigkeit zu verbinden, lautet für uns die Aufgabe. In der Regel haben Ausstellungen ein Thema, oder sie gelten einer Künstlerpersönlichkeit, einer Epoche, einem Phänomen. Die Formlosigkeit der documenta verbietet einen solchen Zugang." *Roger M. Buergel, Ruth Noack*, Vorwort, in: documenta (Hg.), Katalog der documenta 12 vom 16.06. bis 23.09.2007 in Kassel, Köln 2007, 11.

behielt das Konzept der Einzelberufungen bei, wodurch die documenten voneinander unterscheidbar wurden und noch heute vor allem als Phänomene kuratorischer Praxis wahrgenommen werden. Eine kontinuierliche politische Haltung ist damit von vorneherein ausgeschlossen worden. 1968 begann die Entpolitisierung der Institution. Die politischen Köpfe der „68er" hatten sich dies aber anders vorgestellt: Die documenta sollte engagierte Kunst zeigen, die wiederum ihr Publikum zum politischen Handeln bewegen sollte. Auf die Gefährlichkeit dieser Konzeption verwiesen sowohl konservative Kulturkritiker, die „stalinistische Kunst" befürchteten, wie auch Vertreter der Kritischen Theorie, vor allem Adorno, der im Ruf nach dem engagierten Werk Züge des autoritären Charakters aufscheinen sah, der das Befremdliche im hermetischen, einer Aussage nicht verpflichteten Werk anfeindet. Die ästhetischen Ansprüche der „68er" betrachtet man demnach mit gemischten Gefühlen. Doch ihre Forderungen nach Reflexion der Stellung der documenta im gesellschaftlichen System trugen etwas in sich, das ihnen dauerhafte Wirkung bescherte: Sie fielen mit dem Vermögen der Kunst, Denk- und Erfahrungsräume jenseits des Realen zu eröffnen, zusammen. Die documenta als großes Erfahrungsfeld an den Rändern der Gesellschaft zu denken, hat bis heute nichts von seinem Reiz eingebüßt.

Durch die Strategie der Einzelberufung und mithilfe der organisatorischen Freiheiten ihrer Leiter wurde unter Okwui Enwezor die documenta 11 zu einer eminent politischen Schau: Er und sein Kuratorenteam inszenierten eine documenta im Zeichen globaler Konflikte und suchten deren Schauplätze auf, indem sie dort „documenta machten" (Roger M. Buergel): Sie veranstalteten Tagungen, die nicht der Vorbereitung der Ausstellung dienten, sondern Teil von ihr waren, während sie ihre diskursive Sphäre schufen. Die Kunstwerke wurden als Stimmen des globalen Diskurses angesehen, was ihrer Wirkungsästhetik schadete, wie am Werk Doris Salcedos gezeigt, das von der Kulturwissenschaftlerin Mieke Bal gerade als Vertreter einer „new political art" angesehen worden ist. Dennoch hat die d11 eine wichtige Forderung von „68" eingelöst: die Abkehr von der eurozentrischen Perspektive und die künstlerische Spiegelung eines globalen Ringens gegen Unterdrückung, Ausbeutung und Gewalt.

Sprachlichkeit um 1968 und ihre Folgeentwicklung
Beobachtungen zum aktuellen politischen Dialog in den Unterhaltungsmedien

Katja Winter, Nathalie Nicolay

„Gerade weil es keine wirklich revolutionäre Situation in Deutschland gab, musste die Revolution *in der Sprache* stattfinden, sollte sie überhaupt stattfinden."[1]

Diese „zunächst paradoxieverdächtige These"[2] vermag vielleicht weniger zu befremden, wenn man bedenkt, dass es sich bei der 68er-Revolte um eine Revolte von Studierenden handelte. Die Relevanz der Sprache in dieser ‚Revolution' erklärt sich zu einem großen Teil aus dem akademischen Hintergrund der 68er-Bewegung. Die Gesellschaftskritik der Studenten ging mit einer vornehmlich von den Theorien Herbert Marcuses geprägten Sprachkritik einher, wobei die ‚Sprache', in der diese Kritik geäußert wurde, sich am Wissenschaftsvokabular der Frankfurter Schule und an marxistischen Theorien orientierte.

Tatsächlich wurden diese Kritik und die ‚linke' Terminologie, die nachhaltigen Einfluss auf die innenpolitische Auseinandersetzung hatten, von konservativer Seite als Angriff auf die demokratische Ordnung empfunden. Die daraus resultierende neue Relevanz der Sprache für die Politik ist eine der Ursachen dafür, dass diese Zeit aus heutiger Sicht häufig als sprachgeschichtliche Zäsur behandelt wird, wobei sich die Frage stellt, woran diese abzulesen ist. Soweit der Zugang zur sprachlichen Hinterlassenschaft der 68er-Bewegung nicht (wie leider so häufig) lediglich auf lexikologischer Ebene gesucht wird, ist in differenzierteren Auseinandersetzungen mit der Sprachlichkeit in der 68er-Gesellschaft immer wieder von einer seitdem stark erhöhten ‚Sprachsensibilisierung' die Rede.[3] Dabei wird gemeinhin davon ausgegangen, dass die „eigentliche Bedeutung der Achtundsechziger-Bewegung für die Sprachlichkeit im Bereich der Entwicklung der politischen Sprache liegt"[4]. Wir teilen diese Sicht, allerdings heißt das in unseren Augen nicht, dass die ‚Sprache'

---

[1] *Josef Kopperschmidt*, 1968 oder „Die Lust am Reden", in: Muttersprache 110 (2000), 1-11, 2. (Hervorhebung im Original).

[2] Ebd.

[3] Vgl. u.a. *Martin Wengeler*, 1968 als sprachgeschichtliche Zäsur, in: Georg Stötzel/Martin Wengeler (Hgg.), Kontroverse Begriffe. Geschichte des öffentlichen Sprachgebrauchs in der Bundesrepublik Deutschland, Berlin/New York 1995, 383-404.

[4] *Klaus J. Mattheier,* Protestsprache und Politjargon. Über die problematische Identität einer Sprache der Achtundsechziger, in: Roman Luckscheiter/Ulrich Ott (Hgg.), Belle Lettres / Graffiti. Soziale Phantasien und Ausdrucksformen der Achtundsechziger, Göttingen 2001, 79-90, 81.

der Studentenbewegung sich auf deren Politjargon reduzieren ließe. Ebenso wenig heißt es, dass die betreffenden Auswirkungen am politischen Wortschatz abzulesen sind.

Ein besonders relevantes Kriterium für die Sprachlichkeit der 68er-Bewegung ist die Verknüpfung zwischen schlicht jugendlichem und spezifisch politischem Protest und die aus diesem Spannungsfeld resultierende erhöhte Aufmerksamkeit für den Sprachgebrauch jugendlicher Sprecher im politischen Kontext. Durch die stärkere Integration dieses Sprachgebrauchs in die öffentliche Diskussion, sprachliche Einbindung auf ‚progressiver' und sprachdogmatische Empörung auf konservativer Seite, wurde nicht nur innenpolitisch ein hohes Bewusstsein für Sprache geschaffen, auch die gesellschaftliche Wahrnehmung politischen Sprachverhaltens wurde geschärft.

Uns interessiert, aus welchen unterschiedlichen Aspekten des Sprachgebrauchs um 1968 die so häufig konstatierte neue Sprachsensibilität[5] entstanden sein könnte und, vor allem, auf welchen Ebenen sie sich heute niederschlägt. Da im Zusammenhang mit der 68er-Bewegung auch immer wieder auf den Einfluss der Medien und die sich an die Zeit unmittelbar anschließende, exponentiell ansteigende Präsenz des Fernsehens als Massenmedium hingewiesen wird, wollen wir dieser Frage anhand einiger Beobachtungen zum heutigen politischen Diskussionsverhalten innerhalb der Unterhaltungsmedien nachgehen.

Nach einem Überblick über die dominanten Sprachformen der 68er-Bewegung, über begleitende gesellschaftspolitische Faktoren sowie die wesentlichen, damit in Wechselwirkung stehenden Aspekte des heutigen politischen Diskurses wollen wir anhand einiger Ausschnitte aus dem Politiker-Dialog innerhalb unterschiedlicher Talkshow-Formate untersuchen, ob und inwieweit sich sprachliche Forderungen der 68er und einzelne Aspekte der damals entstandenen Sprachsensibilität im politischen Sprachverhalten, das bis heute ein fester Bestandteil der Unterhaltungskultur geworden ist, widerspiegeln.

1. Sprachlichkeit in der 68er-Gesellschaft

Als charakteristische Sprachformen der 68er-Bewegung sind vor allem der Politjargon der Außerparlamentarischen Opposition (APO) und das Sprachverhalten der Spontaneisten zu nennen,[6] die sich selbst auch als ‚Undogmatische Linke' bezeichneten. Während der Politjargon und die betreffenden Reaktionen der Öffentlichkeit die innenpolitische Auseinandersetzung vor allem inhaltlich nachhaltig beeinfluss-

---

[5] s. Anm 3.
[6] Als Einzelvariante der 68er Sprachformen wird teilweise auch die Sprachform der ‚dirty speech'-Bewegung (die durch die Verwendung von vulgären, unflätigen Wörtern auffiel) genannt, die aber ebenso gut als Teil des Sprachverhaltens der ‚Spontis' gesehen werden kann. Hinzuzufügen ist, dass die Beschreibung von ‚Gruppensprachen' jeglicher Art fast unvermeidlich mit einer gewissen Pauschalisierung einhergeht, da von individuellen und situationsspezifischen Faktoren abstrahiert wird.

ten, war das Sprachverhalten innerhalb der Spontaneisten-Szene vordergründig von metakommunikativen Strukturen geprägt und speziell im politischen Kontext auf das ‚Wie' der Vermittlung politischer Inhalte ausgerichtet. Beiden Sprachformen kam aufgrund der gesellschaftspolitischen Begleitumstände ein hohes Maß an öffentlicher Aufmerksamkeit zu. Im Folgenden soll ein Überblick über die sprachlichen Aspekte dieser Wechselwirkung zwischen den spezifischen Merkmalen und deren Rezeption gegeben werden.

1.1. Streit um den ‚Politjargon' – der politische Kampf um die Benennung[7]

Besonders nachhaltigen Einfluss auf die Sprachkritik der Studentenbewegung als „Herrschaftskritik" hatten, wie eingangs schon erwähnt, die Theorien von Herbert Marcuse, in dessen Sinn eine „neue Sprache" gefordert wurde, die „eine neue Sichtweise der Dinge und damit auch eine neue Politik"[8] ermöglichen sollte. Durch Umformung des „soziologischen und politischen Vokabulars" sollte gegen die ‚herrschende' Sprache protestiert werden. „Die herrschende Sprache von Gesetz und Ordnung, die von den Gerichtshöfen und der Polizei für gültig erklärt wird, ist nicht nur die Stimme, sondern auch die Tat der Unterdrückung."[9] Diese Auffassung war entscheidend für das sprachliche Bewusstsein der 68er. Sprache ist „nicht nur die Stimme, sondern auch die Tat...". Wer spricht, handelt auch. Während sich dieses Bewusstsein hinsichtlich der wirklichkeitskonstituierenden Kraft der Sprache im Sprachgebrauch der Spontaneisten eher in einem „Unbestimmtheitsgebot" und der ritualisierten Relativierung sprachlicher Inhalte niederschlug (siehe unten), war der Politjargon der APO auf die Inhaltsseite traditioneller politischer Begriffe gerichtet, die es durch die Verwendung neuer Begriffe zu beseitigen galt, um neue Inhalte entstehen zu lassen.

Eine der am häufigsten thematisierten und kritisierten Vokabeln, wenn nicht der umstrittenste Ausdruck überhaupt, war *Demokratisierung*. Die Brisanz dieses Begriffs ist bezeichnend. Zum einen impliziert er die Infragestellung der aus konservativer Sicht schon verwirklichten demokratischen Ordnung und stellt insofern einen Angriff auf diese Ordnung dar. Zum anderen wurde „der mit der Demokratisierungsforderung verbundene Anspruch auf Demokratisierung aller Lebensbereiche"[10] gefürchtet. Die Dynamisierung sprachlicher Ausdrücke war typisch für die linke Terminologie der politisch organisierten Studenten. Allerdings wurden die Chancen für eine Lexikalisierung ähnlicher ideologisch aufgeladener, „antiautoritäre[r] Schlagwörter"[11] wie beispielsweise *tabuisieren, instrumentalisieren, problematisieren, sensibilisieren* und dergleichen mehr von sprachwissenschaftlicher Seite

---

[7] Vgl. *J. Kopperschmidt* (s. Anm. 1), 7.
[8] *Herbert Marcuse*, Versuch über die Befreiung, Frankfurt a. M. 1969, 55.
[9] A. a. O., 110.
[10] *M. Wengeler*, (s. Anm. 3), 395.
[11] *Bruno Boesch*, Die Sprache des Protestes, in: Karl-Otto Apel et al., Sprache – Brücke und Hindernis, München 1972, 261-272, 268.

als gering eingeschätzt. Sie seien „für die kommende Sprachgeschichte kaum mehr […] als ein Gekräusel auf dem wogenden Meer der Gegenwartssprache".[12]

Vor allem vor dem Hintergrund, dass die oben genannten Vokabeln mittlerweile vollständig standardisiert, ja ‚etabliert' sind und uns nicht nur aus politischen Kontexten, sondern auch aus dem alltäglichen Sprachgebrauch geläufig sind, ist diese Einschätzung zumindest teilweise ein Irrtum.[13] Zweifellos sind aber bezüglich der sprachlichen Folgeentwicklung nicht die Vokabeln von Interesse, sondern der sich an ihnen entzündende ‚semantische Krieg' zwischen linkem und konservativem Lager: ein Kampf um Begriffe, der mit einem auf die gesellschaftliche Realität übertragbaren Kampf um Inhalte, Ideen und Werte korrespondierte, wobei die sprachliche Gegenoffensive der Konservativen durch die Umkehrung des Sprachherrschaftsvorwurfs parteitaktisch klug den Sprachgebrauch der seit 1969 regierenden sozial-liberalen Koalition mit einschloss.[14]

Wie tief die sprachliche Provokation traf und welche Macht den sprachlichen Veränderungen zugebilligt wurde, vermag der Auszug aus einer Rede von Kurt Biedenkopf aus dem Jahre 1973 zu verdeutlichen, in der die vermeintlich stattfindende „Revolution der Gesellschaft durch Sprache" explizit thematisiert wurde. „Die revolutionäre Umwälzung der staatlichen Ordnung" finde plötzlich auf „andere Weise statt":

„Statt der Gebäude der Regierungen werden die Begriffe besetzt, mit denen sie regiert, die Begriffe, mit denen wir unsere staatliche Ordnung, unsere Rechte und Pflichten und unsere Institutionen beschreiben. Die moderne Revolution besetzt sie mit Inhalten, die es uns unmöglich machen, eine freie Gesellschaft zu beschreiben und – auf Dauer – in ihr zu leben."[15]

Nicht nur die Ordnung wurde als gefährdet angesehen, sondern schlussendlich auch die gesellschaftliche Realität. Bedenkt man, dass in der Zeit um 1968 eine „stark inhaltsbezogene Sprachwissenschaft" und „eine idealistische Sprachauffassung" dominierten, nach der „Sprache das Denken weitgehend determiniert",[16] überrascht

---

[12] Ebd.

[13] Andere repräsentative Termini hingegen, wie *repressiv (repressive Gesellschaft, Toleranz), Establishment, Faschisierung/faschistoid* oder *Systemüberwindung*, sind wiederum in ihrer heutigen Verwendung stigmatisiert, verweisen lediglich auf den historischen Kontext oder sind typisch für den Sprachgebrauch bestimmter politischer Szenen.

[14] Vor allem die SPD bemühte sich um eine parteipolitische und sprachliche Integration der 68er Generation, die sich in der Verwendung der so genannten ‚Reformvokabeln' (*Reformpolitik, innere Reformen, Wandel, Erneuerung*) ebenso niederschlug wie in der Übernahme von Ausdrücken wie *Emanzipation* und *Selbstverwirklichung,* wobei in der Brandt'schen Wahlkampfparole *Mehr Demokratie wagen!* auch der geforderte Demokratisierungsprozess einen Platz bekam. Vgl. auch *M. Wengeler* (s. Anm. 3), 6f.

[15] Kurt Biedenkopf, auf dem CDU-Parteitag 1973, zit. in: *Klein, Josef*, Kann man „Begriffe" besetzen? Zur linguistischen Differenzierung einer plakativen politischen Metapher, in: Frank Liedtke/Martin Wengeler/Karin Böke (Hgg.), Begriffe besetzen. Strategien des Sprachgebrauchs in der Politik, Obladen 1991, 90-110.

[16] *Jürgen Schiewe*, Wege der Sprachkritik nach 1945, in: Martin Wengeler (Hg.). Deutsche Sprachgeschichte nach 1945. Diskurs- und kulturgeschichtliche Perspektiven, Hildesheim/Zürich/New York 2003, 125-138, 126f.

der damals entstandene „Glaube an eine linguistische Verschwörung" nicht. Bezeichnungswandel wurde „als Verlust der sachlichen Basis für Wörter fehlinterpretiert",[17] was den entsprechenden Versuch der Rückeroberung der Begriffe und damit der „Wiedergewinnung der sprachlichen Vorherrschaft"[18] zur Folge hatte.

Wurde allerdings damals noch von einer Errichtung von ‚Sprachbarrikaden'[19] gesprochen, können aus heutiger Sicht der Streit um die Begriffe und die daraus resultierende beiderseitige Sprachsensibilisierung ebenso als diskursive Annäherung zwischen linker und konservativer Seite gesehen werden. Auch dem Sprachverhalten der Spontaneisten kann man sich weniger durch Betrachtung ihres Wortschatzes als vielmehr im Hinblick auf deren Gesprächsverhalten und das dahinter verborgene metasprachliche Bewusstsein annähern.

1.2. Betroffenheitsjargon – ‚Sprachsensibilität' in der Sponti-Szene

Im Gegensatz zur theoretisierenden Sprache der APO erwuchs das Sprachverhalten der Spontis, das als ‚verstehensfeindliches' „Dokument des kaputten Lebens"[20] der Jugendbewegung gesehen wurde, weniger aus einem ideologischen Protest als vielmehr aus einem Lebensgefühl des Protests gegen die etablierte Lebensart. Die ‚Sprache der Spontis' wird als stark emotional aufgeladen, als provokativ und hochgradig subjektiv beschrieben. Dies sind Eigenschaften, die aus heutiger Forschersicht mit allgemein jugendsprachlichen Merkmalen (bewertendes Sprechen, Verwendung von Kraftausdrücken, Relativierungen und dergleichen) korrespondieren.

Dass der Spontisprache eine eher „geringere Bedeutung" sowohl für die Zeit selbst als auch „für die folgenden Jahre" zukommen soll,[21] ist wieder nur dann nachzuvollziehen, wenn das Augenmerk lediglich auf Einzelvarianten gerichtet wird, ohne diese in einen größeren Zusammenhang zu setzen. In der Tat gehören Begriffe wie *Molli, Konäktschn, Schowi, Prolli* der Vergangenheit an, die übermäßige Verwendung wertender Adjektive wie *heiß, kernig, dufte* oder *beknackt, pannig, abständig* sind in der aktuellen Jugendsprache durch *fett, krass, mega, porno* oder *asi, abgespaced, unterirdisch* ersetzt, und Sätze wie ‚*Das macht mich irgendwie unheimlich betroffen, du*' werden heutzutage allenfalls noch parodistisch zur Persiflage auf diese Zeit und deren Befindlichkeiten herangezogen.

Allerdings steckt hinter den Sprachmustern der Spontis eine übergreifende Motivation, die das gesellschaftspolitische Bild sehr gut zu spiegeln vermag. Das Sprachverhalten war geprägt von einem „Unbestimmtheitsgebot", der „dauernden

---

[17] *Frank Liedtke*, Sprache, Politik und linguistische Relativität, in: A. a. O., 63-82, 68.
[18] M. Wengeler (s. Anm. 3), 384.
[19] Vgl. *Hugo Kuhn*, Sprache – Literatur – Kultur im Mittelalter und heute. Ein Versuch über die Sprache der Studentenrevolution, München 1969, 4.
[20] *Herbert Stubenrauch*, „Scheiße, irgendwie blick ich da halt nicht mehr so durch…", in: Päd. extra (1978), 44-47, 44.
[21] K. J. Mattheier (s. Anm. 4), 82.

Relativierung und Zurücknahme des Gesagten" und der „permanenten Bereitschaft zur Metadiskussion".²² So wenig auch die ‚Spontisprache' vordergründig politisch gefärbten Ideologien entsprang, so schlug sich doch eine undogmatische Politikauffassung im betreffenden Sprachgebrauch nieder, und zwar, „keine bürgerliche Trennung zwischen Politischem und Privatem zu akzeptieren, Politik in der ersten Person zu machen und private Konflikte auch als politische zu verstehen."²³

Der Sprachgebrauch der Spontis ist der Varietät Jugendsprache zuzuordnen, die sich bis heute „deutlich weiterentwickelt" hat und „über ihre eigentliche Trägergruppe, die Jugend, hinaus Einfluss genommen hat in weite Bereiche der deutschen Sprachlichkeit."²⁴ Folgende drei Aspekte sehen wir im Hinblick auf diese Einflussnahme von Jugendsprache auf den allgemeinen Sprachgebrauch als besonders relevant an:

Zunächst ist die oben angesprochene *„konsequente Relativierung* von vordergründiger Eindeutigkeit von Sprache"²⁵ in zwei Richtungen interpretierbar: Einerseits kann man den Sprechern die Ausdrucksfähigkeit absprechen, ihnen Vagheit und Trivialität vorwerfen und die dauernde Verwendung von Relativierern wie *irgendwie, oder so, und so* als „Zerstörung der Worte", „leere Floskeln" beziehungsweise als reine „gruppenstabilisierende Jargonisierung"²⁶ interpretieren. Andererseits können diese auch ein „Indiz für die Bereitschaft zur Relativierung der eigenen nicht mehr als absolut gesetzten Position" sein, durch die „der Eindruck von Ehrlichkeit und Authentizität" und Gesprächsoffenheit geschaffen wird.²⁷ In dem Unbestimmtheitsgebot der Spontaneisten liegt zusätzlich der positive Aspekt der Verantwortlichkeit für die eigene Aussage und die fortwährende Bereitschaft zur Metadiskussion.

Darüber hinaus entstand durch die Herstellung von „sprachlicher Unordnung", die mit der Forderung nach einer neuen Subjektivität, Spontaneität und Emotionalität im öffentlichen Diskurs einherging, eine allgemeine *Sprachnormsensibilisierung*. Durch Brüche mit sprachstilistischen Regeln, wie beispielsweise die Verwendung von Umgangs- und Jugendsprache im schriftlichen und öffentlichen Bereich, wurden „überkommene Sprachverwendungsnormen infrage gestellt"²⁸ respektive ‚hinterfragt'.

Ein dritter, besonders wichtiger Aspekt liegt in der *fortwährenden Betonung der Befindlichkeit* innerhalb des Gesagten. Durch die erhöhte Aufmerksamkeit für die Art und Weise der Rede wurden viele bislang als selbstverständlich vorausgesetzte

---

[22] *Walter Behrendt* et al., Zur Sprache der Spontis, in: Muttersprache, (93) 1982, 147-162, 151f.
[23] A. a. O., 150.
[24] *K. J. Mattheier* (s. Anm. 4), 89.
[25] Ebd.
[26] *Fritz Kuhn*, Überlegungen zur politischen Sprache der Alternativbewegung, in: Sprache und Literatur 14 (1983), 61-79, 69.
[27] Ebd.
[28] *K. J. Mattheier* (s. Anm. 4), 89.

Gesprächsmechanismen selbst zum Redegegenstand. Diese Metaebene bedeutet rein sachlich gesehen Redundanz, „fortwährende[n] Wiederholungszwang", in dem der „fast vollständige Verlust eines politischen Gegenstands"[29] zu konstatieren ist. Andererseits kann genau in dieser Vertauschung von Beziehungsebene und Inhaltsebene der politische Gegenstand gefunden werden. Mit diesem Bruch mit traditionellen Gesprächsstrukturen sollte Protest gegen die ‚antidialektische und antikritische' funktionale Sprache ausgedrückt werden, auch auf die Gefahr hin, durch „Behinderung der pragmatischen Orientierung" und „erneute Stereotypie" selbst in antidialektisches Verhalten zu verfallen.[30]

Die der Jugendsprache auch heute noch so häufig unterstellte Vagheit und Sprachunsicherheit[31] ist längst im alltäglichen Diskurs aufgegangen. Viele Merkmale des damals auffälligen Sprachverhaltens sind mittlerweile im Gespräch vollständig konventionalisiert. Allerdings rechtfertigen das politische Hinterfragen der APO und deren Angriffe auf die traditionelle Sprache der Politik einerseits und die Forderung nach Subjektivität und Authentizität der Spontaneisten andererseits jeweils für sich genommen noch nicht die Annahme eines nachhaltigen Einflusses auf den heutigen Sprachgebrauch. Ein intensivierender Faktor ist in dem Öffentlichkeitscharakter des Redens um 1968 zu sehen. Die Teilnahme der Studenten am öffentlichen Diskurs ließ neue Strukturen erwachsen, deren Merkmale erstaunlich mit ihren Forderungen korrespondierten.

1.3. Diskursivierung der Rede – Nachwehen der Redelust um 1968

Ein wesentliches konstituierendes Merkmal der 68er-Gesellschaft, „das rückblickend vielleicht am prägnantesten das Bild von '68 geprägt hat", sieht Josef Kopperschmidt in einer plötzlichen „Lust am Reden",[32] worin auch wir einen entscheidenden Faktor hinsichtlich einer sprachlichen Hinterlassenschaft der 68er-Bewegung sehen: das Erwachsen einer völlig neuen Redekultur. Neben dem spezifisch linken Sprachgebrauch und der Kritik an der Sprache der etablierten Parteien hat der Kampf um Öffentlichkeit, um Ausweitung der Rederechte und Rederäume eine „Demokratisierung des öffentlichen Redens und seiner Formen" bewirkt und „die öffentliche Redekultur in Deutschland nachhaltig beeinflusst und positiv verändert".[33]

Diese Verlagerung des Schwerpunkts auf eine sich 1968 entwickelnde „diskursive Rhetorik" ist nicht nur sprachkulturell, sondern auch gesprächsstrukturell von

---

[29] Wolfgang Kraushaar, Thesen zum Verhältnis von Alternativ- und Fluchtbewegung. Am Beispiel der frankfurter scene, in: ders. (Hg.) Autonomie oder Getto? Kontroversen über die Alternativbewegung, Frankfurt a. M. 1978, 8-67, 28f.

[30] Uwe Hinrich, Studentensprache, Spontisprache, in: Muttersprache, (94) 1983, 404-416, 415.

[31] Vgl. Jannis K. Androutsopoulos, Deutsche Jugendsprache. Untersuchungen zu ihren Strukturen und Funktionen, Frankfurt a. M. 1998.

[32] J. Kopperschmidt (s. Anm. 1), 1; vgl. auch Oskar Negt, Achtundsechzig. Politische Intellektuelle und die Macht, Göttingen 1995.

[33] Josef Kopperschmidt, „So gar kein Volk des Wortes"?, in: M. Wengeler (s. Anm. 16), 310.

hoher Relevanz: Viele Forderungen der 68er-Bewegung, wie beispielsweise mehr Spontaneität, Subjektivität, Emotionalität und Glaubwürdigkeit, stehen in engem Zusammenhang mit grundlegenden alltagssprachlichen Gesprächsmaximen, die auf der Ebene der ‚kommunikativen Kompetenz' zwischen Sprecher und Hörer angesiedelt sind, zu einem großen Teil implizite Voraussetzungen für das Gelingen eines Alltagsgesprächs sind, teils nach Bedarf aber auch explizit gemacht werden müssen.[34]

Durch Einbruch dieser alltagssprachlichen Diskursformen in die öffentliche politische Auseinandersetzung entstand eine neue Gewichtung bezüglich der referentiellen und der phatischen Funktion[35] politischen Sprechens. Dabei geht es allerdings zunächst weniger um die speziell den Spontaneisten vorgeworfene ‚verstehensfeindliche' Überbetonung subjektiver Befindlichkeit, sondern vielmehr um bislang ungewohnte diskursive Strukturen im öffentlichen Sprechen, die sich aus der wachsenden Heterogenität der betreffenden Akteure und der damit einhergehenden ‚Verumgangssprachlichung'[36] herausbildeten.

In dieser Entwicklung einer öffentlichen „diskursiven Rhetorik" sehen wir mit Kopperschmidt die zentrale Bedeutung für die sprachliche Folgeentwicklung innerhalb des öffentlich-politischen Diskurses. Aus einer soziologischen Perspektive kann diese „Diskursivierung öffentlichen Redens" allgemein in Zusammenhang mit der a- beziehungsweise polyzentrischen Ausrichtung moderner Gesellschaften gesetzt werden. Durch deren „hoch differenzierte Systemstruktur" wird die Einigung auf einen einheitlichen ‚Code' erschwert, „große Reden werden zu hochriskanten rhetorischen Abenteuern" und die diskursive Rhetorik, als eine der ‚Bürgergesellschaft' angemessene „Rhetorik der kleinen Rede"[37], ausdrücklich begünstigt.

Somit ist zwar ein Teil der diesen Diskursivierungsprozess beeinflussenden Faktoren auf den Sprachgebrauch der Studentenbewegung und deren Kampf um neue Redeformen und -orte zurückzuführen. Allerdings ist ein ebenso großer Teil im davon unabhängigen gesellschaftlichen Entwicklungsprozess zu finden.

Auf der einen Seite korrespondieren in der Tat einige Merkmale der zeitgenössischen, von der Studentenbewegung beeinflussten Sprachlichkeit mit Aspekten der diskursiven Struktur. So ist der Kampf um die sprachliche Vorherrschaft durchaus interaktiv zu sehen, wobei auch dessen metasprachliche Strukturen betont werden

---

[34] Die zu Beginn der siebziger Jahre aufkommende linguistische Auseinandersetzung mit diesen Gesprächsstrukturen im Bereich der Sprechakttheorie und der Konversationsanalyse kann als eine Widerspiegelung der gesellschaftlichen Bewusstwerdung sprachlicher Metastrukturen gesehen werden.

[35] Die Termini ‚referentiell' und ‚phatisch' sind im Sinne *Roman Jacobsons* (vgl. *ders.*, Linguistik und Poetik, in: Jens Ihwe (Hg.), Literaturwissenschaft und Linguistik. Bd. 1. Frankfurt a. M. 1972, 99-135.) zu verstehen. Mit der referentiellen Funktion von Sprache ist das Verweisen auf außersprachliche Gegebenheiten gemeint, die phatische Funktion betrifft den Kontakt zwischen den Gesprächspartnern.

[36] Vgl. *K. J. Mattheier* (s. Anm. 4), 85.

[37] *J. Kopperschmidt* (s. Anm. 33), 312.

müssen. Die Kritik an der Vermittlung der Inhalte implizierte häufig die Kritik an den Inhalten selbst. Dabei stellen sowohl die starke Ausprägung metakommunikativer Elemente als auch das Unbestimmtheitsgebot im Sprachgebrauch der Spontaneisten eine Widerspiegelung dieser Tendenzen des politischen Diskurses dar, die allgemein aus dem Bewusstsein über die wirklichkeitskonstituierende Kraft der Sprache resultierten.

Auf der anderen Seite ist die Diskursivierungstendenz auf Entwicklungen zurückzuführen, die schon vor 1968 begonnen haben und innerhalb derer der Studentenbewegung eher die Rolle eines Katalysators zukam.[38]

Schon in den fünfziger Jahren wuchs die Bedeutung der gesprochenen Sprache, eine Entwicklung, die unter anderem aus der wachsenden Präsenz ‚sprechsprachiger' Medien resultierte und im Zuge derer die Schriftsprache ihren „allgemein akzeptierten normsetzenden Charakter [verliert]."[39]

Auch die „mediale Schwellensituation"[40] um 1968 rechtfertigt die Annahme einer sprachlichen Zäsur. Nach 1968 nahm die Präsenz der audiovisuellen Medien exponentiell zu, wobei die Verbreitung moderner Unterhaltungsformate ebenfalls mit einer Eroberung neuer Rederäume einherging, die „schon kommunikationsstrukturell für das Pathos der großen Rede höchst ungeeignet sind."[41] Die heute massiv verbreitete Talk-Kultur kann damit in Zusammenhang gebracht werden.

Die Etablierung der dialogischen Strukturen in den Unterhaltungsmedien, die heute einen überaus bedeutsamen politischen Handlungsraum darstellen, ist durchaus als Folge der Demokratisierung des öffentlichen Redens zu sehen. Darüber hinaus geht mit diesen Strukturen die Verfestigung neuer öffentlicher Redekonventionen einher, die in einem unmittelbaren Zusammenhang zu dem sehr hohen Bewusstsein über die öffentliche Wahrnehmung politischen Sprechens stehen.

2. Spuren von 1968 im öffentlichen Politikerdialog

Die laut heutiger Forschungsmeinung unumstrittene enge Wechselbeziehung zwischen jugendsprachlichen Ausdrucksformen und „den Konventionen der Standardsprache und den Normen der dominanten sozialen und kulturellen Kontexte"[42] hat sich in den späten sechziger Jahren besonders stark ausgeprägt. Nicht nur den Aufsehen erregenden Protesten der Studentenbewegung gegen alle Formen von Autorität und die etablierte Lebensart, auch dem explizit sprachlichen Protest kam ein hohes Maß an Beachtung zu. Die offensichtlichen Charakteristika, wie das als so

---

[38] *Georg Stötzel*, 1968 als sprachgeschichtliche Zäsur, in: Sprache und Literatur 26, 1995, 132-147, 146.

[39] *K. J. Mattheier* (s. Anm. 4), 83.

[40] *Inge Muenz-Koenen*, Die Macht der Worte und der Sog der Bilder, in: *R. Luckscheiter/U. Ott* (s. Anm. 4),149-166, 151.

[41] *J. Kopperschmidt* (s. Anm. 33), 311.

[42] *Eva Neuland*, Jugendsprachen als Indikatoren der Zeitgeschichte. Sprach- und kulturgeschichtliche Betrachtungen zu deutschen Jugendsprachen nach 1945, in: *M. Wengeler* (s. Anm. 16), 139-160, 141.

bedrohlich empfundene ‚linke Vokabular' und dessen Integration in die innenpolitische Auseinandersetzung, sind hier ebenso zu nennen wie die sprachlichen Provokationen der Spontaneisten, deren Stilbrüche und vermeintliche ‚Zerstörung der Wörter' Klagen über mangelnde Ausdrucksfähigkeit und den damit einhergehenden Verfall der Sprache auslösten. Diese Befürchtungen können auch als ein Resultat der Durchmischung des öffentlichen Dialogs und dessen allgemeine Verumgangssprachlichung gesehen werden.

Der Faktor ‚Öffentlichkeit' hat sich seit 1968 im Zuge der wachsenden Medienpräsenz nachhaltig verändert. Die Redelust der 68er, deren Kampf um neue Formen und neue Orte des Redens einen großen Teil ihrer Sprachlichkeit ausmachte, entsprang der Forderung nach aktiver Partizipation. Das Bewusstsein über den Öffentlichkeitscharakter der neuen Diskussionsformen war damals noch eine entscheidende Komponente im Veränderungsprozess, aber auch hinsichtlich der Aussicht auf Etablierung der dialogischen Struktur und der „neuen Mischformen des Diskurses"[43], die bis heute ein fester Bestandteil unserer Wahrnehmung politischer Inhalte geworden sind. Einhergehend mit der „Politisierung der Unterhaltungsbranche"[44] ist das Fernsehen zur wichtigsten Informationsquelle politischer Informationen[45] geworden, wobei die Meinungsbildung heutzutage zu einem überaus großen Anteil durch Zusehen und Zuhören entsteht.

Diese Verlagerung des Schwerpunkts auf den Dialog und die politische und mediale Vereinnahmung dieser Redeform kann als Teil des Demokratisierungsprozesses seit 1968 gesehen werden und hat ebenso Konsequenzen auf die sprachliche Vermittlung politischer Inhalte wie die durch die Sprachkritik der Studenten ausgelöste Sensibilisierung für den politischen Wortschatz. Setzt man die bisher erarbeiteten Besonderheiten der Sprachlichkeit um 1968 und die in diesem Zusammenhang als Konsequenz konstatierte Erhöhung der Sprachsensibilität in öffentlich-politischen Bereichen in Bezug zu dem seitdem so stark gewachsenen Einfluss der Medien, so kristallisieren sich drei Bereiche der Sprachsensibilisierung heraus:

Zum einen die Sensibilität hinsichtlich der Verwendung und der öffentlichen Wirkungsweise von politischen Begriffen, die als Tendenz mit der politischen Korrektheit im allgemeinen Sprachgebrauch korrespondiert. Dabei ist zu betonen, dass das Bewusstsein über die wirklichkeitskonstituierende Kraft der Sprache heute weniger an der Vereinnahmung politischer Vokabeln festgemacht werden kann als vielmehr an dem rhetorischen Umgang mit Reiz- und Schlüsselwörtern und der erhöhten Aufmerksamkeit für positive und negative Konnotate.

Zum anderen stehen die sich seit 1968 manifestierenden dialogischen Strukturen in engem Zusammenhang mit der damals geforderten Subjektivität und Glaub-

---

[43] *Andreas Dörner*, Politainment. Politik in der medialen Erlebnisgesellschaft, Frankfurt a. M. 2001, 91.
[44] *Heike Bußkamp*, Politiker im Fernsehtalk. Strategien der medialen Darstellung des Privatlebens von Politprominenz, Wiesbaden 2002, 26.
[45] A. a. O., 20.

würdigkeit des einzelnen Politikers. Der Dialog erfordert Spontaneität, impliziert aber ebenso die unmittelbare Anfechtbarkeit der einzelnen Aussagen. Darüber hinaus suggeriert der öffentliche Dialog auch eine Form der Intimität, die von den Akteuren häufig als Gelegenheit zur Selbstdarstellung hinsichtlich persönlicher Erfahrungen und der Betonung privater Aspekte genutzt wird. Dies steht in direktem Bezug zur Personalisierung der Politik, wobei der Politiker ‚als Mensch' die Politikdarstellung erheblich beeinflusst.[46]

Mit diesen beiden Formen der Sprachsensibilisierung korrespondiert eine dritte, die aus dem mittlerweile vertrauten Umgang mit dem „kommunikativen Paradoxon"[47] erwächst, in das die öffentlich diskutierenden Akteure geraten. Die ‚Inszeniertheit'[48] des straff organisierten Dialogs läuft der von den Akteuren erwarteten Natürlichkeit und Spontaneität zuwider. Dieses Paradoxon ist eine Herausforderung an die ‚Inszenierungsprofessionalität'[49] der Akteure und hat das metakommunikative Bewusstsein enorm geschärft, was sich in einer überaus häufigen Thematisierung der Art und Weise des Redens niederschlägt. Die Akteure des öffentlich-politischen Dialogs sind sich ihrer kommunikativen Wirkung bewusst und setzen metakommunikative Elemente strategisch im politischen Meinungskampf ein.[50]

Diese drei Formen der Sprachsensibilität, die eng miteinander in Wechselwirkung stehen, sind mit den bisher erarbeiteten Facetten der Sprachlichkeit um 1968 verknüpft, deren Spuren im Politikerdialog wir im Folgenden anhand einer exemplarischen Untersuchung des aktuellen Sprachverhaltens unterschiedlicher Politiker in Talkshows nachgehen wollen. Das mittlerweile auch für politische Kontexte dominante Format der Talkshow eignet sich unter anderem deshalb so gut für eine solche Untersuchung, weil es zwei wesentliche Komponenten der Sprachlichkeit von 1968, die sich seitdem intensiviert beziehungsweise manifestiert haben, auf sich vereint: die diskursive Redestruktur und das Wissen um deren Wahrnehmung in der Öffentlichkeit. Diese Interdependenz zwischen der dialogischen Struktur und deren

---

[46] A. a. O., 32.
[47] *A. Dörner* (s. Anm. 43), 134.
[48] Der Vorwurf der ‚Inszeniertheit' der politischen Kommunikation ist im Zuge des vermehrten Einflusses der Medien auch hinsichtlich der Parlamentsdebatte immer wieder geäußert worden. Diese Inszeniertheit ist in Unterhaltungsformaten aufgrund der hohen Zuschauerzahlen noch stärker ausgeprägt. Vgl. *Armin Burkhardt*, Zwischen Diskussions- und Schaufensterparlamentarismus. Zur Diagnose und Kritik parlamentarischer Kommunikation – am Beispiel von Zwischenfragen und Kurzdialogen, in: Andreas Dörner/Ludgera Vogt (Hgg.), Sprache des Parlaments und Semiotik der Demokratie, Studien zur politischen Kommunikation in der Moderne, Berlin/New York 1995, 73-107, 78f.
[49] *A. Dörner* (s. Anm. 43), 134.
[50] Man kann hier auch von einer ‚trialogischen' Kommunikation sprechen, die nicht nur für das Unterhaltungsformat der Talkshow, sondern auch für die parlamentarische Debatte gilt. Die Kommunikation ist ‚mehrfachadressiert', gibt sich aber auf „mythische Weise" dialogisch, was den „zuhörenden/zuschauenden Dritten" vergessen lässt, „dass er selbst der eigentlich gemeinte Adressat ist." Vgl. *A. Burkhardt* (s. Anm. 48), 78f.

Gerichtetheit an den Zuschauer respektive Zuhörer (s. Anm. 50) gilt es in Zusammenhang zu setzen mit den sprachlichen Forderungen und Merkmalen der 68er-Generation.

Unsere Untersuchung erstreckt sich über einen Zeitraum von insgesamt ca. drei Monaten (Januar/April/Mai 2007), wobei das gesammelte Material Beobachtungen zu zehn Sendungen unterschiedlicher Formate und Themen enthält.[51] Wichtig war uns dabei die Erfassung unterschiedlicher Akteure und vor allem dialogischer Formen: Zweiergespräch vor Publikum, Konfrontationsshow, Einbeziehung des Studiopublikums, Debattenshow mit und ohne Showprominenz.

Wir möchten an dieser Stelle betonen, dass uns weder an einer inhaltlichen Wertung – sei es bezüglich bestimmter Sachverhalte, sei es bezüglich bestimmter Parteizugehörigkeiten – noch an einer dezidiert gesprächsstrukturellen Analyse gelegen ist. Darüber hinaus ist uns bewusst, dass in dieser Untersuchung nur ein bestimmter Teil der Sprache der Politik und ihrer Entwicklung seit 1968 dargestellt werden kann. Die im Folgenden aufgeführten und kommentierten Beispiele dienen der Veranschaulichung bestimmter Merkmale und Tendenzen eines Bereichs der gesprochenen Sprache der Politik, die mit den Sprachformen der 68er-Generation und sonstigen sprachlichen Einflüssen der Zeit in Zusammenhang gebracht werden können.

2.1. Das Wagnis der Benennung

In Bezug auf die in den 1968ern entstandene Sprachsensibilität ist für den allgemeinen Sprachgebrauch der heutigen Zeit sicherlich die Politische Korrektheit besonders hervorzuheben, die sich sprachlich auf unterschiedlichen Ebenen der Antidiskriminierung manifestiert hat, von denen der Sprachfeminismus die offensichtlichste darstellt. Auch andere Bereiche wie zum Beispiel die Euphemismenentlarvung und -vermeidung im Bereich der Umwelt-, Rüstungs- und Immigrationspolitik oder die immer wieder aufkommende Fremdwörter- und Anglizismendiskussion sind durchaus vor dem Hintergrund der gesellschaftspolitischen und sprachlichen Entwicklung seit 1968 zu sehen.[52]

Wesentlich enger noch erscheint der Bezug zu der innenpolitischen Auseinandersetzung um 1968, wenn man den allgemeinen Umgang mit sprachlichen Benennungen, mit so genannten Reiz-, Schlüssel- und Schlagwörtern im Sprachgebrauch des politischen Diskurses beobachtet. Diese Sensibilisierung gegenüber sprachlichen Benennungen schlägt sich besonders auffällig in zwei Bereichen nieder:

Erstens ist eine allgemeine Vorsicht im Einführen bestimmter Reiz- und Schlüsselwörter in die Diskussion erkennbar. So werden bestimmte Ausdrücke mit einem

---

[51] Die Sendungen wurden mehrfach gesichtet und in einem zweiten Schritt in Teilen transkribiert. Das transkribierte Material umfasst ca. 5 h. Aus Platzgründen mussten wir uns auf eine kleine Auswahl von Beispielen beschränken, die jedoch repräsentativ für die beobachteten Tendenzen stehen.
[52] Vgl. *G. Stötzel* (s. Anm. 38), 134f.

sehr hohen Bewusstsein über deren negative Konnotation ins Spiel gebracht („ein sehr hässlicher Name" / „das in Anführungszeichen geringste Übel" / „fällt mir schwer über die Lippen" / „sag ich jetzt mal ganz hart"), teilweise mit gleichzeitiger Distanzierung vom betreffenden Terminus: „Und ich sag das jetzt mal ganz dramatisierend: Es geht um den ‚Überwachungsstaat'."[53] Passend dazu wird auch die Verharmlosung von Ausdrücken thematisiert („‚Passgesetz ändern' klingt harmlos, was ist jetzt eigentlich geplant?"[54]) beziehungsweise es werden wiederum andere als Euphemismen enttarnt: O.S. „Die SPD hat ihre Wahlkampfaussage verlassen." M.F. „Das ist eine elegante Umschreibung für eine Lüge!"[55]

Zweitens ist das allgemeine Bewusstsein über den Schlüsselcharakter und die Symbolkraft der Begriffe und die Strategien des rhetorischen Umgangs mit ihnen mittlerweile dermaßen transparent, dass dieses Bewusstsein gezielt für die inhaltliche Auseinandersetzung eingesetzt wird. So reicht es im Diskurs oft aus, ein Schlagwort als solches zu enttarnen, ohne weiter darauf einzugehen. So zum Beispiel die Replik von Bundesfinanzminister Peer Steinbrück, der vom Moderator auf das sozialistische Staatsmodell im Zusammenhang mit den viel diskutierten Krippenplätzen angesprochen wurde: „Das Stichwort musste fallen, der ‚Sozialismus' musste irgendwo vorkommen in dieser Diskussion, das ist klar."[56]

Auch die Gegenüberstellung von zwei Begriffen ist üblich, wobei ein ebenso hohes Bewusstsein darüber festgestellt werden kann, welche Ausdrücke positiv, welche negativ belegt sind. So stellt Petra Pau (Die Linke) den „Paradigmenwechsel von Rechtsstaat in präventiven Sicherheitsstaat" fest und betont, sie habe „nicht ‚Überwachungsstaat' gesagt, sondern ‚präventiver Sicherheitsstaat'"[57], FDP-Generalsekretär Dirk Niebel setzt dem Ausdruck ‚Mindestlohn' den der ‚Mindesteinkünfte' entgegen („Die Diskussion geht in die falsche Richtung, lassen Sie uns reden über Mindesteinkünfte"[58]).

Ein besonders anschauliches Beispiel für die allgemeine rhetorische Sensibilisierung gegenüber bestimmten Reiz- und Schlüsselwörtern fanden wir im Demographiegespräch mit Bundesfinanzminister Steinbrück, in dem vor allem der direkte Hinweis auf Kurt Biedenkopf und dessen offensichtlich immer noch hohen ‚semantischen Einfluss' den Bezug zu der Zeit um 1968 verdeutlichen kann:

> „Unser Thema ist Demographie, was kann ein Finanzminister mit den ihm zur Verfügung stehenden Mitteln gegen die demographische Problematik tun, Prof. Biedenkopf sitzt im

---

[53] Gerhart Baum am 16. April 2007, „Unter den Linden", Phoenix.
[54] Maybrit Illner am 19. April 2007, „Maybritt Illner", ZDF.
[55] Ottmar Schreiner und Michel Friedman am 03. Mai 2007, „Studio Friedman", N24.
[56] Peer Steinbrück im 8. Berliner Demographiegespräch am 18. April 2007, „vor ORT", Phoenix.
[57] Petra Pau am 18. April 2007, „Phoenix Runde", Phoenix.
[58] Dirk Niebel am 03. Mai 2007, „Studio Friedman", N24.

Saal, deshalb sage ich bewusst nicht ‚Demographiekatastrophe', weil er sich dagegen wehrt, weil eine große Chance darin liegt, völlig richtig."⁵⁹

Peer Steinbrück setzt in seiner Antwort der Entschärfung des Ausdrucks ‚Katastrophe' durch ‚Problematik' einen neutralen entgegen („Entwicklung") und führt zuvor einen neuen ‚Schlüsselbegriff' ein:

„[...] und ein Schlüsselbegriff im Rahmen auch dieser Demographieentwicklung, die ich auch nicht als Horrorgemälde an die Wand malen möchte, [...] ist das Schlüsselwort ‚Bildung'."⁶⁰

Interessant an der auf diese Weise kommentierten Frage und deren Beantwortung sind vor allem zwei Dinge. Zum einen führt das Beispiel die Bedeutung des technisch versierten Befragenden (der selbstverständlich Teil der sprachlichen Strategienbildung innerhalb des politischen Diskurses ist) nochmals deutlich vor Augen, zum anderen wird hier auch (in einer sehr speziellen Form) die Wirkung der Präsenz des Publikums offensichtlich. Das rhetorische Jonglieren mit Reiz- und Schlüsselwörtern und sonstigen sprachlichen Benennungen bestimmter ‚sensibler' Sachverhalte ist vor allem im homogenen politischen Miteinander, wie es vordergründig in Nischensendern wie Phoenix oder N24 vorkommt, zu beobachten und bei einer heterogeneren Zusammensetzung der öffentlich Diskutierenden nicht so deutlich zu erkennen.

Unabhängig vom Sendeformat und der Zusammensetzung der Akteure ist die inflationäre ‚Ich'-Verwendung der Diskussionsteilnehmer. Auch wenn es dabei nicht unbedingt um den Anspruch geht, ‚Politik in der ersten Person zu machen', geht es hier dennoch um populäre Eigenschaften des Politikers wie Glaubwürdigkeit und Menschlichkeit.

2.2. Politik in der ersten Person

Für die Verwendung der ersten Person Singular (und in Teilen auch Plural) haben sich zwei funktional orientierte Bereiche herauskristallisiert: Erstens dient die Verwendung von ‚ich' der Subjektivierung, teils der Emotionalisierung der eigenen Aussage und natürlich der eigenen Selbstdarstellung mit Hinweisen auf den persönlichen Erfahrungsbereich, zweitens (einhergehend mit der Verwendung von ‚wir') der Bekundung von Solidarität mit dem Bürger.

Die auffallend hohe Frequenz der durch „ich glaube", „ich finde" und „ich schätze" eingeleiteten Nebensätze lässt Botschaften, Argumente und (Hintergrund-) Informationen eher als eigene Überzeugungen und Standpunkte erscheinen denn als feststehende objektive Tatsachen. Im Wissen um die Personalisierung von Politik formulieren die Diskussionsteilnehmer – zumindest oberflächlich gesehen – vor allem persönliche Statements und Positionen.

---

[59] Frage an Peer Steinbrück von Christoph Keese, Chefredakteur der Welt am Sonntag, im 8. Berliner Demographiegespräch am 18. April 2007, „vor ORT", Phoenix.

[60] Peer Steinbrück im 8. Berliner Demographiegespräch am 18. April 2007, „vor ORT", Phoenix.

„Ich glaube" hat – ebenso wie das seltenere „ich finde" – einen weitaus subjektiveren Charakter als etwa „ich sage" oder gar „ich weiß" und ist somit besonders zur Signalisierung persönlicher Überzeugungen geeignet. Gleichzeitig wird mit „ich glaube" die eigene Position als anfechtbar, zumindest als hinterfragbar dargestellt; es handelt sich also um eine Floskel, mit der sowohl Authentizität als auch eine gewisse Offenheit im Dialog signalisiert werden können – und zwar eine Floskel, die allein schon durch die Häufigkeit ihres Gebrauchs als konventionalisiert angesehen werden kann. Noch deutlicher tritt das Formelhafte hervor, wenn ein Diskursmarker wie „find ich", „denk ich immer", „mein ich" eingeschoben wird. Diese Arten von Selbstrelativierung haben sich im allgemeinen Sprachgebrauch als dialogische Mittel etabliert, mit denen dem Hörer eine Anweisung zur Interpretation und Einordnung des Gesagten gegeben wird[61], und werden hier unter anderem genutzt, um die vermeintliche Authentizität des Dialogs zu unterstreichen. Durch die emotionale ‚Aufladung' der einleitenden Floskeln („ich befürchte, dass…", „ich habe eine große Sorge, dass…") oder Sätze wie „Da treffen Sie einen Nerv bei mir"[62] verstärkt sich der Eindruck von Glaubwürdigkeit oder – um ein Klischee zu bedienen – ‚Betroffenheit'.

Dass die Signalisierung von Offenheit und Authentizität im Dialog konventionalisiert ist, zeigt sich auch rein inhaltlich. Angesichts dessen, dass möglichst viele Zuschauer sich der geäußerten Ansicht anschließen sollen, ist es nicht weiter verwunderlich, dass hin und wieder auch Gemeinplätze bis hin zum Trivialen als persönliche Stellungnahmen angekündigt werden:[63] „Ich muss ganz ehrlich sagen, es ist ja auch Aufgabe der Politik, zu verhindern, dass was passiert."[64]

Ebenfalls vorteilhaft für das Image des Politikers ist es, wenn Überzeugungen als Ergebnisse und Schlussfolgerungen der eigenen Biographie formuliert werden können. So ist es fast unvermeidlich, dass Familienministerin Ursula von der Leyen beim Thema Familienpolitik auf ihre Erfahrungen mit der Erziehung mehrerer Kinder zu sprechen kommt („Das erinnert mich an die sieben Jahre, die ich mit den Kindern zuhause geblieben bin, das waren glückliche Jahre und kostbare Jahre"[65]) oder der ehemalige Innenminister Gerhart Baum seine Bedenken zur Sicherheitspolitik immer wieder mit eigenen, negativen Erfahrungen begründet („Ich habe das schon so oft erlebt" / „Ich war ja selbst mal Innenminister"[66]).

---

[61] Zu den so genannten Operator-Skopus-Strukturen: vgl. *Günther Drosdowski/Peter Eisenberg* (Hgg.), Duden. Die Grammatik, Mannheim 2005[7], 1288f.

[62] Peer Steinbrück im 8. Berliner Demographiegespräch am 18. April 2007, „vor ORT", Phoenix.

[63] Besonders amüsant vor Augen geführt wurde dieses Prinzip in einer Parodie auf Helmut Kohl von Dieter Hildebrandt: „Der Mond, meine Damen und Herren, das möchte ich hier in aller Offenheit sagen, ist aufgegangen …" etc.

[64] Markus Söder am 16. April 2007, „Unter den Linden", Phoenix

[65] Ursula von der Leyen am 18. April 2007, „Ich stelle mich", ARD.

[66] Gerhart Baum am 16. April 2007, „Unter den Linden", Phoenix.

Weniger offensichtlich als die Subjektivierung der Rede, aber nicht weniger wirkungsvoll ist die sprachlich hergestellte Solidarität mit dem Bürger durch Verwendung des ‚Bürger-Ichs'. Der Politiker übernimmt in der ‚Ich'-Verwendung die Sicht des Bürgers, zum Beispiel mit der Betonung „Ich bin aber Bürgerin der Bundesrepublik" oder „Eine solche Gesellschaft will ich nicht". Für eine solche Identifikation bietet in der letzten Zeit vor allem die Diskussion über den Datenschutz vielfältige Möglichkeiten:

„Also ich möchte wissen, wenn schon meine Freiheit eingeschränkt wird, ist das wirklich notwendig?"[67]

„Ich möchte nicht, dass Herr Schäuble auf meiner Festplatte rumfährt."[68]

Auch die seltenere ‚Wir'-Verwendung ist vor diesem Hintergrund zu sehen. Besonders auffällig ist die intendierte Erschaffung eines gemeinsamen Raums im direkten Kontakt mit dem Studiopublikum. Ein bewährtes Schema scheint dabei die Würdigung der Qualität der Frage (zum Beispiel „Das ist ein ganz spannender Punkt" / „Ja, das ist eine ganz wichtige Frage, die Sie da stellen"[69]) und deren Beantwortung im solidarischen ‚wir' zu sein („unser gemeinsames Problem ist…" / „uns ist allen klar"). Es ist festzuhalten, dass sowohl die demonstrative Subjektivität der Rede als auch die Solidaritätsbekundung der Inszenierung dialogischer Strukturen dienen, da ein ‚Sender-Ich' auch immer ein ‚Adressaten-Du' impliziert.

Dass der Dialog in genau abgesteckten Bahnen verläuft und man im Grunde nicht mehr von einem wirklich „freien Redeaustausch" oder einem authentischen „*Sich-Einbringen* in die Diskussion"[70] sprechen kann, zeigt sich in den vereinzelten Situationen, in denen das durchorganisierte Schema der Show durch echte Rückfragen an den Diskussionsleitenden durchbrochen wird:

„[M.F.:] Also, das nenne ICH erfolgreiche sozialdemokratische Politik. Wie nennen Sie das?
[O.S.:] Was SIND Sie denn jetzt? Für oder gegen den Mindestlohn?
[M.F.:] Ich habe das nicht zu sein. (lacht) Ich bin Journalist. Sie sind der Politiker."[71]

Vor dem Hintergrund der Institutionalisiertheit der Show ist die Erfolglosigkeit derartiger Versuche eines Bruchs mit den öffentlichen Redekonventionen nicht überraschend. Die Rollen des Fragenden und des Antwortenden sind festgelegt. Interessant ist aber auch, dass spontane, vom Moderator unabhängige Fragen unter den diskutierenden Akteuren ebenfalls sehr selten sind. Die wenigen, die wir beobachten konnten, dienten entweder der Sicherung des Rederechts („Können wir das mal vertiefen?"[72]) oder der Provokation („Woher kommt das wohl?"[73]).[74]

---

[67] Gerhart Baum am 16. April 2007, „Unter den Linden", Phoenix.
[68] Petra Pau am 19. April 2007, „Studio Friedman", N24.
[69] Ursula von der Leyen am 18. April 2007, „Ich stelle mich", ARD.
[70] W. Behrendt (s. Anm. 22), 150 (Hervorhebungen im Original).
[71] Ottmar Schreiner und Michel Friedman am 03. Mai 2007, „Studio Friedman", N24.
[72] Ursula von der Leyen am 15. April 2007, „Sabine Christiansen", ARD.
[73] Gregor Gysi am 07. Januar 2007, "Sabine Christiansen", ARD.
[74] Diesbezüglich wird auch von Burkhardt in Bezug auf die parlamentarische Kommunikation eine Zäsur in den 60er / 70er Jahren gesehen. Das Aufkommen so genannter „Schein- und Pseudozwischenfragen" hat sich Burkhardts Untersuchung zufolge in dieser Zeit gegenüber

2.3. Die Art der Debatte – metakommunikative Strukturen

Die metakommunikative Ebene innerhalb der öffentlichen Diskussionen, das heißt, die Thematisierung der Art und Weise, wie bestimmte Themen im Diskurs behandelt werden, wird häufig genutzt, um die Gesprächsstrategien des politischen Gegners zu kritisieren („Die Diskussion geht in die falsche Richtung" / „Sie wollen ablenken über eine Mindestlohndebatte" / „Sie bedienen nur Klischees" / „Das ist rein populistisch argumentiert") beziehungsweise die eigenen als die besten in den Vordergrund zu rücken:

> „[…] und dann ist es keine ideologische Frage mehr – nach dem Grundsatz ‚Hier steh ich und ich kann nicht anders'. Diese Frage ist so, wie wir manche andere Frage auch behandeln, nach dem Motto, es geht nicht um Leben und Tod, es geht um viel mehr als das, eine sehr deutsche Debatte, die wir hier führen, sondern es geht um die sehr praktische Frage, wie ich schlicht und einfach Infrastruktur bereitstellen kann, […] so banal und pragmatisch ist diese Frage."[75]

Auch diese Taktik vermag nicht zu überraschen vor dem Hintergrund, dass „nicht die zwanglose Rationalität des besseren Arguments, sondern die strategisch formulierten Statements von PR-Profis […] den Diskurs [beherrschen]."[76]

Die Thematisierung dessen, *wie* über einen bestimmten Sachverhalt geredet wird, ersetzt heute häufig den Sachverhalt selbst und ist unter anderem auch eine gute Strategie, der direkten Beantwortung von Fragen auszuweichen. So antwortet die Bundesfamilienministerin auf die Frage nach einem Gehalt für Hausfrauen mit Kindern:

> „Ich glaube, unser gemeinsames Problem, dass nicht genügend Erziehung anerkannt wird, ist mehr eine Sache in den Köpfen bei uns, dass wir nicht genügend positiv darüber sprechen, als nur eine Frage des Geldes."[77]

Dass die Art der Diskussion, des Redens eine so hohe Relevanz bekommen hat, ist ein deutlicher Hinweis auf das Bewusstsein der Akteure über die Wahrnehmung des Diskurses in der Öffentlichkeit, das heißt darüber, wie in der aktuellen Situation nicht nur die Inhalte selbst, sondern auch deren Bewertung vom Adressaten aufgenommen werden. Die Relevanz hinsichtlich dieser Wahrnehmung des Kontakts zwischen Bürger und Politiker wurde in einer Sendung überdeutlich, die bezeichnenderweise den Titel „Nimmt die Politik den Bürger noch ernst?" trug. Von allen beteiligten Akteuren wurde die Diskussionskultur in Deutschland beklagt, dass nämlich „Sachdebatten hinten runter rutschen", es beispielsweise „in den 60er / 70er Jahren noch ziemlich gemeinsame Diskussionen in Deutschland" gab und „auch eine Kultur, die das erlaubt hat", dass aber „inzwischen alles immer mehr divergiert."[78] Parteien würden „mehr Zulauf" bekommen, wenn ihre „Diskussionskul-

---

den 50er Jahren mehr als verdreifacht, der Anteil der „echten" interrogativen Zwischenfragen nahm seit den 60er Jahren kontinuierlich ab. Vgl. *A. Burkhardt* (s. Anm. 48), 96.

[75] Peer Steinbrück im 8. Berliner Demographiegespräch am 18. April 2007, „vor ORT", Phoenix.
[76] *A. Dörner* (s. Anm. 43), 139.
[77] Ursula von der Leyen am 18. April 2007, „Ich stelle mich", ARD.
[78] Gerald Häfner am 07. Januar 2007, „Sabine Christiansen", ARD.

tur" sichtbar würde und Parteitage nicht mehr „inszeniert" würden; man brauche „keine Angst" zu haben, dass „kontrovers diskutiert wird",[79] und es werde zwar „in der Fraktion offen geredet", allerdings geschehe „eines zu wenig":[80]

„Diese Debatte findet nicht auf dem offenen Markt statt. Warum findet sie nicht auf dem offenen Markt statt? Die findet deshalb nicht auf dem offenen Markt statt, weil Parteien wissen, dass derartige Diskussionen zu ihrem Schaden gereichen, immer zu ihrem Nachteil sind."[81]

Diese Einschätzungen sind hochinteressant, denn sie zeigen nochmals, wie überaus sensibel mit der möglichen Rezeption des öffentlichen Diskurses umgegangen wird. Dabei erscheint es vor dem Hintergrund des institutionellen Öffentlichkeitscharakters politischen Sprechens vielleicht paradox, dass die Diskussionskultur der Parteien „nicht auf dem öffentlichen Markt" stattfindet, doch unterstreicht es das Wissen der Akteure um den inszenierten Charakter des Diskurses. Auch die folgende Äußerung vermag das geschärfte Bewusstsein für die Konventionalisierung dialogischer Strukturen und deren strategischen Einsatz zu unterstreichen.

„Ich find, das ist wieder sehr typisch, wie sich der Herr Gysi und Herr Müller hier die Bälle zuspielen, sie brauchen fünf Anläufe, um Herrn Sittler zu fragen, ich finde das ein Problem. Ich finde das ein Problem! Ich habe an der Stelle – ich will gar nicht inhaltlich einsteigen – ich habe ein Demokratieproblem."[82]

Der explizite Hinweis auf die eingespielte Kommunikationsstruktur der Politiker untereinander und die mangelnde Einbeziehung eines außerhalb dieses professionellen Sprachspiels stehenden Akteurs kann verdeutlichen, dass es sich bei dem Sprachspiel nicht lediglich um ein verselbstständigtes Produkt der diskursiven Struktur öffentlichen Sprechens handelt, sondern dass diese ganz bewusst zur Selbstinszenierung eingesetzt wird. In Teilen ist die vordergründige Demokratisierung der Rede durch Durchmischung der Akteure und somit auch der vermehrten Ausdifferenzierung unterschiedlicher Stile und Meinungen Bestandteil der Inszenierungsprofessionalität der politischen Akteure und deren Positionierung im öffentlichen Dialog geworden. Innerhalb der heute eher konsens-orientierten Talk-Kultur[83] wird die Betonung des ‚Wie' der sprachlichen Vermittlung, wie sie 1968 noch gefordert wurde, strategisch sowohl im politischen Meinungskampf als auch bezüglich der Darstellung politischer Inhalte für den Adressatenkreis des Bürgers genutzt. Auch der Dissens, die Konfrontation und informelle Strukturen, die in der unmittelbaren Folge von 1968 durch die Durchmischung und Verumgangssprachlichung des öffentlichen Diskurses und dessen damals noch ungewohnte Spontaneität vermehrt für Aufsehen sorgten, sind heute in erwartbare Bahnen gelenkt worden und ganz bestimmten Formaten vorbehalten.

2.4. Informalisierung

---

[79] Gabriele Pauli am 07. Januar 2007, „Sabine Christiansen", ARD.
[80] Peter Müller am 07. Januar 2007, „Sabine Christiansen", ARD.
[81] Ebd.
[82] Gerald Häfner am 07. Januar 2007, „Sabine Christiansen", ARD.
[83] Vgl. *A. Dörner* (s. Anm. 43), 145.

Auch die Merkmale des noch in den frühen achtziger Jahren festgestellten allgemeineren Informalisierungsschubs[84] sind heute durch bestimmte Formate wie die bestimmter Personality-Shows oder Konfrontations-Shows abgedeckt und werden eingesetzt, um quasi-voyeuristische Bedürfnisse des Fernsehpublikums zu bedienen.

In diesen Sendungen rechnen sowohl die Eingeladenen als auch die Zuschauer mit der Durchbrechung der erwartbaren Konventionen, wobei sich die teilnehmenden Akteure nicht nur sprachlich darauf einstellen. Es ist eine Frage der Persönlichkeit und des jeweiligen ‚politischen Stils', erstens, ob Einladungen in die betreffenden Sendungen angenommen werden, und zweitens, wie die betreffenden Akteure mit dem unkonventionellen Aufbau umgehen. Dieses Mittel der Selbstinszenierung ist vor allem in Personality-Shows dominant, wenn durch sehr direkte, teils private Fragen provoziert wird („Wurden Sie eigentlich rausgemobbt damals bei der CDU?"[85]) oder zum informellen ‚Du' übergegangen wird („Das kannst du machen, wie Sie wollen"[86]).

Aber auch wenn beispielsweise Michel Friedman fragt, ob der „deutsche Bürger am Arsch" sei oder über bestimmte Sachverhalte feststellt, sie seien „Verarsche"[87], können die betreffenden Befragten ganz individuell mit solchen Provokationen umgehen, sie entweder in den eigenen Diskurs aufnehmen („Nein, das ist keine Verarsche"[88]) oder sie ignorieren. Auch andere Formen der Provokation (penetrantes Insistieren, häufiges Unterbrechen) fördern die Informalisierung, sind aber innerhalb des Formats ebenso konventionalisiert und erwartbar wie die Strukturen der konsensorientierteren Sendungen. Während DIE GRÜNEN bei ihrer Gründung noch dadurch Aufmerksamkeit erregten, dass sie auch „sprachlich quer zum Etablierten" standen, ist die bewusste Verletzung sprachlicher Konventionen Bestandteil des ‚Politainments'[89] geworden und vermag nur noch wenige zu schockieren.

Eine allgemeine Informalisierungstendenz kann aber insgesamt in der Heterogenität der am gesellschaftspolitischen Diskurs teilnehmenden Akteure gesehen werden. So ist schlicht auch die teils unkonventionelle Zusammensetzung der Gäste innerhalb der Talkshow und die erhoffte Interaktion unterschiedlicher Stile und Meinungen Teil des Informalisierungsprozesses.

3. Zusammenfassung

Es ist unbestritten, dass die 68er das Sprachbewusstsein der Gesellschaft beeinflusst haben: Die Sprache der Öffentlichkeit muss nicht als selbstverständlich hingenommen werden – man hört genauer hin und hat das Bedürfnis, sich genauer auszudrü-

---

[84] Vgl. *F. Kuhn* (s. Anm. 26), 70ff.
[85] Kurt Krömer zu Norbert Blüm am 11. Mai 2007, „Bei Krömers", 3sat.
[86] Nobert Blüm am 11. Mai 2007, „Bei Krömers", 3sat.
[87] Michel Friedman am 19. April 2007 und 03. Mai 2007, „Studio Friedman", N24.
[88] Ottmar Schreiner am 03. Mai 2007, „Studio Friedman", N24.
[89] Vgl. *A. Dörner* (s. Anm. 43).

cken. Die politische Korrektheit in vielen Bereichen der Antidiskriminierung ist vor diesem Hintergrund zu sehen.

Diese Entwicklung ist nicht allein an den Zielen, dem Sprachgebrauch oder gar dem Vokabular der Bewegung festzumachen. Diese neue Sensibilisierung der Gesellschaft für Sprache ist aus einer Vielzahl von Faktoren entstanden, von denen die wohlwollende Integration des Sprachgebrauchs der Studentenbewegung in die innenpolitische Auseinandersetzung ebenso einer war wie die sich an ihrem Sprachgebrauch entzündende Empörung. Der Sprachstreit fand auf vielen Ebenen statt; es war ebenso ein Streit um die Vereinnahmung politischer Vokabeln wie ein Streit um Sprachstile und Redekonventionen. Dabei ist als eine der wichtigsten Hinterlassenschaften aus dieser Zeit die plötzlich erwachte ‚Lust am Reden' zu sehen, die unter anderem eine ‚Diskursivierung' der Rede, das Erwachsen einer ‚diskursiven Rhetorik' bewirkt hat, die typisch für die polyzentrische Ausrichtung moderner Gesellschaften ist und sich bis heute als dominante Form des öffentlichen Diskurses durchgesetzt hat.

‚Wörter' werden auch heute noch als politische ‚Waffen' eingesetzt. Vor allem aber werden sie recht schnell als solche erkannt und analysiert.[90] Aus sprachwissenschaftlicher Sicht ist diesbezüglich nicht nur die semantische Dimension dieser so genannten ‚Waffen' von Interesse, sondern auch deren sprachliche Verwendung, die sich durch das mittlerweile manifestierte Bewusstsein über deren Wirksamkeit verändert hat. Wir haben uns deshalb weniger für eine inhaltliche, sondern vielmehr für eine sprachstrukturelle Sicht entschieden, um zu überprüfen, wie sich die politische Sprachsensibilisierung im dialogischen Miteinander in der heutigen Talk-Kultur niederschlagen könnte.

Die Dominanz des Dialogs als eine der Hinterlassenschaften der 68er hat dabei ebenso Einfluss wie deren Ablehnung der vordergründigen Eindeutigkeit der politischen Sprache und der daraus resultierenden Forderung nach mehr Authentizität politischer Persönlichkeiten. Im Umgang mit politischen Reiz- und Schlüsselwörtern ist eine neue Vorsicht ebenso erkennbar wie eine rhetorische Routine, diese strategisch klug in die Debatte einzuführen oder aber als Schlagworte zu entlarven und von sich zu weisen.

Die von den Massenmedien vereinnahmte dialogische Struktur suggeriert darüber hinaus eine Spontaneität und Intimität, die den politischen Akteuren Gelegenheit zur ‚privaten' Selbstdarstellung gibt. Die Subjektivierung der Rede, erkennbar in der häufigen ‚Ich'-Verwendung und der Betonung privater Aspekte und persönlicher Erfahrungen, ist ebenso vor diesem Hintergrund zu sehen wie die zu einem Großteil als anfechtbar dargestellten Aussagen, da nicht nur die gewachsene Sensibilisierung für die sprachliche Vermittlung politischer Inhalte, sondern auch der Dialog selbst die Möglichkeit zur ‚Absolutsetzung' von Sachverhalten einschränkt. Da der Dialog und das Bewusstsein über dessen Mehrfachadressierung ebenso ein den

---

[90] Vgl. *Georg Paul Hefty*, ‚Neoliberalismus': Das Wort als Waffe, in: FAZ vom 14. Juni 2007.

Sensibilisierungsprozess beeinflussender Faktor ist, vermag es nicht zu überraschen, dass das Bewusstsein über das ‚Wie' des Dialogs außerordentlich geschärft worden ist. Dies schlägt sich in der überaus häufigen Verlagerung der Debatte auf die metakommunikative Ebene nieder. Dass einhergehend mit diesem Bewusstsein neben dem ebenfalls strategischen Einsatz der ‚Rede als Redegegenstand' in der heutigen Talk-Kultur von den politischen Akteuren selbst häufig sogar ein ‚Mangel an Diskussionskultur', ein Mangel an authentischen Debatten beklagt wird, ist in direkten Bezug zu der Inszeniertheit der Dialoge in den Unterhaltungsmedien zu setzen – eine Inszeniertheit, die nicht nur daraus erwächst, dass die Gespräche in der Unterhaltungskultur eine straffe Organisation erfordern und dass es eine bestimmte Rollenverteilung geben muss, sondern die sich auch aus dem allgemeinen Bewusstsein in Hinblick auf die Medienwirkung des Einzelnen ergibt. Die sprachliche Sensibilität ist ein Teil dieser Medienwirkung geworden. Auch Stilbrüche und informelle Strukturen haben mittlerweile ihren Platz gefunden und werden zu einem großen Teil zur Selbstdarstellung genutzt, sodass viele der Elemente, die mit den sprachlichen Forderungen der 68er und mit deren Kampf um den Bruch mit alten Redekonventionen korrespondieren, heute als ritualisiert betrachtet werden müssen.

So sind abschließend die gewachsene Vorsicht im Umgang mit Sprache, das Bewusstsein über deren Einfluss auf unser Denken und unser Handeln sowie die Demokratisierung des Redens und dessen Handlungsräume als positive Errungenschaften der Zeit um 1968 zu sehen. Damit einher geht aber – im Zuge der omnipräsenten Massenmedien – ebenso ein Bewusstsein über den strategischen Einsatz derjenigen rhetorischen Elemente innerhalb der gesprochenen Sprache, die die sprachliche Sensibilität zum Ausdruck bringen. Unser Blick auf einen Ausschnitt aus der politischen Talk-Kultur hat gezeigt, dass die gewachsene Sprachsensibilität einerseits inhaltlich verankert ist, andererseits aber zu einem gewissen Anteil auch aus der diskursiven Struktur selbst heraus erklärt werden kann. Dass diese Aufmerksamkeit für den Umgang mit Sprache durch die Inszeniertheit der dialogischen Struktur und deren Medienwirksamkeit noch erhöht wurde, vermag dahingehend bedenklich stimmen, dass die Inhaltsseite politischen Sprechens mitunter zugunsten der Demonstration dialogischer Kompetenz in den Hintergrund tritt.

Der Wertewandel nach 1968 und die Freiheit

Thomas Petersen[*]

Wer an die Studentenrevolte um das Jahr 1968 und ihre kulturellen Folgen denkt, dem kommt leicht der Begriff der Freiheit in den Sinn. So kann man oft hören, die Bewegung der „Achtundsechziger" sei eine Befreiungsbewegung gewesen. Sie habe die westdeutsche Gesellschaft von „autoritären Strukturen" und von der vorgeblich erdrückenden gesellschaftlichen Atmosphäre der Adenauer-Jahre befreit, erst sie habe die Bundesrepublik Deutschland in eine „wahre Demokratie" überführt, habe Westdeutschland zu einem freien Land gemacht.

Es soll an dieser Stelle nicht der Frage nachgegangen werden, ob diese Behauptung richtig ist – dem Autor scheinen da erhebliche Zweifel angebracht – sondern stattdessen auf einer allgemeineren Ebene der Einfluss der 68er-Bewegung auf das Freiheitsverständnis der deutschen Bevölkerung betrachtet werden. Dieser Einfluss ist komplexer, als oft angenommen wird, und er reicht weit über die Zeit Ende der 60er, Anfang der 70er Jahre hinaus. Es ist nicht übertrieben, die Jahre um 1968 als Jahre einer Kulturrevolution zu bezeichnen, die, mit einer gewissen Zeitverzögerung, weite Teile der Bevölkerung erreichte. Mit Sicherheit kann man auch sagen, dass der gesellschaftliche Wandel ab 1968 in mancherlei Hinsicht tatsächlich mit größeren Freiheiten verbunden war, etwa im Bereich der Sexualnormen. Und doch hat in den auf 1968 folgenden Jahren in der deutschen Gesellschaft der Wert der Freiheit nicht an Wertschätzung und Bedeutung gewonnen, sondern verloren, und er hat, soweit sich das nachträglich mit den Mitteln der empirischen Sozialwissenschaft feststellen lässt, gleichzeitig wahrscheinlich eine etwas veränderte inhaltliche Bedeutung im Bewusstsein der Bevölkerung erhalten.

Um dies zu erläutern, muss ein wenig ausgeholt werden. Dabei wird zurückgegriffen auf eine Studie mit dem Titel „Der Wert der Freiheit", die das Institut für Demoskopie Allensbach in den Jahren 2003 bis 2004 dank der Unterstützung der Friedrich August von Hayek Stiftung, der Berthold Leibinger Stiftung und der Stiftung Demoskopie Allensbach verwirklichen konnte. Mit einem umfangreichen Fragenprogramm wurde in dieser Untersuchung den Fragen nachgegangen, welchen Stellenwert der Wert der Freiheit im Bewusstsein der deutschen Bevölkerung hat, vor allem im Kontrast zum Wert der Gleichheit, welche Auffassung vom Begriff Freiheit bei den Deutschen dominiert, und wie sehr die Bevölkerung abseits oberflächlicher Bekenntnisse zur Freiheit auch die Konsequenzen akzeptiert, die Freiheit

---

[*] Vortrag, gehalten auf dem Promovierendentreffen des Evangelischen Studienwerkes Villigst, 26.11.2005.

nach sich zieht, einschließlich der Risiken des eigenen Scheiterns und der mit Freiheit verbundenen Verantwortung.

Anzeichen für ein Ende des Wertewandels

Der Anlass, die Grundlagenstudie zur Verankerung des Werts der Freiheit im Bewusstsein der Bevölkerung zu verwirklichen, war, dass verschiedene Trendergebnisse aus der politischen und sozialwissenschaftlichen Forschung des Instituts für Demoskopie Allensbach darauf hindeuteten, dass die deutsche Gesellschaft Ende der 90er Jahre in eine Phase der Umorientierung in Wertefragen einzutreten schien. Ende der 60er, Anfang der 70er Jahre, hatten sich ruckartige Veränderungen in der Werteorientierung der Bevölkerung zugetragen. Allensbacher Umfragen wie auch andere sozialwissenschaftliche Untersuchungen zeigten übereinstimmend, dass sich die Westdeutschen von den traditionellen Tugenden abwandten, die über Jahrhunderte hinweg, spätestens seit der Aufklärung, wichtige Maßstäbe für die bürgerliche Gesellschaft waren. Die Frage, an deren Ergebnissen sich der Wandel zuerst zeigte, lautete „Jetzt eine Frage zur Erziehung. Wir haben eine Liste zusammengestellt mit den verschiedenen Forderungen, was man Kindern für ihr späteres Leben auf den Weg geben soll, was Kinder im Elternhaus lernen sollen. Was davon halten Sie für besonders wichtig?" Auf der dazu überreichten Liste standen 15 Erziehungsziele wie Höflichkeit und gutes Benehmen, Sauberkeit, Sparsamkeit usw. Diese Frage wurde zum ersten Mal im Jahr 1967 in einer Repräsentativumfrage des Allensbacher Instituts gestellt. Als sie im Jahr 1972 wiederholt wurde, zeigte sich, dass sich in den dazwischen liegenden fünf Jahren ein fast schon dramatischer gesellschaftlicher Veränderungsprozess vollzogen hatte, besonders in der jungen Generation. Dass Kinder im Elternhaus Höflichkeit und gutes Benehmen lernen sollten, meinten von den Unter-30jährigen 1967 81 Prozent, 1972 50 Prozent. Man solle Kinder dazu erziehen, ihre Arbeit ordentlich und gewissenhaft zu tun, meinten die Jungen 1967 zu 71 Prozent, fünf Jahre später zu 52 Prozent. Nun zeigten sich auch bei zahlreichen anderen Trendfragen des Instituts für Demoskopie Allensbach Veränderungen, etwa in der Religiosität der Bevölkerung, in der politischen Orientierung, den Sexualnormen, der Einstellung zu Arbeit und Freizeit, in der Hierarchie der als besonders wichtig angesehenen politischen und gesellschaftlichen Ziele, im Verhältnis der Generationen untereinander.[1]

Mitte der 70er Jahre verlangsamte sich die Entwicklung, setzte sich jedoch über Jahrzehnte hinweg fort. Davon war auch der Wert der Freiheit betroffen. Zwar verlor der schillernde Begriff der Freiheit für die Bevölkerung nichts von seiner Anzie-

---

[1] Siehe hierzu ausführlich: *Elisabeth Noelle-Neumann/Renate Köcher*, Die verletzte Nation. Über den Versuch der Deutschen, ihren Charakter zu ändern, Stuttgart 1987; *Elisabeth Noelle-Neumann*, Werden wir alle Proletarier? Wertewandel in unserer Gesellschaft, Zürich 1978. Vgl. auch *Helmut Klages*, Wertorientierungen im Wandel. Rückblick, Gegenwartsanalyse, Prognosen, Frankfurt a. M. 1984, *Ronald Inglehart*, The Silent Revolution in Europe, in: American Political Science Review, (4) 1971, 991-1017.

hungskraft, doch wenn man die Umfragedaten etwas genauer betrachtete und die verschiedenen Bedeutungen des Begriffs auseinanderhielt, dann konnte man sehen, dass der Wert der Freiheit in der deutschen Bevölkerung gegenüber konkurrierenden Werten allmählich an Boden verlor. Trotz der scheinbaren Widersprüche und Schwankungen im Trendverlauf, die in den Daten zu derart komplexen und für die Bevölkerung schwer fassbaren Untersuchungsgegenständen unvermeidlich sind, konnte man beispielsweise deutlich erkennen, wie über Jahre hinweg die Bereitschaft sank, auch Konsequenzen der Freiheit, wie die damit verbundene Eigenverantwortung in vielen Lebensbereichen, zu akzeptieren.[2]

Ab der Mitte der 90er Jahre veränderte sich das Bild der Trenduntersuchungen zum Thema Wertewandel. Viele Entwicklungen, die sich in den vorangegangenen Jahrzehnten vergleichsweise kontinuierlich fortgesetzt hatten, brachen nun plötzlich ab, ohne dass eine eindeutige neue Entwicklungsrichtung erkennbar wurde. So hatte sich die politische Position der Bevölkerung seit den 70er Jahren langsam aber kontinuierlich nach links verschoben.[3] Diese Bewegung kam nun, in der zweiten Hälfte der 90er Jahre, zum Stillstand. Gleichzeitig schien sich ein wieder wachsender Teil der Bevölkerung einigen traditionellen bürgerlichen Tugenden zuzuwenden, die in der vorangegangenen Zeit aus der Mode gekommen waren, darunter Höflichkeit und Arbeitseifer. Die Generationenkluft in Wertefragen, die vor allem die westdeutsche Gesellschaft jahrzehntelang geprägt hatte, verflüchtigte sich binnen weniger Monate.[4]

Auch die Haltung der Bevölkerung zum Wert der Freiheit schien von dieser neuen Entwicklung betroffen zu sein. Dies zeigten die Ergebnisse einer so genannten Dialogfrage, bei der den Befragten zwei Positionen zu den konkurrierenden Werten Freiheit und Gleichheit auf einem Bildblatt vorgelegt wurden. Das Blatt zeigte zwei Personen im Schattenriss, jeder Figur ist, wie in einem Comic, eine Sprechblase zugeordnet. Die erste Position lautete: „Ich finde Freiheit und möglichst große Gleichheit, soziale Gerechtigkeit eigentlich beide wichtig. Aber wenn ich mich für eines davon entscheiden müsste, wäre mir die persönliche Freiheit am wichtigsten, dass also jeder in Freiheit leben und sich ungehindert entfalten kann." Das Gegenargument lautete: „Sicher sind Freiheit und möglichst große Gleichheit, soziale Gerechtigkeit wichtig, aber wenn ich mich für eines davon entscheiden müsste, fände ich eine möglichst große Gleichheit am wichtigsten, dass also niemand benachteiligt ist und die sozialen Unterschiede nicht so groß sind." Die Frage dazu lautete: „Welcher von beiden sagt eher das, was auch Sie denken?" Seit der

---

[2] Vgl. *Thomas Petersen/Tilman Mayer*, Der Wert der Freiheit. Deutschland vor einem neuen Wertewandel? Freiburg 2005, 96-102.
[3] Die Gesellschaft wandert nach links, in: Elisabeth Noelle-Neumann/Renate Köcher (Hgg.): Allensbacher Jahrbuch der Demoskopie 1993-1997 (Bd. 10). Demoskopische Entdeckungen, München/Allensbach 1997, 801-810.
[4] *Elisabeth Noelle-Neumann/Thomas Petersen*, Zeitenwende. Der Wertewandel 30 Jahre später, in: Aus Politik und Zeitgeschichte vom 13. Juli 2001, 15-22.

Deutschen Einheit hatte zunächst Jahr für Jahr die Zahl derer zugenommen, die sich bei dieser Alternative zu Gunsten der Gleichheit entschieden. 1990 sprachen sich noch fast zwei Drittel für die Freiheit und weniger als 30 Prozent für die Gleichheit aus, 1997 entschieden sich noch 41 Prozent für die Freiheit, 43 Prozent für die Gleichheit. Seitdem ist keine eindeutige Trendentwicklung mehr auszumachen. In den neuen Bundesländern überwiegt, wie seit Beginn der 90er Jahre ununterbrochen, das Bekenntnis zur Gleichheit, in Westdeutschland entscheidet sich die Mehrheit für die Freiheit. Bezogen auf Deutschland insgesamt bedeutet das, dass mal die Gleichheit, mal die Freiheit etwas mehr Zuspruch erfährt, wobei die Gleichheit in jüngster Zeit wieder ein wenig an Boden zu gewinnen scheint. Bemerkenswert ist aber vor allem, dass die Antworten der Befragten auf die Dialogfrage nach dem Vorrang von Freiheit oder Gleichheit seit rund einem Jahrzehnt stark schwanken (Grafik 1). Im Jargon der Umfrage-

Grafik 1:

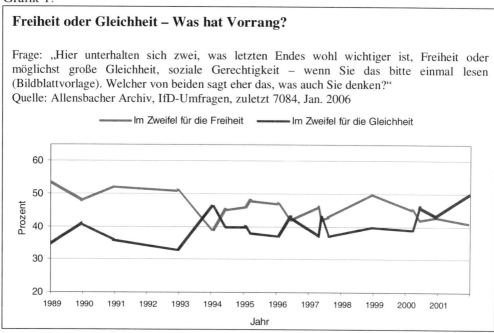

forschung spricht man vom „Flackern" eines Trends. Solche starken Schwankungen des Antwortverhaltens der Befragten von einer Umfrage zur nächsten sind in aller Regel Kennzeichen für eine Unsicherheit in der Bevölkerung, für einen Prozess der

Meinungsbildung mit offenem Ausgang, und damit typisch für Umbruchsituationen, in denen sich die Bevölkerung neu orientiert.[5]

Ein gespaltenes Verhältnis zur Freiheit

Deswegen erschien es damals, im Jahr 2003, so lohnend, eine Grundlagenstudie zum Thema Freiheit zu verwirklichen. Dafür, dass der Erfolg einer Gesellschaft – ökonomisch, sozial und auch bezogen auf das Selbstbewusstsein der Bevölkerung – unter anderem auch davon abhängt, welchen Stellenwert sie dem Wert der Freiheit zugesteht, gab es nicht nur zahlreiche Hinweise in der Literatur,[6] sondern deutliche Belege aus früheren empirischen Studien und statistischen Auswertungen.[7] Die grundsätzliche Bedeutung des Untersuchungsgegenstandes schien damit außer Zweifel zu stehen, zumal sich die Sozialwissenschaften im vorangegangenen Jahrzehnt nur sehr wenig mit dem Thema Freiheit beschäftigt hatten.

Die Ergebnisse der Studie zeigten, dass die deutsche Bevölkerung ein schwieriges Verhältnis zum Wert der Freiheit hat. Der Begriff selbst wird von den Deutschen in erster Linie im Sinne von Handlungs- und Entscheidungsfreiheit interpretiert. Auf die Frage „Was bedeutet Freiheit für Sie?" entschieden sich 50 Prozent für die Antwort „Freiheit bedeutet, für sich selbst verantwortlich zu sein, sich frei für einen bestimmten Beruf zu entscheiden, für ein Land, eine Stadt, in der man leben möchte, und sich für ein Ziel einsetzen zu können, das man erreichen möchte." Jeweils rund ein Viertel der Befragten gaben ein anderes Freiheitverständnis zu Protokoll und wählten die Aussagen „Freiheit bedeutet, das tun zu können, was einem gefällt, dass man reisen kann, wohin man will, dass man leben kann, wie man möchte" oder „Freiheit bedeutet frei zu sein von sozialer Not, frei von Obdachlosigkeit und Arbeitslosigkeit", wobei die letztere, im Sozialismus geprägte Bedeutung des Freiheitsbegriffs, in den neuen Bundesländern erheblich mehr Zuspruch fand als in den alten.[8] Alles in allem aber dominierte eine Freiheitsvorstellung, die von Chancenreichtum, aber auch Aktivität und Verantwortung geprägt ist. Nach dieser Vorstellung ist Freiheit ein unbequemer Wert, der vom Einzelnen Mühe verlangt und der auch mit Risiken verknüpft ist. Er steht damit im Konflikt zu den von der Bevölkerung ebenfalls sehr geschätzten Werten der Gleichheit (verstanden als Gleichheit der Lebensbedingungen, nicht der Ausgangspositionen) und der Sicherheit in allen ihren Aspekten einschließlich der sozialen Sicherheit.

Vor diesem Hintergrund erscheint es folgerichtig, dass für wesentliche Teile der Bevölkerung die Freiheit – verstanden als Handlungs- und Entscheidungsfreiheit – im Konfliktfall hinter den Werten der Gleichheit und vor allem der Sicherheit ran-

---

[5] Vgl. *Thomas Petersen*, Das Feldexperiment in der Umfrageforschung. Frankfurt a. M. 2002, 115-126.
[6] *Friedrich August Hayek*, Der Weg zur Knechtschaft. Zürich 1952³, 162-163.
[7] *James Gwartney/Robert Lawson*, Economic Freedom of the World. 2003 Annual Report, Vancouver 2003.
[8] Th. Petersen/T. Mayer (s. Anm. 2), 43.

giert. In allgemeinen Äußerungen und auf einer eher allgemeinen und rationalen Ebene bekennt sich die Bevölkerung zur Freiheit, doch im konkreten Einzelfall überwiegen die Ängste vor den mit der Freiheit verbundenen Risiken. In dem Buch „Der Wert der Freiheit", in dem die Ergebnisse der Studie ausführlich dokumentiert sind, wurde dieser Befund mit dem Satz zusammengefasst: „Etwas zugespitzt kann man sagen, dass Freiheit in Deutschland spätestens seit einem knappen Jahrzehnt in den Augen der Bevölkerung zwar einen guten Namen, aber eine schlechte Aura hat."[9]

Dieses gespaltene Verhältnis der Deutschen zur Freiheit zeigte sich in der Grundlagenstudie in verschiedenen Zusammenhängen, beispielsweise in einem ausgeprägten Bedürfnis der Befragten, außerordentlich viele gesellschaftliche Aufgaben als staatliche Aufgaben anzusehen und gleichzeitig eine große Vielfalt von staatlichen Verboten zu akzeptieren und intensive staatliche Kontrollen – teilweise bis in die Privatsphäre des Einzelnen hinein – zu befürworten.[10] Es ließ sich deutlich erkennen, dass persönliche Freiheit von wesentlichen Teilen der Bevölkerung nicht als ein Grundrecht angesehen wird, sondern als ein von einem fürsorglichen Staat gewährten Freiraum. Selbst vom Grundgesetz garantierte elementare Grundrechte, wie das Recht auf freie Meinungsäußerung, werden in Frage gestellt, sobald der Eindruck entsteht, dass ihre Einschränkung der Verwirklichung größerer Sicherheit oder größerer sozialer Gleichheit dienen könnte.[11] Auch im persönlichen Umfeld scheint vielen Deutschen die Entscheidung zu Gunsten der Freiheit schwer zu fallen. Auf die Frage, ob sich ein arbeitsloser Bürokaufmann besser selbständig machen oder Arbeitslosengeld beantragen sollte, meinte eine deutliche Mehrheit der Befragten, er solle doch besser Arbeitslosengeld beantragen. Und Personen, die sich im Interview demonstrativ zu ihrer eigenen Unabhängigkeit bekannten und der Aussage zustimmten „Ich mache, was ich will und lasse mir dabei nicht von anderen hineinreden", klagten an anderer Stelle im Fragebogen sogar überdurchschnittlich häufig darüber, dass man ihnen im Berufsleben nicht ganz genau sagt, was sie tun sollten.[12]

Die Grundlagenstudie widmete sich auch der Frage, wie die Zukunft der Freiheit in Deutschland aussieht, wie sich die Haltung der Deutschen zu diesem Wert in den kommenden Jahren voraussichtlich verändern wird. Die Analysen deuteten auf eine mögliche Renaissance des Werts der Freiheit in den kommenden Jahren hin. Der Impuls hierfür kommt aus den neuen Bundesländern. „Freiheit bedeutet für sich selbst verantwortlich zu sein", das sagten in Ostdeutschland 52 Prozent der unter 30jährigen aber nur 36 Prozent der älteren Bevölkerung. „Freiheit bedeutet frei zu sein von sozialer Not" meinten dagegen nur 30 Prozent der unter 30jährigen, aber 45 Prozent der 30jährigen und Älteren. In den alten Bundesländern war ein derart

---

[9] A. a. O., 80.
[10] A. a. O., 73-74, 103-108.
[11] A. a. O., 108-112.
[12] A. a. O., 101.

scharfer Meinungsunterschied zwischen den Generationen nicht festzustellen. Am deutlichsten wurde die Entwicklung am Beispiel der Aussage „Jeder ist seines Glückes Schmied. Wer sich heute wirklich anstrengt, der kann es auch zu etwas bringen." In den alten Bundesländern vertraten etwas mehr als 40 Prozent der Bevölkerung – gleich welcher Altersgruppe – diese Ansicht. In Ostdeutschland meinten nur 34 Prozent der Bevölkerung insgesamt, aber 52 Prozent der unter 30jährigen, jeder Mensch sei „seines Glückes Schmied". Hier wurde eine überraschende Energie, ein überraschendes Selbstbewusstsein in einer jungen Generation spürbar, die in der Öffentlichkeit oft vorschnell als perspektivlos abgestempelt wird. Nach den Erfahrungen aus früheren Untersuchungen konnte man annehmen, dass eine solche Neuorientierung der jungen Generation das öffentliche Klima in den neuen Bundesländern in Zukunft zunehmend bestimmen und längerfristig auch auf Westdeutschland ausstrahlen wird (Grafik 2).

Trotz dieses überraschenden Ergebnisses blieb der Hauptbefund der Studie, dass die deutsche Bevölkerung auch in absehbarer Zukunft alles in allem ein zwiespältiges Verhältnis gegenüber dem Wert der Freiheit behalten wird. Sehr deutlich wurden allerdings auch die Grenzen der Aussagekraft der Untersuchung. In vielen Fällen fehlten Vergleichsmaßstäbe, die es erst ermöglicht hätten einzuordnen, ob die Einstellung der deutschen Bevölkerung zum Wert der Freiheit ungewöhnlich oder typisch für eine europäische Gesellschaft ist. War es wirklich, wie die Ergebnisse zunächst nahelegten, als Kennzeichen einer geringen Freiheitsorientierung der Deutschen zu interpretieren, wenn sich fast die Hälfte der Befragten im Konfliktfall für die Gleichheit auf Kosten der Freiheit entschieden? War es wirklich ein Hinweis auf ein geringes Vertrauen in die Freiheit, wenn die Bevölkerung zahlreiche Kontrollen und staatliche Verbote für die verschiedensten Lebensbereiche forderte, oder ist der Ruf nach dem fürsorglichen Staat in anderen Ländern vielleicht noch ausgeprägter als in Deutschland? Ist die in vielen Ergebnissen erkennbare Furcht der Deutschen vor den Risiken der Freiheit wirklich ein spezifisch deutsches Phänomen, oder nicht vielleicht doch eine zutiefst menschliche Reaktion, die sich in den verschiedensten Kulturen in ähnlichem Umfang beobachten lässt? Fragen wie diese lassen sich nur mit international vergleichenden Untersuchungen beantworten. Deswegen wurde mit Hilfe der Robert Bosch Stiftung, der Friedrich August von Hayek Stiftung und der Stiftung Demoskopie Allensbach im Sommer 2005 eine Fortsetzungsstudie verwirklicht, die es nun zum ersten Mal ermöglicht, die wichtigsten Fragen der Grundlagenstudie international vergleichend zu betrachten. Für diese Untersuchung wurden im Mai 2005 in Großbritannien, Frankreich, Polen und den USA jeweils 500, in Russland 800 repräsentativ ausgewählte Personen ab 16 Jahren befragt. Die Ergebnisse zeigen, dass sich die westdeutsche Bevölkerung in ihrer Einstellung zum Thema Freiheit nicht sehr von den Bevölkerungen der anderen west- und mitteleuropäischen Ländern unterscheidet, was auf eine letztlich doch eher begrenzte Langzeitwirkung des Wertewandels nach 1968 hinweist.

Grafik 2:

Starke Freiheitsorientierung der jungen Ostdeutschen

	Westdeutschland		Ostdeutschland	
Frage: „Zwei Männer/Frauen unterhalten sich über das Leben. Was würden Sie persönlich sagen: Wer von beiden hat eher Recht?"	Befragte insges. %	Befragte u. 30 J. %	Befragte insges. %	Befragte u. 30 J. %
„Jeder ist seines Glückes Schmied. Wer sich heute wirklich anstrengt, kann es auch zu etwas bringen"	46	43	34	52
„Tatsächlich ist es so, dass die einen oben sind, und die anderen sind unten und kommen bei den heutigen Verhältnissen auch nicht hoch, so sehr sie sich auch anstrengen."	34	33	43	33
Unentschieden / keine Angabe	20	24	20	15
	100	100	100	100
n =	1215	157	815	157

Quelle: Allensbacher Archiv, IfD-Umfrage Nr. 7049, Okt./Nov. 2003

Die Freiheitsorientierung der Deutschen im internationalen Vergleich

Der Zusammenhang zwischen dem Grad der wirtschaftlichen Freiheit, der in einem Land herrscht, und dem Wohlstand der Bevölkerung des Landes, einschließlich der ärmeren Bevölkerungsschichten, gehört zu den am sichersten belegten und gleichzeitig in der Öffentlichkeit am wenigsten beachteten Ergebnissen der Sozialwissenschaften. Institutionen wie das kanadische Fraser Institute belegen regelmäßig in umfangreichen Untersuchungen, dass die verbreitete Annahme, eine freie Marktwirtschaft führe zur Kumulation des Reichtums in den Händen weniger und zur Verarmung breiter Bevölkerungsschichten, falsch ist. Der jüngste Jahresreport des Instituts weist aus, dass die Länder mit der größten wirtschaftlichen Freiheit gleichzeitig das höchste Pro-Kopf-Einkommen der Bevölkerung haben, außerdem das höchste Wirtschaftswachstum, die größte Investitionstätigkeit, die geringste Arbeitslosigkeit, die höchste Lebenserwartung der Bevölkerung, das höchste Einkommen der ärmsten 10 Prozent der Bevölkerung, die geringste Kindersterblichkeit, die niedrigste Quote von Kinderarbeit, das geringste Ausmaß von Korruption, die wenigste Schwarzarbeit und die größte politische Stabilität aufweisen. Deutlich wird auch der enge Zusammenhang zwischen wirtschaftlicher und politischer Freiheit.[13] Zu dem gleichen Ergebnis kommt man, wenn man den „Index of Economic Freedom" der amerikanischen Heritage Foundation mit dem Bruttoinlandsprodukt und anderen Wohlstandsindikatoren in den verschiedenen Ländern vergleicht. Das Ergebnis ist immer das gleiche: Je freier die Wirtschaft eines Landes ist, desto größer ist der Wohlstand auch der armen Bevölkerungsschichten.[14]

Die international vergleichende Umfrage zum Thema Freiheit zeigt darüber hinaus, dass es nicht nur einen Zusammenhang zwischen dem tatsächlichen Grad der politischen und wirtschaftlichen Freiheit eines Landes und seinem Wohlstand gibt, sondern dass ein ähnlich deutlicher Zusammenhang zwischen der Einstellung der Bevölkerung gegenüber der Freiheit und dem wirtschaftlichen Erfolg des Landes existiert. Beides ist natürlich nicht voneinander unabhängig. Nur eine Gesellschaft, in der die Bevölkerung dem Freiraum für eigene Lebensentscheidungen, eigene Aktivität einen hohen Stellenwert beimisst, entwickelt auch die Kraft, die politischen Bedingungen der Freiheit durchzusetzen und Eingriffe von Staat und Verwaltung in die eigenen Entscheidungen abzuwehren. Dennoch ist der Befund nicht trivial. Er zeigt mit aller Deutlichkeit, wie sehr der Erfolg eines Landes von der Freiheitsorientierung seiner Bevölkerung abhängt. Erkennbar wird dies an den Ergebnissen der bereits beschriebenen Frage, ob jeder „seines Glückes Schmied" sei. Diese Frage kann man deshalb als Indikator für die Freiheitsorientierung einer Bevölkerung ansehen, weil die Wertschätzung der Freiheit davon abhängig ist, dass die Menschen glauben, diese Freiheit auch erfolgreich nutzen zu können. Für denjenigen, der glaubt, dass er durch eigene Initiative keine Erfolgschance im Leben haben wird, liegt es nahe, nach staatlicher Unterstützung, materieller Umverteilung oder einer wie immer gearteten Behinderung der Bestrebungen anderer zu rufen, von denen man meint, dass sie dem eigenen Erfolg im Wege stehen. Dagegen wird man die Antworten auf diese Frage nicht oder allenfalls sehr eingeschränkt als Hinweis auf die tatsächlich vorhandene Handlungs- und Entscheidungsfreiheit in den Ländern ansehen können, die an der Untersuchung beteiligt sind, denn mit Ausnahme Russlands handelt es sich bei ihnen um Demokratien, die – wenn auch in teilweise unterschiedlicher Ausprägung – marktwirtschaftlichen Prinzipien verpflichtet sind. Das sehr unterschiedliche Antwortverhalten der Befragten in Ost- und Westdeutschland wie auch zwischen den Generationen innerhalb der neuen Bundesländer zeigt, dass die Reaktionen auf die Frage auch innerhalb einer Gesellschaft, in der zumindest die groben Rahmenbedingungen für alle gleichermaßen gelten, sehr unterschiedlich ausfallen können, was wiederum bestätigt, dass mit der

---

[13] *James Gwartney/Robert Lawson/Erik Gartzke*, Economic Freedom of the World. 2005 Annual Report, Vancouver 2005, 21-27.
[14] *Marc A. Miles/Kim R. Holmes/Mary Anastasia O'Grady*, 2006 Index of Economic Freedom. Washington, D. C./New York 2006.

Frage eher weltanschauliche Orientierungen als Reaktionen auf objektive Gegebenheiten gemessen werden.

Grafik 3 zeigt nun den Vergleich zwischen dem Anteil derer in den beteiligten Ländern, die der Aussage „Jeder ist seines Glückes Schmied" zustimmen und der Wirtschaftsleistung pro Kopf in den betreffenden Ländern.

Grafik 3:

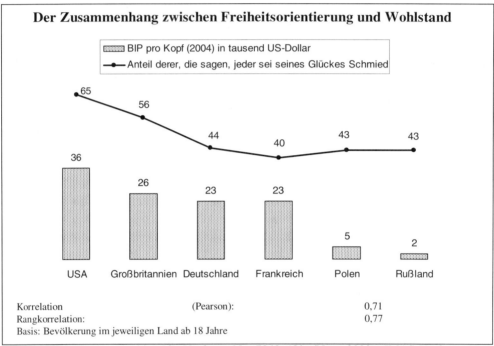

Quellen: Allensbacher Archiv, IfD-Umfrage Nr. 7049 (Okt./Nov. 2003), IMAS-Umfrage Nr. 5029 (Mai 2005).

Man erkennt eine weitgehende Übereinstimmung: Je mehr Menschen der Aussage „Jeder ist seines Glückes Schmied" zustimmen, desto leistungsfähiger ist die Volkswirtschaft. Natürlich handelt es sich dabei um komplexe Zusammenhänge und nicht um eine einfache Ursache-Wirkung-Beziehung, doch es ist durchaus plausibel und damit legitim anzunehmen, dass es sich wahrscheinlich unter anderem auch um eine Beziehung im Sinne von Ursache und Wirkung handelt. Der Zusammenhang ist jedenfalls so deutlich, dass man festhalten kann, dass in Ländern, in denen die Bevölkerung an ihre eigenen Entwicklungschancen glaubt, sich die Wirtschaft und mit ihr der Wohlstand dynamischer entwickeln als in Ländern, in denen diese Art des Vertrauens fehlt.

Wie man in Grafik 3 ebenfalls erkennen kann, bewegt sich die deutsche Bevölkerung mit ihrem Vertrauen in die Möglichkeiten zur Selbstentfaltung im Vergleich zu den anderen an der Studie beteiligten Ländern eher auf einem niedrigen Niveau, etwa gleichauf mit Frankreich, Polen und Russland, wobei in Westdeutschland 46 Prozent der Aussage „Jeder ist seines Glückes Schmied" zustimmen, während es in den neuen Bundesländern nur 34 Prozent sind. Damit liegt Ostdeutschland, wenn man es isoliert betrachtet, mit Abstand am unteren Ende aller untersuchten Länder. Dieses Ergebnis bestätigt damit den Befund aus der ersten Studie, die bereits erkennen ließ, dass das Vertrauen der Deutschen in die Freiheit vergleichsweise gering ist. Der Vergleich mit den anderen Ländern belegt nun das im internationalen Vergleich niedrige Niveau der Akzeptanz der Freiheit in Deutschland. Dieser Befund zeigt sich auch anhand anderer Fragen in der Untersuchung, wobei ein charakteristisches Muster erkennbar wird: Die Unterschiede zwischen den alten und neuen Bundesländern in der Freiheitsorientierung sind oft in mancherlei Hinsicht deutlich größer als zwischen verschiedenen Ländern, wobei die Bevölkerung in Ostdeutschland ein Antwortverhalten zeigt, das dem der russischen Bevölkerung mehr ähnelt als dem der Westdeutschen, während umgekehrt Polen Antwortmuster aufweist, wie sie für die westeuropäischen Länder typisch sind. Ostdeutschland erweist sich so als eine Art „Mentalitätsinsel". Erkennbar wird dies an den Antworten auf verschiedene Fragen, so beispielsweise auch bei der bereits oben beschriebenen Frage, ob im Zweifelsfall die Freiheit oder die Gleichheit Vorrang haben sollte. Grob vereinfacht kann man sagen, dass Westdeutsche, Polen und Briten im Zweifel die Freiheit, Russen und Ostdeutsche die Gleichheit vorziehen (Grafik 4).

Damit hat die international vergleichende Studie ein überraschendes Ergebnis zutage befördert, das der Interpretation und der weiteren Untersuchung in Nachfolgestudien bedarf. Bis dahin war angenommen worden, dass das Festhalten weiter Teile der Bevölkerung in den neuen Bundesländern an vom Sozialismus geprägten Gesellschaftsidealen und Wertorientierungen eine logische Folge der Sozialisation in der DDR-Diktatur sei. Diese Interpretation war angesichts der damals ermittelten Daten nicht nur plausibel, sondern man kann sie auch nach wie vor als gültig ansehen, doch sie erklärt das Meinungsbild in Ostdeutschland nur teilweise. Die Umfrageergebnisse aus Polen zeigen, dass ein Festhalten am sozialistisch geprägten Wertesystem (zumindest an der im Sozialismus geprägten Sicht auf den Wert der Freiheit) keine zwangsläufige Folge des politischen Umbruchs der Jahre 1989/1990 ist. Man gewinnt den Eindruck, als sei die polnische Gesellschaft mit der Transformation hin zu einer westlich geprägten und damit am Wert der Freiheit orientierten Gesellschaft weiter fortgeschritten als die Gesellschaften in Ostdeutschland und Russland.

Es wäre lohnend, der Frage nach den Gründen für diese Entwicklung nachzugehen. Es spricht einiges dafür, dass die massive Unterstützung des Aufbaus in den neuen Bundesländern durch staatliche Subventionen ebenso dazu beigetragen hat, wie die tiefe religiöse Verankerung der polnischen Bevölkerung. Doch für die Frage nach dem Zusammenhang zwischen der 68er Bewegung und der gesellschaftlichen Verankerung des Werts der Freiheit ist ein anderer Aspekt von größerer Bedeutung, nämlich der Befund, dass sich die Antworten der Westdeutschen 40 Jahre nach Beginn des Wertewandels auffallend wenig von denen der Engländer und – mit Einschränkung – Franzosen unterscheiden.

Grafik 4

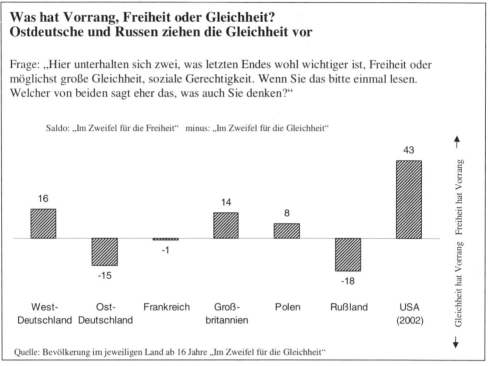

Quellen: Allensbacher Archiv, IfD-Umfrage 7049 (Okt./Nov. 2003), IMAS-Umfrage 5029 (Mai 2005), Internationale Wertestudie 2001/2002

Was bleibt von 1968?

Es gibt Indizien dafür, dass der Wertewandel nach 1968 in Westdeutschland stärker ausgefallen ist, der Bruch mit der vorangegangenen Zeit heftiger war als in anderen westlichen Ländern. Bis zu einem gewissen Grade war die Studentenrevolte der 60er Jahre ein Phänomen, das die meisten, wenn nicht alle westeuropäischen Länder betraf. Die Entwicklung der Jugendkultur, die Protestbewegung gegen den Vietnamkrieg in den USA, die außerordentlich gewalttätigen Studentenproteste in Frankreich, „Swinging London". So ist es auch nicht überraschend, dass viele Phänomene des Wertewandels auch international ähnliche Charakteristika aufwiesen, die wiederum die Theoretiker in den Sozialwissenschaften intensiv beschäftigten. Man denke hier nur an die von dem amerikanischen Politikwissenschaftler Ronald Inglehart entwickelte These, wonach sich die Menschen in der zweiten Hälfte des 20. Jahrhunderts, nachdem einmal die wichtigsten materiellen Bedürfnisse erfüllt waren, zunehmend so genannten „postmateriellen" Werten zuwendeten,[15] das heißt Werten, die nicht den wirtschaftlichen Wohlstand in den Mittelpunkt stellen, sondern allgemeinere, von Idealen geprägte, moralische Ziele, auch die persönliche Teilnahme am öffentlichen Leben, Ziele wie Demokratisierung, Umweltschutz, Gleichberechtigung.[16] Es ist in diesem Zusammenhang nachrangig, ob Ingleharts Modell wirklich eine zutreffende Erklärung für den Wertewandel bietet. Es spricht einiges dafür, dass es eine eher geringe Erklärungskraft hat. Inglehart selbst hat in späteren Jahren deswegen auch Modifikationen an seiner Theorie vorgenommen.[17] Doch die Faszination, die die These des Postmaterialismus bis heute bei vielen Sozialwissenschaftlern in den verschiedensten Ländern auslöst, zeigt deutlich, dass man es hier mit einem Länder-, wenn nicht sogar kulturübergreifenden Phänomen zu tun hat.

Doch trotz dieser internationalen Übereinstimmungen ist die deutsche Entwicklung in mancherlei Hinsicht auch eindeutig getrennt von der in den anderen westlichen Ländern zu betrachten. Unter dem wesentlichen Einfluss der „Frankfurter Schule" um Max Horkheimer und Theodor W. Adorno entwickelte sich ein gesellschaftliches Klima, das im internationalen Vergleich als Sonderfall betrachtet werden muss. Am deutlichsten wird dies an den Befunden zur Generationskluft, die die Gesellschaft der Bundesrepublik Deutschland in der Zeit von den 70er Jahren bis Mitte der 90er Jahre prägte. In keinem Land unterschieden sich die ältere und die jüngere Generation so sehr in grundlegenden Wertefragen wie in Westdeutschland, und dementsprechend erhielt auch der Wertewandel hier andere, schärfere Konturen.[18] Es ist sicherlich kein Zufall, dass das Schlagwort der „Achtundsechziger" als stehender politischer Begriff in den deutschen Sprachgebrauch eingegangen ist und sich im Bewusstsein der Bevölkerung tief verankert hat. Um so auffälliger ist, dass, wie die Grundlagenstudien zum Thema Freiheit exemplarisch zeigen, sich die westdeutsche Gesellschaft heute, am Ende all dieser Umstürze in ihrer Wertorientierung bemerkenswert wenig von der der Bevölkerungen in anderen wichtigen europäischen Ländern unterscheidet. Die Demoskopie existiert in den meisten Ländern noch nicht lange genug, um sicher sagen zu können, ob der Wertewandel im Nachgang der 68er-Revolte in Deutschland erst eine Annäherung der deutschen Werte an die anderer westlicher Gesellschaften ermöglichte oder ob die Wirkung der 68er-Revolte dort, wo sie in Deutschland über die Entwicklungen in anderen Ländern hinausging, letztlich nur kurzfristiger Natur war. Eindeutig ist aber, dass sie den Höhepunkt ihrer Entwicklung inzwischen weit überschritten hat. Von einer

---

[15] *Ronald Inglehart*, The Silent Revolution: Changing Values and Political Styles among Western publics, Princeton 1977.
[16] Vgl. *Jan W. von Deth*, Der Wertewandel im internationalen Vergleich. Ein deutscher Sonderweg? in: Aus Politik und Zeitgeschichte vom 13. Juli 2001, 23- 30, 24-25.
[17] Vgl. *Ronald Inglehart*, Modernization and Postmodernization: Cultural, Economic and Political Change in 43 Societies, Princeton 1997.
[18] Vgl. *E. Noelle-Neumann/Th. Petersen* (s. Anm. 4).

deutschen Sondersituation kann heute, anders als noch vor rund einem Jahrzehnt, keine Rede mehr sein.

Kultureller Wandel und der „neue Feminismus" 1968 und 2008

Margret Karsch

Der Artikel überprüft aktuelle geschlechterpolitische Konstellationen in der Bundesrepublik Deutschland und setzt sie zu dem Mythos „1968" in Beziehung. Besondere Bedeutung kommen dabei der Person Angela Merkels (CDU) und der seit 2005 regierenden großen Koalition von CDU/CSU und SPD zu: Die Tatsache, dass erstmals in der Geschichte Deutschlands eine Frau die Staatsgeschäfte führt, wurde oft als Folge von „1968" und als Erfolg des rot-grünen Regierungsprojekts gedeutet. Dessen Leitfiguren Gerhard Schröder (SPD) und Joschka Fischer (BÜNDNIS 90/DIE GRÜNEN) hatten sich explizit in der Nachfolge von „1968" positioniert. Die Erwartungen an die erste deutsche Bundeskanzlerin gehen auch gut zweieinhalb Jahre nach ihrem Amtsantritt noch auseinander: Einerseits kann sie durch ihre politische Führungsposition jungen Frauen als Vorbild dienen, andererseits vertritt sie spezifische konservative Werte, die oft mit den komplexen Geschlechterverhältnissen und vielfältigen Lebensmodellen der modernen Realität in Konflikt geraten.

Der vorliegende Beitrag vertritt die These, dass die im Jahr 2008 regierende große Koalition die Augen nicht vor einem Wandel der Geschlechterrollen verschließen kann, der in verschiedene gesellschaftliche Ebenen hineinwirkt, und dass an den jeweils unterschiedlichen Prozessen kulturellen Wandels der Jahre um 1968 in Westdeutschland und um 2008 in Gesamtdeutschland auch ein „neuer Feminismus" beteiligt ist. Angesichts der gesellschaftlichen Entwicklungen, die etwa die Verteilung von Arbeit und Kapital oder die sozialen Sicherungssysteme betreffen, besteht für die beiden großen Volksparteien, die für ihre unterschiedlichen Programme und Traditionen gewählt worden sind, die Notwendigkeit, Kompromisse einzugehen: Trotz abweichender Positionen müssen sie gemeinsam politische Projekte realisieren, um die Wählerinnen und Wähler zufriedenzustellen. Durch den – gemessen an den Parlamentssitzen – breiten Rückhalt in der Bevölkerung liegt darin eine Chance zu umfassenden Reformen. Umgekehrt besteht die Gefahr, dass die Parteien sich bloß auf den kleinsten gemeinsamen Nenner einigen und – wie um 1968 – politischer Stillstand herrscht.

1. Demokratische Defizite vor und nach 1968

„1968" dient in Deutschland als Chiffre für eine „Kulturrevolte",[1] für Studenten-, Umwelt- und Frauenbewegung, Selbsterfahrungsgruppen, antiautoritäre Erziehung, selbstbestimmte Sexualität, Außerparlamentarische Opposition, Straßenkämpfe, Diskussionen um Ideologien, Theorien und Projekte wie die Kommune 1. Die Jahreszahl 1968 repräsentiert einen vermeintlichen Höhepunkt von gesellschaftlichen Entwicklungen, die sich weit in die Vergangenheit zurückverfolgen lassen und über das Datum hinaus andauern.

Das gilt auch für die Frauenbewegung: Stets hatten einzelne Frauen um ihre Rechte kämpfen müssen. Während der Französischen Revolution, im Streit um die Abschaffung der Sklaverei in den USA sowie im deutschen Vormärz organisierten sich Frauen jedoch zunehmend, um die grundlegenden Bürgerrechte zu erhalten, die den Männern im Zuge der Demokratisierungsprozesse zugesprochen wurden.[2] In Deutschland konnte die erste Frauenbewegung, die sich im 19. Jahrhundert herausbildete, nur wenige Forderungen durchsetzen.[3] Nach der Weimarer Republik bedeutete der Nationalsozialismus sogar einen Rückschritt auf dem Weg zur Gleichstellung von Frauen und Männern. Aber auch die Verfassung der Bundesrepublik Deutschland garantierte de facto keine Gleichberechtigung, obwohl sie diesen Anspruch de jure im Katalog der Grundrechte formulierte.

In den sechziger Jahren schlossen sich politisierte Bürgerinnen und Bürger verschiedenen Gruppen und neuen sozialen Bewegungen an. Diese verfolgten jeweils unterschiedliche politische Projekte und setzten insbesondere der von 1966 bis 1969 regierenden großen Koalition aus SPD und CDU/CSU mit Bundeskanzler Georg Kiesinger (CDU) ihre Vorstellungen vom gesellschaftlichen Zusammenleben entgegen. Auch die neue bzw. zweite Frauenbewegung gewann stetig an Zulauf. Sie bildete jedoch zu keiner Zeit eine homogene Gruppe – zu unterschiedlich waren die Anliegen von Studentinnen, Berufstätigen oder beispielsweise Hausfrauen: Die verschiedenen Strömungen gingen von unterschiedlichen gesellschaftlichen Theorien und feministischen Konzepten aus, die sich teilweise auch gegenseitig widersprachen.[4]

Eine der Protagonistinnen der männlich geprägten Studentenbewegung und der zweiten Frauenbewegung in der Bundesrepublik Deutschland war Helke Sander. Die Regisseurin und Autorin, die an der Hochschule für Bildende Künste in Berlin lehrt, veröffentlichte 2005 einen filmischen Rückblick auf die sechziger und siebziger Jahre: „Mitten im Malestream. Richtungsstreits in der neuen Frauenbewegung".

---

[1] Vgl. *Peter von Becker*, Mythos, Heldenlied, Verwünschungsarie. 30 Jahre nach der Kulturrevolte 1968, in: Christiane Landgrebe/Jörg Plath (Hgg.), ´68 und die Folgen. Ein unvollständiges Lexikon, Berlin 1998, 9-13.

[2] Vgl. *Margret Karsch*, Feminismus für Eilige, Berlin 2004.

[3] Vgl. *Gisela Bock*, Frauen in der europäischen Geschichte. Vom Mittelalter bis zur Gegenwart, München 2000.

[4] Vgl. *Barbara Holland-Cunz*, Die alte neue Frauenfrage, Frankfurt a. M. 2003.

Dieser „Film-Essay" thematisiert die Debatten in der neuen Frauenbewegung um den Konflikt zwischen der Gebärfähigkeit von Frauen und den Nachteilen, die ihnen daraus erwachsen. Durch Rückblicke auf die Jahre um 1968 und eine Diskussionsrunde mit Frauen verschiedener Generationen verdeutlicht Sanders Film, dass die engagierten Frauen sehr unterschiedliche Interessen vertraten, dass sich aber alle mit diesem Grundkonflikt auseinandersetzen mussten – unabhängig davon, ob sie Kinder hatten oder nicht: Weil sie Frauen waren, wurde ihnen auch als potentiellen Müttern begegnet.

Für Männer dagegen stellte sich das Problem nicht, obwohl doch ihre Zeugungsfähigkeit und potentielle Vaterschaft ebenso eine biologische Konstante bildet, aus der sich dieselbe Verantwortung für ein Kind ableiten ließe wie aus der Gebärfähigkeit von Frauen. Die konstruierte Geschlechterdichotomie stand der Gleichstellung von Frauen und Männern im Weg. Helke Sander hatte am 13. September 1968 auf der 23. Delegiertenkonferenz des Sozialistischen Deutschen Studentenbundes (SDS) in Frankfurt eine Rede gehalten, in der sie die männlichen Mitglieder des SDS darauf hinwies, wie sehr diese an der Ausbeutung von Frauen Teil hatten, indem sie bestimmte Lebensbereiche bei der gesellschaftlichen Analyse ausblendeten. Die Vertreterinnen der Studierenden betonten, dass die Benachteiligung von Frauen entgegen der marxistisch-sozialistischen Theorie eben keinen „Nebenwiderspruch" bilde, der sich im Sozialismus von selbst auflöse, sondern der Integration in das gesamtgesellschaftliche Konzept bedürfe. Die Folge der fehlenden Reflexion war, dass ein gesellschaftliches Phänomen als individuelles Problem von Frauen verhandelt und in die Privatsphäre abgeschoben wurde. Dieser Mechanismus existierte bereits vor 1968 und funktioniert bis heute, wie in kritischen Gegenöffentlichkeiten stets betont wurde. „1968" wird außerhalb der Frauenbewegung immer noch als ein Datum wahrgenommen, für das feministische Strömungen allenfalls peripher von Bedeutung waren, während deren Vertreterinnen forderten, die Geschlechterrollen und die damit verbundene gesellschaftliche Machtverteilung zu diskutieren. Hier geht es nicht bloß um den „Machismo" der Achtundsechziger: Die grundlegende Bedeutung der Geschlechterverhältnisse für die Demokratie wird bis heute zumeist ausgeblendet und bestenfalls auf den Bereich der Familie reduziert.

Dabei ist die gleiche Zuständigkeit von Müttern und Vätern für ihre Kinder heutzutage noch umstritten, wie etwa die Äußerungen von Bischof Walter Mixa in den Debatten um die von Bundesministerin Ursula von der Leyen angestrebte Erhöhung der Krippenplätze belegen. Das Problem, dass Frauen allein wegen ihrer Geschlechtszugehörigkeit Benachteiligungen in Kauf nehmen müssen, besteht fort – nicht nur, wenn sie Kinder haben: Die Geschlechterrollen beeinflussen nicht nur die individuelle Erfahrungsebene, sondern auch das im Vergleich dazu noch wesentlich stabilere gesellschaftliche System und seine Strukturen. Frauen sind dabei keineswegs nur „Opfer" dieser männlich geprägten Strukturen, sondern tragen als politisch Handelnde dazu bei, die Machtverhältnisse zu konstituieren.

Von entscheidender Bedeutung für das Machtgefälle zwischen den Geschlechtern sind die seit dem 19. Jahrhundert bestehende Trennung von Erwerbsarbeit im öffentlichen Raum und unbezahlter Arbeit im privaten Raum sowie die ungleiche Verteilung dieser Arbeit zwischen Frauen und Männern.[5] Zu den Folgen dieser gesellschaftlichen Arbeitsteilung gehört, dass Frauen auch im Jahr 2008 trotz einer für europäische Verhältnisse relativ fortschrittlichen geschlechterpolitischen Gesetzeslage im oberen und mittleren Management stark unterrepräsentiert sind, im Durchschnitt für die gleiche Arbeit weniger Lohn als Männer erhalten, häufiger in unsicheren Teilzeitverträgen arbeiten und stärker von Armut betroffen sind als Männer, dass die Arbeitszeiten meist keinerlei Rücksicht auf die Interessen von Familien und damit auf die deren Interessen wahrenden Frauen nehmen und Frauen die Kinderbetreuung und Altenpflege übernehmen, da angemessene öffentliche Angebote fehlen.

2. Die theoretische Diskussion

Bereits 1968 ging es den engagierten Frauen um eine gerechte Teilhabe an allen gesellschaftlichen Bereichen, also auch an der demokratischen Mitbestimmung, auf dem Arbeitsmarkt und an der Konsumgesellschaft.[6] Um ihre Forderungen zu stützen, legten sie wissenschaftliche Forschungsergebnisse vor. Seit den sechziger und siebziger Jahren entstanden neben der Frauen- und Geschlechterforschung die Gender Studies. Je nach Standpunkt wird diese Entwicklung unterschiedlich bewertet: Die eine Position betrachtet die Gender Studies als „Verwissenschaftlichung der Frauenbewegung in der Frauen- und Geschlechterforschung"[7] sowie als Ausdruck des Protests von der Frauenbewegung „gegen die undemokratische Geschlechterordnung in allen gesellschaftlichen Teilbereichen."[8] Die Gegenposition sieht in dieser neuen Disziplin ein Konkurrenzunternehmen, das die ursprünglichen Ziele und die explizit auf das politische Ziel der Geschlechtergerechtigkeit ausgerichtete Arbeit der Frauen und Geschlechterforschung zu verwischen droht. Bei aller Uneinheitlichkeit einen drei Merkmale die zwischen diesen Extremen angesiedelten verschiedenen Strömungen der Frauen- und Geschlechterforschung bzw. der Gender Studies: Erstens leisten die Fächer Wissenschaftskritik, indem sie die sozialen Prak-

---

[5] Vgl. *Sabine Beckmann*, Die andere Seite der Arbeitsteilung. Die Bedeutung von Geschlechterbeziehungen und Care für die feministische Wohlfahrtsstaatsforschung, in: femina politica, (2) 2005, 42-51.

[6] Vgl. *Thomas Etzemüller*, Imaginäre Feldschlachten? „1968" in Schweden und Westdeutschland, in: Zeithistorische Forschungen/Studies in Contemporary History, Online-Ausgabe, (2) 2005, H. 2, URL: http://www.zeithistorische-forschungen.de/16126041-Etzemueller-2-2005. [vgl. auch Etzemüllers Beitrag in diesem Band, Anm. d. Hgg.]

[7] *Heike Kahlert*, Wissenschaftsentwicklung durch Inter- und Transdisziplinarität: Positionen der Frauen- und Geschlechterforschung, in: Heike Kahlert/Barbara Thiessen/Ines Weller (Hgg.), Quer denken. Strukturen verändern. Gender Studies zwischen Disziplinen, Wiesbaden 2005, 23-60, 30.

[8] A. a. O., 34.

tiken der Wissenschaft kritisch reflektieren; zweitens begreifen sie die Kategorie Geschlecht und das Geschlechterverhältnis als unverzichtbaren Gegenstand; drittens arbeiten sie inter- oder transdisziplinär.[9]

Diese Merkmale zeichnen bereits frühere theoretische Beiträge von Frauen aus, die sich mit der Rolle von Frauen in der Gesellschaft auseinandersetzten. Während jedoch um die Jahrhundertwende die Frauen vor allem um Anerkennung der Gleichwertigkeit von Frauen und Männern sowie für ihre Gleichstellung kämpften, verschob sich das Forschungsinteresse in den sechziger Jahren. Die unterschiedlichen biologischen und sozialen Voraussetzungen von Frauen und Männern sowie daraus abzuleitende individuelle und gesellschaftliche Maßnahmen wurden stärker in den Blick genommen. Geschlechtergerechtigkeit setzt eben nicht nur Anerkennung der Gleichwertigkeit, sondern auch Anerkennung der Differenz voraus. Damit „stand in den 1970er Jahren die Frage nach den Konstitutionsbedingungen von Geschlechterpolarität im Zentrum feministischer Theorie. Arbeiten hierzu kamen vor allem aus dem historischen Kontext und aus der Sozialisationsforschung und wurden unter den Stichworten weiblicher Geschlechtscharakter und geschlechtsspezifische Sozialisation auch im Hinblick auf den Anteil der Medien an diesen Prozessen diskutiert."[10] In den achtziger Jahren wurde Geschlecht zunehmend als soziale Strukturkategorie und dualistisches Symbolisierungssystem aufgefasst. Seit den neunziger Jahren definiert die Geschlechterforschung Geschlecht darüber hinaus nicht als etwas, was wir haben, sondern „was wir tun".[11] Daraus folgt auch für Männer die Notwendigkeit, ihre soziale Rolle zu reflektieren. Hinzu kam die Erkenntnis, die aus der Kritik an einem vorwiegend weißen, US-amerikanischen und eurozentristischen Feminismus entstand, dass etwa die ethnische Zugehörigkeit und die Klasse sich mit der Geschlechterrolle überschneiden.

3. Post- und Antifeminismus

Dass gegenwärtig nicht nur ein eng begrenzter wissenschaftlicher oder feministischer Zirkel, sondern eine breite Öffentlichkeit zentrale Anliegen der neuen Frauenbewegung diskutiert, bedeutet noch nicht, dass die Übereinstimmungen wahrgenommen werden oder der Frauenbewegung heute gar mit größerer Sympathie begegnet wird als früher. Im Gegenteil: Seit Mitte der achtziger Jahre erstarkt ein sog. „Postfeminismus", der die Gleichstellung von Frauen und Männern für abgeschlossen und damit die Errungenschaften der Frauenbewegung für selbstverständlich erklärt. Dass in einem Prozess Ziele nie für immer gesichert sein können, wird häufig übersehen. Selbstbewusste Frauen wollen sich nicht als „Opfer" begreifen, weder von Männern noch von Strukturen. Die wenigsten Feministinnen würden

---

[9] A. a. O., 35ff.
[10] *Elisabeth Klaus/Jutta Röser/Ulla Wischermann*, Kommunikationswissenschaft und Gender Studies. Anmerkungen zu einer offenen Zweierbeziehung, in: dies. (Hgg.): Kommunikationswissenschaft und Gender Studies, Wiesbaden 2001, 7-18, 7.
[11] *Judith Butler*, Das Unbehagen der Geschlechter, Frankfurt a. M. 1991.

wohl ein solch eindimensionales, wenig komplexes Selbstverständnis äußern. Doch der Postfeminismus, der ohne die Errungenschaften der Frauenbewegung wohl kaum möglich gewesen wäre, untergräbt vehement deren Erfolge, die nun erneut gefährdet sind.

Denn das Leugnen der Tatsache, dass die Gesellschaft an männlich geprägten Werten ausgerichtet ist, erklärt die daraus resultierenden Strukturen für neutral und individualisiert wieder das Problem, dass Geschlechtergerechtigkeit fehlt: So verdienen Frauen beispielsweise in den gleichen beruflichen Positionen weniger als ihre männlichen Kollegen und übernehmen häufiger unentgeltlich die Kranken- und Altenpflege. In den Debatten um Geschlechtergerechtigkeit wird immer wieder auf biologische Merkmale Bezug genommen, als seien diese allein ausreichend für Erklärungen, obwohl die gesellschaftlichen Strukturen veränderbar sind, es sich somit tatsächlich um eine Machtfrage handelt. Die avancierten Gender-Theorien müssen jedoch dem Paradoxon beggnen, einerseits die Identität und somit auch Geschlecht als Konstruktion zu begreifen, andererseits jedoch politische Forderungen zu stellen, die mit Bezug auf die menschliche Zweigeschlechtlichkeit argumentieren.

Es darf nicht übersehen werden, dass der gesellschaftliche Wandel im Hinblick auf das Geschlechterverhältnis begrenzt ist: Immer noch sind in den Führungsetagen von Wirtschaft, Politik und Kultur Frauen in der Minderheit. Seit einigen Jahren ist verstärkt ein Backlash zu beobachten. Antifeministische Bücher, die wie die Bände des Ehepaars Allan und Barbara Pease[12] oder „Das Eva-Prinzip"[13] von Eva Herman eine Geschlechterdichotomie betonen und damit „natürliche" Geschlechtereigenschaften konstruieren, sind Bestseller. Vorbilder dafür gab es auch in den siebziger Jahren, Esther Vilars „Der dressierte Mann" ist dafür ein Beispiel.[14] Andere Titel argumentieren zwar immerhin nicht biologistisch, negieren aber ebenfalls die strukturelle Benachteiligung von Frauen: Das gilt auch für das Sachbuch „Oben ohne",[15] das zwar die geringe Zahl weiblicher Führungskräfte in deutschen Unternehmen kritisiert, dafür jedoch lediglich einen angeblichen Mangel an Machtwillen der qualifizierten Frauen verantwortlich macht. Bereits der zweideutige Titel zeigt die Tendenz solcher Texte, in Bezug auf die bestehenden Machtverhältnisse affirmativ zu wirken.

Diese Bücher, deren Echo durch die Mediendemokratie verstärkt wird, waren sicherlich auch auf ihren ökonomischen Erfolg angelegt und greifen deshalb populistische Argumentationsmuster auf. Sie können aber auch politische Wirkung besitzen, die in diesem Fall Folgen zu Ungunsten der Geschlechtergerechtigkeit hat. Betrachtet man die Entwicklung im globalen Zusammenhang, so fällt auf, dass kon-

---

[12] *Allan & Barbara Pease*, Warum Männer nicht zuhören und Frauen schlecht einparken, Berlin 2000.
[13] *Eva Herman*, Das Eva-Prinzip. Für eine neue Weiblichkeit, München/Zürich 2006.
[14] *Esther Vilar*, Der dressierte Mann, München 1971.
[15] Vgl. *Barbara Bierach/Heiner Thorborg*, Oben ohne. Warum es keine Frauen in unseren Chefetagen gibt, Berlin 2006.

servative bis reaktionäre Strömungen insbesondere aus den USA, in denen militante Abtreibungsgegner oder religiöse Gruppen eine starke Lobby besitzen, an politischem Einfluss gewinnen. Vielleicht als Antwort auf diese Entwicklung gründete sich in den USA bereits 1992 die Third Wave Foundation, eine Bewegung, die in Projekten und Netzwerken feministische Anliegen vertritt und im Unterschied zu ihren Vorkämpferinnen von 1968 eher pragmatisch als konfrontativ auftritt.

4. Vielfältige Lebensentwürfe und soziale Konflikte

Auch wenn – der Machtverteilung gemäß – über Feminismus weniger im Zusammenhang mit Gleichstellungs- als mit Familienpolitik gesprochen wird und damit die konservative Haltung der Regierung erkennbar ist, so sind doch Verschiebungen zu beobachten. Die Kritik an der Debatte und an Bundesministerin Ursula von der Leyen, dass sie Frauenpolitik auf Familienpolitik reduziere und dadurch viele Frauen ausschließe, weist auf den konservativen Ansatz hin, der zwar vermehrt auch die Väter in die Verantwortung nimmt, aber der Norm der Kleinfamilie verhaftet bleibt. Doch das neue Interesse am Verhältnis von Privatem und Öffentlichkeit bzw. das neue Verständnis der Durchlässigkeit dieser Bereiche deutet zumindest auf eine qualitative Veränderung in der Wahrnehmung der gesellschaftlichen und insbesondere der Geschlechterverhältnisse hin: Das Private wird wieder politisch. Diese von Feministinnen „1968" formulierte Forderung wird zunehmend auch von emanzipierten Männern vertreten, die ihre Vaterrolle nicht auf die Ernährerfunktion reduzieren wollen, sondern umfassender verstehen. Unübersehbar findet ein kultureller Wandel statt, der eine kritische Grenze überschritten hat. Gleichzeitig haben die staatlichen Institutionen darauf aber noch nicht in einer Weise mit Struktur verändernden Maßnahmen reagiert, die die Bürgerinnen und Bürger zufriedenstellen. Dieses Missverhältnis erklärt den hohen öffentlichen Diskussionsbedarf. Die Politik der großen Koalition und die Schwäche der Oppositionsparteien, deren Positionen in der Öffentlichkeit nahezu unsichtbar sind, tragen dazu bei, dass sich gesellschaftliche Konflikte verschärfen.

Der kulturelle Wandel in Deutschland zeigt sich vor allem in den verschiedenen individuellen Lebensentwürfen, die nicht nur auf freien Entscheidungen beruhen und auf Veränderungen von Einstellungen und Werten, also einen Wandel von Mentalitäten, verweisen, sondern auch auf äußere Zwänge, denen die Bürgerinnen und Bürger folgen. Diese Zwänge schlagen sich wie die Einstellungen unter anderem in demographischen Daten nieder, die wiederum zukünftige Entwicklungen beeinflussen und Rückschlüsse auf weitere Tendenzen des kulturellen Wandels zulassen: So werden in Deutschland immer weniger Kinder geboren, gleichzeitig wächst die Zahl der Hochbetagten; vor allem junge Frauen wandern aus dem ländlichen Raum und insbesondere aus Ostdeutschland in wirtschaftliche Ballungszentren ab; viele junge Menschen verlassen die Schule ohne Abschluss; die Zahl der Arbeitslosen ist hoch.[16] Diese Entwicklungen bringen enorme Anforderungen an einen gesellschaftlichen Strukturwandel mit sich. Bliebe alles, wie es ist, werden langfristig immer weniger Werktätige immer mehr Versorgungsbedürftige unterstützen müssen, obwohl die Renten- und Krankenversicherungskassen sich bereits jetzt in einer Krise befinden; das Schrumpfen der Bevölkerung bestimmter Regionen, wie es insbesondere im Osten Deutschlands zu beobachten ist, führt zum Sinken der Freizeit- und Bildungsangebote und dadurch zu noch mehr Abwanderung, wodurch sich die soziale Krise noch verschärft.

Die unterschiedlichen Lebensentwürfe innerhalb der deutschen Industriegesellschaft lassen sich aber nicht nur auf die zunehmende Unübersichtlichkeit von auf nationaler Ebene wirkenden Faktoren zurückführen, sondern stehen in engem Zusammenhang mit globalen Entwicklungen wie der steigenden Medialisierung, der trotz Klimawandel kaum umstrittenen kapitalistischen Wachstumsideologie oder sozialen Einschnitten. Ein Nationalstaat bildet kein geschlossenes System. Seine Bürgerinnen und Bürger stehen in unterschiedlichem Maße im Austausch mit der Umwelt. In Europa hat Deutschland die höchste Rate von Zuwanderern. Mangelnde Integration bedeutet eine Hypothek, gelungene Integration eine Bereicherung für die Gesellschaft. Die Zuwanderer nehmen wesentlich am gesellschaftlichen Leben teil und beeinflussen es. Dadurch erhöht sich wiederum die kulturelle Vielfalt – und die Kategorien greifen längst nicht mehr so sicher. Soziale Kategorien wie Geschlecht, Alter, ethnische Zugehörigkeit, sexuelle Orientierung, Religion, Vermögen, Bildung oder Beruf beeinflussen zwar immer noch das Leben der Menschen, verschränken sich aber immer stärker. Gesellschaftliche Ungleichheiten bergen Potential für Spannungen entlang verschiedener Konfliktlinien, die sich zudem überschneiden. Die Politik kann in diesen Prozess nur bedingt eingreifen. Sie legt aber durch die Gesetzgebung gewisse Rahmenbedingungen fest, begünstigt die eine und bekämpft die andere Tendenz.

Wie sehr die Geschlechterverhältnisse an den Veränderungen beteiligt beziehungsweise davon betroffen sind, wird in der Familien- und Arbeitsmarktpolitik besonders deutlich. Rot-Grün hatte mit der Einführung von Eingetragenen Lebenspartnerschaften, Gender Mainstreaming, also der Einführung geschlechterbezogener Sichtweisen in die Verwaltung und Politik, im Adoptionsrecht und mit dem Entwurf eines Antidiskriminierungsgesetzes Akzente gesetzt. Die große Koalition hat diese Ansätze übernommen, auch weil sie damit zum Teil EU-Rechtsnormen national umsetzt. Aber die strukturellen Veränderungen reichen noch nicht aus, um beispielsweise dem veränderten Bindungsverhalten[17] der Bürgerinnen und Bürger gerecht zu werden oder der Benachteiligung von Frauen bei der Erwerbsarbeit entge-

---

[16] Vgl. *Steffen Kröhnert/Franziska Medicus/Reiner Klingholz* (Hgg), Die demografische Lage der Nation. Wie zukunftsfähig sind Deutschlands Regionen? Berlin 2006.
[17] Vgl. *Christian Schmitt/Ulrike Winkelmann*, Wer bleibt kinderlos? Was sozialstrukturelle Daten über Kinderlosigkeit bei Frauen und Männern verraten, in: Feministische Studien, (1) 2005, 9-23, 21.

genzusteuern. Das Ehegattensplitting stützt weiterhin die Ein-Verdiener-Ehe und benachteiligt andere Beziehungsformen, weil Frauen im Durchschnitt weniger verdienen als Männer.

Außerdem ist die Strategie des Gender Mainstreaming durchaus auch kritisch zu betrachten: Selbst wenn sie auf strukturelle Veränderungen zielt, so sollen diese doch über eine Beteiligung von Frauen an den gesellschaftlichen Machtverhältnissen erreicht werden, sodass die Gefahr besteht, dass das Gender Mainstreaming sich damit in den neoliberalen Umbau der Gesellschaft einfügt.[18] Statt Frauenpolitik und Geschlechtergerechtigkeit werden die Ziele nun als Familienpolitik definiert und somit vermischt – hieran ist eine Tendenz zu erkennen, die auf eine bestimmte feministische Strömung verweist, die in den Medien als „neuer Feminismus" oder „konservativer Feminismus" gefeiert oder kritisiert wird.

5. „Neuer Feminismus" 1968 und 2008

Neben der Bundeskanzlerin und der Familienministerin kann auch die FDP-Politikerin Silvana Koch-Mehrin zu den Vertreterinnen des „neuen Feminismus" gerechnet werden. In ihrem jüngst erschienen Buch „Schwestern"[19] fordert sie Frauen auf, selbstbewusst für ihre Rechte einzutreten, sich aktiv um Posten und höheres Gehalt zu bewerben und Ansprüche zu stellen. Koch-Mehrin tritt an gegen den deutschen Müttermythos und die Vorstellung, nur Mütter seien geeignete Betreuerinnen ihrer kleinen Kinder. Sie verlangt den raschen Ausbau von Betreuungsmöglichkeiten für Kinder auch unter drei Jahren sowie eine Frauenquote in allen politischen Gremien, die sie vor allem mit den heutigen Erfordernissen einer globalisierten Wirtschaft begründet, mit hohem Effizienzstreben und dem Anspruch auf Flexibilität: Deutschlands Wirtschaft könne nicht auf die kostbaren Ressourcen verzichten, über die Frauen verfügen.

Ihre Forderungen sind aus gleichstellungspolitischer Sicht zwar unterstützenswert, aber an seiner Begründung zeigt sich der Gegensatz zwischen dem „neuen Feminismus" 2008 und 1968 besonders deutlich: Während viele Achtundsechziger eine öffentliche Erziehung forderten, um der als „potentiell faschistoid" geltenden Kleinfamilie eine andere Lebensform entgegen zu setzen und die Kinder angstfreier aufwachsen zu lassen, geht die Forderung heute auf das Ziel einer optimalen Entwicklungseffizienz zurück: Das ist zwar legitim, zeigt aber auch die Anpassung an die Notwendigkeiten des Kapitalismus – statt das wirtschaftliche System an die menschlichen Bedürfnisse anzupassen, wird es als gesetzt betrachtet. Frühzeitige Mehrsprachigkeit und Computerkompetenz sind sicherlich fördernswert, nicht-zielgerichtete spielerische Beschäftigungen, die ebenfalls als Lern- und Entwicklungs-

---

[18] Vgl. *Barbara Nohr/Silke Veth* (Hgg.), Gender Mainstreaming. Kritische Reflexionen einer neuen Strategie, Berlin 2002; *Ines Hofbauer/Gundula Ludwig*, Gender Mainstreaming – Geschlechtergerechtigkeit limited? Eine politische Strategie auf dem Prüfstand, in: femina politica, (2) 2005, 32-42.

[19] *Silvana Koch-Mehrin*, Schwestern. Streitschrift für einen neuen Feminismus, Berlin 2007.

formen und somit als Wert an sich gelten können, werden dabei weniger berücksichtigt. Offene Entwicklungslinien sind nicht eingeplant, werden nicht unterstützt und somit tendenziell eher gehemmt. Freiheit wird lediglich verstanden als Freiheit, zwischen vorgegebenen Möglichkeiten zu wählen – nicht als die Freiheit, neue Wege zu gehen und neue Lebensinhalte zu entwerfen.

Wie sehr der Diskurs um die Familie ein Kampf um Besitzstände ist, offenbaren Debattenbeiträge wie der von Susanne Gaschke, der zufolge in Deutschland die Falschen Kinder bekommen.[20] Damit bezieht sie sich auf die Kluft zwischen den Geburtenraten von sozial Schwachen und gut ausgebildeten Akademikerinnen. Kinder sind jedoch nicht durch ihre Herkunft unterschiedlich wertvoll, sondern bilden einen Wert an sich, werden allerdings sehr unterschiedlich gefördert und entwickeln sich dadurch anders. Das macht die öffentliche Kinderbetreuung und die Professionalisierung der Erziehung nötig, die in anderen gesellschaftlichen Bereichen längst gang und gäbe ist. Die ungleiche Chancenverteilung ist ein gesellschaftliches Problem. Hierbei geht es nicht nur um einen unterschiedlichen volkswirtschaftlichen Nutzen, sondern um die gesellschaftliche Teilhabe. Auch wenn die Folgen die Kinder selbst am meisten zu spüren bekommen, hat es Folgen für das Zusammenleben aller, auch für das Funktionieren der Demokratie. Die als Phänomen gehandelte und dramatisierte Kinderlosigkeit der Akademikerinnen beträgt zudem tatsächlich nur 25 statt 40 Prozent[21] und zeigt die defizitäre Sicht auf die als Charakteristikum aufgefasste Frauenrolle der Mutter, ohne den Gewinn einzubeziehen: Freiheit, Unabhängigkeit, die Teilhabe an Konsum und die Möglichkeit zu einer beruflichen Karriere haben sich gegenüber 1968 verbessert.

Wenn gerade Konservative angesichts des gesellschaftlichen Strukturwandels vom Aussterben der Deutschen sprechen,[22] ignorieren sie, was Studien nachgewiesen haben: Ausgerechnet in Ländern wie Deutschland, Spanien oder Italien, die bislang eine konservative Gesetzgebung besaßen, werden weniger Kinder geboren als in Ländern wie Schweden, Frankreich oder Belgien, in denen die praktische Gleichstellung von Frauen weiter fortgeschritten ist, mehr Frauen berufstätig sind und die Kinderbetreuung besser ist. Der Widerstand gegen Gleichstellungspolitik lässt sich daher nur mit Angst um die eigenen Pfründe erklären: Da Frauen heute im bundesweiten Durchschnitt höhere Schulabschlüsse und bessere Noten erlangen, steigen ihre Chancen auf dem Arbeitsmarkt. Der Zuwachs an Richterinnen etwa geht auf die Tatsache zurück, dass Frauen die besseren Examina machen. Auch wenn Frauen eine gleichberechtigte Teilhabe an allen Positionen verwehrt bleibt, fürchten doch immer mehr Männer die Konkurrenz gut qualifizierter Frauen, die den Männern als Hausfrauen weniger in die Quere kämen. Tatsächlich ist angesichts der Entwick-

---

[20] *Susanne Gaschke*, Die Emanzipationsfalle. Erfolgreich, einsam, kinderlos, München 2005.
[21] Vgl. *Christina Benninghaus*, Einleitung, in: Feministische Studien, (1) 2005, 3-8.
[22] *Frank Schirrmacher*, Das Methusalem-Komplott. Die Menschheit altert in unvorstellbarem Maße. Wir müssen die Probleme unseres eigenen Alterns lösen, um die Probleme der Welt zu lösen, München 2004.

lungen ein gesellschaftlicher Umbau erforderlich, der sich nicht auf Familienpolitik beschränkt. Dass sich die Debatte jedoch hieran entzündet, zeigt die anhaltende Brisanz der Geschlechterfrage.

Es liegt nahe, die gegenwärtigen Beiträge in der Diskussion um Gleichstellungs- und Familienpolitik mit der Tatsache in Verbindung zu bringen, dass eine Frau regiert. In der zunehmend von den Medien personalisierten Politik sind Personen wichtig. Sie allein bestimmen jedoch nicht die Diskurse. Dass mit der promovierten Physikerin Merkel eine Frau Kanzlerin ist, ist entsprechend weniger entscheidend als ihre Zugehörigkeit zur CDU. Dennoch ist es symptomatisch: Ihre Ausbildung erlaubt Frauen den Weg auch in die hohen staatlichen Ämter – vorausgesetzt, sie passen in das wirtschaftspolitische Raster und stellen die geltende daran gekoppelte Machtverteilung nicht in Frage.

Die Zahl gut ausgebildeter Frauen ist gestiegen. Und viele von ihnen lassen sich auch nicht länger mit der Alternative Kinder oder Karriere abspeisen. Sie sehen, dass es in anderen Ländern anders geht. Der Druck, der einen Wandel notwendig macht, ist gestiegen und hat möglicherweise dazu beigetragen, dass eine große Koalition an der Macht ist: Die beiden großen Parteien haben davon profitiert. Ihre Koalition kann nun mehr Reformen durchsetzen, wenn auch nur auf dem kleinsten gemeinsamen Nenner – grundlegende Strukturveränderungen sind nicht zu erwarten.

Merkel, die kinderlose Akademikerin aus dem Osten, ist keine Achtundsechzigerin, dafür ist sie zu jung. Zudem hatte 1968 in der DDR nicht dieselbe kulturgeschichtliche Bedeutung wie im Westen. Merkel steht auch nicht für frauenpolitische Ziele. Aber die Tatsache, dass eine Frau diese Machtposition einnehmen kann, ist ein Verdienst der Frauenbewegung – ohne deren Engagement wäre dies unmöglich gewesen. Auch Familienministerin Ursula von der Leyen ist CDU-Mitglied und keine Achtundsechzigerin. Sie arbeitet vehement am Umbau der Familienpolitik, wobei sie mit dem Elterngeld einen ambivalenten Weg geht: Das Ziel ist, es auch für die in der Regel mehr als ihre Frauen verdienenden Männer attraktiv zu machen, zu Hause zu bleiben, also die Hemmschwelle zu senken und die starre Rollenverteilung aufzubrechen. Gleichzeitig fördert eine solche Maßnahme klar die bereits Wohlhabenden, die in sicheren Positionen sitzen, und festigt damit die gesellschaftlichen Verhältnisse.

Entscheidend für den erhöhten Diskussionsbedarf und den kulturellen Wandel ist aber der gestiegene wirtschaftliche Druck in der Bundesrepublik, den die hohen Zahlen von Arbeitslosen und Sozialhilfeempfängern belegen. Vermehrt müssen Frauen selbst verdienen oder zum gemeinsamen Familieneinkommen beitragen, auch wenn sie als Zeitarbeiterinnen oder Arbeitskräfte in Teilzeit ohne den Rückhalt von Gewerkschaften tätig sind. Die Regierung muss nun auf die wirtschaftlichen Zwänge reagieren – doch nutzt sie den Gestaltungsraum nicht, den die komfortable parlamentarische Mehrheit ihr böte, um mehr Geschlechtergerechtigkeit zu schaffen.

Es ist bezeichnend, dass „Die Zeit" den „neuen Feminismus"[23] 2006 als Sommerloch-Thema verhandelte. Dabei handelt es sich um eine grundlegende gesellschaftliche Frage, die alle betrifft: Wie kann die Gesellschaft so verändert werden, dass ein gleichberechtigtes und freies Zusammenleben von Frauen, Männern und Kindern möglich wird? Es geht also um Demokratie, für die der Feminismus immer eingetreten ist. Familienpolitik ist Gesellschaftspolitik, das war 1968 den politisierten Frauen klar, das ist auch heute so, denn Kinder und Jugendliche tragen zur Bereicherung des gesellschaftlichen Lebens bei. Widerstand kommt auch nicht von einer militanten heterogenen Gruppe organisierter Kinderloser, sondern von denen, die in der patriarchalisch organisierten Gesellschaft um ihre Pfründe fürchten, wenn sich für sie etwas ändert. In den Debatten um die Ausrichtung der Familienpolitik stehen sich also verschiedene Interessen gegenüber: Geschlechtergerechtigkeit, ökonomischer Wohlstand, Wirtschaft, Bildung. Nur eine in dieser umfassenden Weise im Hinblick auf die Geschlechterverhältnisse konsequente Familienpolitik kann den 1968 geforderten feministischen Anliegen entsprechen. So bleibt jedoch eine Lücke, in der Frauenförderungs- und Gleichstellungsmaßnahmen stecken bleiben.

1968 war die Situation trotz großer Koalition eine andere: Der Wandel wurde außerhalb des Parlaments vorangetrieben, die Frauenbewegung forderte Veränderungen, verschiedene gesellschaftliche Konflikte kreuzten sich. Erst 1979 bildete sich die grüne Partei auf Landesebene und griff die Interessen der neuen sozialen Bewegungen in ihrem Programm auf. Geschlechterpolitisch bildet 1968 heute einen zentralen Bezugspunkt, da entscheidende Fragen fortbestehen, aber 2008 versucht die Regierung, die geschlechterpolitischen Anliegen zu integrieren statt sie abzuspalten. Wieder stellt sich die Frage nach einem grundsätzlichen gesellschaftlichen Umbau. Das Streben nach Geschlechtergerechtigkeit ist nicht mehr eine Frage der Parteizugehörigkeit. Aber die Ordnungssysteme, in denen Geschlecht als Strukturkategorie fungiert, sind verschieden. Wenn Frau von der Leyen von „konservativem Feminismus"[24] spricht, meint sie die Verbindung von „konservativen Werten" wie Familie, verstanden als heterosexuelles Paar mit Kind(ern), und politischen Maßnahmen, die verstärkt auf eine Aktivierung des wirtschaftlichen Potentials von Frauen zielen, das bundesrepublikanische Gesellschaftssystem aber nicht in Frage stellen. Daneben gibt es mit dem Label „radikal" versehene feministische Ansätze, die tiefer greifende strukturverändernde Maßnahmen fordern.

Wie wäre also ein „neuer Feminismus" vom „alten Feminismus" zu unterscheiden? Da es den Feminismus nie gab, ist die Frage wenig sinnvoll. Wie immer existieren viele Strömungen nebeneinander, neoliberale, kommunistische und globalisierungskritische Projekte existieren nebeneinander, und auch die postfeministische Strömung dauert an. Neu ist nicht einmal eine feministische Strömung, in der Män-

---

[23] Die Zeit, 24. August 2006, 24.
[24] Vgl. taz, 20. März 2007, 12.

ner stärker integriert sind. Aber ein Unterscheidungskriterium bleibt die Frage der sozialen Gerechtigkeit und ihrer Finanzierung.

Ist gegenüber 1968 wenigstens die Reflexion der Geschlechterverhältnisse im Mainstream weiter verbreitet? Zumindest sind einzelne Anpassungen von Strukturen, zum Beispiel Gesetzesänderungen, vorgenommen worden. Aber Rückschläge sind nicht ausgeschlossen. Deshalb muss „Feminismus" so heißen, damit die herrschende Ungerechtigkeit bewusst bleibt – obwohl er letztendlich ein demokratisches Anliegen vertritt. Adjektive wie „neu" oder „konservativ" besitzen erfahrungsgemäß nur eine kurze Haltbarkeit und sagen nichts aus, wenn die Vielfalt feministischer Strömungen mitgedacht wird.

Die aktuelle Diskussion zeigt, dass der Prozess des kulturellen Wandels nicht abgeschlossen ist. Aber die Reformen der großen Koalition, die sich mit der Geschlechterdimension auseinandersetzen, sind Ausdruck eines Umbruchs: Wie dieser letztendlich aussehen wird und wie er zu bewerten wäre, ist noch offen. Doch steht zu befürchten, dass die große Koalition nicht den Mut besitzt, einen grundlegenden gesellschaftlichen Umbau zu initiieren, dessen Ziel Gerechtigkeit ist. Die Zeichen deuten darauf hin, dass der Weg eher weiter in Richtung Abbau des Sozialstaats und hin zu neoliberalem Individualismus gehen wird. Wenn die feministischen Strömungen sich auf diesem Weg träfen, der eine Integration in das kapitalistische System bedeutete, wäre es tatsächlich ein neuer Feminismus – einer, der das Erbe von 1968 verspielt hat.

Versuch einer Spätlese:
Alfred Lorenzer und die analytische Sozialpsychologie
Ein Beitrag zur Theoriegeschichte

Tobias Schaffrik

Was bleibt von „1968"? Man kann dieser Frage zeitgeschichtlich nachgehen und überlegen, welche gesellschaftlichen Entwicklungen damals ihren Anfang nahmen, untersuchen, welches Schicksal ihnen in der Folge beschieden war. Wie ist es aber theoriegeschichtlich um die „68er-Spätlese" bestellt? Sind die damals gekelterten „theoretischen Weine" mittlerweile ungenießbar zu Essig vergoren, oder sind sie als Raritäten der Weinkunst zu geschätzten Sammlerstücken geworden? Offensichtlich ist diese Frage nicht en bloc zu beantworten, weshalb eine Einschränkung der Untersuchungsperspektive gefordert ist: Lässt sich überhaupt eine für die 1968er-Bewegung repräsentative Forschungsrichtung ausmachen?

0. Akademische Mode und analytische Sozialpsychologie

Blickt man auf die damalige begrifflich-akademische Mode, so fällt zum einen die Auseinandersetzung mit Kritischer Theorie und marxistisch orientierten Denkern auf.[1] Nicht weniger „revolutionär" wurde in dieser Zeit auch die Psychoanalyse neu und in einer bis dato in Deutschland nicht gesehenen Breite rezipiert. Marcuses Stichwort der „repressiven Entsublimierung"[2] machte die Runde, und auch die von den Mitscherlichs festgestellte deutsche „Unfähigkeit zu trauern"[3] stand für eine Verbindung von Psychoanalyse und Gesellschaftskritik. Der Versuch, eine gesellschaftskritische Potenz psychoanalytischen Denkens zu entwickeln, war jedoch nicht neu: Die Studien „Der autoritäre Charakter"[4] ließen sich hier nennen. Ich meine, wenn sich eine Forschungsrichtung dieser Perspektive annahm und sich in diese Tradition stellte, so wird man schnell auf die analytische Sozialpsychologie stoßen.

Wie steht es also heute um dieses Projekt? Ist die analytische Sozialpsychologie heute noch genießbar, oder stößt sie einem bitter auf? Jan Philipp Reemtsma hat zu dieser Frage kürzlich öffentlich Stellung bezogen und ein vernichtendes Fazit gezo-

---

[1] vgl. den Beitrag von *Gernot Folkers* in diesem Band.
[2] *Herbert Marcuse*, Der eindimensionale Mensch. Studien zur Ideologie der fortgeschrittenen Industriegesellschaft, Neuwied 1967.
[3] *Alexander & Margarete Mitscherlich*, Die Unfähigkeit zu trauern. Grundlagen kollektiven Verhaltens, München 1968.
[4] vgl. *Theodor W. Adorno* et al., Der autoritäre Charakter. Studien über Autorität und Vorurteil (2 Bd.), Amsterdam 1968/1969.

gen:[5] Die analytische Sozialpsychologie in der Tradition von Horkheimer, Adorno, Fromm und Dahmer sei durchweg von der Frage motiviert gewesen, weshalb sich die Massen nicht auf die Seite der Revolution geschlagen hätten. Mithin ziele ihr Programm auf die Rettung eines historisch-materialistischen Weltbildes ab und erkläre deshalb ein Phänomen weg, welches für die Theorie ein empirisches Problem darstelle. Anstatt eine Kritik ihrer Prämissen zu leisten, diene sie der rationalisierenden Abwehr, so ließe sich vielleicht seine These zuspitzen. Aus ihr sei kein einziges Forschungsprogramm erwachsen, welches einer empirischen Untersuchung zugänglich sei. Als er von Alfred Krovoza in den 1970er Jahren gebeten worden sei, einen Beitrag zu einem geplanten Sammelband zur analytischen Sozialpsychologie zu schreiben, habe er ihm den Titel „Die analytische Sozialpsychologie und die ewige Vorlust" vorgeschlagen – der Band sei dann allerdings nicht zustande gekommen. Kann man sich eine radikalere Kritik vorstellen?

Doch bevor man sich diesem Urteil anschließt, ist es vielleicht hilfreich, auf einige Irritationen hinzuweisen.[6] Offensichtlich scheint es auch Reemtsma ein Anliegen zu sein, psychoanalytisches Denken für Gesellschaftskritik nutzbar zu machen:[7] Sei zwar die Lust an der Aggression nicht abschaffbar und bringe sich diese als therapieresistenter Teil einer anthropologischen Grundausstattung immer wieder zur Geltung, dann sei es zumindest ein sinnvolles Ziel, das „primärprozesshafte Agieren der sozialen Identität"[8] zu unterbinden. Folgt man Reemtsma, dann könne dies lediglich individuell auf der Couch passieren, indem man für sich selbst eine Analyse mache. Nur dies, so Reemtsma, ermögliche es, sich in das humanum einzufühlen – und ein ganzer Mensch zu werden, der einen produktiveren Umgang mit eigenen Brüchen und Ängsten fände als das dem Wiederholungszwang geschuldete Ausagieren. Seine Empfehlung lautet also: Therapeutischer Individualismus im Dienste einer „besseren" Gesellschaft. Doch: Setzt nicht sein Begriff einer „primärprozesshaft agierten sozialen Identität" genau die Forschungsweise voraus, über die er so vehement den Stab bricht?

Was hat es auf sich mit einer analytischen Sozialpsychologie, die auf solch vehemente Ablehnung stößt? Einen guten Überblick bietet dazu ein zweibändiger Sammelband mit dem Titel „Analytische Sozialpsychologie", von Helmut Dahmer

---

[5] „Wie weiter mit Freud?" Öffentlicher Vortrag am Hamburger Institut für Sozialforschung, 2. April 2007.
[6] Auf die Schwierigkeit, einen komplexen Vortrag vor heterogenem Publikum zu halten, sei hier ausdrücklich entschuldigend hingewiesen. In der anschließenden Diskussion meldeten sich ausgebildete Analytiker wie Laien zu Wort. Auf die Frage z. B., ob Freud nicht doch maßgeblich beigetragen hätte zur sexuellen Libertinage oder der Emanzipation der Frau – kurz: Ob er nicht das Gute gewollt, doch das Böse geschaffen habe – ging der Vortragende diplomatisch ein, indem er darauf hinwies, diese Meinung nicht zu teilen.
[7] Hinzuweisen wäre hier u.a. auf seine Überlegungen zur Traumaverarbeitung oder auch seiner psychoanalytisch reflektierten Kritik an Wolfgang Borchert „Draußen vor der Tür" (Öffentlicher Vortrag in den Hamburger Kammerspielen, Herbst 1995).
[8] s. Anm. 5.

1980 bei Suhrkamp herausgegeben.⁹ Die Autorenliste kommt einem „who is who" der (kritischen) Psychoanalyse schon recht nah: Alexander Mitscherlich, Alfred Lorenzer, Paul Parin, Klaus Horn, Siegfried Bernfeld, Paul Federn, Karl Abraham, Erich Fromm, Wilhelm Reich, Otto Fenichel, Erik H. Erikson, Sandor Ferenczi, Sigmund Freud. Auch Max Horkheimer, Theodor W. Adorno, Ernst Simmel, Herbert Marcuse und Helmut Dahmer sind vertreten. Da eine kritische Sichtung ihrer Beiträge hier nicht geleistet werden kann, sei auf einen anderen Aspekt der Kritik Reemtsmas hingewiesen: Die offensichtliche Verkürzung der analytischen Sozialpsychologie auf die von ihm genannten Autoren. Die ist umso bemerkenswerter, als doch zum Beispiel Alfred Lorenzer an der Gründung von Reemtsmas Hamburger Institut für Sozialforschung im wissenschaftlichen Beirat selbst beteiligt war.

Akademische Erzeugnisse sind einer anderen Art des Zerfalls ausgesetzt als Trauben, und so hoffe ich noch einen genießbaren Tropfen der „68er Spätlese" keltern zu können. Von drei Überlegungen werde ich mich dabei leiten lassen: 1) Inwiefern ist Lorenzers Ansatz als „Frucht der 68er" zu verstehen? Ich erlaube mir, einen knappen Abriss seiner Biographie der Auseinandersetzung mit seinem Werk voranzustellen, bevor ich mich dann seiner Sozialisationstheorie und dem Begriff der Interaktionsform zuwende, um abschließend sein Konzept des „szenischen Verstehens" vor dem Hintergrund des Positivismusstreits in der deutschen Soziologie darzustellen. 2) Kann man wirklich von einer vergessenen Ernte sprechen? Ich verweise hier auf die kaum vorhandene Lorenzer-Rezeption sowohl innerhalb der Psychoanalyse als auch innerhalb der Philosophie (Adolf Grünbaum-Debatte). 3) In welcher Hinsicht lassen sich seine Überlegungen heute fruchtbar machen?

1. Lorenzers Ansatz als „Frucht der 68er"

Während auf den Frankfurter Straßen 1968 mehr oder weniger friedlich demonstriert wird, arbeitet Lorenzer an seiner Habilitation über das psychoanalytische Verfahren. Jürgen Habermas bezieht sich auf dieses, damals noch im Werden begriffene Werk in seiner eigenen Habilitationsschrift.¹⁰ Vier Jahre später erscheint in Frankfurt eine Aufsatzsammlung mit dem Titel „Perspektiven einer kritischen Theorie des Subjekts. Aufsätze, Vorlesungen u. Vorträge."¹¹ Gemäß des Untertitels handelt es sich um einen Querschnitt von Lorenzers Arbeiten im Bereich der gesellschaftskritischen Psychoanalyse: die Aufsätze, Radiovorträge, Diskussionspapiere und Vorlesungen beschäftigen sich mit Fragen der Architektur und Stadtplanung (z. B. der Kritik an anthropologischen Prämissen der Architekturtheorie), der Trauma-

---

[9] *Helmut Dahmer* (Hg.), Analytische Sozialpsychologie (2 Bd.), Frankfurt a. M. 1980; dass es sich hier um das von Reemtsma erwähnte Projekt handelt, steht zu vermuten. *Alfred Krovoza* ist als Co-Autor mit *Peter Brückner* im zweiten Band mit einem Beitrag vertreten (*dies.,* Zur politischen Psychologie der innerstaatlichen Feinderklärung, in: ebd., (Bd. 2), 481-493).

[10] *Jürgen Habermas*, Erkenntnis und Interesse, Frankfurt a. M. 1968.

[11] *Alfred Lorenzer*, Perspektiven einer kritischen Theorie des Subjekts. Aufsätze, Vorlesungen und Vorträge, Frankfurt a. M. 1972.

verarbeitung (politisch brisant in Hinsicht auf die Entschädigungsforderungen von KZ-Opfern), der Symbolbildung, sowie wissenschaftstheoretischen Überlegungen zum psychoanalytischen Verfahren. Für die Gesamtherstellung dieses Raubdruckes zeichnet sich ein gewisser Herr „Jedermann" aus Frankfurt verantwortlich. Die Revolution zitiert ihre Kinder – Lorenzer selbst schien diesem kreativen Umgang mit Autorenrechten nicht abgeneigt, verwies er doch einige Jahre später in einem Vorwort auf diesen Band.[12]

Biographie

Einige knappe Bemerkungen zu seiner Biographie: Alfred Lorenzer (1922-2002) studierte zunächst Architektur, wechselte dann zur Medizin und zog sich im 2. Weltkrieg eine schwere Lungenkrankheit zu. Nach langer Rekonvaleszens beendete er seine Dissertation 1954 und begann bei Felix Schottländer in Stuttgart seine psychoanalytische Ausbildung parallel zu seiner Arbeit als Assistenzarzt in der psychiatrischen Uni-Klinik Erlangen. Er folgte Alexander Mitscherlich von Heidelberg, der ersten Psychosomatischen Klinik im Nachkriegsdeutschland, 1963 nach Frankfurt an das dortige Sigmund-Freud-Institut. In enger Zusammenarbeit mit Klaus Horn, einem psychoanalytisch orientierten Soziologen, entstanden dort mehrere Bücher, später gaben beide gemeinsam eine Reihe heraus zu Themen der analytischen Sozialpsychologie.[13] 1971 erhielt er einen Ruf auf eine Professur für Sozialpsychologie an der Universität Bremen und kehrte 1974 zurück an die Universität Frankfurt.[14] Therapeutisch-klinisch arbeitete Lorenzer bald hauptsächlich als Lehranalytiker der Deutschen Psychoanalytischen Vereinigung (DPV), was sicherlich auch ein Grund für seine wenigen klinisch orientierten Veröffentlichungen darstellte.[15] Bis zu seiner Emeritierung 1991 blieb er der einzige Analytiker bundesweit, der eine Professur für Soziologie inne hatte.[16] Nach zehnjähriger schwerer Krankheit starb Lorenzer im Frühjahr 2002 in Umbrien, Italien.

---

[12] *Alfred Lorenzer*, Sprachspiel und Interaktionsformen. Vorträge und Aufsätze zu Psychoanalyse, Sprache und Praxis, Frankfurt a. M. 1977, 10.

[13] *Alfred Lorenzer/Heide Berndt/Klaus Horn*, Architektur als Ideologie, Frankfurt a. M. 1968; *Alfred Lorenzer/Klaus Horn*, Das Elend der Psychoanalyse-Kritik. Beispiel Kursbuch 29. Subjektverleugnung als politische Magie, Frankfurt a. M. 1973; aus der Reihe „Psychoanalyse als Sozialwissenschaft" u.a. *Johann A. Schülein*, Das Gesellschaftsbild der Freudschen Theorie, Frankfurt a. M. 1975; *Siegfried Zepf*, Die Sozialisation des psychosomatisch Kranken, Frankfurt a. M. 1976.

[14] Jürgen Habermas hatte sich sehr für die Einrichtung einer Professur mit dem Schwerpunkt Sozialisationstheorie eingesetzt, auf die Lorenzer berufen wurde.

[15] Zwar müssen Veröffentlichungen von Fallbeispielen anonymisiert werden, doch ist es nachvollziehbar, das ein Lehranalytiker seine komplizierte Situation (zum Beispiel durch Anbindung an das Ausbildungsinstitut des Kandidaten) durch Veröffentlichungen, die sich u. U. aus der Erfahrung mit zukünftigen KollegInnen speisen, nicht zusätzlich erschweren möchte.

[16] Zu biographischen Angaben siehe *Bernhard Görlich*, Grenzüberschreitungen. Alfred Lorenzer: Erkenntnis-, Sozialisations- und Kulturtheoretiker der Psychoanalyse, in: *Thomas Plänkers* et al., Psychoanalyse in Frankfurt a. M., Tübingen 1996, 617-629.

Interaktionsform als sozialisierte innere Natur

Inwiefern lässt sich sein Werk auch inhaltlich als „Frucht der 68er" verstehen? Während einige Theoretiker die mehr oder weniger direkte Verbindung von Marx und Freud anstrebten, sah Lorenzer die bisherigen Vermittlungsversuche sowohl in den 1930er Jahren als auch in der frühen Studentenbewegung als gescheitert an:

> „Versteht die Psychoanalyse menschliche Erlebnisstrukturen – Handeln, Denken Fühlen, Wahrnehmen – als triebbestimmt, so muß der historische Materialismus darauf beharren, eben diese Strukturen in Abhängigkeit vom geschichtlichen Prozeß der Auseinandersetzung des Menschen mit äußerer Natur, wie er konkret hier und heute im Moment der Analyse gegeben ist, anzusehen. Die Freud-Marx-Auseinandersetzung der Jahre 1925-1935 ist an diesem Problem ebenso gescheitert wie die Psychoanalyse-Renaissance der Studentenbewegung der späten sechziger Jahre."[17]

Auch Ansätze wie die Piagets, Chomskys oder des französischen Strukturalismus seien hier auf die eine oder andere Art unbefriedigend, denn:

> „Fordert der historische Materialismus die Einsicht, daß Subjektivität – nach Form wie Inhalt – aus der gesellschaftlichen »Basis« erwächst, so verlangt der Marx'sche Naturbegriff gleichwohl, daß die Ansatzpunkte praktischer Dialektik sowohl in jener Natur, die dem Menschen gegenüber steht, wie auch *der Natur, die er (biologisch) ist*, nicht vergessen werden. [...] Nur wenn Sozialisation als Bildung des Subjekts radikal, also schon in den Wurzeln, als Produktion menschlicher Strukturen durch die vom Gesamtarbeiter geleistete praktische Dialektik innerer wie äußerer Natur aufgewiesen wird, läßt sich der Subjektbegriff materialistisch begründen."[18]

Um die praktische Dialektik mit der inneren Natur (des Kindes) begrifflich zu fassen und damit überhaupt erst denkbar zu machen, entwickelt Lorenzer seine Theorie der Interaktionsformen[19] in der Auseinandersetzung mit dem damaligen Stand der psychoanalytischen Forschung. Der Begriff der Interaktionsform ist dabei so entworfen, dass er die Funktionen des Triebbegriffs bei Freud einzunehmen vermag. Anders formuliert: Während in der Psychoanalyse der freudsche Triebbegriff als reine Naturkategorie gedacht wird, lässt er sich mit Hilfe Lorenzers als sozialisierte Natur dechiffrieren. Vor diesem Hintergrund lässt sich, so kann man mit Lorenzer sagen, Psychoanalyse nur angemessen als Sozialwissenschaft betreiben.[20]

Was ist mit einer Interaktionsform gemeint? Der organische Bedarf des Säuglings wird in der Interaktion mit der Mutter zu einem spezifisch ausgeprägtem Bedürfnis, das heißt die Mutter muss in der Lage sein, aus den zuerst noch undifferenzierten Äußerungen des Kindes zu „erraten", was für ein Bedarf gerade befriedigt werden muss. Mutter und Säugling einigen sich in der praktischen Interaktion auf eine Form der Befriedigung. Sie wird als Interaktionsform vom Säugling verinnerlicht und prägt seine Erwartung bezüglich der Form zukünftiger Befriedigungen,

---
[17] A. *Lorenzer* (s. Anm. 11), 7.
[18] A. a. O, 9f.
[19] Hierin ist sicherlich eine Rezeptionsschwierigkeit begründet, stellt Lorenzer doch „lediglich" Begriffe zur Verfügung, leistet selber aber praktisch keine materialen Analysen (J. Ph. Reemtsma: „Die Überlegungen Lorenzers haben mich einfach nicht interessiert." pers. Mitteilung).
[20] A. *Lorenzer* (s. Anm. 11), 13.

das heißt in der Interaktion wird erst ein spezifisches Bedürfnis ausgeprägt.[21] Die Interaktionsformen stellen eine undifferenzierte Matrix dar, die sich zum Beispiel auch noch nicht in Subjekt oder Objekt differenzieren lässt. Dabei ist die Mutter-Kind-Dyade als ein Gesamtorganismus anzusprechen, der sich als Subjekt aus zwei Organismen (Mutter und Säugling) zusammensetzt, das heißt hier wird der Subjektbegriff systematisch ausgeweitet. Die Einigungssituationen zwischen Mutter und Kind sind prekär, beruhen sie doch auf dem Einfühlungs- und Interpretationsvermögen der Mutter, das durch eigene Konflikte, Verdrängungen oder gesellschaftliche Rahmenbedingungen[22] mehr oder weniger partiell gestört sein kann. Die gefundenen Einigungen können dabei noch immer sehr destruktiv sein, denn der organische Bedarf des Säuglings stellt lediglich einen „point de resistance" dar, der das Minimum an Befriedigung definiert – solange dieses nicht unterschritten wird, kann die Interaktion sogar direkt von Gewalt getränkt sein.[23]

Da die Interaktionsformen stets konkret ablaufende Interaktionen steuern, ist das Erleben des Säuglings auf dieser Stufe noch an die ewige Präsenz des Augenblicks gebunden: Abweichungen von der Interaktionserwartung werden als Nicht-Identität erlebt, und hält sich diese in einem tolerierbaren Rahmen, fördert es das Einspielen neuer, der Situation angepasster Interaktionsformen. Auch die körperliche Reifung erfordert ein wiederholtes Anpassen der vormals gefundenen Einigungen (zum Beispiel vom gefüttert Werden hin zum Essen mit einem Löffel).

Ein qualitativer Sprung geschieht mit der Spracheinführung, die mit dem Erlernen von Prädikatoren für die eingespielten Interaktionsformen beginnt. Durch die senso-motorischen und akustischen Erinnerungsspuren des Prädikators („Mama") entsteht eine zweite neuronale Registrierung der Interaktionsrepräsentanz. Dabei ist zu beachten, dass solch ein Prädikator zunächst immer nur die gerade aktualisierte Gesamtsituation bezeichnet, das heißt „Mama" bezeichnet noch nicht eine Person, sondern ein szenisches Kontinuum, in dem Subjekt und Objekt noch nicht voneinander unterschieden sind (vielleicht etwas wie: Hunger, Schmerz, Lärm, Beruhigung, Wärme, Nuckeln). Erst durch die Doppelregistrierung, das heißt mittels Symbolisierung, können zwei Interaktionsformen miteinander verglichen und ein in beiden Verläufen konstanter Pol ausgemacht werden, der später mit „Ich" bezeichnet wird. Durch die Nutzung von Symbolen lassen sich nun Interaktionsformen vorstellen, das heißt, die Einbindung in die ewige Präsenz des Augenblicks lockert sich. Dabei werden die Praxisformen zugleich systematisiert, gibt es doch spezielle Ordnungen der sprachlichen Prädikatoren und syntaktische Regeln.

---

[21] Der Begriff des körperlichen oder organischen Bedarfs bezieht sich auf eine Abstraktion: Bedarf stellt sich immer konkret als Bedürfnis dar – dies wird in der Interaktion ausdifferenziert.

[22] Vielfältige Faktoren lassen sich heute vorstellen: allein erziehend, Hartz-IV, unsicherer Aufenthaltsstatus, ...

[23] vgl. *Alfred Lorenzer*, Zur Begründung einer materialistischen Sozialisationstheorie, Frankfurt a. M. 1972.

Lorenzers materialistische Begründung der Sozialisationstheorie macht also Ernst mit der „Dekonstruktion" des Subjektbegriffes, genauer: Er zeichnet die Genese des Subjektes in der Ontogenese nach. Er übernimmt dazu die Idee von Marx, „Natur" in ihrer sozialen Faktur durchsichtig zu machen, und zwar nicht nur äußere, sondern auch *innere* Natur. Sein Ansatz ist also zugleich eine Absage an Versuche, den Begriff der Entfremdung unvermittelt aus seinen polit-ökonomischen Zusammenhängen zu reißen und ohne eine Vermittlung mit dem Stand der „bürgerlichen" Wissenschaft, ohne die Kritik des psychoanalytischen Forschungsstandes, auf einen neuen Bereich anzuwenden.

Positivismusstreit und szenisches Verstehen

Lässt sich Lorenzers Sozialisationstheorie sowohl zeitlich als auch inhaltlich als „Frucht der 68er" interpretieren, so ist sein Erbe damit noch nicht ausgeschöpft. 1969 erscheint ein Sammelband mit Aufsätzen von Adorno, Popper, Dahrendorf, Habermas, Albert und Pilot: „Der Postivismusstreit in der deutschen Soziologie",[24] der die wahrscheinlich bis heute als unabgeschlossen zu bezeichnende Grundsatzdiskussion über die „Logik der Sozialwissenschaften" dokumentiert. Folgt man Lorenzer und betrachtet Psychoanalyse als Sozialwissenschaft, so lässt sich die Diskussion über den wissenschaftstheoretischen Status der Psychoanalyse in diesen Kontext einbetten.

Grob vereinfachend scheint die Diskussion in Teilen der Gegenüberstellung von Erklären und Verstehen zu entsprechen. Während Autoren wie Popper und Albert die Position vertreten, dass Soziologie sich als erklärende (Natur-) Wissenschaft zu geben habe, betonten Adorno und Habermas die unauflösbare Verflechtung von Soziologie und Gesellschaft, von Gegenstand und Forscher, die durch ein positivistisch-naturwissenschaftliches Vorgehen der Reflexion entzogen werde. Diese beiden Überlegungen, das Zusammenspiel von Erklären und Verstehen sowie der Zusammenhang von Forscher und Gegenstand spielen auch in Lorenzers Konzeption des „szenischen Verstehens" eine nicht unerhebliche Rolle, die knapp dargestellt werden soll.[25]

Mit dem Konzept des „szenischen Verstehens" versuchte Lorenzer – so meine These – einen „latent" ausgetragenen Positivismusstreit um die Sozialwissenschaft Psychoanalyse aus der unbefriedigenden Gegenüberstellung von Erklären und Verstehen herauszuführen. Zum Ziel setzte sich Lorenzer dabei die Überwindung der wissenschaftlichen Isolation der Psychoanalyse, die bis heute prägend geblieben ist und für deren interdisziplinäre Aufhebung zunächst ein gemeinsamer Bezugsrahmen von Nöten ist. Psychoanalyse könne sich daher nicht mit zirkulären Argumentationen begnügen, indem zum Beispiel „Verdrängung" mittels des Begriffes „un-

---

[24] *Theodor W. Adorno* et al., Der Positivismusstreit in der deutschen Soziologie, Darmstadt, Neuwied 1969.
[25] Die folgenden Ausführungen tragen aufgrund ihrer Kürze notwendigerweise den Charakter einer Skizze.

bewusst" erklärt, der Begriff „Verdrängung" aber ebenfalls zur Definition des Begriffes „unbewusst" herangezogen werde.[26] Solch ein in sich geschlossenes Begriffssystem mache einen interdisziplinären Austausch praktisch unmöglich. Stattdessen sei, so Lorenzer, eine dialektische „Aufhebung" (Hegel) der zentralen psychoanalytischen Konzepte benötigt, die offensichtlich über die rein psychoanalytische Theorie hinausgehen müsse, weshalb Lorenzer auch den Untertitel „Vorarbeiten für eine Metatheorie der Psychoanalyse" wählte.[27]

Zunächst sei festzustellen, dass das Setting der „klassischen" Psychoanalyse darauf ausgerichtet sei, die sprachlichen Mitteilungen des Patienten zu verstehen. Der Prozess beginne daher mit dem logischen Verstehen des Gesprochenen. Da dies ein recht alltäglicher Vorgang sei, müsse zunächst geklärt werden, woran das erfolgreiche Verstehen erkannt werden könne. Lorenzer nimmt dazu Bezug auf die Gestalt-Theorie: Ein erfolgreicher Verstehensschritt mache sich bemerkbar als ein Erlebnis von plötzlich einsetzender „Evidenz".

„Die fremdpsychischen Inhalte werden als Sinnzusammenhänge erfaßt. Die Erfassung geschieht im Analytiker als Erlebnis der Evidenz ‚logischen Verstehens'. Die erfaßte Wirklichkeit ist die Wirklichkeit der in der aktuellen Mitteilung präsentierten Symbole."[28]

Offensichtlich beruht diese Art des Verstehens auf einer Sprachgemeinschaft von Analysand und Analytiker, auf einer geteilten Sprache. Lorenzer betont, dass das logische Verstehen nicht basiere auf gemeinsamen Bedeutungen. Im ersten Schritt werde ein Satz verstanden, wobei allerdings die präzisen Bedeutungen eines jeden Wortes noch herauszufinden sind. Während die Sprache also geteilt werden kann, bleiben die Bedeutungen der Worte noch ein „privates" Phänomen:[29]

„Die Menschen verstehen einander nicht dadurch, dass sie sich Zeichen der Dinge wirklich hingeben, auch nicht dadurch, dass sie sich gegenseitig bestimmen, genau und vollständig denselben Begriff hervorzubringen, sondern dadurch, dass sie gegenseitig in einander dasselbe Glied der Kette ihrer sinnlichen Vorstellungen und inneren Begriffserzeugungen berühren, dieselbe Taste ihres geistigen Instruments anschlagen, worauf alsdann in jedem entsprechende, nicht aber dieselben Begriffe hervorspringen."[30]

Ein Beispiel kann diesen Sachverhalt illustrieren. Ein Patient sagt zu seiner Analytikerin: „Gestern hatte ich einen Streit mit meinem Chef!" Dieser Satz wird verstanden, obwohl die präzise Bedeutung des Wortes „Chef" (noch) nicht geteilt wird. Die Analytikerin setzt zunächst probehalber ihre eigenen Bedeutungen ein, um den Satz zu verstehen.[31] Der Begriff „Chef" werde verstanden, indem man sich an eige-

---

[26] *Alfred Lorenzer*, Sprachzerstörung und Rekonstruktion, Frankfurt a. M. 1970, 45. Lorenzers Kritik an der Konzeption Lochs, der Psychoanalyse als erklärend vorgehendes Verfahren darstellt, kann hier nicht im Einzelnen wiedergegeben werden, vgl. dazu a. a. O., 51-77.
[27] A. a. O., 13f.
[28] *A. Lorenzer* (s. Anm. 26), 89.
[29] A. a. O., 93.
[30] *Wilhelm von Humboldt*, Über die Verschiedenheit des menschlichen Sprachbaues und ihren Einfluß auf die geistige Entwicklung des Menschengeschlechts, in: *ders.*, Akademieausgabe (Bd. VII,i), 169f.
[31] *A. Lorenzer* (s. Anm. 26), 91.

ne Szenen und Erfahrungen mit dem (vielleicht auch nur ehemaligen) Chef erinnere. Dadurch werde jedoch das Ziel einer Analyse bereits definiert: Die Analytikerin muss die je individuellen Bedeutungen des Patienten herausfinden.

Verlässliches Verstehen von Fremdpsychischem könne nur erreicht werden mittels des logischen Verstehens. Dies könne sich jedoch zwangsläufig nur im Rahmen der geteilten Sprachgemeinschaft bewegen. Unbewusstes sei, per definitionem, aus dieser Sprachgemeinschaft ausgeschlossen, es liege jenseits der Grenzen der Sprache[32], und diese Grenze lasse sich mittels der klassischen Hermeneutik nicht ohne weiteres überwinden.

Dasselbe Argumentationsmuster überträgt Lorenzer nun auf Phänomene des emotionalen Nacherlebens und der Empathie. Auch sie beruhten auf einer Sprachgemeinschaft, hier allerdings in Form von Gesten. Zwar sei die gestische Kommunikation oftmals affektnäher als die diskursiv-sprachliche, doch auch hier lasse sich das Unbewusste als aus der Sprachgemeinschaft Ausgeschlossenes noch nicht einholen.

„Der Patient macht uns die verbale Mitteilung „ich bin traurig". Noch haben wir nicht die Sicherheit, daß er wirklich traurig ist. Wir hören dazu aber einen Laut, den wir als ein unterdrücktes Schluchzen, möglicherweise aber auch als ein unterdrücktes Lachen verstehen können. Wir sehen, daß er Tränen abwischt, und nehmen bei einer Wendung des Kopfes vielleicht sogar einen Gesichtsausdruck wahr, den wir im Zusammenhang mit allen anderen Wahrnehmungen uns nicht anders deuten können denn als traurigen. Wir sind sicher, daß der Patient traurig ist – oder aber überzeugende schauspielerische Fähigkeiten besitzt."[33]

Mehrere Aspekte des Nacherlebens, der Empathie im klinischen Alltag können an dieser kleinen Szene verdeutlicht werden: der emotionale Zustand des Patienten teilt sich über Gesten mit. Ihre spezifische Bedeutung bleibt ebenso unverbürgt wie im Fall des logischen Verstehens von verbalen Äußerungen. Die Frage der Faktizität ist dabei (zunächst) suspendiert. Die erste Ahnung einer spezifischen Bedeutung beruht auf ihrer Verwurzelung in einer „dramatischen Handlung".[34]

In einer einzelnen Sitzung findet sich das Evidenzerlebnis auch in Bezug auf empathisches Verstehen und Nacherleben – und das heißt in Bezug auf Gesten. Man versteht Gesten in ihrem Ausdrucksgehalt, ohne zu wissen, ob sie den „tatsächlichen" emotionalen Zustand des Patienten ausdrücken. Die Schauspielkunst beruhe auf dieser Differenz: Ein Schauspieler kann mittels Gesten Emotionen kommunizieren, ohne sie notwendigerweise als die eigenen Emotionen zu erleben. Trotzdem könne die „Tiefe" der dargestellten Emotionen das Publikum bewegen.[35] Diese Ausführungen zur Rolle von Gesten verknüpft Lorenzer mit Gedanken von George Herbert Mead.[36] Obwohl Meads Theorie in mehrerer Hinsicht zu kritisieren

---

[32] A. a. O., 100.
[33] Ebd.
[34] A. a. O., 101.
[35] A. a. O., 102.
[36] *Georg Herbert Mead*, Mind, Self and Society. From the Standpoint of a Social-Behaviorist. London, Phoenix 1967; dt.: Geist, Identität und Gesellschaft aus der Sicht des Sozialbehaviorismus, Frankfurt a. M. 1968.

sei, nutzt er folgenden Gedanken zur Unterstützung seiner These: Selbst im Fall von Gesten (und damit dem Nacherleben beziehungsweise der Empathie) bewege man sich mit dem emotionalen Verstehen innerhalb der Grenzen des „Verstandenwerdens", innerhalb der Grenzen gelingender Kommunikation. Auch Empathie ermögliche also kein Verstehen von unbewussten Inhalten, die sich ja gerade darüber definieren ließen, dass sie das aus der Kommunikation exkommunizierte seien. Mit anderen Worten: Auch hier begegne man demselben Problem wie im Bereich des logischen Verstehens:

> „Auch beim Nacherleben finden wir eine Disjunktion der Frage nach dem Sinn von der Frage nach der Tatsachenwahrheit. Ähnlich der (formalen) Übereinstimmung im Satz, läuft hier die Verständigung über Handlungsschablonen; das Evidenzgefühl wurzelt in Antizipationen. Die Bedeutung der Einzelgesten bleibt unverbürgt. Auch Nacherleben vermag die Grenzen zum Unbewußten nicht zu überschreiten."[37]

Da der Analytiker die je individuellen Bedeutungen des Patienten herausfinden muss, muss er die spezifischen Bedeutungen aus dem Gesamt-Sinnzusammenhang der Sprache des Patienten versuchen zu „erschließen".[38] Die Sprache eines Individuums ist als Artikulation und Niederschlag seiner Erfahrung zu betrachten. Während einer Sitzung hört der Analytiker mit einer „freischwebenden Aufmerksamkeit" den verbalen Kommunikationen des Patienten zu und versucht dadurch die Gestalt, die sich durch diese Kommunikationen hindurch darstellt, zu erfassen und zu benennen. Er folgt dafür nicht jedem einzelnen Satz, sondern achtet auf eine identische Gestaltbildung in unterschiedlichen verbalen Kommunikationen. Dadurch findet sich der Analytiker Schritt für Schritt in das sprachliche Symbolsystem des Patienten und dessen Individualität hinein. Allmählich erschließen sich ihm die einzelnen, spezifischen Bedeutungen. Dieses als hermeneutischer Zirkel anzusprechende Vorgehen[39] – das Erschließen von einzelnen Bedeutungen aus dem Gesamtzusammenhang – wird in der Psychoanalyse jedoch erweitert um die so genannte Arbeit in der Übertragung.

Übertragung als das unbewusste Jenseits der Hermeneutik

Was kann man sich unter dem „Erschließen der individuellen Bedeutungen aus dem Gesamtzusammenhang" vorstellen? Zusammenfassend stellt Lorenzer fest, dass aufgrund des „wesentlichen Zusammenhanges" eines Satzes mit einem Sachverhalt[40] der intersubjektive Charakter von Sätzen zugleich eine Intersubjektivität von „Welterfahrungen" darstelle.[41]

> „Wenn wir auf dem Wege über die »Sätze« schon verständigt sind über die logische Struktur der Welt, so gewinnt mit jedem Satz die Verständigung über die Bedeutungen an Boden. Mit jedem Schritt weiter kreist sich Bedeutung mehr und mehr ein, und es eröffnet sich so ein

---

[37] *A. Lorenzer* (s. Anm. 26), 105.
[38] A. a. O., 92.
[39] A. a. O., 95.
[40] *Ludwig Wittgenstein*, Tractatus Logico-philosophicus, London 1921, 4.03.
[41] *A. Lorenzer* (s. Anm. 26), 98.

Weg zum Aufbau eines festen Systems von Symbolen, die das jeweils Besondere dieses Patienten mit den Mitteln allgemeiner Begriffe zu bestimmen vermögen – und schließlich scheint (wie ein Streifen Landes am Horizont des Seefahrers) sich eine wiewohl langwierige, so doch mögliche Einbeziehung auch der Faktizität dieses Patienten anzudeuten, wie die eben genannte Wittgensteinsche Feststellung verbürgen will."[42]

Was bei Wittgenstein als Intersubjektivität von Welterfahrung benannt wird, lässt sich mit Lorenzers Begriff der Interaktionsform (siehe oben) einholen. Verdrängung bezeichnet nach Lorenzer die Auftrennung von Interaktionsform und Symbol – mit Begriffen des späten Wittgenstein ausgedrückt: Verdrängung kann als Aufspaltung eines Sprachspiels interpretiert werden. Dadurch fällt die Repräsentanz der Interaktionsform zurück in einen Reiz-Reaktionszirkel. Durch einen Auslösereiz „getriggert" läuft die unbewusste Interaktionsform quasi zwangsläufig hinter dem Rücken des Subjekts ab. Gerade die Asymmetrie der therapeutischen Situation (der Analysand sucht Hilfe, der Analytiker hält sich zurück mit Aussagen zu seiner eigenen Lebenssituation) wirkt auf diese unbewussten Repräsentanzen wie ein Auslösereiz. Da die Interaktionsform aber im Rahmen des Settings nicht, beziehungsweise nur erschwert ausagiert werden kann, bildet sie sich in den „freien" Assoziationen des Patienten ab. Es sei daran erinnert, dass die Interaktionsrepräsentanzen szenischen Charakters sind, das heißt Aufgabe des Therapeuten ist es zunächst, einen roten Faden in den Einfällen und präsentierten Szenen des Patienten aufzuspüren und die situative Gestalt, die die Einfälle miteinander teilen, zu benennen.[43] Gelingt dies, so kann der Patient neue Einfälle beisteuern, die die Situation lebensgeschichtlich einordnen helfen. Auch auf der Ebene des szenischen Verstehens, dem Aufspüren der situativen Struktur, ereignet sich dabei ein Evidenzerlebnis: Doch auch bei diesem Schritt ist der Analytiker darauf angewiesen, zunächst seine eigenen szenischen Strukturen probehalber einzusetzen, bis er im Verlauf der Therapie dazu in der Lage ist, die Szenen aus seinem Wissen um die Biographie des Patienten zusammenzusetzen.

Aus diesen Ausführungen wird ersichtlich, dass sich das szenische Verstehen nicht umstandslos in die Dichotomie von Erklären und Verstehen einordnen lässt, sondern vielmehr eine eigenständige Epistemologie darstellt, die allerdings eine große Nähe zur Hermeneutik hat. In Bezug auf den Positivismusstreit erläutert Lorenzer, so meine These, die eigentümliche Verflechtung von Erkenntnis-Subjekt und -Objekt: Ähnlich wie in der frühen Sozialisation Mutter und Kind eine Dyade bilden, das heißt das „Subjekt" aus zwei Organismen besteht, muss sich in der The-

---

[42] A. a. O., 99.

[43] Da die Interaktionsformen ein Amalgam aus Bedürfnis, Affekt und einsozialisierten Verhaltensweisen darstellen, überrascht es nicht, dass beim Gegenüber spezifische Körperempfindungen, Affekte oder Phantasien evoziert werden, und der Praxisanteil der Interaktionsform in der therapeutischen Beziehung auftaucht. In diesem Fall spricht man von „Übertragung". Gelingt es, diese Reaktionen auf den Patienten für das szenische Verstehen zu nutzen und sie als weiteres Material des Patienten zu interpretieren, bewegt man sich im bereich der sogen. „Gegenübertragungsanalyse".

rapie zunächst die verdrängte Interaktionsform in der therapeutischen Dyade realisieren. Die „Aufhebung" (Hegel) dieser Beziehungsfigur gelingt durch die Aufarbeitung der Bedeutungsdifferenzen, das heißt der jeweils probeweise eingesetzten Bedeutungen seitens des Analytikers: Erkenntnis von Unbewusstem entsteht also nicht aus der Gegenüberstellung von Subjekt und Objekt wie es eine „positivistische Soziologie" betreibt, sondern aus der Verwicklung in, der Identifikation mit sowie einer Benennung der aktuellen Interaktion. Da „szenisches Verstehen" kein ubiquitär psychoanalytisches Phänomen ist, sondern vielmehr die begriffliche Entfaltung dessen darstellt, was im Alltag oftmals als Intuition bezeichnet wird, ist es auch vorstellbar, dass diese Prozesse in nicht-psychoanalytischen Therapieformen auftauchen und „unerkannt" zur Anwendung gelangen.[44]

2. Eine vergessene Ernte?

Sowohl zeitlich als auch inhaltlich – in Form der begrifflichen Vermittlung von historischem Materialismus und Psychoanalyse – scheint Lorenzers Ansatz also tatsächlich eine „Frucht der 68er" zu sein. Die Verbindung von Psychoanalyse und historischem Materialismus, einem zentralen Anliegen im ideengeschichtlichen Umfeld von „1968", war das zentrale Movens für Lorenzer, sowohl in Hinsicht auf seine Sozialisationstheorie wie auch in Hinsicht auf seine erkenntnistheoretischen Überlegungen. Seine Überlegungen zum szenischen Verstehen lassen sich als impliziten Beitrag zum Positivismusstreit in der deutschen Soziologie fruchtbar machen. Doch handelt es sich tatsächlich um eine vergessene Ernte?

Lorenzers Werk entbehrt weitgehend eines konkreten klinischen Bezuges und macht zum Beispiel keinerlei Aussagen über die spezifische Psychodynamik bestimmter Patientengruppen oder Symptomatiken. Da sein Ansatz als Metatheorie konzipiert ist, stellen die klinisch Arbeitenden nicht Lorenzers Zielgruppe dar, sodass es wenig erstaunt, dass sein Ansatz innerhalb der Psychoanalyse bis heute kaum rezipiert wird[45] – die Weinflasche liegt also noch vergessen im Keller – und wer möchte seinen Gästen schon einen Tropfen „Meta-Theorie" zumuten?

Mitte der 1980er Jahre entbrennt eine internationale Fachdiskussion um den wissenschaftstheoretischen Status der Psychoanalyse, ausgelöst durch die Veröf-

---

[44] Eine Gegenüberstellung mit anderen Verfahren, zum Beispiel der kognitiven Verhaltenstherapie, kann hier leider nicht geleistet werde.

[45] Nitzschke widmet sich zwar der Freud-Marx-Kontroverse, legt jedoch den Schwerpunkt auf die historische Aufarbeitung und stellt Positionen aus der DDR und UdSSR vor (*Bernd Nitzschke*, Marxismus und Psychoanalyse. Aspekte der Freud-Marx Debatte, in: Luzifer-Amor - Zeitschrift zur Geschichte der Psychoanalyse, (Bd. 2, Heft 3) 1989, 108-138; online unter http://www.werkblatt.at/nitzschke/text/marx.htm 14.09.2007). Da er die „kritische Theorie des Subjekts" inhaltlich nicht weiter vorstellt, zieht er den überraschenden Schluss, dass Freud und Marx sich nach wie vor fremd geblieben seien.

fentlichungen Adolf Grünbaums.[46] Dies wäre Ort und Anlass gewesen, Lorenzers Beitrag zu dieser Frage zu diskutieren, doch ließ die internationale Verbreitung seines Ansatzes sehr zu wünschen übrig: „Sprachzerstörung und Rekonstruktion" (Lorenzer 1970b), das für diese Diskussion wohl wichtigste Werk, liegt bis heute nicht in englischer Übersetzung vor.[47] Lorenzers Ansatz floss daher praktisch „undercover" in die Diskussion ein, und zwar versehen mit dem Label „Habermas: Erkenntnis und Interesse". Lorenzer und Habermas hatten Ende der 1960er Jahre engen Kontakt zueinander und standen im fachlichen Austausch miteinander:

> „In dieser Konzeption nimmt, als ein Beispiel, die Psychoanalyse einen wichtigen Platz ein. Es scheint mir geboten, zu erklären, daß sich meine Kenntnis auf das Studium der Schriften Freuds beschränkt; auf die praktischen Erfahrungen einer Analyse kann ich mich nicht stützen. Gelernt habe ich indessen viel aus den Mittwochs-Diskussionen der Mitarbeiter des Sigmund-Freud-Instituts, die unter Leitung von Alexander Mitscherlich stattgefunden haben. Zu Dank bin ich Alfred Lorenzer verpflichtet, der mir Einblick in das Manuskript seiner Untersuchung über die methodologische Rolle des Verstehens in der Psychoanalyse, die vor dem Abschluß steht, gewährt hat. Ihr verdanke ich mehr Anregungen, als ich durch Hinweise deutlich machen konnte. J. H., Frankfurt, im April 1968"[48]

Leider veränderte die „Umetikettierung" auch den Wein selber – vermutlich muss man also eher von einer Umfüllung ausgehen, bei der etwas schief ging.[49] So blieb zum Beispiel die methodische Entscheidung Lorenzers, von der psychoanalytischen Praxis auszugehen, unbeachtet. Grünbaum blendete die therapeutische Praxis praktisch aus und setzte bei Freuds Aussagen zur Theorie und kausalen Verursachung von neurotischen Symptomen an, das heißt er begann mit seiner Untersuchung am „idealistischen" Überbau und nicht handlungstheoretisch (Was machen Patient und Analytiker in der Therapie?) an der Basis der Praxis.

Doch wurde Lorenzer auch rezipiert und inspirierte zu neuen Arbeiten. In den 1980er Jahren widmete sich Lorenzer verstärkt der so genannten „angewandten Psychoanalyse", das heißt Versuchen, das psychoanalytische Verstehen an kulturellen Produkten aus der darstellenden Kunst, Literatur, Architektur oder an rituellen Handlungen zu erproben. Aufbauend auf seiner wissenschaftstheoretischen Fundierung des psychoanalytischen Verstehens war es ihm möglich, klar zu benennen, was denn genau angewendet wird in der so genannten „angewandten Psychoanalyse". Seine Methodik der Tiefenhermeneutik[50] diente vor allem dazu, dem psy-

---

[46] *Adolf Grünbaum*, Die Grundlagen der Psychoanalyse. Eine philosophische Kritik, Stuttgart 1988; *ders.*, Psychoanalyse in wissenschaftstheoretischer Sicht. Zum Werk Sigmund Freuds und seiner Rezeption, Konstanz 1987.

[47] Dafür jedoch in drei anderen Sprachen: Italienisch, Spanisch und Japanisch; die Sozialisationstheorie außerdem noch in Dänisch und Serbo-Kroatisch.

[48] *J. Habermas* (s. Anm. 10), 10.

[49] Lorenzer hat später zu Habermas und dessen Psychoanalyse-Verständnis explizit Stellung genommen (vgl. *Alfred Lorenzer*, Die Wahrheit der psychoanalytischen Erkenntnis. Ein historisch-materialistischer Entwurf, Frankfurt a. M. 1974, 61-80).

[50] *Alfred Lorenzer*, Das Konzil der Buchhalter. Die Zerstörung der Sinnlichkeit. Eine Religionskritik, Frankfurt a. M. 1981; *Hans-Dieter König* et al. (Hgg.), Kultur-Analysen, Frankfurt

choanalytischem Biographismus zu entgehen, dem Kunstwerke unter der Hand immer wieder zu rein individuell-persönlichen Äußerungen des Unbewussten des/der KünstlerIn gerieten. Einige der in Lorenzers Umfeld entstandenen Studien erwiesen sich als politisch brisant, so zum Beispiel die Studie *Hans-Dieter Königs* „Von Buffalo Bill zu Ronald Reagan. Zur Geschichte und Massenpsychologie amerikanischer Cowboy-Inszenierungen." – eine Analyse des von Reagan im Wahlkampf instrumentalisierten Cowboy-Mythos.[51]

Auch in klinischer Perspektive gab es Entwicklungen, die auf Lorenzer aufbauten, zum Beispiel Überlegungen zur typischen Sozialisation von psychosomatisch Erkrankten.[52] Dietmut Niedecken widmete sich der Arbeit mit „geistig behinderten" Menschen und konnte mit Lorenzers Begrifflichkeit herausarbeiten, inwiefern eine angeborene „geistige Behinderung" als Naturkategorie verschleiert, dass kollektiv unbewusste Prozesse (Erdheim) maßgeblich in die Herstellung einer „geistigen Behinderung" eingreifen.[53]

3. Abschluss

Lorenzers Werk lässt sich als „Frucht der 68er" einordnen, und auch wenn sich heute nur wenige Autoren noch in dieser Ecke des „Weinkellers der Theorien" auskennen und etwas mit Lorenzers Überlegungen und Begriffen anfangen können, wäre es unangemessen, von einer „vergessenen Ernte" zu sprechen. Trotz mangelnder Übersetzung ins Englische und rein theoretischer Fragestellungen hat Lorenzers Werk seine Leserschaft gefunden. Doch kann man sein Werk der analytischen Sozialpsychologie zurechnen? Die einzige materiale Analyse, die er vorgelegt hat, ist die Kritik an der Liturgie-Reform der katholischen Kirche im Rahmen des 2. Vatikanischen Konzils.[54] Da seine Begriffe und Theorien jedoch methodisch grundlegend sind für eine analytische Sozialpsychologie, wird man ihm kein Unrecht tun, ihn dieser Forschungsrichtung zuzuordnen.

Und wie steht es um diese Disziplin heute? Erschöpft sie sich in der Rationalisierung eines grundlegenden Problems des historischen Materialismus (s. o. J. Ph. Reemstma)? Vergegenwärtigt man sich das Grundproblem jeder Tiefenpsychologie, so ist zumindest eine Aufgabe der analytischen Sozialpsychologie klar zu benennen: Werden Symptome und psychische Probleme auf Kindheitserlebnisse zurückgeführt, so muss erkennbar sein, wo diese neurotische / psychotische Störung „ist", bis sie bemerkt wird, „ausbricht" oder Leidensdruck entstehen lässt. Um diesen Um-

---

a. M. 1986, *Jürgen Belgrad* et al. (Hgg.), Zur Idee einer psychoanalytischen Sozialforschung. Dimensionen szenischen Verstehens, Frankfurt a. M. 1987

[51] In: *Hans-Dieter König* et al. (Hgg.), Kultur-Analysen, Frankfurt a. M. 1986, 289-345.

[52] *S. Zepf* (s. Anm. 13).

[53] *Dietmut Niedecken*, Namenlos. Geistig Behinderte verstehen, Weinheim 2003⁴; *Dietmut Niedecken* et al., Psychoanalytische Reflexion in der pädagogischen Praxis. Innere und äußere Integration von Menschen mit Behinderung, Weinheim 2003.

[54] *A. Lorenzer* (s. Anm. 50).

stand zu klären, ist die analytische Sozialpsychologie nach wie vor unabkömmlich.[55]

Die Arbeiten von Niedecken haben zudem gezeigt, dass im Fall von kollektiv gespeisten Phantasmen, die auch durch diagnostische Begriffe institutionell abgesichert werden, zunächst diese kollektiv unbewussten Anteile als solche erkannt werden müssen, bevor das individuell unbewusste Material zugänglich wird. Damit wird Reemtsmas Hoffnung, durch persönliche Analysen dem „primärprozesshaften Agieren der sozialen Identität" entgegenzuwirken, als ein aus der Theorie entsprungener Wunsch deutlich – die klinische Erfahrung verweist dagegen auf die Vorgängigkeit kollektiver Prozesse.

---

[55] vgl. hierzu zum Beispiel die Arbeiten von *Johannes Cremerius*, Die psychoanalytische Behandlung der Reichen und Mächtigen, in: ders. et al. (Hgg.): Über-Ich und soziale Schicht, München 1978, 11-54 (auch: *ders.*, Arbeitsberichte aus der psychoanalytischen Praxis, Tübingen 1998).

Keine richtige Revolution in der falschen
„1968" als Avantgarde der Konsumgesellschaft[*]

Stephan Malinowski, Alexander Sedlmaier

1848 kündigte ein Text, der noch von sich Reden machen sollte, eine Revolution an: „Alle festen, eingerosteten Verhältnisse mit ihrem Gefolge von altehrwürdigen Vorstellungen und Anschauungen werden aufgelöst, alle neugebildeten veralten, ehe sie verknöchern können. Alles [...] Stehende verdampft, alles Heilige wird entweiht, und die Menschen sind endlich gezwungen, ihre Lebensstellung, ihre gegenseitigen Beziehungen mit nüchternen Augen anzusehen. Das Bedürfnis nach einem stets ausgedehnteren Absatz für ihre Produkte jagt die Bourgeoisie über die ganze Erdkugel."[1] Marx und Engels charakterisieren hier einen bis in die Gegenwart ungebrochenen sozio-kulturellen Transformationsprozess: die fortwährende Revolutionierung gesellschaftlicher Verhältnisse durch die keinen Lebensbereich schonende Ausbreitung kapitalistischer Marktlogik und Kommerzialisierung.

Dieser Revolutionsbegriff ist zur Deutung der Protestkultur der späten sechziger Jahre in der Forschung bislang kaum verwendet worden, da der Fokus auf den revolutionären Intentionen der politischen Aktivisten lag. Die Frage, wie in der Ökonomie des Wohlstands der sechziger Jahre, deren Grundlogik weniger in der Deckung als in der Weckung von Bedürfnissen lag, Konsumhindernisse – gegeben durch traditionelle Bindungen an Autoritäten – wie reaktionärer Plunder entsorgt wurden, stand bislang nicht gerade im Zentrum der Forschung.

Der folgende Beitrag deutet „1968" nicht als gescheiterte antikapitalistische Revolte, sondern als eine vornehmlich von Teilen bürgerlicher Eliten in Westeuropa und den USA getragene Kulturrevolution, die sich stimmig in die längerfristigen Wandlungsprozesse des postindustriellen Kapitalismus einordnen lässt. Zu abstrahieren ist dabei von den Intentionen und insbesondere vom rhetorischen Feuerwerk der Akteure. Die zur Hervorbringung der bislang modernsten Variante der Konsumgesellschaft notwendigen Umstrukturierungen der Produktions- und Konsumtionssphäre sind Ende der sechziger Jahre nicht behindert, sondern tendenziell kata-

---

[*] Dieser Beitrag ist eine leicht gekürzte Version des Artikels „ ,1968' als Katalysator der Konsumgesellschaft: Performative Regelverstöße, kommerzielle Adaptionen und ihre gegenseitige Durchdringung" in: Geschichte und Gesellschaft, 32 (2006), 238-267, und wird mit freundlicher Genehmigung des V+R Verlags Vandenhoeck & Ruprecht GmbH & Co. KG, Göttingen, abgedruckt.
[1] *Karl Marx, Friedrich Engels*, Manifest der Kommunistischen Partei, in: *dies.*, Gesamtausgabe, Erste Abteilung, Bd. 6, Glashütten 1970, 529.

lysiert worden.² Die 68er haben erheblich dazu beigetragen, konservative Konsumhindernisse zu brechen, neue Märkte zu erschließen und einen neuen Konsumententypus zu erschaffen. Im Folgenden wird diese Leitthese ausgeführt. Bereits vorhandene, jedoch weit verstreute und in der Forschung bislang eher marginal aufgegriffene Anregungen werden gebündelt und für die Debatte zugespitzt.

*

Ältere, im Affekt strenger geratene Urteile über den Aufruhr revidierend, hat Jürgen Habermas von einer „Fundamentalliberalisierung" gesprochen,³ die von 1968 ausgegangen sei. Diese erbauliche Deutung ist trotz manchen Widerstands von konservativer Seite[4] unterdessen in der Literatur weit verbreitet.[5] Das Spektrum der affirmativen Stimmen reicht von Wolfgang Kraushaar, dem emphatischen Chronisten der „Protestbewegung", über Richard von Weizsäcker und Gerd Langguth, der Rudi Dutschke im Geiste der Konrad Adenauer-Stiftung bekämpft, jedoch zähneknirschend einen Modernisierungsschub konstatiert,[6] bis zur BILD-Zeitung, die ihren einst schärfsten Feinden zum 30-jährigen Jubiläum im Sommer 1998 ein Son-

---

[2] Die Freigabe aller Dinge – Interview mit Peter Sloterdijk, in: Focus, (31) 2005, 51-54. Sloterdijk formuliert: „Ohne es zu ahnen, waren wir, die westdeutschen Früh-Hedonisten, die Labormäuse des totalen Konsumismus."

[3] Interview mit Jürgen Habermas in: Frankfurter Rundschau (11. März 1988); *ders.* Protestbewegung und Hochschulreform, Frankfurt a. M. 1969. Habermas' viel zitierte Formulierung vom „linken Faschismus" war am 09. Juni 1967 im Eifer einer Debatte am Rande der Ohnesorg-Beerdigung gefallen. Vgl. dazu die Redebeiträge *R. Dutschke/J. Habermas* auf dem Kongress „Hochschule und Demokratie" in Hannover, in: Karl A. Otto (Hg.), APO. Außerpalamentarische Revolution in Quellen und Dokumenten (1960-1970), Köln 1989, 243-246, sowie den Brief von Jürgen Habermas (13. Mai 1968) zu dieser Formulierung, a. a. O., 249-250.

[4] Für diese Interpretation charakteristisch und leitend: *Hermann Lübbe*, Endstation Terror. Rückblick auf lange Märsche, Stuttgart 1978; *ders.*, Der Mythos der ‚kritischen Generation'. Ein Rückblick, in: Aus Politik und Zeitgeschichte, (20) 1988, 17-25. Vgl. *Helmut Schelsky*, Systemüberwindung, Demokratisierung und Gewaltenteilung. Grundsatzkonflikte der Bundesrepublik, München 1973.

[5] Vgl. dazu *Axel Schildt*, Vor der Revolte. Die 60er Jahre, in: Aus Politik und Zeitgeschichte, (B 22-23) 2001, 7-13. Mit deutlichen Abstrichen: *Heinrich August Winkler*, Der lange Weg nach Westen, Bd. 2: Deutsche Geschichte vom „Dritten Reich" bis zur Wiedervereinigung, München 2000, 252f und *Manfred Görtemaker*, Geschichte der Bundesrepublik Deutschland. Von der Gründung bis zur Gegenwart, München 1999, 475-525. Übersicht zur deutschen Debatte bei: *Edgar Wolfrum*, ‚1968' in der gegenwärtigen deutschen Geschichtspolitik, in: Aus Politik und Zeitgeschichte, (B 22-23) 2001, 28-36; *Heinz Bude*, Das Altern einer Generation. Die Jahrgänge 1939 bis 1945, Frankfurt a. M. 1995, 18-22. Typische Formulierung neueren Datums bei *Cordt Schnibben*, Der röhrende Hirsch, in: Der Spiegel, (24) 2005, 64-68.

[6] *Gerd Langguth*, Mythos 68. Ursachen und Folgen der Studentenbewegung – die Gewaltphilosophie Rudi Dutschkes, München 2001, 207-210; *ders.*, Protestbewegung. Entwicklung, Niedergang, Renaissance. Die Neue Linke seit 1968, Köln 1984. Weizsäcker zit. in *H. Bude*, a. a. O., 21.

derheft mit dem Titel „Die 68er-Generation: Zwischen Cola und Corega Tabs" widmete. In einer Mischung aus Spott und Anerkennung wurde den Porträtierten hier attestiert, „im guten Sinne Bürgertum und Elite zugleich" geworden zu sein.[7]

Inhaltlich weitgehend konsensfähig und auf den ersten bis zweiten Blick überaus plausibel erscheint die Behauptung, es habe sich 1968 um eine antikapitalistische Revolte gehandelt. Einige der ehemaligen Akteure meinen gar, die „von der Jugend" getragene „erste Weltrevolution gegen den Kapitalismus" zu Protokoll geben zu können.[8] Die Begriffe Revolte und Revolution werden zumeist verwandt, um das tatsächlich systembedrohende Potential zu unterstreichen, das 1968 innewohnte.

[...]

In einer Darstellung, die in Titel, Ansatz und Inhalt weit hinter sozialgeschichtliche Standards zurückfällt – „1968. Das Jahr, das alles verändert hat" – heißt es bei Wolfgang Kraushaar, wohl in Anlehnung an Ranke, gegen die Dominanz der Bilderwelten und Klischees helfe „nur eines: Zu den Ereignissen selbst zurückzugehen und sie ebenso schnörkel- wie schonungslos darzustellen."[9] Weiterführender dürften Versuche sein, die Ereignisse theoretisch und empirisch in die großen Gesamtbewegungen der zweiten Hälfte des 20. Jahrhunderts einzuordnen. Dort, wo dies ansatzweise geschieht, betonen die Autoren zumeist die Opposition der Protestbewegung zur allgemeinen gesellschaftlichen Entwicklung. Ingrid Gilcher-Holtey spricht von einem „Programm, das säkulare Tendenzen des Rationalisierungsprozesses westlicher Gesellschaften in Frage stellte und die moderne Lebensführung [...] problematisierte."[10] Wolfgang Kraushaar bezeichnet die 68er im Zuge der von Ronald Inglehart angestoßenen Wertewandeldiskussion sogar als „Wertelite anderen Typs", die für die Vermittlung „nichtmaterialistischer Werte" stehe.[11] Einmal davon abgesehen, dass bei Gilcher-Holtey und Kraushaar die ostentative Programmatik der 68er im Mittelpunkt der Analyse zu stehen scheint, lässt sich auch dieser Befund mit guten Argumenten anfechten.

In den letzten Jahren hat sich immer stärker durchgesetzt, die 68er als halb- bis unfreiwillige Agenten der *westernization* zu betrachten, welche die Heranführung der bundesrepublikanischen Gesellschaft an westliche Lebensformen um bedeu-

---

[7] *Bild* (Hg.), Die 68er-Generation: Zwischen Cola und Corega Tabs, Hamburg 1998. Zitiert nach: *Wolfgang Kraushaar*, 1968 als Mythos, Chiffre und Zäsur, Hamburg 2000, 48.

[8] *Horst Mahler* et al., Kanonische Erklärung zur Bewegung von 1968, in: Texte zur Zeit, online: http://www.deutsches-kolleg.org/oberlercher/texte-zur-zeit/1990-1999/kanonische_erklaeung.html (6.11.2005). *W. Kraushaar* spricht von der „ersten globalen Revolution", in: *ders.* (s. Anm. 7), 19-52.

[9] *Wolfgang Kraushaar*, 1968. Das Jahr, das alles verändert hat, München/Zürich 1998. Kraushaars Darstellung kehrt hier in der Tat „schonungslos" zu einer schieren Darstellung von Ereignissen und Selbstwahrnehmungen zurück.

[10] *Ingrid Gilcher-Holtey*, Mai 68 in Frankreich, in: *dies.*, 1968. Vom Ereignis zum Gegenstand der Geschichtswissenschaft, Göttingen 1998, 34.

[11] *W. Kraushaar* (s. Anm. 7), 247; vgl. *Ronald Inglehart*, The Silent Revolution: changing values and political styles among Western publics, Princeton 1977; *ders.*, Culture Shift in Advanced Industrial Society, Princeton 1990.

tende Schritte vorangebracht hätten.[12] Die Forschung hat unterdessen begonnen, „1968" in die „Kulturrevolution" der „langen sechziger Jahre" einzuordnen.[13] Diese Erweiterung der Perspektive auf den Wandel in Werten, Kulturen und Lebensformen liegt ganz im Sinn des vorliegenden Beitrags.

Axel Schildt hat über die Summe von 1968 formuliert: „Hauptsächlich ging es [...] um die Durchsetzung von Emanzipationsansprüchen, einer umfassenden Demokratisierung und eines als jugendlich und modern empfundenen Lebensstils [...]. Die Protestbewegung fungierte retrospektiv als treibender und übertreibender Teil einer dynamischen Modernisierung der westdeutschen Gesellschaft und ihrer politischen Kultur, die in breitem Ausmaß um 1960 begann."[14] Bei Eric Hobsbawm wird derselbe Gedanke über 1968 als „Lebensstilrevolution"[15] erheblich schärfer formuliert. Der britische Historiker deutet 1968 als Kulturrevolution „im Namen der unbegrenzten Autonomie der individuellen Sehnsüchte" der Oberklassenjugend: „Paradoxerweise bauten die Rebellen gegen Konvention und Restriktion auf denselben Prämissen auf, auf denen die Massenkonsumgesellschaft beruht; zumindest teilten sie die psychologischen Motive, die den Anbietern von Konsumartikeln und Dienstleistungen die besten Verkaufschancen garantierten. Stillschweigend ging man davon aus, daß die Welt aus Milliarden von Menschen bestehe, die sich über ihren Drang nach der Erfüllung individueller Wünsche definierten, wozu auch solche Wünsche gehörten, die bislang verboten oder mißbilligt wurden (...).""[16]

Die Urteile von Schildt und Hobsbawm verweisen auf profunde Verhaltensänderungen in einer tief greifend umgepflügten Welt. Sie deuten auf den Zusammenhang zwischen der Freisetzung persönlicher Wünsche, der Kommerzialisierung dieser Wünsche und der Durchsetzung der Kultur- und Verhaltensmuster der Konsumgesellschaft. Letztere bestehen in erster Linie in einer drastischen Ausweitung

---

[12] Vgl. dazu vor allem *Anselm Doering-Manteuffel*, Wie westlich sind die Deutschen? Amerikanisierung und Westernisierung im 20. Jahrhundert, Göttingen 1999; *Philipp Gassert*, Die Bundesrepublik, Europa und der Westen. Zu Verwestlichung, Demokratisierung und einigen komparatistischen Defiziten der zeithistorischen Forschung, in: Jörg Baberowski et al. (Hgg.), Geschichte ist immer Gegenwart. Vier Thesen zur Zeitgeschichte, Stuttgart/München 2001, 67-89; *John Dean/Jean-Paul Gabilliet* (Hgg.), European Readings of American Popular Culture, Westport 1996.

[13] Meilensteine in dieser Hinsicht: *Axel Schildt* et al. (Hgg.), Dynamische Zeiten, Hamburg 2000; *Arthur Marwick*, The Sixties: Cultural Revolution in Britain, France, Italy, and the United States, c.1958-c.1974, Oxford 1998. Aus anderer Perspektive ähnlich: *Gerd Koenen*, Das rote Jahrzehnt. Unsere kleine deutsche Kulturrevolution 1967-1977, Köln 2001; *Thomas Etzemüller*, Imaginäre Feldschlachten? „1968" in Schweden und Westdeutschland, in: Zeithistorische Forschungen/Studies in Contemporary History 2 (2005), 203-223 [vgl. auch dessen Beitrag in diesem Band, Anmerkung d. Hgg.].

[14] *A. Schildt* (s. Anm. 5), 13.

[15] *Christoph Kleßmann*, 1968 – Studentenrevolte oder Kulturrevolution?, in: *Manfred Hettling* (Hg.), Revolution in Deutschland? 1789-1989, Göttingen 1991, 90-105, 99.

[16] *Eric Hobsbawm*, Das Zeitalter der Extreme. Weltgeschichte des 20. Jahrhunderts, London 1994, 419.

der Formen und der symbolischen Funktionen von Konsumakten.[17] Aus dieser Perspektive stellt sich die Einordnung von 1968 erheblich anders dar als im Mainstream der bisherigen Literatur: Die mit der Jahreszahl 1968 verbundene kulturelle Revolte war im Kern nicht antikapitalistisch, sondern die unfreiwillige Avantgarde der modernsten Erscheinungsformen der kapitalistisch organisierten Konsumgesellschaft, die sich in der westlichen Welt durchsetzten und über sie hinaus zu greifen begannen.[18] Das viel zitierte „Scheitern" von 1968 ist in manchem identisch mit dem tief greifenden Erfolg der „Lebensstilrevolte".

Gemäß dieser Perspektive soll zur analytischen Annäherung zwischen den eng verwobenen Flügeln der Protestbewegung unterschieden werden: Die „Künstlerkritik" der Boheme, Kommunen, Situationisten, Provos und Hippies stand in einem produktiven Wechselverhältnis mit der „Sozialkritik" der politisch stärker fixierten „asketischen" Studentenführer, Betriebsarbeiter und Theoretiker.[19] Auch letztere wollten nicht nur Marx lesen, sondern anders leben, blieben aber eine kleine Minderheit, wohingegen erstere die für das Folgende entscheidende Innovation mit Breitenwirkung verkörpern: den performativen Regelverstoß, der hier als Zentrum des 68er-Zeitgeistes gedeutet werden soll. Damit soll nicht behauptet werden, die beiden Strömungen hätten im strikten Gegensatz zueinander gestanden – wohl aber, dass für das Gesuchte die eine wichtiger ist als die andere. Wie beim Altmeister der Kapitalismusanalyse ist „das, was eine [...] Richtung als Ideal *erstrebte*, und das, was ihr Einfluss auf die Lebensführung ihrer Anhänger faktisch *bewirkte*, scharf zu scheiden".[20] Wenn in diesem Essay von „den 68ern" die Rede ist, so meint dies ei-

---

[17] Im Gegensatz zur Marketing-Literatur hat die historische Forschung bisher keine klare Definition dieser Verhaltensmuster hervorgebracht. Die Konsumgesellschaft wird in der Regel als eine Gesellschaft definiert, die sich verstärkt in Bezug auf den Konsum von Gütern und Dienstleistungen organisiert, bei rückläufiger Bedeutung der materiellen Produktion. Historisch und sozial definierte Grundbedürfnisse sind in solchen Gesellschaften weitgehend gedeckt, sodass die Entwicklung, Diversifizierung und Schaffung von Kulturbedürfnissen ihr entscheidendes Charakteristikum ist. Vgl. *Wolfgang König*, Geschichte der Konsumgesellschaft, Stuttgart 2000; *Kaspar Maase*, Freizeit, in: Wolfgang Benz (Hg.), Die Geschichte der Bundesrepublik Deutschland, Bd. 3: Gesellschaft, Frankfurt a. M. 1989, 345-384; *Gerhard Schulze*, Die Erlebnis-Gesellschaft. Kultursoziologie der Gegenwart, Frankfurt a. M. 1992. Vgl. zur stilbildenden Ausweitung der Konsumsphäre in den USA: *Lizabeth Cohen*, A Consumers' Republic: The Politics of Mass Consumption in Postwar America, New York 2003, 112-166.

[18] Die westliche Konsumgesellschaft und ihre Kritiker haben sich bislang vorwiegend mit sich selbst beschäftigt. Die Abfederung von politischem Wandel durch die Ausbreitung von Kommerzialisierung und Warenwelten reicht freilich weit über die westliche Welt hinaus. Vgl. dazu die eindrucksvolle Analyse von *Timothy Burke*, Lifebuoy men, lux women. Commodification, consumption, & cleanliness in modern Zimbabwe, Durham 1996.

[19] Zur Verbindung von Sozial- und Künstlerkritik siehe: *Luc Boltanski/Ève Chiapello,* Le nouvel Esprit du Capitalisme, Paris 1999 (deutsch: *dies.*, Der neue Geist des Kapitalismus, Konstanz 2003, hier v.a. 79–84 und 215–220); *Diethard Kerbs* (Hg.), Die hedonistische Linke. Beiträge zur Subkultur-Debatte, Neuwied 1971.

[20] *Max Weber*, Die protestantische Ethik, Gütersloh 2000, 82, (Hervorhebungen im Original).

nen nach Max Weber definierten Idealtypus: diejenigen, die mit performativen Regelverstößen gegen festgefahrene Lebensformen revoltierten. Dieser Typus wird – unabhängig von zeitgenössischen Intentionen – sowohl von den Mitgliedern der Kommune I als auch von Werbeleuten wie Charles Wilp oder George Lois personifiziert und umfasst eine sozialhistorisch bisher nicht exakt vermessene Gruppe, die man als „performative Hedonisten"[21] bezeichnen kann.

Das viele Autoren plagende Dilemma, wie die „68er Bewegung" definitorisch zu fassen sei, kann und soll hier nicht abschließend gelöst werden.[22] Der vorliegende Ansatz will dem komplexen, transnationalen Phänomen „1968" keine Einheitlichkeit unterstellen – die Bewegungen waren heterogen, gestatten diverse Gliederungsmöglichkeiten und entziehen sich schlichter Einteilungen. Vielmehr soll in differenzierender Absicht ein Entwicklungsstrang analytisch-konzeptuell gefasst und hervorgehoben werden, der bisher nur wenig gewürdigt und kontextualisiert wurde. Das Ziel ist hierbei nicht, eine empirisch dichte Darstellung, sondern Diskussions-Thesen zur weiteren Erschließung der hier nur skizzierten, für eine Analyse der Langzeitfolgen von 1968 relevanten Felder zu liefern.

In dieser Perspektive erscheint „1968" als Kulminations- und Wendephase zwischen der peripheren, oppositionellen Entwicklung neuer Lebens- und Konsumformen seit Ende der fünfziger Jahre und der flächendeckenden, mehrheitskulturellen Kommerzialisierung dieser Entwicklung, die bis in die Gegenwart andauert.[23] Anders als in konservativen und zynischen Interpretationen, welche die Verantwortung für alle Verwerfungen der marktliberalen Gesellschaft auf die 68er-Revolte abwälzen wollen, lässt die hier vorgeschlagene Deutung Intention und „Sinn" der Revolte durchaus bestehen.[24] Gerade eine Argumentation, welche viele der 1968 gestellten Fragen für unbeantwortet hält, muss die gegenseitige Durchdringung von performativen Regelverstößen und kommerzieller Adaption rekonstruieren.

*

Bilden wir mit Hilfe zweier etwa 35 Jahre auseinanderliegender Bilder eine argumentative Klammer, um diesen Prozess zu illustrieren. Das erste Bild stammt aus

---

[21] Diese vollziehen ostentative Genussakte, die vor Publikum geschehen und auf Wirkung bedacht sind. Der Begriff ist eine Weiterentwicklung des wiederum an Weber angelehnten „modern autonomous hedonism" in: *Colin Campbell*, The Romantic Ethic and the Spirit of Modern Consumerism, Oxford 1987, 77-95.

[22] Vgl. *Ingrid Gilcher-Holtey*, Die 68er Bewegung. Deutschland, Westeuropa, USA, München 2003; *W. Kraushaar*, Die erste globale Revolution, in: *ders.* (s. Anm. 7), 19-52.

[23] Siehe auch *James J. Farrell*, The Spirit of the Sixties. Making Postwar Radicalism, New York 1997, 203. Farrell nimmt für die USA 1967 als Wendedatum von einem langsamen Wachstum der Gegenkultur hin zu einer explosionsartigen Entwicklung an.

[24] Stellvertretend für die zahllosen Plädoyers, den Geist des Aufbruches von „68" gegen zynischen Spott zu verteidigen sei hier zustimmend auf entsprechende Betrachtungen von *Cornelius Castoriadis* verwiesen: Les mouvements des années soixante, in: *Edgar Morin* et al., Mai 68: La brèche suivi de vingt ans après, Paris 1988, 183-197.

dem Jahr 1968. Es steht unter anderem für die Gratwanderung zwischen Lebensstil-Revolte und Starkult: im April 1968 erhielt Rudi Dutschke Besuch von einer Reportergruppe des Wirtschaftsmagazins *Capital*, die neben Delikatessen aus dem KaDeWe auch den Werbephotographen Charles Wilp mitbrachte. Dieser – Jesuiten- und Man Ray-Schüler sowie aufgehender Stern einer auf Sex und Pop setzenden Werbeästhetik – schoss vom bereitwillig posierenden Dutschke eine Photoserie; darunter auch Posen auf dem Bett – einer berühmten Photoserie von Che Guevara nachempfunden, die im *Playboy* erschienen war. Im Monat des Attentates auf Dutschke zierte sein Konterfei das Titelbild von *Capital*. Die Innenseiten zeigten ihn zudem mit einer damals gängigen Requisite unter dem Arm: MEW, Bd. 23 – Marx' Kapital. Von *Capital* kam zudem ein lukratives Angebot: Dutschke solle bei seinen öffentlichen Auftritten stets eine Pepsi-Cola-Flasche in den Zoombereich der Kameraobjektive schieben. 1.000 DM pro Monat wurden geboten. Dutschke lehnte ab.[25]

Das zweite Bild stammt aus dem Jahr 2005, als die französische Einzelhandelskette Leclerc eine groß angelegte Kampagne gegen die *Loi Galland* startete, ein Gesetz von 1997, das zum Schutz des Kleinhandels gewisse Beschränkungen für Dumping-Preise eingeführt hatte. Die ganzseitige Zeitungsannonce zeigt fünf schemenhaft erkennbare Gestalten vor dunkelrotem Hintergrund: links eine junge Frau in kurzem Rock und Stiefeln, rechts ein Mann mit kämpferisch erhobenem Arm, die linke Hand zur Faust geballt. In der Bildmitte greifen graffitiartige Lettern einen der bekanntesten Slogans von 1968 auf und erweitern ihn: „Il est interdit d'interdire / de vendre moins cher." Im Kleingedruckten wird gefordert, den großen Handelsketten „la liberté totale" zurückzugeben. Das Konzern-Logo erhält den Zusatz: „E. Leclerc défend votre pouvoir d'achat."[26]

Beide Bilder lassen sich ohne große Mühe aufeinander beziehen. Die Dutschke angebotene Cola-Flasche steht bereits 1968 für einen Versuch des „Systems" seinen schärfsten Kritikern „einen Deal" anzubieten. Die Werbekampagne von 2005 steht dreieinhalb Jahrzehnte später für die modernste Stufe der Konsumgesellschaft, in der eine mächtige Handelskette zur Durchsetzung markt-radikaler Forderungen mit einem Augenzwinkern auf das radikal-libertäre Denken von 1968 zurückgreift. Man kann, so soll hier argumentiert werden, diesen langen Marsch analytisch aufschlüsseln, und man muss dies tun, wenn die Langzeitwirkungen von 1968 angemessen erfasst werden sollen.

[...]

---

[25] *Bernd Rabehl*, Am Ende der Utopie. Die politische Geschichte der Freien Universität Berlin, Berlin 1988, 255. Rabehl kommentiert dazu: „Der Reporter hatte überzogen. Dutschke wurde klar, dass die Außerparlamentarische Opposition bereits anfing, für den modernen Kapitalismus zu demonstrieren. Es blieb den Nachgeborenen vorbehalten, den Public Relations-Weg zu beschreiten." Vgl. G. Koenen, (s. Anm. 13), 65. Charles Wilp hat die Darstellung einige Monate vor seinem Tod in einem Telephonat mit den Verfassern bestätigt.

[26] Ganzseitige Anzeige in: Le Monde, 18. Februar 2005, 7.

Die Einsicht in die Fähigkeit des modernen Kapitalismus, Kritik und Widerstand aufzunehmen und als Ware in seine Kreise zurückzuspeisen, ist mindestens so alt wie das berühmte Kapitel *Kulturindustrie, Aufklärung als Massenbetrug*, das Theodor Adorno und Max Horkheimer 1944 im amerikanischen Exil beendet hatten. Breitenwirkung erfuhr es allerdings erst mit der Neuauflage von 1969.[27]

Dieses Grundmotiv hat mittlerweile eine ganze Reihe von Untermauerungen gefunden. In ihrer eindrucksvollen Studie, die den „neuen Geist des Kapitalismus" analysiert, haben Luc Boltanski und Ève Chiapello Kritik als das wichtigste Lebens- und Erneuerungselexier des Kapitalismus beschrieben. Kritik ist nicht nur für die in Schüben verlaufende „Verbesserung" des Kapitalismus, sondern auch für die zu seinem Erhalt notwendigen strukturellen Umbauten, Anpassungen und Transformationen unabdingbar.[28] Die kapitalistische Absorption der libertär-individualistisch ausstrahlenden 68er Kritik half seit den 1970er Jahren sehr erfolgreich, eine Ideologie sowie soziale, kulturelle und betriebswirtschaftliche Praktiken zu entwickeln, welche sich die „neuartigen, emanzipierten, ja sogar libertären [Formen] der Profitmaximierung nutzbar mach[en], durch die man angeblich auch sich selbst verwirklichen und seine persönlichsten Wünsche erfüllen könne".[29] Kreativität und Autonomie sind zwei der Leitbegriffe, die ‚68' und den modernen Kapitalismus miteinander verbinden; Individualismus und Konsum, beide in einer hedonistischen Tönung, kann man hinzufügen. Es erscheint sinnvoll, den von ‚68' erbrachten „Modernisierungsschub" auch ganz konkret auf die Betriebsmittel des modernen Kapitalismus anzuwenden: Die explosionsartige Zunahme von Diskussion, Kommunikation und Außendarstellung, für die ‚68' nicht zuletzt steht, die Experimente mit selbstbestimmter, auf „Projekte" bezogener und in Gruppen durchgeführter Arbeit sowie die freiwillige, die eigenen Leistungsgrenzen strapazierende Durchbrechung ‚bürgerlicher' Arbeitszeiten mitsamt räumlicher Flexibilität sind Phänomene der Revolte, die nicht nur in den Start-up-Firmen im Silicon Valley sehr erfolgreich umsetzbar waren.

[...]

Die deutsche Forschung zur Wirtschaftsgeschichte hat unterdessen begonnen, über „das 1968 der Manager" nachzudenken, eine Formel, die sich im Wesentlichen auf radikale Veränderungen im Führungsstil, im Management und in den Bereichen Kommunikation, Werbung, Public Relations bezieht. (...) Auch in deutschen Unternehmerkreisen wird Ende der sechziger, Anfang der siebziger Jahre kritisch über Autorität nachgedacht; nicht nur in studentischen Diskussionsgruppen rückten Themen wie Psychologie, Kommunikation und Gruppendynamik ins Blickfeld.[30]

---

[27] *Max Horkheimer/Theodor W. Adorno*, Dialektik der Aufklärung. Philosophische Fragmente, Frankfurt a. M. 1969, 128-176.

[28] *L. Boltanski/E. Chiapello* (s. Anm. 19), v.a. 211-260.

[29] A. a. O., 257.

[30] *Christian Kleinschmidt*, Das „1968" der Manager: Fremdwahrnehmung und Selbstreflexion einer sozialen Elite in den 1960er Jahren, in: Jan-Otmar Hesse et al. (Hgg.), Kulturalismus,

Die Autoren arbeiten ferner heraus, dass solche Debatten ganz eigenständige Wurzeln in der zeitgenössischen wirtschaftswissenschaftlichen Fachliteratur hatten, die mit den Studentenprotesten allenfalls die transatlantische Inspirationsebene teilten.

Doch beim derzeitigen Forschungsstand erscheint es weder nötig noch möglich, klare Kausalitäten zu rekonstruieren – vorerst genügen zur weiteren Suche Hinweise auf Gleichzeitigkeiten und überraschende Überschneidungen, mit denen sich die Gesamtinterpretation der um 1968 stattfindenden Umbrüche verändern müsste. Nur wenn Herausforderungen, Antworten und neue Mischungen als Ensemble betrachtet werden, wird es möglich, den Blick aus der Fixierung auf die signalstärksten Sender zu lösen und ein komplexeres Netzwerk von Sendern und Empfängern ganz unterschiedlicher Herkunft zu rekonstruieren. Die „Ereignisse" müssten dann nicht länger nur als Ausdruck einer scheiternden Revolte bzw. „sozialen Bewegung"[31] gelesen werden, sondern eher als Zwischenstück in weit mächtigeren Entwicklungen, die vor und nach den Ereignissen von 1968 voranschritten. Freilich soll den Ereignissen der Protestbewegung und dem von ihnen induzierten Geist eine aktive Rolle nicht abgesprochen werden.

Sucht man nach einem Bild für diese, so bietet sich die Metapher vom *Katalysator* an.[32] Es ist sehr lohnend, den im Blick auf 1968 gelegentlich verwendeten, aus der Chemie stammenden Begriff einmal auszubuchstabieren. Es ließe sich dann formulieren, dass antiautoritäre und antiamerikanische, insbesondere aber konsumkritische Diskurse die Aktivierungsenergie für einen gesellschaftlichen Modernisierungsprozess herabsetzten, ohne in Edukten und Produkten dieser Reaktion vorzuliegen. Während einer katalytischen Reaktion entwickeln sich komplexe kurzlebige Radikale, die der Reaktion hinderliche Bindungen aufbrechen. Im übertragenen Sinn: Die Produktions- und Lebensweisen, die Konsumgüterversorgung und Freizeitangebote veränderten sich seit den fünfziger Jahren in einer Geschwindigkeit, mit der die trägeren Mentalitäten und habituell eingeschriebenen Verhaltensmuster nicht Schritt halten konnten. Aus dieser Ungleichzeitigkeit entstanden eine zunehmende Reibungshitze und die Notwendigkeit eines umfassenden gesellschaftlichen Wandels. Die performativen Regelverstöße der radikalen Studentenproteste halfen, Konsumhindernisse abzubauen und neue Konsum- und Kommunikationsformern

---

Neue Institutionenökonomik oder Theorienvielfalt. Eine Zwischenbilanz der Unternehmensgeschichte, Essen 2002, 19-29; *Werner Plumpe*, 1968 und die deutschen Unternehmen. Zur Markierung eines Forschungsfeldes, in: Zeitschrift für Unternehmensgeschichte, (49,1) 2004, 45-66; *Werner Kurzlechner*, Die Unternehmer und die Herausforderung der „1968er" im Spiegel der öffentlichen Meinung. Unveröffentlichte Magisterarbeit, Johann Wolfgang Goethe-Universität, Frankfurt a. M. 2003, 112-118.

31 Dies ist der zentrale Gedanke bei *I. Gilcher-Holtey*, Mai 68 in Frankreich, in: *dies.* (s. Anm. 10), 11-34. Fast identisch bei *Marica Tolomelli*, „Repressiv getrennt" oder „organisch verbündet"? Studenten und Arbeiter 1968 in der Bundesrepublik Deutschland und Italien, Opladen 2001, 10.

32 Die Katalysator-Metapher wird – allerdings in anderem Sinn – schon früh verwendet bei *Edgar Morin*, Mais, in: *ders.* et al. (s. Anm. 24), 145–167.

auszuprobieren, die in die Konsumgesellschaft integriert und von ihr höchst erfolgreich weiterentwickelt wurden.

*

Ouvrir une brèche, so lautete 1968 eine französische Parole, die auch Dekaden später noch hoffnungsvoll in den Analysen wiederholt wurde.[33] Und ganz zweifellos: Die Erschütterungen von ‚68' haben in die bestehenden Gefüge Breschen geschlagen – strittig ist allein, wie diese Öffnungen genutzt wurden. Unabhängig von ihren Intentionen müssten Funktion und Wirkung der westlichen 1968er-Revolte sehr viel stärker als bisher als integraler Teil kapitalistischer Anpassungsprozesse beschrieben werden. Zur Stützung und Veranschaulichung dieser Deutung sind die folgenden sieben Thesen gedacht, die zugleich Suchrichtungen bezeichnen, in denen künftige, empirisch ausgerichtete Studien zur Erhärtung oder Falsifizierung dieser Thesen beitragen könnten:

These I)
1968 war ein Aufstand in einem historisch beispiellosen „Schlaraffenland"[34]

Die 1960er Jahre waren eine unvergleichliche Boom-Phase,[35] eine Zeit dynamischer Umbrüche, in der auch Rückschläge Realität und Wahrnehmung von Aufschwung, Erfolg und Stabilität der Wirtschaft bis 1973 im Kern nicht erschüttern konnten. Die westeuropäische Konsumgesellschaft stand in voller Blüte, die Vollbeschäftigung war noch nicht vergessen, Preisstabilität und Wachstumsraten um 6% mit einer Steigerung der Gehälter und Löhne um 69% in einer Dekade spürbarer Realität.[36] Die ständig beschleunigten und gesteigerten Kauf- und Konsumchancen waren klassen- und generationsübergreifende, sinnlich erfahrbare Veränderungen.[37] Im-

---

[33] Vgl. die Dokumentensammlung von *Alain Schnapp/Pierre Vidal-Naquet*, Journal de la commune étudiante, Paris 1969, u. a. 618–642; *Morin u.a.*, Mai 68: La brèche, hier v.a. 152.

[34] Die Formel stammt von dem „Trendforscher" *Matthias Horx*, Aufstand im Schlaraffenland. Selbsterkenntnisse einer rebellischen Generation, München 1989. Wir verwenden den Begriff hier im Hinblick auf Lebenschancen und Entfaltungsmöglichkeiten der Akteure, unter ökonomischen, politischen und kulturellen Parametern, die sich im Vergleich mit den Verhältnissen in den Jahrzehnten davor und danach eindeutig positiv abheben.

[35] *Hartmut Kaelble* (Hg.), Der Boom, 1948-1973. Gesellschaftliche und wirtschaftliche Folgen in der Bundesrepublik Deutschland und in Europa, Opladen 1992. Vgl. den Abschnitt „The Age of Affluence", in: *Tony Judt*, Postwar. A history of Europe since 1945, New York 2005, 324-359.

[36] *Gerd Hardach*, Krise und Reform der Sozialen Marktwirtschaft. Grundzüge der wirtschaftlichen Entwicklung in der Bundesrepublik der 50er und 60er Jahre, in: *A. Schildt* (s. Anm. 13), 197-217.

[37] *Arne Andersen*, Der Traum vom guten Leben. Alltags- und Konsumgeschichte vom Wirtschaftswunder bis heute, Frankfurt a. M. 1997.

menser Optimismus[38] und Machbarkeitsglaube waren während der „trente glorieuses",[39] den dreißig Boomjahren nach Kriegsende, in den meisten westlichen Staaten und in allen politischen Lagern präsent. Freilich war auch diese Zeit nicht gänzlich frei von Krisen – in der Bundesrepublik etwa die rasch überwundene Rezession von 1966/67,[40] der Rücktritt von Bundeskanzler Ludwig Erhard nach dem Scheitern der CDU/CSU-FDP-Koalition oder die mit Besorgnis registrierten Wahlerfolge der NPD. Die vorherrschenden Erfahrungen der Zeit stärkten jedoch den Glauben an Steuer- und Überwindbarkeit kapitalistischer Krisen, was sich in Begriffen wie „Konzertierte Aktion" und „Stabilitätsgesetz" (Mai 1967) paradigmatisch niederschlug. Die Rezession lässt sich gar als Auslöser eines wirkungsmächtigen auf amerikanische „Marketing"-Vorbilder setzenden Innovationsschubs in der Werbebranche interpretieren: „Seither suchen die Waren Kunden – und der Markt verführt."[41] Die Krisenhaftigkeit ändert im Kern nichts daran, dass die Generation der 68er ihre Studienjahre inmitten der nicht nur ökonomisch glücklichsten Momente eines überaus unglücklichen Jahrhunderts verlebte. Für welche Art von ‚Revolution' dieser Nährboden günstig war, ist zu diskutieren.

These II)
Blickt man auf ihren studentischen Kern, so war 1968 vor allem eine von einer kleinen innovativen Minderheit getragene[42] innerbürgerliche Auseinandersetzung

Die in Deutschland früh, in Italien und Frankreich etwas später scheiternden Brückenschläge zur Arbeiterschaft[43] und die versuchte Solidarisierung mit der „Dritten

---

[38] Vgl. die Analyse von John F. Kennedys berühmter Inaugural-Rede im Januar 1961: *Thurston Clarke*, Ask Not: The inauguration of John F. Kennedy and the speech that changed America, New York 2004.

[39] Die bis heute einflussreiche Formel stammt von *Jean Fourastié*, Les trentes glorieuses ou la révolution invisible de 1946 à 1975, Paris 1979. Die deutschen Zeitgenossen sprachen von „Goldenen Jahren", vgl. *Elisabeth Noelle* et al. (Hgg.), Jahrbuch der öffentlichen Meinung 1968-1973, Allensbach 1974, 209.

[40] Es ließe sich argumentieren, die Rezension von 1967 habe die Fragilität des „Schlaraffenlandes" verdeutlicht. Doch die 1967 auf 2,1% ansteigende Arbeitslosenquote muss im Zusammenhang mit einem Wirtschaftswachstum gesehen werden, das bereits im Jahr 1968 wieder bei 7,3% lag. Die Inflationsrate fiel von 3,5% auf 1,5% (1968), und auch die Arbeitslosenzahl war schon 1969 auf 243.000 (0,9%) abgesunken – bei 700.000 offenen Stellen. Vgl. *Reinhard Schmoeckel/Bruno Kaiser*, Die vergessene Regierung. Große Koalition 1966 bis 1969 und ihre langfristigen Folgen, Bonn 1991.

[41] *Helmut M. Bien*, Werbung am Puls der Zeit, in: *Wolfgang Schepers* (Hg.), 68 – Design und Alltagskultur zwischen Konsum und Konflikt, Köln 1998, 150.

[42] *G. Koenen* (s. Anm. 13), 18, schätzt für die Bundesrepublik eine Größenordnung von 20.000 Aktiven, die Mitgliedschaft im SDS auf maximal 2.500 Personen.

[43] *M. Tolomelli* (s. Anm. 31), 231-284; *Jan Kurz*, Die Universität auf der Piazza. Entstehung und Zerfall der Studentenbewegung in Italien 1966–1968, Köln 2001, 300-323; vgl. *Ingrid Gilcher-Holtey*, „Die Phantasie an die Macht". Mai 68 in Frankreich, Frankfurt a. M. 1995, 270-338.

Welt"[44] täuschen gelegentlich darüber hinweg. Die bissige Formulierung Pier Paolo Pasolinis, 1968 hätten die Söhne der Bourgeoisie – die Studenten – die Söhne der armen Leute – die Polizisten – mit Steinen beworfen und als Spießer verhöhnt,[45] stammt zwar aus dem polemischen Tageskampf der Zeit, ist jedoch nicht ohne einen belegbaren sozialhistorischen Kern. Bei einem Studentenanteil von ca. 5% – er liegt heute um das Fünffache höher – gehörte die kleine universitäre Minderheit noch zum Kern der künftigen Funktionseliten. Sie stammte mehrheitlich auch von dort: Die Arbeiterhaushalte stellten in den sechziger Jahren etwa 50% der Bevölkerung, aber nur etwa 5% der Studenten, Akademikerhaushalte 1,5% der Bevölkerung, jedoch etwa 35% der Studenten.[46] Eine kleine, privilegierte, meist bürgerlich geprägte Elite erfreute sich vorzüglicher – durchaus nicht muffiger – Zukunftsperspektiven in einer Zeit, als ein Hochschulabschluss Lebens- und Karrierechancen noch garantierte. Die Behauptung, es sei zu dieser Zeit jeder zweite zum Professor ernannt worden, der eine Brille trug, ist üble Nachrede, angesichts der immensen Ausdehnung damaliger Karrierechancen reibt sich die heutige Studenten- und Assistentengeneration allerdings vor Neid die Augen: Zwischen 1960 und 1968 stieg die Zahl der Professoren um 63%, die der Angestellten im Mittelbau um 360% und die der Assistenten um 126%.[47] In Frankreich nahm die Zahl der Universitätsassistenten im selben Zeitraum um 800% zu[48] – kein Marsch, eher ein Sturz in die Institutionen, deren Türen weit offen standen. Zumindest in diesem Feld war es vergleichsweise leicht, zu den großen Gewinnern der Bildungsexpansion zu gehören. Dass mittlerweile der Rang der „Partei der Besserverdienenden" der FDP von den Grünen streitig gemacht wird,[49] illustriert, wie vereinbar Protestkultur und wirtschaftlicher Erfolg letztlich waren.

These III)
Die zahlreichen Verwandlungen von Protagonisten des Protests zu Trägern des Es-

---

[44] Hierzu jetzt: *Bastian Hein*, Die Westdeutschen und die Dritte Welt, Entwicklungspolitik und Entwicklungsdienste zwischen Reform und Revolte 1959-1974, München 2006, 129-189.

[45] Nach der legendären „Schlacht" in der Valle Giulia (Rom, 1. März 1968) hatte Pier Paolo Pasolini die Studenten in einem skandalträchtigen Prosagedicht mit dem Titel „Il Pci ai giovani!" als Vatersöhnchen der Bourgeoisie angegriffen. Ähnlich bei Isaiah Berlin: „The rebellion of the repentant bourgeoisie against the complacent and oppressive proletariat is one of the queerer phenomena of our time". Zit. n. *T. Judt* (s. Anm. 35), 390.

[46] Vgl. *Kai S. Cortina* et al. (Hgg.), Das Bildungswesen in der Bundesrepublik Deutschland. Strukturen und Entwicklungen im Überblick, Reinbek bei Hamburg 2003, hier 491-493, 591-607; *Peter Lundgreen*, Sozialgeschichte der deutschen Schule im Überblick. Teil II, Göttingen 1981, 150-160.

[47] Vgl. *Alfons Kenkmann*, Von der bundesdeutschen „Bildungsmisere" zur Bildungsreform in den 60er Jahren, in: A. Schildt (s. Anm. 13), 416.

[48] *I. Gilcher-Holtey* (s. Anm. 43), 112.

[49] Nach Erhebungen von Jürgen Falter lag der Durchschnittsverdienst der Wählerschaft der Grünen zumindest zeitweise über jenem der FDP-Wähler. Vgl. Der Spiegel, (34) 2004, 17; *Markus Klein, Jürgen W. Falter*, Der lange Weg der Grünen, München 2003.

tablishments lassen sich im Kontext der kommunikativen und konsumistischen Modernisierung schlüssig deuten

Bekanntlich gehören zu den Ritualen der 68er-Jagd genüssliche Hinweise auf die scharfen Kehren, die unzählige der westeuropäischen 68er bis in die totale Systemkonformität genommen hätten. Und in der Tat bilden solche Verwandlungen einen in den westlichen Industriestaaten weit verbreiteten Typus. Mit den beiden Ex-Maoisten Denis Kessler und François Ewald, letzterer zudem Ex-Assistent und Nachlassverwalter des Philosophen Michel Foucault, die es im französischen Arbeitgeberverband bis zum Vizepräsidenten bzw. *chef de communication* gebracht haben, liefert Frankreich zwei kaum überholbare Spitzenprodukte dieses Genres. Doch da es nach Marx nicht darauf ankommt, Personen zu denunzieren, sondern Umstände zu analysieren, erscheint der strukturelle Wandel, den 68 katalysiert hat, erheblich interessanter. Hinweise auf sozio-politische Flugbahnen dieser Art sind bislang vor allem denunziatorisch und zynisch verwendet worden, angemessener wäre es wohl, sie als herausragende Teile einer sehr viel breiteren Entwicklung zu betrachten.

These IV)
Der von Hedonismus geprägte Individualismus der Protestierenden erwies sich als in hohem Maße konsumkompatibel

In seiner genial-bitteren Abrechnung „Eine Komödie im Mai" verlegt Louis Malle die 68er Revolte in das großbürgerliche Setting eines Landhauses.[50] Die Familie kommt zusammen, um die Großmutter zu beerdigen, was am Streik der Friedhofsarbeiter scheitert. Der aus Paris anreisende Großbürgersohn bringt die alle elektrisierende Kunde von der Revolte mit. Den Höhepunkt des Films bildet ein opulent-sinnliches Picknick im Freien, auf dem bei Sonne und Wein von Schlössern mit Weinfeldern, freier Liebe und einer von Zwängen befreiten Welt schwadroniert wird. Für einige magische Momente, in denen auch ein Lastwagenfahrer und ein Dienstmädchen kurze Nebenrollen spielen, gerät die bürgerliche Ordnung durcheinander, wird jedoch wenig später durch hysterische Revolutionsfurcht, einen Regenguss und die schallende Ohrfeige für den studierenden Sohn wieder hergestellt. Die Akteure nehmen ihre angestammten Plätze in der Gesellschaftsordnung wieder ein, nicht aber, ohne die Erfahrungs- und Konsumchancen um einige sinnliche Komponenten erweitert zu haben.

Einer Ökonomie, welche die Entbehrungen der Nachkriegszeit überwunden und ein Stadium erreicht hatte, in dem die Deckung von Bedürfnissen verstärkt hinter der Weckung von Bedürfnissen zurückstand,[51] konnte wenig Besseres geschehen

---

[50] *Louis Malle*, Milou en Mai, Frankreich 1990; in den Hauptrollen Michel Piccoli und Miou-Miou.
[51] Hiermit sei keine antikapitalistische Verschwörungstheorie der sinistren Schaffung „falscher Bedürfnisse" angesprochen, sondern die konsumhistorisch belegbare Diversifizierung von Konsumakten und die steigende Bedeutung von Konsumverstärkern (z.B. Mode, Werbung, Kredit, Verpackung, Imitate, Wegwerfprodukte). Vgl. *W. König* (s. Anm. 17), 387-421; *Er-*

als eine Revolte, in der nach freier Wunscherfüllung gefahndet wurde. Der Slogan „Leben ohne tote Zeit – genießen ohne Schranken" stammt nicht aus der Nescafé-Reklame, sondern aus dem *Traité de savoir-vivre à l'usage des jeunes générations* von Raoul Vaneigem, einem weit über Frankreich hinaus strahlenden Schlüsseltext der Situationisten.[52] Allein die bekanntesten Slogans[53] – „Unter'm Pflaster liegt der Strand"; „Laßt Eure Wünsche Realitäten sein"; „es ist verboten, zu verbieten"; „wir wollen alles und sofort" – zeugen weniger von askesefähiger Konsumverweigerung als von einer hedonistisch-dionysischen Grundstimmung, die sich mit, zumindest rückblickend, kleinkindlich anmutenden Allmachtsphantasien verband und weitreichende narzisstische Verwandlungen[54] sowie eine Welle betonter Emotionalität[55] mit sich brachte. In einem Dokumentarfilm über Antonio Negri schwelgen einige der Kampfgefährten auch 35 Jahre später noch in narzisstisch-konsumeristischen Phantasmen: Arbeit wird unnötig, Existenzgeld für alle, aufstehen, wann man möchte, alles nehmen dürfen und für nichts zahlen müssen – Negris Formel dazu: „Aneignung des gesellschaftlichen Reichtums."[56]

These V)
Die Protestkultur suchte schon früh die Öffentlichkeit der Konsumgesellschaft als räumliches wie ideelles Betätigungsfeld

Urbilder dieser Protestform waren Aktionen der Bürgerrechtsbewegung in den USA – etwa das „sit-in" von vier schwarzen Studenten in der Cafeteria einer Woolworth-Filiale in Greensboro, North Carolina am 1. Februar 1960 oder die zahlreichen Demonstrationen, Ausschreitungen und Plünderungen im Zug innerstädtischer Unruhen. Der Protest richtete sich hier explizit auf die gleichberechtigte Eingliederung der schwarzen Minderheit nicht nur in den Rechtsstaat, sondern auch in die Konsumgesellschaft.[57] Der transatlantische Transfer zeitigte einen Wandel solcher Protestformen, die sich in dem grundsätzlich verschiedenen, die zentrale ethnische Konfliktdimension ermangelnden westeuropäischen Kontext einen genuin konsum-

---

nest Zahn, Soziologie der Prosperität. Wirtschaft und Gesellschaft im Zeichen des Wohlstandes, München 1960; *L. Cohen* (s. Anm. 17).

[52] *Raoul Vaneigem*, Traité du savoir-vivre à l'usage des jeunes générations, Paris 1967. Vgl. *Jean-François Martos*, Histoire de l'Internationale situationniste, Paris 1989.

[53] Vgl. dazu den als reine Parolensammlung konzipierten Band: Mai 68 à l'usage de moins de vingt ans, Paris 1998.

[54] Vgl. dazu die über die USA hinausreichende Pionierarbeit von *Christopher Lash*, The Culture of Narcissism. American Life in an Age of Diminishing Expectations, New York 1979.

[55] *Sven Reichardt*, „Wärme" als Modus sozialen Verhaltens? Vorüberlegungen zu einer Kulturgeschichte des linksalternativen Milieus vom Ende der 1960er bis Anfang der 1980er Jahre, in: Vorgänge, (171/172) 2005, 175-187.

[56] Antonio Negri. Eine Revolte die nie endet. Dokumentarfilm von *Andreas Pichler/Alexandra Weltz* (2004).

[57] Vgl. *L. Cohen* (s. Anm. 17), 166-191; 363-387.

kritischen Anstrich gaben, letztlich aber ebenfalls auf eine Eingliederung hinausliefen.

Die allgegenwärtige von der polaren Kalten-Kriegs-Ideologie geprägte Betonung des Konsums nach amerikanischen Vorbildern – Stahl und Glas geworden im internationalen Stil westeuropäischer Großstädte der sechziger Jahre – reizte zur Opposition. Die antiamerikanische Rhetorik der Proteste verhielt sich dabei analog zur Konsumkritik: Sie trug zunächst zur radikalen Hinterfragung festgefahrener Verhaltensmuster bei, barg aber die Bereitschaft zu einem transatlantischen Transfer nicht nur der Protest-, sondern auch einer aufstrebenden alternativen Konsumkultur.[58] In der Tendenz unterstreicht die mit der USA-Begeisterung der Unterschichten kontrastierende, verbal scharfe USA-Kritik der Studentenkader ihre Verankerung im Bürgertum. Doch dieser antiautoritäre Antiamerikanismus war in hohem Maß ambivalent, da sich die jugendlichen Rebellen durchaus fasziniert von der amerikanischen populären Kultur zeigten und weit mehr als nur die Protesttechniken von ihren Vorbildern und Pendants in Berkeley und New York übernahmen. Die Studenten, Hippies und Kommunarden bildeten auch in transatlantischer Perspektive eine „prophetische Minderheit", die „Teil einer breiteren Diffusion von Lebensstilen, Moden und Weltbildern im Rahmen der Popkultur" war.[59]

Das Verhältnis von Kritik und Konsum war eines der gegenseitigen Durchdringung. In der Bundesrepublik spielten dabei die Kommune I und ihre Vorläufer in der situationistischen Subversiven Aktion eine zentrale Rolle. Letztere verwickelte im Dezember 1964 Kunden von Münchner Warenhäusern in provokative Diskussionen und verteilte ein Flugblatt, in dem es unter anderem hieß: „Und die ‚Liebe' gebar die Waren und wickelte sie in falsche Träume und legte sie in die Schaufenster, damit die Menschen ihre wahren Wünsche nicht mehr sehen in dieser Welt."[60] Zwei Jahre später war dann auch der weihnachtliche Berliner Kurfürstendamm Schauplatz von „go-ins" in Warenhäusern und Spaziergangsdemonstrationen, bei

---

[58] Vgl. zum Folgenden: *Claus Leggewie*, 1968 – Ein transnationales Ereignis und seine Folgen, in: Detlef Junker et al. (Hgg.), Die USA und Deutschland im Zeitalter des Kalten Krieges, Bd. 2, Stuttgart 2001, 632-643; *Michael A. Schmidtke*, Reform, Revolte oder Revolution? Der Sozialistische Deutsche Studentenbund (SDS) und die Students for a Democratic Society (SDS) 1960-1970, in: *I. Gilcher-Holtey* (s. Anm. 10), 188-206; *Wolfgang Kraushaar*, Die transatlantische Protestkultur, in: *ders.* (s. Anm. 7), 53-80; *Axel Schildt*, Sind die Westdeutschen amerikanisiert worden? Zur zeitgeschichtlichen Erforschung kultureller Transfers und seiner gesellschaftlichen Folgen nach dem Zweiten Weltkrieg, Aus Politik und Zeitgeschichte, (50) 2000, 3-10.

[59] *C. Leggewie* a. a. O., 636; *Jack Newfield*, A Prophetic Minority: the American New Left, London 1967.

[60] Flugblatt, „Weihnachtsevangelium", in: *Frank Böckelmann/Herbert Nagel* (Hgg.), Subversive Aktion. Der Sinn der Organisation ist ihr Scheitern, Frankfurt a. M. 2002, 286.

denen die Teilnehmer zur Tarnung selbst mit Flugblättern gefüllte Geschenkpakete unter dem Arm trugen.[61]

Die Kombination von Lebensstil-Labor, Show und Kommerz war in der Kommunebewegung von Anfang an präsent: „Wir haben uns einen neuen Verkaufsknüller einfallen lassen", hieß es im Mai 1968 in einem Brief von Ulrich Enzensberger an Andreas Baader, „Gruppensex, damit wieder Geld reinkommt [...]."[62] Die Kommune I spielte mit den nach außen gesendeten Bildern frühvollendet auf der Klaviatur bürgerlicher Ordnungs- und Sexphantasien.[63] Die Kommunarden trafen sich regelmäßig zu Medienarbeitssitzungen, in denen Zeitungsausschnitte und die Reaktionen des „Systems" auf die eigenen Aktionen reflektiert wurden. Die Medienpräsenz diente zur Vergrößerung des revolutionären Selbstbilds, wurde aber auch zur kultivierten Einnahmequelle; auf dem Hausflur hing ein Schild: „Erst blechen, dann sprechen". Ihre Korrespondenz zeigt die von Männern dominierte Kommune als Empfängerin einer veritablen Fanpost von enthusiastischen Nacheiferern im gesamten Bundesgebiet und als Betreiberin eines schwunghaften und profitablen Versandhandels mit den eigenen Schriften sowie mit Mao-Bibeln und revolutionären Aufklebern und Ansteckern.[64] Ironie und Wirklichkeit gingen eine brisante Mischung ein.

Die ‚Künstlerkritik' der Kommunebewegung lässt sich als Neoanarchismus deuten, der einen sofortigen Umsturz zu Gunsten eines Zeitalters des Überflusses für alle und der schrankenlosen Freiheit jedes einzelnen propagierte. Dabei handelte es sich um die Vision eines paradiesischen Endstadiums, vor allem unter Umgehung einer autoritären Zwischenphase, wie etwa einer Diktatur des Proletariats. Die Konsumkompatibilität dieser abkürzenden Ideologie wird in Gabriel und Daniel Cohn-Bendits Pamphlet „Linksradikalismus" ohne Umschweife deutlich: „Wir handeln nicht für unsere Kinder – denn das Opfer, dieses Produkt eines stalinistisch-jüdisch-christlichen Humanismus, ist konterrevolutionär –, sondern damit *wir* endlich ohne Hemmungen genießen können."[65] Die Mischung aus ironisierender Konsumkritik

---

[61] Vgl. *Wolfgang Ruppert*, „Um 1968 – Die Repräsentation der Dinge", in: ders. (Hg.), Um 1968 – Die Repräsentation der Dinge, Marburg 1998, 21f.; *Ulrich Chaussy*, Die drei Leben des Rudi Dutschke. Eine Biographie, Berlin 1993, 152-154.

[62] Ulrich Enzensberger an Andreas Baader, 10. Mai 1968, in: Korrespondenz der Kommune I (130,01), Archiv des Instituts für Sozialforschung, Hamburg. Der wegen Warenhausbrandstiftung in Untersuchungshaft sitzende Baader antwortete, die KI sei immer nur im Kulturteil zu sehen: „Ihr müßt den Sprung in den Anzeigenteil schaffen, Fanta usw. – was da Geld reinkäme [...]." Baader an KI, 10. Juni 1968, ebd.

[63] Erinnerungsliteratur zur Kommune I: *Ulrich Enzensberger*, Die Jahre der Kommune I. Berlin 1967-1969, Köln 2004; *Bernd Rabehl*, Die Revolte in der Revolte. Die Kommune 1, Berlin 2003. Vgl. *G. Koenen* (s. Anm. 13), 149-182.

[64] Als Beleg hier nur eines unter zahlreichen ähnlichen Schreiben: Mainzer Studentenzeitung an Kommune I, 24.10.1967, in: Korrespondenz der Kommune I (130,01), Archiv des Instituts für Sozialforschung, Hamburg.

[65] *Gabriel & Daniel Cohn-Bendit*, Linksradikalismus. Reinbek 1968, 134. Siehe dazu: *Wolfgang Harich*, Zur Kritik der revolutionären Ungeduld, in: Kursbuch, (19) 1969, 71-74.

und dem halbfreiwilligen Verschmelzen mit der Logik und Sprache der Konsumkultur thematisiert auch Daniel Cohn-Bendits 1975 erschienener Erinnerungsband mit dem sprechenden Titel „Der grosse Basar". Die Einleitung verspricht, was der Inhalt dann tatsächlich bietet: „So will auch dieses Buch nichts weiter sein als ein buntes Warenhaus des Linksradikalismus. [...] Bitte bedienen Sie sich. Sie haben die freie Auswahl unter den Artikeln unseres bunten und reichhaltigen Sortiments."[66] Cohn-Bendit war bereits 1968 in seiner Selbstverwandlung zum Markenprodukt viel weiter gegangen als Dutschke, der das Angebot mit der Cola-Flasche abgelehnt hatte.[67]

Der Hamburger Musikjournalist Uwe Nettelbeck strich bereits im September 1967 die publikumswirksamen Vorzüge der ‚Künstlerkritik' klar heraus: „Die Berliner Studenten waren [...] nicht *hip* genug [...]. Und erst nach und nach sickert die Erkenntnis in ihre Köpfe, daß [...] von der Taktik der Hippies mehr zu lernen ist als von der Saalschlacht-Taktik der Weimarer Republik. [...] Sie müssen einsehen, daß das Diktum des Kommunarden Kunzelmann, der gesagt hat, was ginge ihn Vietnam an, er habe Orgasmusschwierigkeiten, eher ein Rezept für Berlin enthält als Rudi Dutschkes Proklamation, es müsse an möglichst vielen Plätzen der Welt eine Vietnam-Situation geschaffen werden. Sie müssen begreifen, daß (...) es wirksamer ist, Rasenflächen zu betreten, deren Betreten verboten ist, und auf diesen Rasenflächen zu singen und zu tanzen."[68] Das war eine Anspielung auf ein Sit-in an der FU Berlin im April 1967. Der Schriftsteller Peter Schneider beschrieb die Technik des performativen begrenzten Regelverstoßes auf das Treffendste: „Wir haben in aller Sachlichkeit über den Krieg in Vietnam informiert, obwohl wir erlebt haben, dass wir die unvorstellbarsten Einzelheiten über die amerikanische Politik in Vietnam zitieren können, ohne dass die Phantasie unserer Nachbarn in Gang gekommen wäre, aber dass wir nur einen Rasen betreten zu brauchen, dessen Betreten verboten ist, um ehrliches, allgemeines und nachhaltiges Grauen zu erregen."[69] Wenn man das argumentative Muster aus seinem politischen Kontext löst, wird die an sich neutrale Technik des performativen Gewinnens von Aufmerksamkeit bei gleichzeitiger Aushöhlung tradierter Verhaltensmuster und damit die innovative Erzeugung kultureller

---

[66] *Daniel Cohn-Bendit*, Der grosse Basar. Gespräche mit Michel Lévy, Jean-Marc Salmon, Maren Sell, München 1975, 5.

[67] Daniel Cohn-Bendit ließ sich nach dem 22. März 1968 von Paris-Match-Reportern in einem Citroën DS heimlich über die Grenze fahren und ging bis zur Photo-Session mit Koffer vor dem Brandenburger Tor auf alle Wünsche ein. Wenig später posierte er für Photographen vor dem Grab von Marx – „Starrummel", wie er schreibt. Als „Krönung" bot der Rowohlt Verlag 1,5 Millionen Francs für ein Buch der Brüder Cohn-Bendit. Diese nahmen an. Das Projekt, mit Godard in Rom einen „revolutionären" Western zu drehen, scheiterte hingegen. Vgl. ebd., 47-57.

[68] *Uwe Nettelbeck*, Die Kinder von Sergeant Pepper und Mary Jane, in: Die Zeit, 22. September 1967, 52, zitiert nach: *Helmut Kreuzer*, Die Boheme, Stuttgart 1968, 326.

[69] *Peter Schneider*, Wir haben Fehler gemacht, in: *ders.*, Ansprachen: Reden – Notizen – Gedichte, Berlin 1970, 12-14. Siehe auch: *W. Kraushaar* (s. Anm. 7), 66-72.

und sozialer Distinktion deutlich. Einsichten dieser Art in die „Ökonomie der Aufmerksamkeit",[70] die im Umfeld von 1968 gelangen, sowie vor allem die hier erlernten Techniken wurden auch andernorts erfasst und weiterentwickelt, insbesondere in Werbung und Konsumindustrie.

In den Flugblättern der Kommune I finden sich zahlreiche Beispiele für das besondere Verhältnis der „Spaßguerilla" zu Werbung und Kommerz. Ostentativer Zynismus und beißende Ironie – Attitüden, die sich in kommenden Dekaden als besonders marktfähig erweisen sollten – kennzeichnen die Engführung von Werbeslogans und Vietnamkritik: „Der Tag geht, Jonny [sic] Walker kommt – 12 Millionen DM kostet die USA ein nach Vietnam beförderter, getöteter Amerikaner. 1,6 Millionen DM kostet ein gefallener Vietcong. denn: Es war schon immer etwas teurer einen besonderen Geschmack zu haben."[71] Eine öffentlichkeitswirksame Steigerung, die Berühmtheit erlangen sollte, erfuhr dies im Flugblatt Nr. 7 „Warum brennst Du Konsument?", wo es heißt: „Die Leistungsfähigkeit der amerikanischen Industrie wird bekanntlich nur noch vom Einfallsreichtum der amerikanischen Werbung übertroffen: Coca Cola und Hiroshima, das deutsche Wirtschaftswunder und der vietnamesische Krieg, die Freie Universität Berlin und die Universität von Teheran sind die faszinierenden und erregenden Leistungen und weltweit bekannten Gütezeichen amerikanischen Tatendrangs und amerikanischen Erfindergeistes; werben diesseits und jenseits von Mauer, Stacheldraht und Vorhang für freedom und democracy."[72]

Das „Burn warehouse burn"-Flugblatt (Nummer 8) stellte den Beginn einer folgenschweren Radikalisierung dar, als aus der Aufforderung Realität wurde: bei den Brandanschlägen auf zwei Frankfurter Warenhäuser im April 1968 durch Baader, Ensslin, Proll und Söhnlein sowie – weniger bekannt – im Dezember 1969 durch Bruhn und Kunzelmann im Berliner KaDeWe. Es ließe sich argumentieren, dass mit der Hinwendung einer radikalen Minderheit zur Gewalt – einer unter vielen Wegen der 68er – der Bezugsrahmen des bisher diskutierten Nexus zwischen 68er Bewegung und Konsumgesellschaft endgültig verlassen sei. Es soll auch keinesfalls die Entwicklung des Terrorismus in den siebziger Jahren als direkte Folge der Protestbewegungen behauptet werden. Dennoch erscheint gerade für die Frühphase des Terrorismus – für die Kaufhausbrandstifter, Haschrebellen und Tupamaros – die Verbindung von antisystemischer Gewalt, Konsumkritik und Medialisierung zentral. Die prototerroristischen Akte der ausgehenden sechziger Jahre sind durchaus als Versuche zu deuten, den vermeintlichen Kreislauf der kapitalistischen Adaption von Opposition und Kritik einer als gescheitert empfundenen Bewegung durch gewalttätige Radikalisierung zu durchbrechen. Auch sie kennzeichnet das den Strategien

---

[70] *Georg Franck*, Ökonomie der Aufmerksamkeit. Ein Entwurf, München 1998.
[71] Flugblatt der Kommune I, in: Korrespondenz der Kommune I, 130,01, Archiv des Instituts für Sozialforschung, Hamburg. Der letzte Satz des Zitats ist eine wörtliche Wiedergabe des Werbeslogans für die Zigarettenmarke Atika der Firma Reemtsma aus dem Jahr 1966.
[72] Kommune I., Flugblatt Nr. 7, 24. Mai 1967, in: *K. A. Otto* (s. Anm. 3), 188.

der Werbung nicht unähnliche performative Moment des Erringens von Aufmerksamkeit in Medien und Öffentlichkeit mit „innovativen" Mitteln. Und selbst das hedonistische Grundmuster findet sich deutlich in den Erlebnisberichten der Bombenleger, in denen oft von einer rauschhaften Überhöhung individuellen Lustgewinns die Rede ist.[73] Umgekehrt deuten die mit einiger Zeitverzögerung aufgetauchte Parole, „die Woolworth-Pantoffeln Andreas Baaders sind Kult", die in Lifestyle-Magazinen lancierte „RAF Parade" und Wortprägungen wie „Prada-Meinhof-Bande" an, dass das Prinzip der gegenseitigen Durchdringung, um dessen Skizzierung es in diesem Beitrag geht, selbst im Extremfall des Terrorismus nicht vollständig außer Kraft gesetzt wurde.[74]

These VI
Die Antworten des „Systems" auf den Protest waren erstaunlich flexibel und liefen auf eine Weiterentwicklung von Kapitalismus und Konsumgesellschaft hinaus

Was die Reaktionen angeht, so verstellen zu Ikonen gewordene Bilder – der sterbende Benno Ohnesorg, die CRS in Paris, das Holzkreuz im Wasserwerfer, die Debatten um die Notstandsgesetze – auch hier den Blick auf wesentliche Schichten des Geschehens. Bedeutsam jedoch erscheint die weitgehend unerforschte Flexibilität, mit der „das System" auf eine Revolte reagiert hat, die für seine Weiterentwicklung mehr Chancen als Bedrohungen bot.

Vergleichsweise wenig erstaunt noch die Geschwindigkeit, mit der die immensen Potentiale an Vorstellungskraft, Sprachwitz, kommunikativer Intelligenz, die 68 aufleuchteten, in der Werbebranche gefeiert und integriert wurden. Die Werbe- und PR-Branche ist wohl der einzige Ort, welche die 68er-Parole „die Phantasie an die Macht" – auf ihre Weise – *tatsächlich* umgesetzt hat. Dies soll freilich nicht heißen, die Mehrheit der 68er sei in der Werbung gelandet. Bekanntlich war das Spektrum der biographischen Wege sozial und politisch sehr breit. So verband sich etwa im Milieu der K-Gruppen intellektuelles Priestertum mit materieller Kargheit und asketischer Strenge. Zweifellos wurde hier nicht zuletzt eine Ästhetik des Verzichts kultiviert. Operaismo[75] und Betriebsgruppen führten zumindest einige Gruppierun-

---

[73] Vgl. *Wolfgang Kraushaar*, Die Bombe im jüdischen Gemeindehaus, Hamburg 2005, 158. Zur Frühphase der RAF: *Gerd Koenen*, Vesper, Ensslin, Baader. Urszenen des deutschen Terrorismus, Köln 2003. Vgl auch: *Jeremy Varon*, Bringing the War Home: The Weather Underground, the Red Army Faction, and Revolutionary Violence in the Sixties and Seventies, Berkeley 2004, 118-120.

[74] Die 22-seitige „RAF-Parade" in (vermeintlicher) RAF-Ästhetik erschien 2002 in der Zeitschrift Tussi deluxe. Beim Wiederabdruck in der Zeitschrift Max hieß es: „Die Zeit ist reif für RAF Popstars". Vgl. taz, 5. September 2002; Spiegel online, 27. Februar 2002; Berliner Zeitung, 28. Oktober 2002 sowie die Zusammenstellung bei: http://www.rafinfo.de/archiv/files/RAF-Pop.pdf (26. März 2006).

[75] *Antonio Negri*, Proletari e Stato, Mailand 1976; *Raniero Panzieri*, La crisi del movimento operaio, Mailand 1973. Am französischen Beispiel ließe sich im übrigen studieren, wie aus

gen tatsächlich an die allerorts besungene Arbeiterklasse und die Fabrikarbeit heran.[76] Aus dieser Strömung, die auch innerhalb der Linken in der Minderheit blieb, gingen aber eher scheiternde Experimente und persönliche Lebenserfahrungen hervor, nicht etwa gesellschaftlich wirkungsmächtige Modelle. Mit der höhnischen Parole „Sei schlau, bleib beim Überbau!" hat sich die hedonistisch orientierte Mehrheit, die diesen Lebensstil ablehnte, ein sprachliches Denkmal gesetzt.

Sozialwissenschaftliche Netzwerkanalysen können die Beziehungen zwischen sozialen Bewegungen und Eliten erhellen.[77] Eine solche liegt bisher für die Protestbewegungen der späten sechziger Jahre nicht vor. Eine synchron wie diachron angelegte Analyse der personellen Zusammenhänge zwischen Protestaktivisten und Eliten in den „kreativen Industrien" würde vermutlich aufschlussreiche Ergebnisse zutage fördern. Brooks deutet es in einer knappen Passage an: „[...] the cultural radicalism of the sixties was a [...] cultural effort by the rising members of the privileged classes to [...] replace the old order with a new social code that would celebrate spiritual and intellectual ideals." Das kommerziell so erfolgreiche Credo dieser neuen Elite sei: „Thou shalt construct thine own identity."[78] Wenn die soziale Basis zumindest der studentischen Revolte im Bürgertum zu suchen ist, liegt die Vermutung nahe, dass ein nennenswerter Anteil der Aktivisten schlichtweg zu gut in Karrierenetzwerke neuer Funktionseliten eingebunden war, um langfristig an einer „Revolutionierung des Systems" festzuhalten. Solange präzise sozialgeschichtliche Untersuchungen nicht vorliegen, lässt sich der Nexus zwischen 1968 und den modernsten Konsum-Branchen nicht beweisen. Und so soll es hier auch lediglich darum gehen, nach ihrer gegenseitigen Durchdringung zu fragen, auf die schon die Organisatoren der Springer-Kampagne im SDS gestoßen waren, als ihnen eine von dem Konzern in Auftrag gegebene Marketinganalyse in die Hände fiel: „Konsterniert stellten die militanten Kritiker des Springer-Konzerns fest, daß dessen ‚wissenschaftliche' Methoden und Ergebnisse sich von den unsrigen nicht mehr – oder allein der moralischen Tendenz nach – unterscheiden [...]. Unsere Überlegungen und Erkenntnisse sind, noch bevor wir sie richtig ausgesprochen haben, schon nicht mehr unsere eigenen."[79] Rhetorisch wird hier an der Idee der kommerziellen Ver-

---

der „autogestion" – einer neulinken Parole (für und in den Fabriken) – ein Schlüsselkonzept des modernen Managements wurde.

[76] *Andreas Kühn*, Stalins Enkel, Maos Söhne. Die Lebenswelt der K-Gruppen in der Bundesrepublik der 70er Jahre. Frankfurt a. M. 2005. *G. Koenen* (s. Anm. 13), 257-316. Kühn schätzt die Zahl der mit den K-Gruppen Assoziierten recht freihändig auf ca. 100.000. Wie im gesamten Bereich der 1968er Forschung bleiben gesicherte quantitative Einschätzungen – selbst in grober Annäherung – leider auch hier bislang unmöglich.

[77] *Mario Diani/Doug McAdam* (Hg.), Social Movements and Networks: Relational Approaches to Collective Action, Oxford 2003.

[78] *David Brooks*, Bobos in Paradise: The New Upper Class and How They Got There, New York 2000, 32–34.

[79] „Die Psychoanalyse der Bild-Zeitung", zitiert nach: *Hans Magnus Enzensberger*, Der Triumph der Bild-Zeitung oder Die Katastrophe der Pressefreiheit, in: *ders.*, Mittelmaß und Wahn. Gesammelte Zerstreuungen, Frankfurt a. M. 1989, 80.

einnahmung festgehalten, wobei doch inhaltlich das Modell der gegenseitigen Durchdringung bereits auf der Hand lag.

So ließ sich etwa ein Schlüsseltext wie *Guy Debords* „La société du spectacle" als luzide Gesellschaftskritik lesen,[80] das hier Gelernte sich aber auch als Leitfaden für Karrieren im Medien- und Werbesektor zweckentfremden: jung, innovativ, kreativ, Formen brechend und Pfade suchend – genau das richtige Profil. Bislang lässt sich eher begründet vermuten, dass Werbung und Medien zu den professionellen Branchen gehören, in die entscheidende personelle und ideelle Impulse der 68er einflossen.[81] Der Werbekünstler Vilim Vasata antwortete rückblickend auf die Frage, welche Auswirkungen Parolen wie „Konsumterror", „Verweigerung", „Bewußtseinserweiterung" oder „sexuelle Freiheit" auf seine Arbeit gehabt hätten, lakonisch: „Wir wuchsen. Wir wurden ein Unternehmen." Was der noch populärere Charles Wilp zu Protokoll gab, mag die eigene Stellung überschätzt haben, ist aber dennoch bezeichnend: „Der Umgang mit den Kommunarden, Uschi Obermaier, Dutschke, Langhans oder Meinhof, wir waren schon eine sehr enge Clique."[82] Zumindest, was die Fähigkeiten betrifft, war der Schritt von den Sprach- und Symbolspielen, der kommunikativen Meisterschaft, die viele 68er im Umgang mit der Öffentlichkeit entwickelt hatten, zu den Techniken der *captains of consciousness* nicht weit.[83] Umgekehrt konnte die Werbebranche, in ihrem Selbstverständnis aus „Kreativen" zusammengesetzt, deren Geschäft die *commodification* der großen Zeitströmungen ist, weder an der Revolution der Lebensstile noch am Personal der 68er vorbeigehen.[84] Die versuchte Enttabuisierung der Körperlichkeit und die obsessive Beschäftigung mit Sexualität, mit der man 68 nicht zu Unrecht assoziiert,[85] ist ein Beispiel von vielen. Wenn Cordt Schnibben, dessen Weg vom 68er über die Werbebranche zum Star-Journalisten führte, die „Expedition in den Körper" be-

---

[80] *Guy Debord*, La société du spectacle, Paris 1967.
[81] *Thomas Frank*, The Conquest of Cool: Business Culture, Counterculture, and the Rise of Hip Consumerism, Chicago 1997, ist eine der wenigen empirischen Annäherungen an dieses Phänomen. Vgl. dazu den schmalen Artikel von *Doris Köpf* auf der Grundlage einer Befragung von 120 ehemaligen APO-Aktivisten nach ihren Karriereverläufen; Fazit: 20% Hochschullehrer, 35% Medien- und Kulturbereich, 15% Politik; Anteil derer, die keine Karriere gemacht haben, verschwindend gering. *Doris Köpf*, Was aus den 68ern geworden ist, in: Focus, 2. September 1996, 66-78; *W. Kraushaar* (s. Anm. 7), 239-243. Vgl. auch: *W. Ruppert* (s. Anm. 61); *Kathrin Fahlenbrach*, Protest-Inszenierungen. Visuelle Kommunikation und kollektive Identitäten in Protestbewegungen, Wiesbaden 2002.
[82] Interviews mit Vilim Vasata und Charles Wilp, in: *W. Schepers* (s. Anm. 41), 156, 160.
[83] *Stuart Ewen*, Captains of Consciousness, New York 1976; *Raymond Williams*, Advertising: The Magic System. Problems in Materialism and Culture, London 1980; *Sut Jhally* et al., Social Communication in Advertising: Persons, Products and Images of Well-Being, New York 1986.
[84] Vgl. dazu das Interview mit dem Werber und einstigen Asta-Vorsitzenden Michael Schirner, in: *Joachim Kellner* et al. (Hgg.), 1945 bis 1995. 50 Jahre Werbung in Deutschland, Ingelheim am Rhein 1995, 119-123.
[85] *Dagmar Herzog*, Sex after Fascism. Memory and Morality in Twentieth-Century Germany, Pinceton/Oxford 2005, 141-183.

schreibt, zu der die Werber um 1970 aufbrachen, dürfte hier mehr als eine zeitliche Koinzidenz liegen.[86] In der Sprache der Börsianer wäre von „unfreundlicher Übernahme" die Rede. Usurpationen dieser Art fanden sich nicht nur im Bereich der Werbung: An der Universität Köln gewann im Sommersemester 1968 eine konservative „Studentenunion" die Stupa-Wahlen; gegen den Zeitgeist, aber mit dem Wahlspruch: „Revolution muß Spaß machen!"[87]

Ein wirtschaftlich wie kulturell gleichermaßen bedeutsames Phänomen, das Naomi Klein unter dem Titel „Patriarchy Gets Funky" gefasst hat,[88] ist im Kern auf die späten 1960er Jahre zurückzuführen. Für den Triumph des „identity-marketing" mussten neue Spezialisten geschaffen werden, die „Trends" von der Straße ablesen und in erfolgreicher Form auf den Markt zurückfunken konnten – die *Coolnesshunter* der Werbebranche. Wie diese Fachkräfte großer Firmen, die auf der Suche nach „coolness" etwa mit versteckten Kameras in Schwulenbars filmen, stellen die Scharen von Markt- und Symbolstrategen kein Hirngespinst kulturkritischer Adorno-Adepten, sondern eine Branche mit Milliardenumsätzen dar.[89] Die Gesamtheit der im narzisstischen Soziotop der 68er geschärften Einsichten in die Funktionsweise *kultureller Hegemonie* (Gramsci) prädestinierte zumindest potentiell auch zu Führungsaufgaben in einer Branche, deren Ehrgeiz sich nicht mehr darauf beschränkte, „ins Gehirn der Masse zu kriechen",[90] sondern neue, bislang unbekannte Lebensstile zu katalysieren und mit Wünschen und Waren zu versorgen. Allein innerhalb der deutschen Jugendkultur gehen Marketingexperten heute von 400 bis 600 unterscheidbaren „artificial tribes" aus, deren Selbstdarstellung unterschiedlicher Waren, Marken und kommerzialisierbarer Praktiken bedarf.[91] Die Behauptung, diese 600 Konsumentenstämme seien 1968 erschaffen worden, wäre so abwegig wie die Vorstellung, dass die hier kommodifizierten Individualisierungen und Selbstbespiegelungen nichts mit der Revolte zu tun hätten.

Selbst auf den Führungsetagen der deutschen Wirtschaft wurde lebhaft diskutiert, wie man die aufgewirbelte „Phantasie" produktiv in die Unternehmensführung einbauen könne. In einer der originellsten deutschen Arbeiten, die über die Interaktionen von Gegenkultur und ‚Establishment' vorliegen – bezeichnenderweise eine unpublizierte Magisterarbeit – zeigt Werner Kurzlechner, wie deutsche Unternehmer und ihre Verbände in den späten sechziger Jahren über einen Wechsel im Füh-

---

[86] *Cordt Schnibben*, Die Reklame-Republik, in: Der Spiegel 52 (1992), 114-128, 117.
[87] *Olaf Bartz*, Konservative Studenten und die Studentenbewegung: Die „Kölner Studenten-Union" (KSU), in: Westfälische Forschungen, (48) 1998, 241-255, 249.
[88] *Naomi Klein*, Patriarchy Gets Funky: The Triumph of Identity Marketing, in: *dies.*, No logo, London 2000, 107-124.
[89] Ebd.
[90] *Rainer Gries* et al., „Ins Gehirn der Masse kriechen": Werbung und Mentalitätsgeschichte, Darmstadt 1995.
[91] *Klaus Farin/Hendrik Neubauer* (Hgg.), Artificial Tribes. Jugendliche Stammeskulturen in Deutschland, Berlin 2001; *Klaus Farin*, generation-kick.de. Jugendsubkulturen heute, München 2002.

rungsstil debattierten.[92] *Creative management,* Gruppendynamik, Psychologie und Kommunikation, Teamverhalten, Toleranz und Motivation wurden zu Schlüsselbegriffen. Die Autorität der alten, an militärischen Vorbildern geschulten Organisationsmodelle schien plötzlich passé. Der Generaldirektor der Knorr Nährmittel AG empfahl seinen Unternehmerkollegen „Phantasie" sowie „permanente Neuerung" durch Integration der „rasanten Veränderungsgeschwindigkeit unserer Zeit in die moderne Führungsstrategie". Er konnte den bewegten Zeiten etwas abgewinnen: „Den Schwarzseher mag es bedrücken, wenn Erstarrtes – krachend und splitternd – in neue Bewegung gerät. Wer an den Menschen glaubt, schöpft daraus die ermutigende Gewißheit, daß jeder Strom zu neuen Ufern führt."[93] Im Handelsblatt hieß es im Sommer 1968, nur ein flexibler Führungsstil sei in der Lage, Wirtschaft und Gesellschaft zu Systemen zu machen, die das im Protest sichtbare Potential „absorbieren" könnten. Dies stand ähnlich bei den Meister-Denkern der Neuen Linken, dort als Analyse, hier war es als Handlungsanweisung gemeint. In Wahrnehmung und Analyse der 68er wird der Kapitalismus oft als ausschließlich autoritär, reaktionär und repressiv dargestellt, was in dieser Verallgemeinerung nicht zutrifft und in einem Teil der Literatur nur unzureichend reflektiert wird.[94]

These VII)
Die performativen Regelverstöße wurden zu Urbildern unzähliger kommerzieller Mutationen

Im Juni 1968 erkannte kein geringerer als David Ogilvy, Gründer einer der weltweit größten Werbeagenturen,[95] die Marketingrelevanz des Studentenprotests: „[...] warum sollte man nicht dem ‚Roten Dany' oder ihrem Dutschke eine Werbeaufgabe geben [...]. Ja, das wäre der richtige Mann für die Mercedes-Werbung. Er weiß doch, wie man jungen Leuten etwas verkauft."[96] Die Beziehung zwischen Protest und Werbung beinhaltet nicht nur die strukturelle Analogie des performativen begrenzten Regelverstoßes, sondern auch die gemeinsame Ablehnung und Überwindung hemmender Bindungen, wie erneut das Handelsblatt im Februar 1969 wusste: „Ein Hoch den ‚Verrückten' [...] denen, die noch eingefleischte, hausbackene, uralte

---

[92] *Werner Kurzlechner,* Die Unternehmer und die Herausforderung der „1968er" im Spiegel der öffentlichen Meinung. Unveröffentlichte Magisterarbeit, Johann Wolfgang Goethe-Universität, Frankfurt a. M. 2003.
[93] *Heinrich Oswald,* Führen statt Verwalten, Bern 1968. Zitiert nach: *W. Kurzlechner* (s. Anm. 92), 119.
[94] Zur langfristigen Analyse linker Fehlwahrnehmungen in diesem Sinne vgl. die ebenso knappen wie brillanten Arbeiten von *Jean-Claude Michéa,* Impasse Adam Smith. Brèves remarques sur l'impossibilité de dépasser le capitalisme sur sa gauche, Castelnau 2002; *ders.,* Orwell, anarchiste Tory, Castelnau 1995.
[95] Vgl. *David Ogilvy,* Geständnisse eines Werbemannes, München 2000.
[96] *Ders.,* Große Politiker brauchen keine Werbung, in: Handelsblatt, 24. Juni 1968, 3, zitiert nach: *W. Kurzlechner* (s. Anm. 92), 149.

Gewohnheiten ‚verrücken' können. Denen, die über den [...] kleinbürgerlichen Horizont deutschen Marktforschertraditionalismus hinausdenken können."[97]

1968 stand an Pariser Wänden: „Lauf Genosse, die Welt von gestern ist Dir auf den Fersen!" Der Angriff auf den „Muff" war ein Angriff auf bestehende Bande, Konventionen, Regularien. Für die große Transformation im Sinne einer weiteren und freieren Ausbreitung der Kommodifizierung war genau dies nötig. Konservativer Traditionalismus lag überall dort quer zum kapitalistischen Fortschritt, wo er den freien Lauf von Markt und Konsum behinderte. „Muff", das hieß auch: konsumbehindernde Wochenenden und der familiär-kirchlich-häuslich definierte Sonntag; Barrieren gegen die „Veröffentlichung" der Sexualität und der Sexualisierung von Kultur- und Warenwelt; autoritäre Kontrolle der Jugend, deren zunehmend „freie Entfaltung" vieles, nicht zuletzt aber einen gigantischen Parallelmarkt schuf; eine Kultur der Sparsamkeit, die nicht ahnen konnte, dass Geiz dereinst „geil" sein würde; patriarchale Konventionen, die Frauen vom Arbeitsmarkt fernhielten und nur sektoral auf die Konsummärkte ließen; lokale Loyalitäten und Wurzeln, die von einer globalen Konsumgüter- und Tourismusindustrie noch nichts wussten – kurz: traditionelle Bindungen sowie starre familiäre wie betriebliche Kommunikationsregeln, die aufgebrochen werden mussten, um den flexiblen Konsumenten zu schaffen.[98] Kaum ein von 1968 ausstrahlender Impuls, der sich nicht in die Logik der großen Transformation einfügen ließ. Die Dekade vor der Ölkrise erscheint als Umbruchperiode, in der aufstrebende Konsum- und Verhaltenstechniken ihre seit dem 19. Jahrhundert dominanten auf Selbstkontrolle, Verpflichtung und Bindung zielenden Konkurrenten überholten: Die traditionellen bürgerlichen Werte Sparsamkeit, Abstinenz, Enthaltsamkeit, Religion, Ehre und Wahrheitstreue erhielten mit Hedonismus, Kurzlebigkeit, Spin, Ausschweifung und Selbstentfaltung eine mächtige Konkurrenz, die im Kern nicht neu war, aber nun verstärkt in den ökonomischen Prozess eingebunden wurde.[99]

Selbst die wenigen Stellen, an denen reale Knappheit oder freiwilliger Konsumverzicht eine gewisse Kultur der Kargheit hervorgebracht hatten, ließen sich transformieren: Das Bücherregal aus der Apfelsinenkiste wurde zum Bücherbord Malmö, die ausgehängte Tür auf den Ziegelsteinen zum Couchtisch Ingo und Ingvar Kamprad, der Gründer von IKEA, zu einem der reichsten Männer der Welt. Der

---

[97] Ein Hoch den ‚Verrückten', in: Handelsblatt, 11. Februar 1969, 6, zitiert nach: *W. Kurzlechner* (s. Anm. 92), 150-151.

[98] Gemünzt auf den Zusammenhang von Liberalisierung und Hedonismus hat Eric Hobsbawm bei einer öffentlichen Diskussion (Berlin, Juli 1999) eingeworfen, der Papst sei die letzte noch ungeschliffene Bastion des Anti-Kapitalismus.

[99] Vgl. *Avner Offer*, The Challenge of Affluence: Self-Control and Well-Being in the United States and Britain since 1950, Oxford 2006, 59–74; *ders.*, Why has the public sector grown so large in market societies? The Political Economy of Prudence in the UK, c. 1870-2000, Oxford 2003. Offer diagnostiziert einen langfristigen makroökonomischen Umbruch weg von „prudential goods" und „commitment devices" hin zu „myopic choice" und „visceral goods", der in den sechziger und siebziger Jahren stattgefunden habe.

Kampf gegen angeblich repressive, die Sexualität unterdrückende Regularien kehrte zurück als allgegenwärtige Sexualisierung öffentlicher Kommunikation, die aus allen Radio-, TV- und Internetkanälen quillt. Die in der Kommune I eher inszenierte als faktisch erprobte „Befreiung" in der Selbstveröffentlichung zeigte sich zunächst im Mehrwert, der sich mit der Schönheit Uschi Obermaiers erzielen ließ, und kehrte zeitverzögert mit *Big Brother* und seinen Derivaten zurück, die das Privatleben unbedarfter Zeitgenossen zum medialen Bordell werden lassen.[100] Der Typus des Berufsjugendlichen und die Differenzierung der Lebensstile wurden von den 68ern nicht erfunden, aber erheblich inspiriert und katalysiert und vom Markt schnell aufgesogen. Bereits Anfang 1967 eröffnete der Kaufhof-Konzern 24 „Beat-Shops im Carnaby Stil". Das Handelsblatt unterstrich den „Hang zum Individualismus" und applaudierte: „Der Beat ist da, Carnaby hat gesiegt, Schockfarben schocken nicht mehr." Im Herbst 1968 bot der Hamburger Otto-Versand in einem „Spezialangebot für die junge Generation", lauter „dufte Sachen" an, ca. 3000 Artikel, darunter auch ein Hippie-Klappfahrrad im Blumendesign.[101] Usurpationen dieser Art kommentierte der ehemalige Frontman von *The Who* mit 30 Jahren Abstand wie folgt: Das einzig Rebellische, das ein Mensch nach der kommerziellen Vollverwandlung aller einst revolutionären Gesten noch tun könne, so Pete Townshend, sei zu heiraten und eine Familie zu gründen.[102]

Plädoyers für eine gegenseitige Durchdringung von ‚rebellischen' Konsumentenwünschen und Konsumindustrie finden sich auch an unerwarteten Stellen. Erich Fromm forderte 1968 unter der Kapitelüberschrift „Humanized Consumption" zwar die Einschränkung von privatem zu Gunsten von öffentlichem Konsum, propagierte aber die Aktivität des Konsumenten: „The consumer has a chance of becoming aware of his power over industry by turning around and forcing industry to produce what he wants [...]. Speaking of the ‚revolution of the consumer' [...] what I have in mind is that the consumer challenge the corporation to respond to his wishes and that the managers begin to respond to this challenge. [...] The resistance to basic change exists on both sides [managers and consumers], but the wish for imaginative change, for liberation of energies, for new or creative solutions exists on both sides too."[103]

---

[100] Zur Begeisterung, die Rainer Langhans dem Big Brother-Projekt entgegenbrachte, vgl. sein Interview „Das ist eine utopische Situation", in: Die Welt, 6. November 2000 (http://www.welt.de/daten/2000/11/06/1106mm200663.htx, 19. November 2001). Vgl. *Wolfgang Kraushaar*, Mediales Spiegelkabinett, in: Bielefelder Stadtblatt v. 19. Juli 2001, 6.

[101] Mit Schock, Beat und Carnaby, in: Handelsblatt, 13. März 1967, 9; Post-Shop bietet Beat und Pop, in: Handelsblatt, 15. September 1968, zit. nach: W. Kurzlechner (s. Anm. 92), 136.

[102] Interview mit Pete Townshend, in: Der Spiegel, (29) 1993. Bezogen auf die Thesen dieses Beitrags erscheint als Marginalie erwähnenswert, dass das Townshend-Zitat vom Standesamt Hanau zwischen Augustinus und Schiller als Trauspruch angeboten wird: http://www3.hanau.de/standesamt/eheschlie/trausprueche.htm (20. November 2005).

[103] *Erich Fromm*, The Revolution of Hope: Toward a Humanized Technology, New York 1968, 127-128.

*

Unter den 1968 kanonischen Texten finden sich freilich auch solche, die den Mechanismus, mit dem der Markt Traditionen zerstört und oppositionelle Impulse in Waren umzuwandeln weiß, kritischer darstellen. 1944 – als Adorno und Horkheimer ihre Analyse der Kulturindustrie fertigstellten[104] – erschien mit Karl Polanyis „Great Transformation" eine epochale Analyse zur Ausbreitung der Marktlogik und der Überwindung ihrer Gegner.[105] Polanyi stellte dar, wie der Kapitalismus die traditionelle Einbettung des Marktes in soziale und kulturelle Gefüge zerstört und das Verhältnis umkehrt: Tendenziell werden alle sozialen und kulturellen Erscheinungen dem Markt und seiner Logik unterworfen.

An hellsichtigen und kritischen Beobachtungen hatte es auch unter den Zeitgenossen der späten sechziger Jahre nicht gemangelt. 1967 hieß es im deutschen Vorwort zu einer amerikanischen Sammlung von Underground-Poems, diese müssten „schnell gelesen" werden, denn die „pluralistische Konsumgesellschaft" würde ihren Geist schon bald „einkassieren".[106] Der Schriftsteller Peter Paul Zahl entfaltete 1969 eine Vision, der man bei aller Übertreibung eine gewisse Hellsichtigkeit kaum absprechen kann: „Ich sehe busse Westgermanischer und Amerikanischer touristen nach Westberlin kommen und nach obligatem besuch von mauer, gedächtniskirche und Ku-damm die legalisierten haschclubs aufsuchen: Langhans und Kunzelmann und hunderte andere, malerisch gelagert, lassen sich gnädig fotografieren. sie leben nicht schlecht dabei."[107] Das militante Anarcho-Blatt Agit 883, in dem Zahl dies veröffentlicht hatte, formulierte elf Nummern später analytisch deutlicher: „Der Massenkonsum hat sich gut eingestellt auf Psychedelic-Musik und Hippie-Kleidung, und die besten Abnehmer sind die, die Geld haben. Der beweglichste Teil im alten System sind die Kapitalisten selbst, die wissen, wo die Profitquellen liegen. Die Hippies tragen zur Verschönerung des Kapitalismus bei, nicht zu seiner Abschaffung."[108]

Eine jugendlich geprägte, stark auf Lebensstile zielende Revolte, deren Sturmlauf mit voller Wucht auf Traditionen und konservative Kulturbestände traf, überlagerte sich mit weit mächtigeren Kräften des Marktes. Es kam zu einer „Kernfusion von Gegenkultur und Kulturindustrie".[109] Wichtig ist dabei der Mechanismus der

---

[104] *M. Horkheimer/Th. W. Adorno* (s. Anm. 27).

[105] *Karl Polanyi*, The Great Transformation. The Political and Economic Origins of Our Time, Boston 2001 (zuerst 1944).

[106] *Ralf-Rainer Rygulla* (Hg.), Underground Poems/Untergrund Gedichte. Letzte amerikanische Lyrik, Berlin 1967, 27.

[107] *Peter P. Zahl*, Haschischkampagne oder Die Ideologie der glücklichen Verbraucher, in: Agit 883 24 (24. Juli 1969). Orthographie wie im Original.

[108] Ohne Titel und Autor, Agit 883 35 (09. Oktober 1969).

[109] *Walter Grasskamp*, Der lange Marsch durch die Illusionen. Über Kunst und Politik, München 1995, 11-54. Eine literarische Annäherung an diese Thematik ist ein bei Suhrkamp erschienener Roman über die Vermarktung des Stroboskops durch ein Start-up-Unternehmen: *Bernd Cailloux*, Das Geschäftsjahr 1968/69, Frankfurt a. M. 2005.

langfristigen Reaktion: Sich verhärtende Konventionen – so etwa die auf direkte Systemkonkurrenz, vergleichsweise starre Hierarchien sowie Häuslichkeit und dauerhafte Güter setzenden Konsummodelle der Wirtschaftswundermentalität – wurden in einem komplexen Prozess zu Gunsten einer flexibleren und auch im Wettlauf der Systeme erfolgreicheren Variante des Kapitalismus umgewandelt. Dabei ist die Konsumgesellschaft in ihren verschiedenen Spielarten sowohl Voraussetzung[110] als auch Folge der 68er-Bewegung, die deren Entwicklung weder hervorbrachte, noch mittel- und langfristig behinderte, sondern katalysierte. Es kommt auf die gegenseitige Durchdringung der in diesem Essay behandelten Faktoren an: Die außerparlamentarischen ‚Sozialkritiker' hätten ohne den Medienrummel um die zahllosen Lebensstilrebellen in der ganzen westlichen Welt niemals die Prominenz und Wirkung erreicht, die sie erlangten. Umgekehrt profitierte die Gegenkultur von der Politisierung, da sie dadurch medial mehr Fahrt gewann. Die Medien- und Werbeleute schweißten beides zusammen. Langfristig geriet die Sozialkritik aber gegenüber der immer stärker freie Bahn gewinnenden kommerzialisierten und popularisierten Gegenkultur ins Hintertreffen. Hinzu kam, dass erstere in den siebziger und achtziger Jahren in der öffentlichen Wahrnehmung verstärkt mit übermäßiger Theoretisierung, politischer Gewalt und gescheitertem Marxismus assoziiert und dadurch diskreditiert wurde.

Die „Bresche", die 1968 in der Tat geschlagen wurde, erweiterte zum einen Wege für eine Reihe von emanzipatorischen Impulsen, die heute nicht nur in der Veteranen-Literatur zu Recht in die Höhe gehalten werden. In einem anderen, nicht intendierten und – vorsichtig formuliert – nicht weniger wichtigen Strang jedoch erbrachten die geschlagenen Breschen eine Beschleunigung eben jener gewaltigen Transformationen, von denen im eingangs zitierten Text von 1848 die Rede ist.

---

[110] In keiner Weise sei mit den hier vertretenen Thesen ein Rückfall hinter die von Autoren wie Axel Schildt, Arne Andersen oder Michael Wildt geleisteten Einsichten in die Entwicklung der Konsumgesellschaft in den fünfziger Jahren – auch als Voraussetzung für die 68er-Bewegung – beabsichtigt. Vgl. dazu stellvertretend: *Axel Schildt*, Konsum, Freizeit, Medien – Stichworte publizistischer Reflexion der Modernisierung des Alltags, in: *ders.*, Moderne Zeiten. Freizeit, Massenmedien und „Zeitgeist" in der Bundesrepublik der 50er Jahre, Hamburg 1995, 351-397. Die Forschung weiß jedoch erheblich weniger über Wandel und weitere Dynamik der Konsumgesellschaft in den letzten drei Dekaden des Jahrhunderts.

Verzeichnis der Autoren und Autorinnen

Meike Sophia Baader, geb. 1959, Professorin für Allgemeine Erziehungswissenschaft an der Universität Hildesheim. Forschungsschwerpunkte: Kindheits- und Familienforschung; Übergänge im Kindheits- und Jugendalter; Genderforschung; Historische Bildungsforschung; Kindheit, Jugend und Familie in der Moderne; internationale Reformpädagogik; 1968 und die Pädagogik; Diversity, Religion und Erziehung; Erziehung, Demokratie und Moral. Aktuelles Forschungsprojekt: 68 und die Pädagogik kultur-, modernitäts- und professionsgeschichtlichen Perspektiven.

Timothy Brown, born 1961, Assistant Professor of History at Northeastern University (USA). I am a specialist in the cultural history of radical politics in 20th Century Germany and Europe. My book „Weimar Radicals: Nazis and Communists between Authenticity and Performance" will appear with Berghahn Books in April 2009. My article „1968 East and West: Divided Germany as a case study in Transnational History" is to appear in a forthcoming (2008) issue of the „American Historical Review" I am currently working on a book entitled „1968: West Germany in the World".

Thomas Etzemüller, geb. 1966, Juniorprofessor für Zeitgeschichte an der Universität Oldenburg, Forschungsschwerpunkte: Deutsche und schwedische Gesellschaftsgeschichte im 20. Jahrhundert; Theorie und Geschichte der Geschichtswissenschaft; leitet z.Zt. ein DFG-Projekt zum Social Engineering in Nordwesteuropa. sowie zu Alva und Gunnar Myrdal als Architekten der schwedischen Normalisierungsgesellschaft (ebenfalls DFG); neueste Veröffentlichung: Ein ewigwährender Untergang. Der apokalyptische Bevölkerungsdiskurs im 20. Jahrhundert, Bielefeld 2007.

Gernot Folkers, geb. 1946, Studium der Germanistik und Evangelischen Theologie, Villigster seit 1966, 33. Werksemester, 1977-1983 Studienleiter im Ev. Studienwerk; „In dieser Zeit haben mir die damaligen Studierenden den Rückwärtsblick der Studentenbewegung abgewöhnt und mich zum ökologischen Blick verführt." Heute Lehrer und nebenberuflich seit über 20 Jahren grüner Politiker.

Regine Heß, geb. 1971, Studium der Kunstgeschichte und Geschichte in Frankfurt am Main, Promotion bei Prof. Klaus Herding über „Emotionen am Werk – Zur Psychologie der Architektur von Daniel Libeskind, Lars Spuybroek und Peter

Zumthor", 2003/2004 Mitglied des Graduiertenkollegs „Psychische Energien bildender Kunst" an der Universität Frankfurt, seit 2005 Stipendiatin des Ev. Studienwerks.

Margret Karsch, geb 1974, Studium der Deutschen Philologie, Politikwissenschaft, Publizistik und Kommunikationswissenschaften in Göttingen, Granada (Spanien) und Groningen (Niederlande). Nach einem Volontariat in Düsseldorf Promotion im Fach Neuere deutsche Literatur, anschließend Lehraufträge an verschiedenen Universitäten. Gegenwärtig ist sie als Wissenschaftliche Mitarbeiterin am Berlin-Institut für Bevölkerung und Entwicklung tätig. Forschungsschwerpunkte: Deutschjüdische Literatur; Geschlechterforschung; Demografie. Aktuelle Veröffentlichung: „das Dennoch jedes Buchstabens". Hilde Domins Gedichte im Diskurs um Lyrik nach Auschwitz. Bielefeld: transcript 2007.

Petra Kissling-Koch, geb. 1972, Diplom der Innenarchitektur, Magister in Kunstgeschichte, Italienische Philologie und Volkskunde. Studium in Wiesbaden, Mainz, Perugia und Bonn. Promoviert in Kunstgeschichte an der Rheinischen Friedrich-Wilhelms-Universität Bonn bei Prof. Dr. Hiltrud Kier über das Thema „Ken Adam: Die Räume der Macht in den James-Bond-Filmen". In ihren Arbeiten beschäftigt sie sich vor allem mit Kunst- und Kulturströmungen der 50er, 60er und 70er Jahre des 20. Jahrhunderts, insbesondere aus den Bereichen Film, Architektur und Design.

Beate Kutschke, geb. 1968, wiss. Mitarbeiterin an der Universität der Künste Berlin, studierte Musik- und Kulturwissenschaft sowie Kunstgeschichte, Germanistik und Philosophie in Berlin. 1998/1999 Visiting Scholar an der Johns Hopkins University, 2000 Teaching Assistant an der Harvard University/Cambridge. An die Dissertation über die „Idee vom Ende der Geschichte bei Theodor W. Adorno und Wolfgang Rihm" schlossen sich Arbeiten zum Themenbereich „1968 und Musik" an. 2007 erschien ihre zweite Monographie „Neue Linke/Neue Musik" bei Böhlau. Zurzeit arbeitet sie an einer Monographie mit dem Arbeitstitel „Musik und ethischer Wandel um 1700".

Stephan Malinowski, geb. 1966, studierte Geschichte und Politikwissenschaft an den Universitäten TU Berlin, FU Berlin, Université Paul Valéry (Montpellier). 1995-1998 Stipendiat am Europäischen Hochschulinstitut in Florenz. Dissertation an der TU Berlin zum Verhältnis von Adel und NS-Bewegung, ausgezeichnet mit dem Hans-Rosenberg-Preis. Seit 1998 Mitarbeiter/Assistent an der TU/FU/HU Berlin. 2005-2006 Kennedy Fellow am CES der Harvard University. Habilitationsprojekt zum Zusammenhang von Kolonialkriegen und Entwicklungshilfe in England und Frankreich während der 1950er Jahre.

Nathalie Nicolay, geb. 1966, hat an der TU Berlin und in Bonn unter anderem Germanistik, Allgemeine Linguistik und Komparatistik studiert und im Bereich der Verbsemantik zum Thema „Aktionsarten" promoviert. Bis 2004 wissenschaftliche Mitarbeiterin am Germanistischen Seminar der Universität Bonn, zurzeit Lehrkraft für besondere Aufgaben am Institut für Germanistik der Universität Osnabrück.

Thomas Petersen, geb. 1968, studierte 1987-1992 in Mainz Publizistik, Alte Geschichte, Vor- und Frühgeschichte und schloss 1993 mit Magister ab. Seit 1993 arbeitet er am Institut für Demoskopie Allensbach, wo er seit 1999 Projektleiter ist. 2001 wurde er promoviert. Er hatte verschiedene Lehraufträge an mehreren Universitäten. Seine Forschungsschwerpunkte liegen im Bereich Methoden der Demoskopie, Wahlforschung, Theorie der öffentlichen Meinung, Medienwirkungsforschung, Methoden der Umfrageforschung. Aktuelle Veröffentlichung: Der Programmierte Stillstand. Das widersprüchliche Verhältnis der Deutschen zu Wirtschaftswachstum und materieller Wohlstandsmehrung. München: Olzog 2008 (mit Meinhard Miegel).

Gunter Schmidt, geb. 1938, Prof. Dr. phil., ist Sozialpsychologe und Psychotherapeut und arbeitete bis zu seiner Pensionierung an der Abteilung für Sexualforschung der Universität Hamburg. Er publizierte zuletzt (zusammen mit Silja Matthiesen, Arne Dekker und Kurt Starke) das Buch „Spätmoderne Beziehungswelten. Partnerschaft und Sexualität in drei Generationen" VS Verlag für Sozialwissenschaften, Wiesbaden 2006.

Alexander Sedlmaier, geb. 1969, studierte Geschichte und Philosophie an der TU Berlin und der George Washington University in Washington D.C., 2000 wurde er mit einer Arbeit zu Deutschlandbildern und Deutschlandpolitik der Wilson-Administration promoviert. Derzeit ist er A. F. Thompson Fellow und DAAD Fachlektor für Modern European History am Wadham College, University of Oxford. Seine Forschungsinteressen umfassen u. a. transatlantische Beziehungen und Konsumgeschichte.

Katja Winter, geb. 1972, hat in Bonn Germanistik und Anglistik studiert. Nach ihrem Hochschulabschluss im Jahr 2002 arbeitete sie zunächst zwei Jahre als Lehrbeauftragte und Wissenschaftliche Hilfskraft an der Universität Bonn. Seit 2005 ist sie Stipendiatin des Evangelischen Studienwerks Villigst und arbeitet an einer Dissertation über die phonologische Problematik der /r/-Allophone in der deutschen Gegenwartssprache.

Verzeichnis der Herausgeber

Tobias Schaffrik, geb. 1971, studierte in Rostock, Hamburg und London Musik, Philosophie und Erziehungswissenschaft, sowie Musiktherapie und Psychoanalyse. Nach dem Studienabschluss arbeitete er zunächst als Musiktherapeut in einer Psychiatrie. Zurzeit promoviert er in Hamburg bei UD Dr. phil. Dietmut Niedecken über eine psychoanalytische Methode zur Analyse von Musik. Von 2005 bis 2007 war er Promotionsstipendiat des Evangelischen Studienwerkes Villigst. Aktuelle Veröffentlichung: Mit Lorenzer und Bion in der Welt hinter den Spiegeln. In: Szene und Containment. Wilfred Bion und Alfred Lorenzer: Ein fiktiver Dialog. Tektum-Verlag.

Sebastian Wienges, geb. 1977, hat an den Universitäten Freiburg, Sydney und Zürich Ethnologie, Politik und VWL studiert und 2003 in Freiburg als Magister Artium abgeschlossen. Zurzeit promoviert er an der Universität Potsdam zu einem Thema der internationalen Klimapolitik und ist Referent für Nachhaltigkeit an der Heinrich-Böll-Stiftung. Forschungsschwerpunkte: Nachhaltige Entwicklung und globale Klimapolitik. Aktuelles Projekt: Potentiale für Kooperationen mit nichtstaatlichen Akteuren, besonders Unternehmen, in der Nachhaltigen Entwicklung und die Entwicklung grüner Märkte.

Villigst Profile
Schriftenreihe des Evangelischen Studienwerks e. V. Villigst
hrsg. von Klaus Holz und Heiko Ulrich Zude

Alexander Brand;
Nicolaus von der Goltz (Hg.)
Herausforderung Entwicklung
Neuere Beiträge zur theoretischen und praxisorientierten Entwicklungsforschung
Dieser interdisziplinäre Band publiziert Aufsätze, die aktuelle Debatten über das Thema „Entwicklung" aufgreifen. Im theoretischen Teil des Buches werden das „Scheitern der großen Theorie", die Erklärungskraft dependenztheoretischer Ansätze im Zeitalter der Globalisierung, Auswirkungen US-amerikanischer Hegemonie auf die Entwicklung Lateinamerikas und die Bedeutung kultureller Erklärungsansätze diskutiert.
Bd. 4, 2004, 200 S., 19,90 €, br., ISBN 3-8258-7782-5

Margret Lohmann; Sven Keppler (Hg.)
MenschenLeben – zwischen Geschöpf und Produkt
Ethik an den Grenzen des Lebens
Die modernen technischen Möglichkeiten provozieren zu einer Stellungnahme: Bis zu welcher Grenze darf der Mensch ein Produkt menschlichen Handelns sein? Ihre schärfste Zuspitzung findet diese Frage in den aktuellen ethischen Diskussionen um Anfang und Ende des menschlichen Lebens. Der vorliegende Band versammelt kontroverse Standpunkte aus politischer, juristischer, theologischer, philosophischer und medizinischer Perspektive.
Zu Embryonenforschung und Sterbehilfe kommen auch Positionen aus England und den Niederlanden zu Wort. Untersuchungen zur Literatur- und Filmgeschichte des künstlichen Menschen erweitern den Horizont der Diskussion.
Bd. 5, 2005, 120 S., 9,90 €, br., ISBN 3-8258-8355-8

LIT Verlag Berlin – Hamburg – London – Münster – Wien – Zürich
Fresnostr. 2 48159 Münster
Tel.: 0251 / 620 32 22 – Fax: 0251 / 922 60 99
e-Mail: vertrieb@lit-verlag.de – http://www.lit-verlag.de

Gernot Saalmann (Hg.)
Religionen und Nationen
Fundamente und Konflikte
Die Beiträge dieses Sammelbandes beleuchten das Spannungsfeld zwischen Religion und Nation, das in unterschiedlichen Konstellationen Leben und Politik in der Moderne bestimmt. Nach wissenssoziologischen und philosophischen Überlegungen zur Religion folgen Untersuchungen zur konkreten Politik einzelner Nationalstaaten, Überlegungen zur Rolle der Religion bei der Konstruktion individueller wie kollektiver Identität und schließlich Beispiele für den Zusammenhang von Religion und Nationalismus. So kann das Wechselverhältnis von Selbst-, Fremd- und Feindbildern deutlich werden und es zeigt sich der große Anteil von Religionen am Phänomen der Fremdenfeindlichkeit.
Bd. 6, 2005, 200 S., 19,90 €, br., ISBN 3-8258-8356-6

Klaus Holz; Sven Keppler;
Thorsten Mundi (Hg.)
Bildung fördern
Europäisierung, Finanzierung und Gestaltung der Hochschulreform
In der aktuellen hochschulpolitischen Reformdiskussion gelten Internationalisierung und Ökonomisierung häufig gleichermaßen als Ursache, Instrument und Ziel der Veränderungen. Wie kann vor diesem Hintergrund akademische Ausbildung als Bildung gestaltet werden? Im vorliegenden Band werden Fragen der Studien- und Hochschulfinanzierung, der Europäisierung, der Hochschulautonomie und der Begabtenförderung sowie die Rolle der Kirchen erörtert. Die Forderung nach einem umfassenden humanistischen Bildungskonzept gewinnt dadurch neue Aktualität.
Bd. 7, 2005, 152 S., 17,90 €, br., ISBN 3-8258-8896-7

LIT Verlag Berlin – Hamburg – London – Münster – Wien – Zürich
Fresnostr. 2 48159 Münster
Tel.: 0251 / 620 32 22 – Fax: 0251 / 922 60 99
e-Mail: vertrieb@lit-verlag.de – http://www.lit-verlag.de

Knut Berner (Hg.)
Neuere Verflechtungen von Macht, Religion und Moral
Macht, Religion und Moral sind für die Gestaltung menschlicher Lebensvollzüge seit jeher von überragender Bedeutung. Die Beiträge dieses Sammelbandes untersuchen neuere Verflechtungen dieser Phänomene. Die Palette reicht von der Untersuchung spezifischer Machtausweitungen in der Neuzeit bis zu soziologischen Analysen von Globalisierungsprozessen, kirchlich-politischen Organisationsstrukturen und Überlegungen zum Verhältnis von Demokratie und Fundamentalismus. Wege der Nietzscherezeption nach 1900 werden ebenso vorgestellt wie die bundespolitische Aktualität von Opferdiskursen und die neuen Präsenzen des Bösen in Verbindung mit Macht und Moral.
Bd. 8, 2006, 144 S., 14,90 €, br., ISBN 3-8258-9520-3

Volker Weiß; Sarah Speck (Hg.)
Herrschaftsverhältnisse und Herrschaftsdiskurse
Essays zur dekonstruktivistischen Herausforderung kritischer Gesellschaftstheorie
Die Veränderung des sozialen Gefüges in der zweiten Hälfte des 20. Jahrhunderts und die Erfahrung modifizierter gesellschaftlicher Formen von Macht stellten die Gesellschaftstheorie ebenso wie die Philosophie und politische Praxis vor neue Fragen. Im Verlauf dieses Prozesses standen sich zwei theoretische Strömungen gegenüber, die jeweils für sich in Anspruch nahmen, mit ihrem Denken die Herausforderungen der Zeit adäquat zu erfassen: Die „Kritische Theorie" und der sogenannte „Poststrukturalismus". Es ist Anliegen dieses Sammelbandes, weiter auszuloten, wie diese beiden Strömungen zueinander stehen und somit an eine zentrale akademische Debatte der letzten Jahre um die Bedingung der Möglichkeit von Kritik anzuknüpfen. Grundlegende Fragestellung dabei ist, ob sich kritisch-theoretische und poststrukturalistische Ansätze gegenseitig zu ergänzen vermögen oder sie sich tatsächlich in unvereinbarer Gegnerschaft gegenüberstehen.
Bd. 9, 2007, 184 S., 29,90 €, br., ISBN 978-3-8258-9938-7

LIT Verlag Berlin – Hamburg – London – Münster – Wien – Zürich
Fresnostr. 2 48159 Münster
Tel.: 0251 / 620 32 22 – Fax: 0251 / 922 60 99
e-Mail: vertrieb@lit-verlag.de – http://www.lit-verlag.de